HERZLICHEN GLÜCKWUNSCH

Und Dankeschön für den Kauf
dieses Buches. Als besonderes
Schmankerl* finden Sie unten
Ihren persönliche Code, mit dem
Sie das Buch exklusiv und
kostenlos als eBook erhalten.

Systemvoraussetzungen für eBook-Inside:
Adobe Reader/Acrobat Version 6 oder 7
(kompatibel mit Windows ab Windows 2000
oder Mac ab OS X)

4m6v6-p56r0-
18700-p4qkr

Registrieren Sie sich einfach
in nur zwei Schritten unter
www.hanser.de/ciando und
laden Sie Ihr eBook direkt auf
Ihren Rechner.

KOMPETENZ · GEWINNT
HANSER

* Bayrisch für eine leckere Kleinigkeit; ein Leckerbissen

Oates/Langer/Wille/Lueckow/Bachlmayr

Spring & Hibernate

Richard Oates
Thomas Langer
Stefan Wille
Torsten Lueckow
Gerald Bachlmayr

Spring & Hibernate

Eine praxisbezogene Einführung

2., aktualisierte Auflage

HANSER

Dr. Richard Oates, Ellerau
Thomas Langer, Hamburg
Stefan Wille, Hamburg
Dipl.-Inf. (FH) Torsten Lueckow, Wedel bei Hamburg
Dipl.-Inf. (FH) Gerald Bachlmayr, Auckland/Neuseeland
info@spring-hibernate.de

Alle in diesem Buch enthaltenen Informationen, Verfahren und Darstellungen wurden nach bestem Wissen zusammengestellt und mit Sorgfalt getestet. Dennoch sind Fehler nicht ganz auszuschließen. Aus diesem Grund sind die im vorliegenden Buch enthaltenen Informationen mit keiner Verpflichtung oder Garantie irgendeiner Art verbunden. Autoren und Verlag übernehmen infolgedessen keine juristische Verantwortung und werden keine daraus folgende oder sonstige Haftung übernehmen, die auf irgendeine Art aus der Benutzung dieser Informationen – oder Teilen davon – entsteht, auch nicht für die Verletzung von Patentrechten und anderen Rechten Dritter, die daraus resultieren könnten. Autoren und Verlag übernehmen deshalb keine Gewähr dafür, dass die beschriebenen Verfahren frei von Schutzrechten Dritter sind.

Die Wiedergabe von Gebrauchsnamen, Handelsnamen, Warenbezeichnungen usw. in diesem Buch berechtigt deshalb auch ohne besondere Kennzeichnung nicht zu der Annahme, dass solche Namen im Sinne der Warenzeichen- und Markenschutz-Gesetzgebung als frei zu betrachten wären und daher von jedermann benutzt werden dürften.

Bibliografische Information der Deutschen Nationalbibliothek:

Die Deutsche Nationalbibliothek verzeichnet diese Publikation in der Deutschen Nationalbibliografie; detaillierte bibliografische Daten sind im Internet über http://dnb.d-nb.de abrufbar.

© 2008 Carl Hanser Verlag München Wien (www.hanser.de)
Lektorat: Margarete Metzger
Herstellung: Irene Weilhart
Umschlagdesign: Marc Müller-Bremer, Rebranding, München
Umschlagrealisation: MCP • Susanne Kraus GbR, Holzkirchen
Datenbelichtung, Druck und Bindung: Kösel, Krugzell
Ausstattung patentrechtlich geschützt. Kösel FD 351, Patent-Nr. 0748702
Printed in Germany

ISBN 978-3-446-41213-2

Inhaltsverzeichnis

Danksagung

Die Informatik-Welt bewegt sich sehr schnell – in den 15 Monaten seit Fertigstellung der ersten Auflage ist sehr viel in der Spring-Welt passiert, zum Beispiel die tollen neuen Features in Spring Version 2.

Höchste Zeit deswegen für eine neue Auflage dieses Buchs. Wir danken allen Lesern der ersten Auflage. Unser Dank geht nochmal an Frau Metzger und Frau Weilhart vom Carl Hanser Verlag für deren Unterstützung.

Unsere Reviewer

Wir möchten uns ganz herzlich bei unseren Reviewern bedanken. Sie haben eine sehr wichtige Rolle bei der Fertigstellung dieses Buches übernommen.

- Volker Barthel
- Thorsten Böttger
- Carsten Dargatz
- Peter Jacobsen
- Jens Kaiser
- Kamil Kube
- Jörg Leisenberg
- Christoph Schmalhofer
- Henning Zuzmann

Kapitel 1

Einleitung

1.1 Für wen ist dieses Buch?

Dies ist ein Buch über die beiden in der Java Entwicklung sehr etablierten Frameworks *Spring* und *Hibernate*. Es richtet sich an Entwickler mit Erfahrungen in der Programmierung von Java- und JEE-Anwendungen. Sie stehen vielleicht vor einem neuen Projekt, in dem Sie Spring, Hibernate oder beides einsetzen wollen und suchen einen schnellen Einstieg in beide Frameworks.

Sie möchten möglichst zügig einen praxisbezogenen Eindruck beider Frameworks anhand eines Beispiels erhalten. Sie haben das Ziel zu klären, ob diese Frameworks für Ihr Projekt sinnvoll sind und wie Sie am besten starten, was alles zu beachten ist und wo in der Praxis die Stolpersteine liegen. Sie wollen dazu keine Referenzbücher mit 500 Seiten und mehr lesen. Sie suchen ein Buch, das Ihnen die wesentlichen Aspekte der Frameworks näherbringt. Dann ist dieses Buch genau richtig für Sie.

Wir werden in diesem Buch aber keine Erläuterung grundlegender Begriffe der Softwareentwicklung oder im Bereich Java und JEE liefern. Wir werden, wenn nötig, diese Begriffe kurz erklären, verweisen dann aber auf entsprechende Quellen mit weiteren Informationen. Wenn Sie sich nicht scheuen, das ein oder andere Mal fehlendes Hintergrundwissen zu Java, JEE etc. im Internet oder anderen Büchern nachzuschlagen, so ist dieses Buch auch für Sie. Grundlegende Kenntnisse in Objektorientierung, in der Sprache Java und bis zu einem gewissen Grad in JEE- und Web-Technologien (für die Kapitel 9 und 10) sind aber notwendig und werden in diesem Buch nicht vermittelt.

Warum ein Buch über Spring *und* Hibernate? Nun, wir sind davon überzeugt, dass beide Frameworks mehr und mehr Verbreitung finden und Sie früher oder später nicht darum herumkommen, sich Wissen und Erfahrungen über und mit diesen Frameworks anzueignen,

Es gibt bereits eine Reihe von umfangreichen Büchern über beide Frameworks und eine ausführliche Dokumentation auf der jeweiligen Homepage und im Internet. Ein weiteres, wenn auch deutschsprachiges Referenzbuch zu diesen Themen sehen wir als wenig sinnvoll an, sondern wir möchten Ihnen mit diesem Buch einen Begleiter auf Ihrem Weg durch die wesentlichen Aspekte von Spring und Hibernate geben. Das vermittelte Grundwissen gepaart mit wichtigen Tipps und Tricks aus unserer praktischen Erfahrung bildet die Grundlage für Ihre weiteren Schritte mit Spring und Hibernate.

1.2   Organisation des Buches

Neben der Einleitung, die Sie gerade lesen, besteht das Buch aus 9 weiteren Kapiteln:

- **Kapitel 2: Überblick und Installation**
  Dieses Kapitel bietet einen Überblick über die in diesem Buch verwendeten Technologien. Am Ende des Kapitels sollen die Grundsteine gelegt werden, damit wir in den folgenden Kapiteln alle Beispiele gleich ausprobieren können.

- **Kapitel 3: Software-Architektur der Beispielanwendung**
  Für eine praktische Einführung benötigen wir natürlich auch eine Beispielanwendung. In diesem Kapitel werden sowohl die verschiedenen Use-Cases als auch das Design der Beispielanwendung vorgestellt.

- **Kapitel 4: Einführung in Hibernate**
  Unsere Hibernate-Einführung beginnt mit einigen Grundlagen und einfachen Beispielen. Ziel dieses Kapitels ist es, dass Sie eine Vorstellung bekommen, was man mit Hibernate alles anstellen kann.

- **Kapitel 5: O/R-Mapping mit Hibernate**
  Innerhalb der Entwicklung mit Hibernate nimmt das Mapping eine zentrale Stellung ein. Daher haben wir diesem Thema auch ein eigenes Kapitel gewidmet, in dem wir unter anderem die gesamten Grundlagen für unsere Beispielanwendung legen.

- **Kapitel 6: Einführung in Spring**
  Dieses Kapitel führt uns an das Thema Spring heran. Zunächst betrachten wir dabei einige theoretische Konzepte, steigen dann aber schnell in die ersten Beispiele ein.

- **Kapitel 7: Die Datenzugriffsschicht**
  Nun wird es Zeit, dass wir die beiden Technologien von Hibernate und Spring miteinander verbinden. Die Datenzugriffsschicht ist hierbei ein idealer Einstieg, da wir die Grundlagen aus den Hibernate-Kapiteln sehr gut verwenden können.

- **Kapitel 8: Services mit Spring**
  Als nächsten Schritt setzen wir fachliche Services auf die Datenzugriffsschicht, um damit die Anforderungen aus den Use-Cases umzusetzen. Hierbei wird uns Spring wieder sehr gut unterstützen und die Grundlage für eine Samm-

lung von Services bereitstellen. Insbesondere werden hier die wichtigen Themen aspektorientierte Programmierung und Transaktionen behandelt.

- **Kapitel 9: Webanwendungen mit Spring und Hibernate**
  Das Kapitel beschreibt zwei mit JSF, Spring und Hibernate realisierte Webanwendungen und zeigt die Vorteile, aber auch die Fallstricke der praktischen Anwendung von Frameworks.

- **Kapitel 10: Integration in die JEE-Welt**
  Bisher haben wir unsere Anwendung noch außerhalb der JEE-Welt betrieben. Für Enterprise-Anwendungen spielt der Applikations-Server jedoch weiterhin eine große Rolle, sodass wir in diesem Kapitel Kontakt mit einem JEE-Server und den dort bekannten Konzepten (EJB, JMX, JCA) aufnehmen.

1.3 Web-Site zum Buch

Auf der begleitenden Web-Site zu diesem Buch *www.spring-hibernate.de* finden Sie die Quellen der in diesem Buch verwendeten Beispiele, hilfreiche Links zu Spring und Hibernate und ein Diskussionsforum für Hinweise und Feedback.

Feedback

Wie freuen uns über Feedback jeglicher Art. Teilen Sie uns Ihre Hinweise, Korrekturen oder sonstigen Anmerkungen zu diesem Buch über die begleitende Web-Site *www.spring-hibernate.de* bzw. die E-Mail *info@spring-hibernate.de* mit.

Kapitel 2

Überblick und Installation

Dieses Kapitel liefert Ihnen einen kurzen Überblick über die in diesem Buch behandelten Frameworks Spring und Hibernate. Im Anschluss folgen Hinweise zur Aufteilung, Versionen und Installation der beiden Frameworks. Das Kapitel schafft somit die Grundlage für die folgenden Kapitel, in denen wir Spring und Hibernate anhand einer Beispielanwendung praktisch kennenlernen.

2.1 Management Summary

Eigentlich hat jeder Entwickler die Begriffe Hibernate und Spring bereits gehört. Trotzdem ist es sicherlich sinnvoll, mit einem kurzen Überblick über die Aufgaben und Funktionalität dieser beiden Frameworks zu beginnen. Nach dieser kurzen Zusammenfassung wollen wir der Kombination von Hibernate und Spring ein paar Sätze widmen.

2.1.1 Was ist Spring?

Das Spring-Framework ist eins der wenigen erfolgreichen Softwareprojekte, die grundlegend aus den Ideen eines Buchs entstanden sind. In dem Buch „Expert One-on-One: J2EE Design and Development" legte Rod Johnson den Grundstein für den Beginn der Spring-Entwicklung. Dieses mit den Ideen aus der Praxis designte Framework wurde im Laufe der Zeit als Open-Source-Projekt bereitgestellt und durch eine große Anzahl von Entwicklern stetig weiterentwickelt. Da es aus einem JEE-Buch entstanden ist und somit viele JEE-Themen adressiert, ist es nicht verwunderlich, dass das Spring-Framework oftmals für serverbasierte Enterprise-Anwendungen eingesetzt wird.

Die große Komplexität und die unterschiedlichen Konzepte der verschiedenen JEE- und Open-Source-APIs führen oftmals zu fehleranfälligen Abläufen und langen Projektlaufzeiten. Durch die Integration in einen Applikations-Server und das damit verbundene Deployment verkompliziert sich das ganze zusätzlich. Spring stellt ein klar strukturiertes Programmier-Modell zur Verfügung und vereinfacht somit die Benutzung der verschiedenen APIs. Die dabei entwickelte Business-Logik ist, im Gegensatz zu Enterprise-Java-Beans (EJB), weitgehend unabhängig vom Framework.

Spring ist von der Idee her zunächst völlig unabhängig von JEE, lässt sich aber sehr gut in verschiedene JEE-Technologien integrieren bzw. bietet für verschiedene JEE-Technologien eine ausgereifte Unterstützung an. In den Bereichen, wo wir Spring für den Zugriff auf JEE-APIs benutzen, erhalten wir die Möglichkeit, unsere Anwendung einfach und ohne einen JEE-Container automatisiert zu testen.

Der modulare Aufbau von Spring ermöglicht es, einzelne Teile in verschiedenen Software-Projekten individuell zu verwenden bzw. inkrementell in bestehende Projekte zu integrieren.

2.1.2   Was ist Hibernate?

Bei der Betrachtung der Softwarearchitektur verschiedener Anwendungen wird deutlich, dass fast jede Anwendung eine relationale Datenbank für die Persistierung der verarbeiteten Daten einsetzt. Innerhalb der JVM liegen diese Daten natürlich als Objekte vor, die einen definierten Zustand besitzen. Mithilfe eines geeigneten Persistenz-Frameworks ist es möglich, den Zustand eines Objekts in einer relationalen Datenbank zu speichern und aus entsprechenden Datensätzen wiederum Objekte zu erzeugen.

Dieses Konzept bezeichnet man als Objekt/Relationales-Mapping (O/R-Mapping), wobei eine Abbildung von Klassen auf Tabellen und Spalten das zentrale Element darstellt. Das Persistenz-Framework befreit den Entwickler somit von der Programmierung spezieller SQL-Statements, da es die Synchronisation zwischen dem Objekt-Modell und der Datenbank selbstständig durchführen kann. Zusätzlich lässt sich die Anwendung in diesem Fall von Abhängigkeiten zu der verwendeten Datenbank frei halten.

Hibernate ist ein sehr beliebtes Open-Source-Produkt, das genau diese Aufgaben übernimmt und mittlerweile als Quasi-Standard bezeichnet werden kann. Durch die große Anzahl an unterstützten Datenbanken und die problemlose Integration in alle gängigen JEE-Applikations-Server kann Hibernate in jedem Bereich eingesetzt werden. Aber auch ohne einen Applikations-Server lässt sich eine Anwendung mit Hibernate erfolgreich entwickeln und betreiben.

Das Produkt ist sehr gut dokumentiert und stellt mit den Hibernate-Tools, die aus verschiedenen Eclipse- und Ant-Plugins bestehen, eine sehr gute Unterstützung für die Entwicklung bereit.

2.1.3   Kombination von Spring und Hibernate

Nun drängt sich die Frage auf, wie diese beiden Frameworks miteinander kombiniert werden können. Durch ihre unterschiedlichen Aufgaben- und Einsatzbereiche ergänzen sich beide Produkte sehr gut und tragen zu einer flexiblen und gut strukturierten Anwendung bei.

Spring wird sehr gerne als Integrations-Framework bezeichnet und stellt Unterstützung für diverse andere Frameworks bereit. Die Unterstützung für die Integration eines O/R-Mappers wie z. B. Hibernate ist dabei besonders gelungen. Der Entwickler erhält neben einer Vereinheitlichung der Konfiguration vor allem ein durchgängiges und bequemeres Programmiermodell. Auch das Management von verschiedenen Resourcen, wie z. B. der Datenbankverbindung, wird durch Spring in einer einheitlichen Art und Weise übernommen.

Zusätzlich ist die Datenbankanbindung dabei relativ lose in die Gesamtanwendung integriert und kann später leichter gegen eine andere Implementierung ausgetauscht werden. Es wird deutlich, dass sich beide Frameworks optimal ergänzen, sich aber nicht in eine gegenseitige Abhängigkeit bewegen.

Abbildung 2.1 zeigt uns zwei verschiedene Aspekte. Zum einen wird deutlich, in welchen Bereichen einer 3-Tier-Architektur die beiden Frameworks eingesetzt werden. Dabei befindet sich das Spring-Framework hauptsächlich auf dem Middle-Tier, wobei es allerdings auch im Frontend-Bereich eingesetzt werden kann.

Hibernate findet seinen Platz dagegen im Persistenz-Bereich, d. h. bei der Anbindung zur Datenbank. Gleichzeitig wird in diesem Bild deutlich, das beide Frameworks auch mit anderen Frameworks zusammenarbeiten können. So ist es bei Spring z. B. möglich, die Datenbank-Anbindung statt mit Hibernate mit JDBC oder JDO zu implementieren. Auf der anderen Seite kann Hibernate mit einer EJB-Session-Bean auf dem Applikations-Server zusammenarbeiten. Für uns stellt Hibernate in Verbindung mit Spring natürlich die ideale Kombination dar, was wir Ihnen hoffentlich im Laufe dieses Buches an verschiedenen Beispielen demonstrieren können.

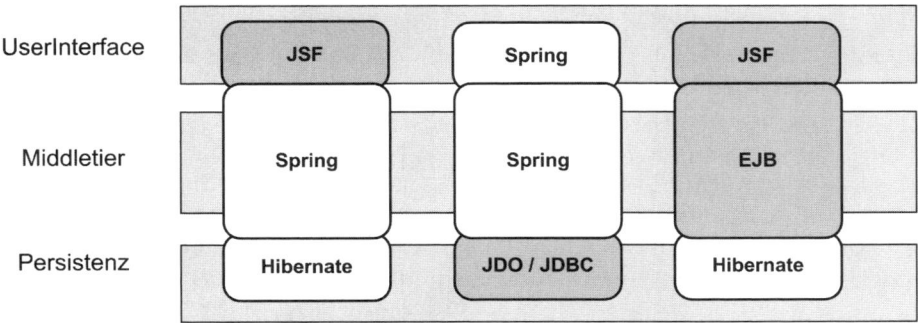

Abbildung 2.1: Kombination Spring und Hibernate

2.2 Installation

Die Installation von Open-Source-Frameworks besteht hauptsächlich darin, das bereitgestellte Archiv von der jeweiligen Website zu laden und die entscheidenden JAR-Dateien in den Klassenpfad des Projekts zu übernehmen. Gerade bei

Frameworks, die intensiv weiterentwickelt und bei denen häufig neue Versionen veröffentlicht werden, stellt sich zusätzlich die Frage nach der einzusetzenden Version.

2.2.1 Download von Spring

Welche Version?

Während der Fertigstellung dieses Buches wurde die neue Spring-Version 2.5 als produktive Version freigegeben. Da es sich bei dieser Version um einen sehr wichtigen Meilenstein in der Spring-Entwicklung handelt, haben wir uns entschieden, dieses Buch auf der Basis dieser Version zu schreiben. Diese Version ist mit Ausnahme der umstrukturierten JAR-Dateien ein Drop-In Replacement[1] der bisherigen Spring-Version 2.0.

Wir werden in diesem Buch zu der Spring-Version 2.0 kompatibel bleiben und an bestimmten Stellen auf die neuen Spring 2.5-Features eingehen. Die alte Spring-Version 1.2.x wurde das letzte Mal im März 2007 aktualisiert und wird in Projekten nur noch sehr selten verwendet. Gerade neue Projekte sollten direkt auf die aktuelle Version 2.5 aufsetzen. Aus diesen Gründen werden wir auf die Version 1.2.x nicht weiter eingehen.

Wo finde ich diese Versionen?

Auf der Homepage des Spring-Frameworks finden Sie im Download-Bereich[2] die jeweils aktuellen Versionen. Zusätzlich haben wir die für unsere Beispiele verwendeten Versionen auf unserer Homepage bereitgestellt. Damit ist sichergestellt, dass sie auch später noch verfügbar sind. Bei dem Download des Spring-Frameworks haben Sie die Auswahl zwischen zwei verschiedenen Varianten:

- **spring-framework-X.Y.Z.zip**
  In diesem Archiv befinden sich der Source-Code, die Dokumentation und natürlich bereits die kompilierten Spring-Klassen. Diese liegen in verschieden JAR-Dateien vor, sodass Sie explizit auswählen können, welche Module des Spring-Frameworks Sie verwenden wollen. Zur Vereinfachung existiert mit dem `spring.jar` eine JAR-Datei, die alle Module für eine produktive Anwendung enthält. Allerdings ist in dieser JAR-Datei die sehr umfangreiche Test-Unterstützung nicht enthalten, sodass wir für unsere Anwendung neben dem `spring.jar` zusätzlich auch das `spring-test.jar` verwenden.

- **spring-framework-X.Y.Z-with-dependencies.zip**
  Dieses Archiv enthält zusätzlich zu den bereits erwähnten Dateien ein *lib*-Verzeichnis. Dort befinden sich die Laufzeit-Bibliotheken vieler Spring-integrierter Frameworks. Leider ist das Abhängigkeitsmangement von JAR-Dateien in Java nicht ideal gelöst, sodass es teilweise recht mühsam ist, alle tatsächlich benötigten JAR-Dateien zu identifizieren. Während der Entwick-

---

[1] Für ein Upgrade der Version müssen lediglich die JAR-Dateien ausgetauscht werden. Es sind keine Anpassungen am Source-Code notwendig.
[2] http://www.springframework.org/download

lung können wir zwar zunächst auf das gesamte Verzeichnis zurückgreifen, sollten allerdings für einen produktiven Einsatz die große Sammlung von JAR-Dateien kritisch aussieben.

2.2.2 Download von Hibernate

Wir haben für dieses Buch die Hibernate-Version 3.2 benutzt, die zum Zeitpunkt der Bucherstellung als 3.2.4 verfügbar war. Bei einem Blick auf die Download-seite[3] des Hibernate-Frameworks fällt auf, dass es verschiedene Pakete gibt, die jeweils als Zip-Archive zur Verfügung stehen. Zunächst interessieren uns davon aber nur die beiden folgenden:

■ **Hibernate Core**
   In diesem Paket befindet sich die eigentliche Hibernate-Implementierung. Zusätzlich ist in dem Archiv ein *lib*-Verzeichnis mit der Vielzahl von JAR-Dateien enthalten, die Hibernate benötigt. Eine gute Übersicht über die verschiedenen Dateien finden Sie in der ebenfalls in diesem Verzeichnis vorhandenen Datei *_README.TXT*. Diese Datei listet zusätzlich die JAR-Dateien auf, die Hibernate jeweils zur Übersetzungs- und zur Laufzeit benötigt. Das Hibernate-Framework ist gut dokumentiert und stellt im *doc*-Verzeichnis neben der Javadoc auch die Referenzdokumentation in englischer und französischer Sprache bereit.

■ **Hibernate-Annotations**
   Ab der Java-Version 5 (JDK 5.0) stehen dem Entwickler nun auch sogenannte Annotations[4] zur Verfügung, die sich für Hibernate sehr gewinnbringend einsetzen lassen. Das Hibernate-Annotations-Paket integriert Annotations in Hibernate und erweitert das Core-Paket. Gleichzeitig stellt es eine Implementierung der EJB3-Persistence-Annotations[5] zur Verfügung, auf die wir in den Kapiteln 4 und 5 noch genauer eingehen werden.

Zusätzlich stehen auf der Download-Seite noch folgende Sub-Projekte zur Verfügung, die wir im Rahmen dieses Buches nicht näher betrachten werden:

■ **Hibernate-Tools**
   Die Hibernate-Tools sind eine Sammlung von verschiedenen Hilfsmitteln, die den Entwickler bei der Implementierung von Hibernate-Anwendungen unterstützen. Dabei erleichtern Eclipse-Plug-ins und IDE-unabhängige Ant-Tasks die Konfiguration und ermöglichen in verschiedenen Bereichen Reverse Engineering sowie die Generierung von Klassen, Mappings oder Konfigurationen.

---

[3] http://www.hibernate.org/6.html
[4] Ein Sprachelement, mit dem sich Metadaten in den Quelltext einbinden lassen.
[5] Ein im JSR-220 definierter Standard für O/R-Mapping.

■ **Hibernate-Entity-Manager**
Die EJB-3.0-Spezifikation definiert, wie ein Persistence-Provider aufgebaut
sein muss, damit er im Rahmen eines JEE-Applikations-Servers eingesetzt
werden kann. Hibernate implementiert in Verbindung mit dem Hibernate-
Entity-Manager und den Hibernate-Annotations diese Spezifikation, ist in dieser Kombination jedoch auch außerhalb eines Applikations-Servers funktions-
fähig.

■ **Hibernate-Validator**
Das Hibernate-*Validator-Framework* war in den ersten Versionen ein Bestandteil der Hibernate-Annotations, da es auf der Grundlage von Annotations realisiert wurde. Somit können Objekte mit umfangreichen Validierungsregeln
versehen werden, die sich nahtlos mit Hibernate integrieren. Das Buch geht
nicht näher auf dieses Framework ein, was Sie allerdings in keiner Weise als
Ablehnung verstehen sollten.

■ **Hibernate-Search**
Die Suchmaschine Hibernate-Search ist ein relativ neues Projekt im Umfeld
von Hibernate und bietet eine einfache Möglichkeit, eine Anwendung mit einer Volltextsuche zu ergänzen. Dabei wird die Semantik von Hibernate wieder
verwendet, sodass eine Integration mit minimalen Anpassungen durchgeführt
werden kann.

2.2.3   Ein IDE-Projekt mit Hibernate einrichten

Um Ihnen den Einstieg zu erleichtern, finden Sie auf der Buch-Website im
Download-Bereich ein Eclipse-Projekt,[6] das Sie als Basis für Ihre ersten Versuche
mit Hibernate verwenden können. Mithilfe der Eclipse-Funktion *„Import Existing
Projects into Workspace"* können Sie das Projekt einfach in Ihren Workspace importieren (vgl. Abbildung 2.2 auf der nächsten Seite).

Sie bekommen dadurch ein kleines Hibernate-Projekt, das bereits alle notwendigen externen JAR-Dateien sowie eine kleine Hibernate-Konfiguration beinhaltet.
Zusätzlich sind bereits eine erste Entity-Klasse sowie ein kleiner JUnit-Test enthalten, den Sie gerne einmal ausführen[7] können. Abbildung 2.3 auf der nächsten
Seite zeigt Ihnen das Projekt nochmals kurz im Überblick.

Die eingestellte Hibernate-Konfiguration verwendet als Datenbank die vollständig in Java programmierte relationale Datenbank HSQLDB[8]. Diese bietet uns die
Möglichkeit, eine Datenbank im Hauptspeicher anzulegen, was wir für unsere
ersten Tests gerne nutzen möchten. Die Datenbank wird dabei beim Start unserer
Tests automatisch im Hauptspeicher angelegt und steht uns dann während des
gesamten Testlaufs zur Verfügung. Nach Beendigung des Tests sind allerdings
sämtliche Daten wieder komplett und für immer verloren.

---

[6] *hibernateProjekt.zip*
[7] Rechts-Klick auf die Test-Klasse und *„Run as JUnit Test"* aufrufen.
[8] http://hsqldb.org

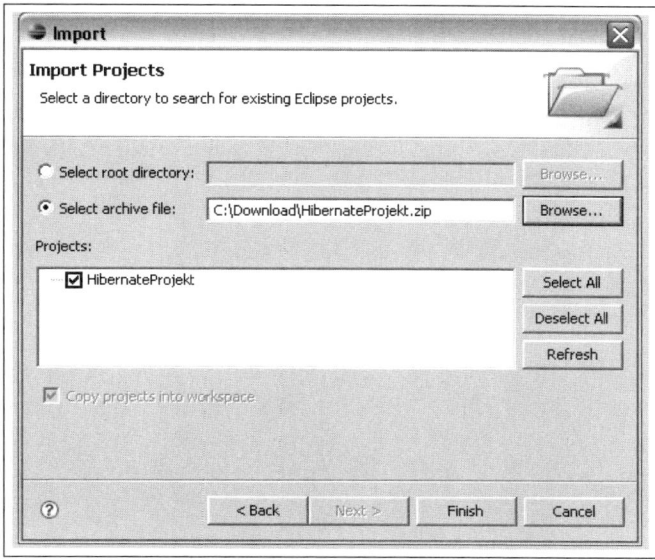

Abbildung 2.2: Hibernate-Projekt importieren

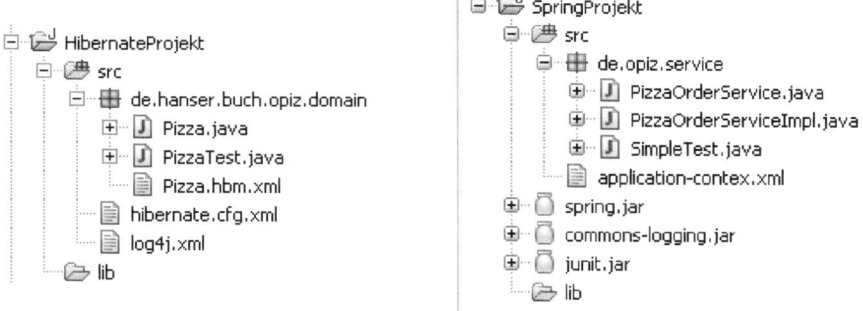

Abbildung 2.3: Ansicht der Hibernate- und Spring-Projekte

2.2.4 Ein Spring-Projekt

Analog zu Hibernate haben wir auch ein Spring-Projekt vorbereitet,[9] das ein erstes kleines Beispiel enthält und somit als Grundlage für die ersten Versuche mit dem Spring-Framework dienen kann. Die Struktur des Projekts nach Import im Eclipse-Workspace wird in Abbildung 2.3 gezeigt.

Neben *spring.jar* ist in diesem Projekt das *commons-logging.jar* eingebunden. Mithilfe dieser beiden JAR-Dateien ist es möglich, eine erste kleine Anwendung auf der Basis von Spring zu entwickeln. Wir haben zusätzlich das *junit.jar* mit aufgenommen, da wir unsere Beispiele mithilfe von einfachen Tests ausführen möchten.

---

[9] *springProjekt.zip*

Kapitel 3

Software-Architektur der Beispielanwendung

Im Weiteren erarbeiten wir uns Spring und Hibernate anhand einer Beispielanwendung. Dieses Kapitel führt zunächst in das Beispiel ein und liefert einen ersten Blick auf die High-Level-Architektur. Somit können Sie in den folgenden Kapiteln immer genau verfolgen, an welcher Stelle in unserem System wir uns befinden.

3.1 Opiz – Online-Pizza-Dienst

Bei der Auswahl eines Beispiels kommt ein Autor oft auf die merkwürdigsten Ideen. Es sollte zum einen einfach, verständlich, aber auch nicht ganz so weit weg von der Realität sein. Bei der Erstellung des Buchs hat uns oft der kleine Hunger eingeholt, und wir, die Autoren, haben den Pizza-Bring-Dienst in Anspruch genommen. Leider funktionierte das nur per Telefon, und der Angestellte auf der anderen Seite der Leitung wollte nicht immer verstehen, was wir wollten. Warum gibt es für unseren Pizza-Bring-Dienst noch keinen Online-Service?

Dadurch ist die Idee entstanden, einen Online-Pizza-Service als Webanwendung – *Opiz* – zu realisieren. Dieses Beispiel ist von den fachlichen Modellen und Use-Cases sehr einfach gehalten, erlaubt aber trotzdem, viele Facetten einer Spring/Hibernate-Anwendung zu erläutern. Dabei können auch die einzelnen Schichten der Anwendung relativ selbstständig betrachtet werden, sodass wir die Beispielanwendung Schritt für Schritt aufbauen können.

3.1.1 Fachliche Use-Cases

Das folgende Diagramm zeigt die Use-Cases unserer Beispielanwendung. Es enthält nicht alle Use-Cases, die man von einem Online-Pizza-Dienst erwarten würde, sondern nur die, die in unserem Buch eine Rolle spielen. Die Tatsache, dass sich Kunden und Administratoren im System anmelden müssen, wurde nicht als Use-Case modelliert.

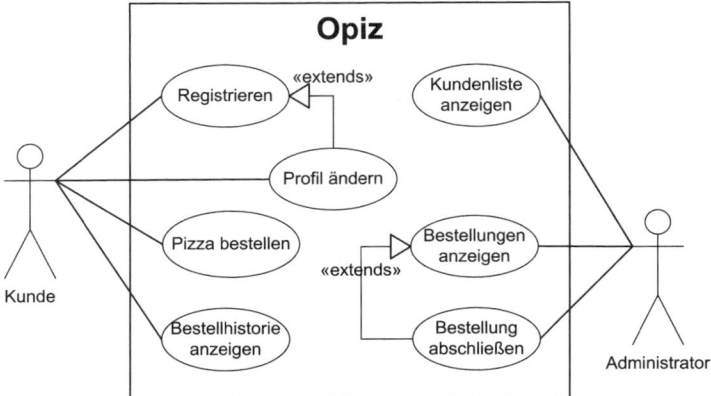

Abbildung 3.1: Die Opiz-Use-Cases

■ *Registrieren* – Bevor ein Kunde eine Pizza bei Opiz bestellen kann, muss er sich im System registrieren. Bei der Registrierung gibt der Kunde seinen Namen und seine Lieferanschrift bekannt, ohne die keine Pizza ausgeliefert werden kann. Damit der Kunde diese Daten nicht bei jeder Bestellung erneut angeben muss, vergibt der Kunde zusätzlich bei der Registrierung einen Benutzernamen mit Passwort, unter dem er sich fortan beim System anmeldet.

■ *Profil ändern* – Hier ändert ein Kunde seine gespeicherten, persönlichen Daten. Dies sind die Daten, die er bei der Registrierung angegeben hat. Auf diesem Weg kann der Kunde sein Passwort ändern.

■ *Pizza bestellen* – Dieser Use-Case (vgl. Abbildung 3.2 auf der nächsten Seite) ist naturgemäß das Herzstück eines Online-Pizza-Dienstes. Ein Kunde gibt eine Bestellung auf, bestehend aus einer Menge von Pizzen. Er wählt dazu entweder eine Pizza aus einer Liste von Standard-Pizzen oder stellt sich aus vorgegebenen Pizzabelägen eine eigene Kreation zusammen. Die Bestellung des Kunden wird mit dem virtuellen Gang zur Kasse und anschließender Bestätigung abgeschlossen. In der Beispielanwendung ist jedoch kein Zahlungsvorgang implementiert, es erfolgt lediglich eine Meldung.

■ *Bestellhistorie anzeigen* – Ein Kunde erhält hier eine Übersicht über alle seine jemals erfolgreich abgeschlossenen Bestellungen.

■ *Kundenliste anzeigen* – Diese Funktionalität steht nur einem Administrator der Anwendung zur Verfügung. Er lässt sich in diesem Fall alle im System gespeicherten Kunden anzeigen.

■ *Bestellungen anzeigen* – Hier kann sich der Administrator einen Überblick über die aktuellen Bestellungen im System verschaffen.

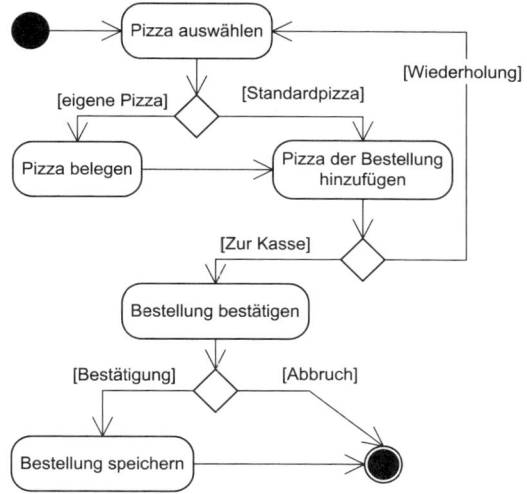

Abbildung 3.2: Der Use-Case *Pizza-Bestellung*

■ *Bestellung abschließen* – Wenn Pizzen erfolgreich an einen Kunden ausgeliefert
wurden, schließt der Administrator die zugehörige Bestellung ab.

3.1.2 Domain-Modell

Die zentralen Konzepte aus den Use-Cases repräsentieren wir wie üblich durch
Klassen. Sie ergeben zusammen unser Domain-Modell. Diese Klassen bilden wir
später mit Hibernate auf die Datenbank ab. Deshalb ist das Domain-Modell so
gewählt, dass wir Ihnen möglichst viele Aspekte, mit denen wir uns in späteren Kapiteln auseinandersetzen, demonstrieren können. Sie finden das Domain-
Modell im UML-Diagramm in Abbildung 3.3.

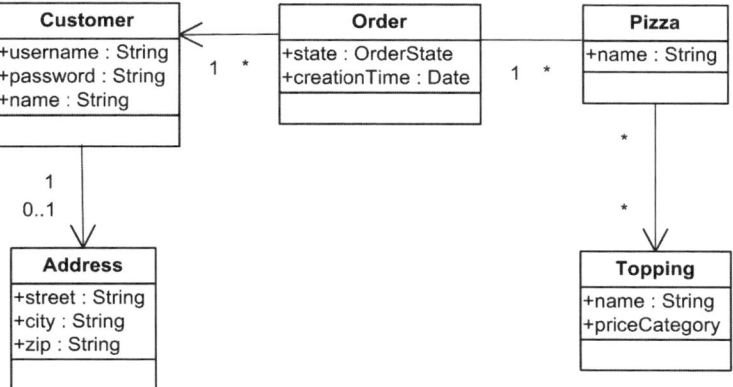

Abbildung 3.3: Das Domain-Modell

Die Klassen des Domain-Modells sind im Einzelnen:

- `Customer` – repräsentiert einen Kunden. Hat die Eigenschaften Benutzername, Kennwort und Name.
  Ein Kunde hat optional eine Anschrift.

- `Address` – die Anschrift eines Kunden.

- `Order` – eine Bestellung. Eine Bestellung hat einen Status (neu, offen, geliefert) und kennt den Zeitpunkt, zu dem sie erstellt wurde.
  Eine Bestellung kennt den Kunden, der sie aufgegeben hat. Außerdem gehört zu ihr eine Menge von Pizzen, die der Kunde für diese Bestellung ausgesucht hat.

- `Pizza` – Ein Objekt vom Typ `Pizza` repräsentiert eine Pizza, die von einem Kunden zusammengestellt und bestellt wurde. Sie hat einen Namen, z. B. „Mafioso". Eine Pizza kennt die Bestellung, zu der es gehört. Außerdem hat sie eine Liste von Belägen, die zu ihr gehören.

  Ein `Pizza`-Objekt stellt genau eine Pizza dar – wenn zwei Bestellungen jeweils eine Pizza „Vier Jahreszeiten" umfassen, haben sie jeweils ein eigenes `Pizza`-Objekt.

- `Topping` – Diese Klasse repräsentiert einen Pizza-Belag wie z. B. „Schinken". Ihre Eigenschaften sind der Belagname und eine Preiskategorie.

  Ein `Topping` kann von mehreren `Pizza`-Objekten benutzt werden. Damit sind Beläge Stammdaten. Eine Pizza kann mehrere Beläge haben.

In unserem Domain-Modell gibt es auch eine Vererbungsbeziehung, die in Grafik 3.4 dargestellt wird.

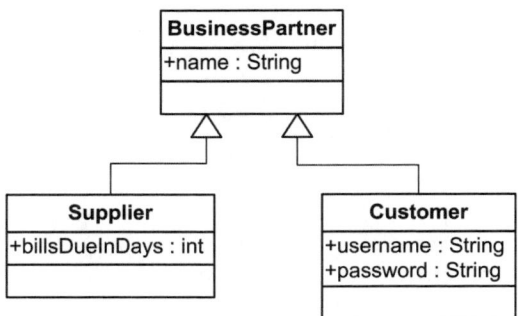

Abbildung 3.4: Vererbung im Domain-Modell

Die beteiligten Klassen lauten:

- `Customer` – dieselbe Klasse für Kunden wie oben.

- `Supplier` – repräsentiert Lieferanten.

- `BusinessPartner` – Kunden und Lieferanten sind beide Geschäftspartner des Online-Pizza-Services. Dies wird durch die gemeinsame Basisklasse

`BusinessPartner` für `Customer` und `Supplier` ausgedrückt. Beide Klassen erben also von `BusinessPartner`.

3.1.3 Organisation in Eclipse

Unsere Beispielanwendung ist in verschiedene Eclipse-Projekte eingeteilt.

- *book-libraries* – Enthält alle notwendigen Third-Party-Libaries für die anderen Projekten.
- *opiz* – Enthält die Hauptklassen der Anwendung.
- *opiz-jsf* – Eine „JavaServer Faces"-basierte Web-Frontend für die Beispielanwendung.
- *opiz-remote* – Klassen rund um das Deployment in einem Applikations-Server.

3.2 Architektur-Überblick

In diesem Abschnitt geht es um die Komponenten unseres Software-Systems und deren Interaktion. Die Software-Architektur ist also ein Modell des Systems. Dadurch können Aussagen über die Strukturen und die grundlegende Organisation des Systems dargestellt werden. Wir werden im ersten Schritt näher auf verschiedene High-Level-Architekturen eingehen und dabei sowohl die System- als auch die Software-Architektur näher betrachten. Die System-Architektur stellt dabei den Aufbau der beteiligten Systeme dar, während die Software-Architektur mehr auf das Design und den inneren Aufbau der eigentlichen Anwendung blickt. Die Konzepte und Vorgehensweisen sind dabei völlig unabhängig von der Implementierung und somit auch von unseren beiden Frameworks Hibernate und Spring.

3.2.1 High-Level-Architektur

Bei der High-Level-Architektur betrachten wir unsere Anwendung aus zwei verschiedenen Perspektiven. Zum einen gehen wir kurz auf die System-Architektur ein, d. h. darauf, welche Systeme für unsere Anwendung erforderlich sind. Mit dem Begriff System sind in diesem Fall Hardware-, System-, Middleware-Komponenten gemeint, die als Basis für Opiz dienen. Zum anderen wollen wir in unsere Anwendung hineinzoomen und einen Blick auf die Software-Architektur werfen.

System-Architektur von Opiz

Bei unserer System-Architektur gibt es grundsätzlich zwei verschiedene Varianten, die in Abbildung 3.5 auf der nächsten Seite dargestellt sind.

Prinzipiell können die Systeme innerhalb des großen Kastens während der Entwicklung bzw. des Tests auch auf einem Hardware-System installiert sein. In einer produktiven Umgebung würden die einzelnen Systeme allerdings auf unterschiedlichen Rechnern zur Verfügung gestellt werden.

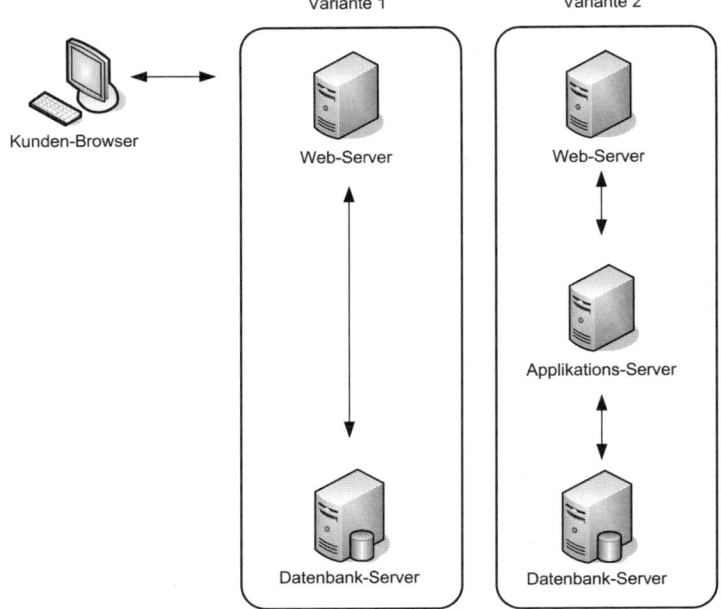

Abbildung 3.5: System-Architektur

Für eine Web-Anwendung ist ein Web-Server, in unserem Fall ein Apache Tomcat, natürlich unerlässlich. Auf diesem System ist unsere Web-Anwendung deployed und kommuniziert über HTTP mit dem Browser unseres Anwenders. Unsere gesamten Daten werden in einer relationalen Datenbank gespeichert. Die beiden Systemarchitekturen unterscheiden sich lediglich durch einen Applikations-Server. Dieser kann genutzt werden, wenn wir bei einer Drei-Schicht-Architektur die Geschäftslogik auf ein eigenes System verlagern und damit für verschiedene Web-Anwendungen verfügbar machen wollen. Unsere Anwendung wird zunächst, aus der Systemsicht, auf der Basis einer 2-Schicht-Architektur entwickelt, d.h. unsere Anwendung befindet sich inklusive der Geschäftslogik auf dem Web-Server. Am Ende unseres Buches werden wir Ihnen aber zeigen, dass wir unsere Geschäftslogik mit wenig Aufwand auf einen JBoss-Applikations-Server portieren können.

Software-Architektur von Opiz

Innerhalb unserer Opiz-Anwendung befinden sich zunächst ebenfalls drei Schichten. Der gesamte Datenbank-Zugriff wird in einer *Data-Access-Schicht* gekapselt. Darauf setzt die *Service-Schicht* auf, um die Geschäftslogik zu implementieren. Für die Interaktion mit einem Benutzer fehlt dann lediglich die *Frontend-Schicht*, in der für die entsprechende grafische Darstellung und spezifische Use-Case-Steuerung gesorgt wird. Diese Aufteilung erlaubt es uns, die Geschäftslogik später einfach auf einen Applikations-Server zu portieren. Dazu wird unsere Service-Schicht von einer dünnen, delegierenden *EJB-Schicht* umwickelt und auf einem Applikations-Server deployed.

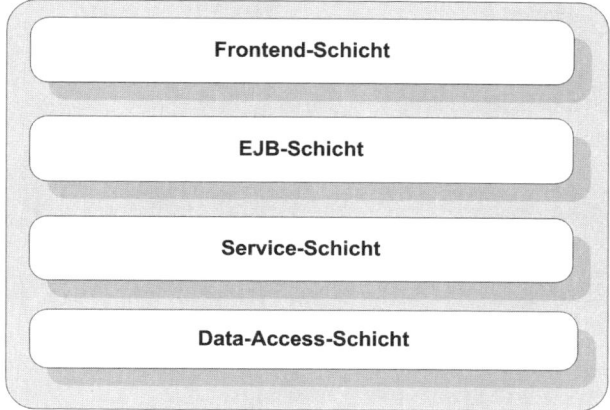

Abbildung 3.6: Software Architektur

3.2.2   Data-Access-Objekt-Schicht

Es ist ein sinnvolles und etabliertes Muster, den Datenbank-Zugriffs-Code in eine eigene Schicht der Anwendungsarchitektur zu verlagern. Diese Schicht ist die sogenannte *Data-Access-Object* Schicht, kurz DAO-Schicht. Die DAO-Schicht verbirgt die Datenbank-Zugriffsart (und die Datenbank) vollständig vor den anderen Schichten. Sie bietet Ihnen eine fachlich orientierte API, die es erlaubt, Informationen aus der Datenbank zu holen oder in der Datenbank zu speichern.

Was sind die Vorteile einer DAO-Schicht?

- Die DAO-Schicht führt alle Zugriffe auf die Datenbank durch. Durch diese Kapselung kann die Datenbankzugriffstechnik bei Bedarf lediglich an einer Stelle angepasst oder sogar ausgetauscht werden.

- Für jede persistente Klasse aus dem Domain-Modell existiert ein eigenes DAO, das den Datenbank-Code für diese Klasse enthält. Diese Strukturierung macht die Wartung einfacher, da es eine klare Definition gibt, welcher Code sich um die *CRUD*[1]-Operationen kümmert.

- Durch die Tatsache, dass die DAO-Methoden keine Geschäftslogik enthalten, können sie in verschiedenen Anwendungen leicht wiederverwendet werden.

- Beim Test der Geschäftslogik können wir den Datenbank-Zugriff in den DAOs durch Mock-Objekte ersetzen. Somit kann ein Unit-Test der Business-Methoden unabhängig von der Datenbank-Anbindung durchgeführt werden.

---

[1]   Create, Read, Update, Delete

Was wird nicht in der DAO-Schicht implementiert?

- Die Methoden in der DAO-Schicht sollten keine Geschäftslogik enthalten und sich auf einem relativ niedrigen Level bewegen. Nur so kann eine Wiederverwendung erreicht werden.

- Die DAO-Methoden werden normalerweise als Teil einer Transaktion aufgerufen und sollten somit keine eigenen Transaktionen beginnen oder beenden. Die Transaktionssteuerung sollte im Rahmen der Geschäftslogik durchgeführt werden.

- Die DAOs sollten keinen veränderlichen Zustand haben (d. h. sie sollten *stateless* sein), da sie aus verschiedenen Threads aufgerufen werden.

Wir werden im Kapitel 7 ausführlich auf die Implementierung der DAO-Schicht mithilfe von Spring und Hibernate eingehen.

3.2.3 Service-Schicht

Die Service-Schicht, die auch oft als Business-Service-Layer bezeichnet wird, kapselt die Geschäftslogik und verwendet die eben bereits beschriebenen Data-Access-Objects. Für einfache CRUD-Operationen wirkt diese Service-Schicht wie eine unnötige Schicht um die DAO-Schicht. Trotzdem bringt sie einige wichtige Vorteile:

- Wenn die Präsentationsschicht Geschäftslogik enthält, führt das häufig zur Code-Duplizierung mit der Folge, dass die Geschäftslogik schnell nur noch schwer zu ändern ist. Mit der Service-Schicht lösen wir die Geschäftslogik aus der Präsentationsschicht heraus, fassen sie an separater Stelle zusammen und umgehen dieses Problem.

- Die Geschäftslogik lässt sich leichter testen, wenn sie in einer eigenen Schicht liegt, als wenn sie mit Präsentations-Code vermischt ist.

- Die Service-Schicht legt fest, welche Operationen für die Präsentationsschicht zur Verfügung stehen. Oftmals ist es gar nicht gewünscht, dass aus der Präsentationsschicht alle Methoden der Data-Access-Objects aufgerufen werden können. Mithilfe der Service-Schicht können wir ein einheitliches Interface für alle Frontends zur Verfügung stellen, die dort fachliche Funktionen aufrufen.

- An eine Service-Methode können wir Aspekte, wie z. B. Transaktions-Support, binden. Ein Service ruft oftmals verschiedene DAO-Methoden auf, die alle innerhalb einer Transaktion ausgeführt werden sollen. Deshalb ist diese Abstraktion sinnvoll.

- In einer realen Anwendung ist das Ändern eines Datensatzes oftmals mit weiteren Aktionen verbunden. So könnte es z. B. nötig sein, dass nach einer Änderung eine E-Mail-Benachrichtigung gesendet wird. Diese fachliche Anforderung ist ein gutes Beispiel für den Nutzen eines Services. Die Service-Methode ändert zum einen den Datensatz und sendet zum anderen zusätzlich die Benachrichtigung, ohne dass sich das Frontend darum kümmern müsste.

■ Für die Implementierung von Business-Regeln ist die Service-Schicht ebenfalls ein sehr guter Ort. So können wir uns z. B. vorstellen, dass bei der Anlage eines E-Mail-Kontos dessen E-Mail-Adresse geprüft werden soll, ob sie noch keinem anderen Benutzer zugeordnet wurde. Die zuständige DAO-Methode sucht lediglich nach einer E-Mail-Adresse und speichert sie. Unser Service dagegen koordiniert die DAO-Aufrufe, indem er die Überprüfung durchführt und, falls nötig, eine `DuplicateEmailException` wirft.

Auch wenn es eventuell im ersten Augenblick ein wenig übertrieben wirkt, würden wir immer empfehlen, eine Service-Schicht in das System zu integrieren. Dadurch ist die Geschäftslogik nicht direkt in der Präsentationsschicht implementiert (z. B. Action-Klassen bei Struts) und kann ohne Probleme durch andere Web-Frameworks oder sogar mit Rich-Client-Plattformen verwendet werden.

Bei der Entwicklung einer Service-Schicht sollten zunächst die einzelnen Services mit ihren Methoden definiert und als Schnittstelle bereitgestellt werden. Das Kapitel 8 widmet sich der Implementierung der Service-Schicht. Zusätzlich geht es umfangreich auf Themen wie Transaktionen und AOP im Rahmen von Services ein.

3.2.4   Präsentationsschicht bei Web-Anwendungen

Für die Präsentationsschicht bei Web-Anwendungen werden üblicherweise Frameworks eingesetzt. Bekannte Vertreter sind Struts, JavaServer Faces und Web-Work. Auch Spring hat mit Spring MVC ein eigenes Web-Framework im Köcher. Das Framework gibt für diese Schicht naturgemäß die Struktur vor. Bei vielen Frameworks hat sich eine spezielle, für das Web angepasste, Form des Model-View-Controller-Design-Musters (MVC[2]) durchgesetzt. Diese Variante ist insofern spezialisiert, als sie der Tatsache Rechnung trägt, dass man sich hier mit dem zustandslosen HTTP-Protokoll herumschlagen muss. Das Modell kann die View nicht direkt über Änderungen unterrichten, sodass hier ein anderer Weg verfolgt wird. Der Controller nimmt die Anfrage vom Browser entgegen, stößt die Service-Schicht an und verändert das Modell. Die View übernimmt die Aufgabe, die Antwort für den Browser-Client aufzubereiten.

Im Folgenden werden die wichtigsten Aufgaben der Web-Präsentationsschicht dargestellt und gegenüber den anderen Schichten abgegrenzt.

■ Die Hauptaufgabe der Präsentationsschicht liegt im Verarbeiten der Anfragen (Request) eines Benutzers und der Erzeugung einer Antwort-Seite (Response). Die Schicht stellt den Controller zur Verfügung, der die Anfragen in die Service-Schicht delegiert. Die Präsentationsschicht selbst enthält keine Geschäftslogik.

---

[2] http://de.wikipedia.org/wiki/Model_View_Controller

- Die Präsentationsschicht ordnet Anfragen einer Benutzersitzung (HTTP-Session) zu und überwindet so die Zustandslosigkeit des HTTP-Protokolls. Das Modell im Sinne des MVC-Konzepts liegt in der Benutzersitzung und damit in der Präsentationsschicht.

- Die Präsentationsschicht behandelt Ausnahmen und Fehler der darunter liegenden Schichten. Im besten Fall wandelt sie Fehler in benutzerfreundliche Fehlermeldungen um.

- Die Präsentationsschicht übernimmt einfache Validierungen von Benutzereingaben, wobei sie sich auf die Prüfung der Einhaltung von Formaten und Längenbegrenzungen beschränkt. Komplexere Validierungen, die Regeln der Geschäftslogik enthalten, finden in der Service-Schicht statt.

- Die Präsentationsschicht führt keine direkten Anfragen über JDBC oder Hibernate an die Datenbank durch. Es kann aber sinnvoll sein, in der Präsentationsschicht rein lesenden Zugriff über die DAO-Schicht zuzulassen. Das spart in den Services viele Methoden, die einen Aufruf ohne zusätzliche Logik in das DAO einfach nur durchschleusen würden.

- Die Präsentationsschicht enthält kein Transaktionsmanagement. Die Transaktionen werden ausschließlich in der Service-Schicht gestartet und beendet.

Kapitel 4

Einführung in Hibernate

In letzter Zeit taucht der Begriff Hibernate immer häufiger in verschiedenen Fach-artikeln und anderen Veröffentlichungen auf. Gleichzeitig entstehen mehr und mehr Software-Architekturen, die Hibernate als Persistenz-Framework einsetzen. In diesem Kapitel wollen wir Ihnen die Aufgaben und Möglichkeiten von Hiber-nate kurz erläutern. Dazu werden wir auch einen ersten Blick auf die Architektur von Hibernate und deren Bestandteile werfen. Ziel dieses Kapitel ist es, dass Sie ein Verständnis dafür bekommen wie Hibernate arbeitet.

4.1 Hibernate als O/R-Mapper

Zu jeder Software-Architektur gehört fast immer eine relationale Datenbank, die für die Persistenz der verschiedenen Stamm- bzw. Bewegungsdaten verantwort-lich ist. Für die Manipulation dieser Datenbestände (Einfügen, Bearbeiten und Löschen) sowie für die Abfrage der Daten steht mit der SQL (Structured Query Language) ein sehr mächtiges Sprachinstrument zur Verfügung. Jeder einzelne Entwickler muss für die Abbildung dieser relationalen Daten auf seine objekt-orientierten Daten innerhalb der Anwendung sorgen. Ein Framework, das diese Aufgabe automatisiert übernimmt, wird O/R-Mapper genannt. Mit der Zeit sind verschiedenste O/R-Mapper entstanden, die zum Teil einen sehr generischen An-satz verfolgen und somit für viele fachliche und technische Umgebungen geeignet sind.

Wir wollen uns in diesem Buch mit Hibernate beschäftigen. Hibernate, ein Open-Source-Produkt, ist einer der bekanntesten O/R-Mapper und bietet dem Entwick-ler eine objektorientierte Sicht auf Tabellen und Beziehungen in einem relationa-len Datenbank-Management-System. Doch welche Vorteile bietet uns Hibernate als O/R-Mapper und warum sollten wir uns gerade diesem Produkt widmen?

■ Hibernate generiert die entsprechenden SQL-Anweisungen für uns und be-freit uns von der manuellen Behandlung der JDBC-Ergebnisse. Bei der Gene-

rierung der SQL-Anweisungen verwendet Hibernate Datenbankdialekte und
abstrahiert auf diese Weise ein konkretes Datenbankprodukt. Der Gewinn liegt
in einer einfachen Portabilität bezüglich der verschiedenen Datenbanken. Allerdings versucht Hibernate nicht, die gesamte Stärke von SQL zu verstecken.
Der Entwickler hat jederzeit die Möglichkeit, an geeigneten Stellen selbst den
Datenbankzugriff direkt zu optimieren und noch besser an seine Bedürfnisse
anzupassen.

■ Im Gegensatz zu vielen anderen Persistenz-Frameworks können die verschiedenen fachlichen Klassen als einfache POJOs (Plain Old Java Objects) mit
einem Default-Konstruktor realisiert werden. Sie müssen keine Hibernate-
spezifische Basisklasse implementieren oder erweitern. Es ist also nicht notwendig, das fachliche Objekt-Modell von Hibernate abhängig zu machen.

■ Hibernate bietet technisch ausgefeilte Abfrage-Möglichkeiten, um die für den
jeweiligen Anwendungsfall benötigten Daten zu erhalten. Dabei kann sich
der Entwickler auf die an SQL angelehnte objektorientierte Abfragesprache
HQL (Hibernate Query Language) stützen oder mithilfe der Criteria-API programmatisch entsprechende Abfragen aufbauen. Ein Highlight ist sicherlich
die Möglichkeit, mithilfe von Example-Objekten eine Abfrage abzusetzen, die
Objekte findet, die ähnlich dem Example-Objekt sind. Sollten diese umfangreichen Möglichkeiten nicht ausreichen, ist es auch weiterhin erlaubt, direkt eine
SQL-Abfrage an das System zu senden.

■ Hibernate ist in der Lage, aus dem O/R-Mapping das Datenbankschema für
eine bestimmte Datenbank zu generieren. Umgekehrt existieren Werkzeuge,
die das Mapping aus einem bestehenden Datenbankschema erzeugen. Der
letztere Weg ist naturgemäß holpriger, aber für nicht komplett exotische Da-
tenbankschemata durchaus gangbar. Hier helfen die umfangreichen Konfigurationsmöglichkeiten von Hibernate.

■ Gerade im Bereich von Datenbanken spielen Begriffe wie Transaktionen, Poo-
ling und Caching eine große Rolle. Hibernate bietet hier die Möglichkeit, mit
verschiedensten Implementierungen zusammenzuarbeiten. Hibernate stellt
für die unterschiedlichen Aufgaben Schnittstellen zur Verfügung, über die ex-
terne Dienste angebunden werden können.

■ Generell spielt es für Hibernate keine Rolle, ob es innerhalb einer Managed-
Umgebung (z. B. JBoss) oder in einer Non-Managed-Umgebung eingesetzt
wird. Allerdings bringt Hibernate eine herausragende JEE-Integration mit.
Durch die Tatsache, dass Hibernate aktiv den EJB 3.0-Prozess begleitet, stellt
es bereits heute eine erste Preview-Implementierung der EJB 3.0-Persistence-
Provider-API bereit und kann somit als Persistence-Provider innerhalb eines
EJB 3.0-Containers dienen. Hibernate kann innerhalb einer JEE-Architektur
auch mithilfe der JMX-Integration konfiguriert und gesteuert werden.

4.2   Überblick über die Hibernate-Architektur

Die Abbildung 4.1 zeigt einen Überblick über die verschiedenen Konzepte, die von Hibernate verwendet werden. In diesem Abschnitt wollen wir Ihnen diese ein wenig näher bringen, damit Sie eine grobe Vorstellung davon haben, was sich hinter den einzelnen Begriffen versteckt.

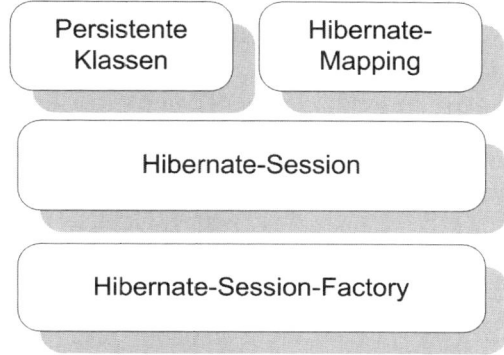

Abbildung 4.1: High-Level-Überblick über die Hibernate-API

4.2.1   Persistente Klassen

Die persistenten Klassen spielen bei einem O/R-Mapper eine zentrale Rolle, obwohl sie vom Aufbau sehr einfach sind. Sie enthalten oftmals nur eine Sammlung von Eigenschaften und entsprechenden Getter- und Setter-Methoden und folgen somit der Java-Beans-Spezifikation. Allerdings müssen die Zugriffsmethoden im Gegensatz zu dieser Spezifikation nicht *public* sein, da Hibernate sie auch verwenden kann, wenn sie *private* sind. Damit Hibernate die Klassen später auch instanziieren kann, müssen sie einen Default-Konstruktor besitzen.

Diese Klassen enthalten die Daten, die in der Datenbank gespeichert werden soll und stellen somit unser Domain-Modell dar. Als einfaches Beispiel stellen wir uns eine Pizza-Klasse vor, die neben einer eindeutigen Identifikationsnummer noch einen Namen besitzt. Wie bereits erwähnt, handelt es sich bei den persistenten Klassen um einfache Java-Objekte, die wir von keiner Hibernate-Klasse ableiten müssen.

Optional stellt Hibernate zwei Interfaces bereit, die von einer persistenten Klasse implementiert werden können. Die Schnittstelle `org.hibernate.classic.-Lifecycle` ermöglicht dem Entwickler, bei einer Klasse eventuell gewünschte Initialisierungs- bzw. Aufräumarbeiten durchzuführen, nach dem die Instanz von Hibernate gespeichert oder geladen wurde und bevor sie gelöscht oder aktualisiert wird. Soll eine Instanz einer persistenten Klasse vor dem Speichern in der Datenbank noch die Möglichkeit erhalten, ihre Parameter mithilfe bestimmter Prüfungen zu validieren, dann kann das Interface `org.hibernate.classic.-Validatable` implementiert werden.

In der Praxis würden wir Ihnen aber zunächst davon abraten, diese Interfaces zu verwenden, da die persistenten Klassen damit eine direkte Abhängigkeit zu Hibernate erhalten.

4.2.2 Die Hibernate-Session

Die Hibernate-`Session`[1] ist für den Entwickler die primäre Schnittstelle (Primary API) zu Hibernate. Mithilfe der `Session` können Objekte aus der Datenbank gelesen bzw. Änderungen an Objekten persistiert werden. Die folgende Tabelle zeigt die wichtigsten Operationen, die über eine `Session` ausgelöst werden können:

Tabelle 4.1: Die wichtigsten Methoden der Hibernate-Session

Funktion	Methode	Beschreibung
SELECT	Session.load(Class, Object)	Liest ein Objekt anhand des Primärschlüssels aus der Datenbank.
SELECT	Session.createQuery(String)	Erstellt eine Abfrage.
INSERT	Session.save(Object)	Speichert ein neues Objekt in der Datenbank.
DELETE	Session.delete(Object)	Löscht ein Objekt aus der Datenbank.
INSERT UPDATE DELETE	Session.flush()	Synchronisiert den Status der Objekte mit der Datenbank.

Neben der Funktion als Bindeglied zwischen der Datenbank und unserer Anwendung stellt die `Session` auch eine Factory für `Transaction`-Instanzen bereit. Gleichzeitig ist eine konkrete `Session`-Instanz nicht thread-safe und darf nur von einem Thread verwendet werden.

4.2.3 Hibernate-Session-Factory

Die `SessionFactory`[2] lädt und hält alle O/R-Mappings. Sie ist der Erzeuger der bereits erwähnten `Session`-Klasse. Im Gegensatz zur `Session` enthält unsere Anwendung genau eine `SessionFactory`, die als thread-safe und unveränderlich angesehen werden kann. Das bedeutet, dass die `SessionFactory` beim Start der Anwendung einmalig instanziiert und konfiguriert wird. Die dafür notwendige Konfiguration sollte im Klassenpfad als Property-Datei (z. B. *hibernate.properties*) oder als XML-Datei (z. B. *hibernate.cfg.xml*) vorliegen. Innerhalb dieser Datei werden die Datenbank-Verbindung sowie verschiedene weitere Einstellungen konfiguriert, was wir uns in der Folge noch genauer ansehen werden.

---

[1] `org.hibernate.Session`
[2] `org.hibernate.SessionFactory`

Zusätzlich ist die `SessionFactory` in der Lage, als Daten-Cache zwischen verschiedenen Transaktionen zu fungieren. Für diese Funktionalität greift Hibernate auf verschiedene Cache-Provider, wie z. B. EHCache, OSCache oder JBoss-TreeCache, zurück. Dieser Cache wird als Second-Level-Cache bezeichnet, da sich bereits innerhalb der Hibernate-Session der sogenannte First-Level-Cache befindet. Die Tatsache, dass der Second-Level-Cache direkt an die Session-Factory gebunden ist, hat zur Folge, dass dieser Cache so lange existiert, wie die Session-Factory lebt.

4.2.4 Hibernate-Mapping

Die Grundidee von O/R-Mapping ist, objektorientierte Klassen und ihre Eigenschaften auf Tabellen und Spalten einer relationalen Datenbank abzubilden. Vereinfacht gesagt, stellt ein O/R-Mapper einen Datensatz aus der Datenbank durch ein entsprechendes Objekt dar. Indem wir Änderungen am Objekt vornehmen, manipulieren wir letztlich den entsprechenden Inhalt einer Datenzeile.

Ein Merkmal von O/R-Mappern ist, dass sie keine starre 1:1-Beziehung von Klasse zu Tabelle und Eigenschaft zu Spalte erzwingen. Sie bieten an dieser Stelle eine erhebliche Flexibilität. Wie diese Abbildung aussieht, definiert der Entwickler im sogenannten Mapping. Es bildet die Brücke zwischen der Java- und der Datenbankwelt und bekommt dadurch die entscheidende Rolle innerhalb der Hibernate-Konfiguration.

Die Abbildung 4.2 veranschaulicht ein einfaches Mapping für unsere `Pizza`-Klasse.

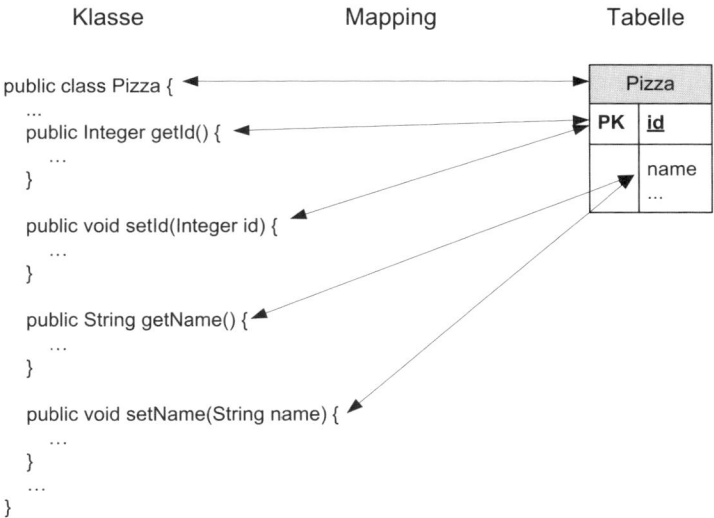

Abbildung 4.2: Abbildung zwischen Klassen und Tabellen durch das Mapping

In der Grafik bildet das Mapping die `Pizza`-Klasse auf die `pizza`-Tabelle und die Eigenschaften `id` und `name` auf die gleichnamigen Spalten ab.

Bei Hibernate legen wir unter anderen folgende Information im Mapping ab:

■ Die Abbildung von Klassen auf Tabellen

■ Die Abbildung von Eigenschaften auf Spalten

■ Beschränkungen für Eigenschaften und Spalten, z. B. Not Null, Unique usw.

■ Die Beziehungen zwischen den Tabellen und wie diese mit Java repräsentiert werden sollen – als Objektreferenz, als Collection usw.

Außer für das eigentliche O/R-Mapping verwenden die Hibernate-Tools, die als Zusatzpaket verfügbar sind, diese Daten auch zur Erstellung des Datenbank-Schemas und zur Generierung von Java-Klassen.

4.3   Hibernate in der Praxis

Was bedeutet all das für unsere Anwendung? Als Beispiel benutzen wir die Pizza-Klasse aus Opiz. Sie wird unsere erste persistente Klasse. Pizza präsentiert sich im folgenden Listing als einfache Java-Bean mit zwei Eigenschaften.

```java
public class Pizza {
    private Integer id;
    private String name;

    /** Konstruktor für eine Pizza.  */
    public Pizza() {
    }

    /** Der Primary Key.  */
    public Integer getId() {
        return id;
    }

    public void setId(Integer anId) {
        this.id = anId;
    }

    /** Der Name der Pizza.  */
    public String getName() {
        return name;
    }

    public void setName(String name) {
        this.name = name;
    }

}
```

Damit Hibernate eine Java-Klasse als persistente Klasse benutzen kann, müssen wir ein paar Spielregeln einhalten:

■ Die Klasse muss einen Default-Konstruktor oder gar keinen Konstruktor haben, um Hibernate die Instanziierung per Reflection zu ermöglichen. Die Sichtbarkeit (*public*, *private*, ...) spielt hier keine Rolle.

- Die Klasse muss die Property-Konvention einhalten. Ein Property ist ein abstraktes Konzept mit einem Namen und einem Typ. Eine Klasse hat ein Property `xyz`, wenn sie die Methoden `setXyz` und `getXyz` bzw. bei einem Boolean `isXyz` statt `getXyz` mit einem entsprechenden Typ bereitstellt. Die Werte der Properties halten wir typischerweise in Instanzvariablen, die als *private* markiert sind.

- Jede persistente Klasse benötigt zur Identifizierung ihrer Objekte ein spezielles Property, das sich Identifier-Property nennt und den Primärschlüssel aufnimmt.

- Persistente Klassen benötigen keine gemeinsame Basisklasse und müssen auch kein spezielles Interface implementieren.

Wenn wir die `Pizza`-Klasse auf die Spielregeln untersuchen, so stellen wir fest, dass alle Regeln eingehalten wurden. Wir haben einen Default-Konstruktor. Die beiden Properties `id` und `name` haben die nötigen Getter und Setter und mit dem Property `id` wird ein Identifier-Property zur Verfügung gestellt.

Dass persistente Klassen keine gemeinsame Basisklasse und kein gemeinsames Interface benötigen, heißt aber nicht, dass dies verboten wäre. Es kann z. B. durchaus sinnvoll sein, eine gemeinsame Basisklasse, wie `AbstractPersistent` mit Standard-Properties einzuführen. In diesem Buch machen wir davon allerdings keinen Gebrauch.

4.3.1   Mapping mit Annotations

Als nächsten Schritt wollen wir ein Mapping für die `Pizza`-Klasse definieren. Das folgende Bild zeigt die Tabelle, auf die wir unsere `Pizza`-Klasse abbilden:

pizza	
PK	<u>id</u>
	name

Die Tabelle `pizza` hat zwei Spalten. Die `id`-Spalte ist numerisch und bildet den Primärschlüssel. In der Grafik ist sie deshalb mit dem Kürzel „PK" gekennzeichnet. Die zweite Spalte `name` ist vom Typ `varchar`.

Die entsprechende SQL-Anweisung, um die Tabelle zu erzeugen, lautet:

```
create table pizza (
    id numeric(8) not null,
    name varchar(127),
    primary key (id))
```

In den Tests überlassen wir es Hibernate, aus den Mapping-Daten das Datenbankschema zu generieren. Wir könnten diese Tabelle mit der SQL-Anweisung natürlich auch von Hand erstellen.

Das zu erstellende Mapping soll Folgendes festlegen:

- Die `Pizza`-Klasse wird auf die `pizza`-Tabelle gemappt.

- `id` ist der Primärschlüssel bzw. Identifier.

- Das `id`-Property wird auf die `id`-Spalte gemappt.

- Entsprechend wird `name` auf `name` gemappt.

Um diese Informationen Hibernate zu vermitteln, bieten sich uns zwei verschiedene Möglichkeiten. Der klassische Weg für ein Hibernate-Mapping ist eine XML-Datei, die zu jeder persistenten Klasse die entsprechende Information enthält. Am Ende des nächsten Kapitels gibt es dazu ein Beispiel.

Im Buch verwenden wir den moderneren Weg über Java 5-Annotations. Mit ihrer Hilfe lässt sich das Mapping direkt in den Java-Klassen angeben. Wir bevorzugen diesen Ansatz aus drei Gründen:

- Wir können uns auf eine Datei beschränken, anstatt zwischen Java- und Mapping-Datei hin und her wechseln zu müssen.

- Wir müssen die Property-Namen nur an einer Stelle angeben, nicht an zwei. Dadurch beseitigen wir eine Fehlerquelle.

- Annotations sind beim Java Persistence API (JPA), auf dem EJB3 basiert, das Mittel der Wahl und die meisten mit Hibernate verwendeten Annotations stammen direkt aus dem JPA-Standard. Damit sind unsere gemappten Klassen weitgehend JPA-konform.

Nachteilig an dem Annotations-Ansatz ist, dass wir Getter- und Setter-Methoden sowie `equals`, `hashCode` und `toString` selbst schreiben und pflegen müssen. Die Vorteile überwiegen aber die Nachteile.

Erweitern wir also die `Pizza`-Klasse um Mapping-Annotations:

```java
@Entity
@Table(name = "pizza")
public class Pizza {
    private Integer id;
    private String name;

    /** Konstruktor. */
    public Pizza() {
    }

    /** Der Primary Key. */
    @Id
    @GeneratedValue(strategy = GenerationType.AUTO)
    public Integer getId() {
        return id;
    }

    public void setId(Integer anId) {
        this.id = anId;
    }
```

```
    /** Der Name der Pizza. */
    @Column(name = "name")
    public String getName() {
        return name;
    }

    public void setName(String name) {
        this.name = name;
    }
}
```

Damit Hibernate die `Pizza`-Klasse als persistent erkennt, markieren wir sie mit der `@Entity`-Annotation. Dies ist eine Standard-Annotation aus der JPA und kommt aus dem Package *javax.persistence*, so wie die meisten Mapping-Annotations. Mit der nächsten Annotation *@Table* geben wir den Namen der Tabelle an, auf die die Klasse gemappt werden soll. Weil Klasse und Tabelle den gleichen Namen haben, könnten wir in diesem Fall auf die Angabe einer Tabelle mit `@Table` verzichten.

Danach markieren wir die Getter-Methode für das Property `id` mit `@Id`. Dadurch erkennt Hibernate `id` als das Identifier-Property. Weil Hibernate per Voreinstellung annimmt, dass die Property- und Spaltennamen gleich sind, brauchen wir den Spaltennamen hier nicht anzugeben. Wichtig ist hier noch einmal, dass die Hibernate-Annotation für ein Property bei der Getter-Methode angegeben wird und nicht beim Klassenfeld.

`@GeneratedValue` definiert, dass wir den Primärschlüssel nicht selbst bereitstellen, sondern von Hibernate automatisch generieren lassen wollen. Das Verfahren dafür lassen wir Hibernate selbst aussuchen (*strategy = AUTO*). Die verschiedenen Primärschlüsselgenerierungsverfahren betrachten wir im nächsten Kapitel genauer.

Danach mappen wir das `name`-Property. Per Voreinstellung sind alle Properties persistent. Wir bräuchten deshalb für `name` keine Mapping-Informationen angeben. Zur Veranschaulichung des Mapping-Konzepts geben wir trotzdem die `@Column`-Annotation an, die den Spaltennamen festlegt.

4.3.2   Konfiguration der Session-Factory

Nun haben wir eine kommentierte `Pizza`-Klasse mit der nötigen Mapping-Information und eine passende Tabelle. Jetzt fehlt uns nur noch eine Sache. Hibernate benötigt eine Datei, die die oben beschriebene `SessionFactory` konfiguriert. Diese enthält die Parameter für die Datenbank-Verbindung (JDBC-Treiber, URL, Username und Password). Zusätzlich müssen wir dort noch unsere gemappten Klassen auflisten, damit Hibernate mit ihnen arbeiten kann. Üblicherweise heißt die Datei *hibernate.cfg.xml* und liegt im *CLASSPATH* im Wurzelverzeichnis, sodass die `SessionFactory` sie dort automatisch finden kann.

Hier finden Sie ein Beispiel für die *hibernate.cfg.xml*:

```
1  <!DOCTYPE hibernate-configuration PUBLIC
2      "-//Hibernate/Hibernate Configuration DTD 3.0//EN"
3      "http://hibernate.sourceforge.net/hibernate-configuration-3.0.dtd">
```

```
 4   <hibernate-configuration>
 5      <session-factory>
 6
 7         <!-- Datenbank Connection Einstellungen -->
 8         <property name="connection.driver_class">
                org.hsqldb.jdbcDriver</property>
 9         <property name="connection.url">jdbc:hsqldb:mem:pizza</property>
10         <property name="connection.username">sa</property>
11         <property name="connection.password"></property>
12
13         <property name="hibernate.dialect">
                org.hibernate.dialect.HSQLDialect</property>
14
15         <!-- Zusaetzliche Hibernate-Properties -->
16         <property name="hibernate.show_sql">true</property>
17         <property name="hibernate.format_sql">true</property>
18         <property name="hibernate.hbm2ddl.auto">create</property>
19
20         <!-- Auflistung der gemappten Klassen -->
21         <mapping class="de.hanser.buch.opiz.domain.Pizza"/>
22
23      </session-factory>
24   </hibernate-configuration>
```

Zunächst definiert die Datei die DTD, damit der XML-Parser den Inhalt validieren kann. Dann kommt im Element *<session-factory>* eine Folge von *<property>*-Elementen, deren Bedeutung exakt den Einträgen einer *properties*-Datei entspricht: Sie definieren jeweils ein Name/Wert-Paar, also ein Property. Die ersten Einträge definieren die Eigenschaften der JDBC-Verbindung:

■ *connection.driver_class* – der Klassenname des JDBC-Treibers

■ *connection.url* – die URL

■ *connection.username* – der Benutzername

■ *connection.password* – das Passwort

In dem Beispiel verwenden wir eine HSQL-Datenbank mit den entsprechenden Einstellungen (Zeilen 8–11).

Das nächste *<property>*-Element *hibernate.dialect* definiert den SQL-Dialekt, den Hibernate mit der Datenbank sprechen soll. Über den Dialekt passt sich Hibernate an die Besonderheiten der jeweiligen SQL-Implementation an. Der Dialekt für Oracle 8 setzt zum Beispiel die in Oracle proprietäre Syntax für Outer Joins um.

Mit dem nächsten *<property>*-Element *hibernate.show_sql* schalten wir das Logging der von Hibernate generierten SQL-Anweisungen ein. Das folgende Property *hibernate.format_sql* sorgt dabei für eine gut lesbare Darstellung mit Einrückungen.

Das letzte *<property>*-Element *hibernate.hbm2ddl.auto* lässt Hibernate bei der Initialisierung der `SessionFactory` das Datenbankschema neu erzeugen. Dies ist für uns besonders nützlich, weil wir in diesem Buch häufiger Änderungen am Schema vornehmen. Für eine Produktionssituation ist das aber gefährlich, weil bei dem Neuerzeugen der Tabellen alle Daten verloren gehen.

Nach den Properties listen wir mit dem Element *<mapping>* alle persistenten Klassen auf, um sie Hibernate bekannt zu machen. Da wir bis jetzt nur eine persistente Klasse haben, haben wir auch nur ein *<mapping>*-Element.

> *Achtung!*
> Die angegebene Konfiguration verwendet die HSQL-Datenbank in der Memory-Variante. Das heißt, die Datenbank speichert ihre Tabellen im RAM. Dadurch sind alle Operationen sehr schnell, was für Tests wunderbar ist. In der Konsequenz sind aber nach dem Ende der Tests auch alle gespeicherten Daten wieder verloren. Sie haben deshalb keine Möglichkeit, sich mit einem separaten Tool die Tabelleninhalte anzusehen.

4.3.3   Verzeichnisstruktur

Damit haben wir alle benötigten Teile zusammen. Nun soll noch kurz die Verzeichnisstruktur unseres Projekts zusammengefasst werden.

- Der Quelltext für die `Pizza`-Klasse *Pizza.java* liegt im Source-Verzeichnis in einem Unterverzeichnis entsprechend dem Package-Namen *de.hanser.buch.opiz.domain*.

- *hibernate.cfg.xml* liegt im Source-Verzeichnis im Wurzelverzeichnis, damit die Datei beim Compiler-Lauf im *CLASSPATH* landet.

- Testklassen, die darauf aufbauen, erscheinen ebenfalls im Source-Verzeichnis oder in einem separaten Test-Verzeichnis.

Abbildung 4.3 auf der nächsten Seite stellt unsere Verzeichnisstruktur grafisch dar, wobei wir *src* als Source- und *test* als separates Test-Verzeichnis verwenden. Diese Struktur finden Sie auch im Begleit-Quelltext wieder. Als Grundlage für ein Eclipse-Projekt können Sie das in Kapitel 2 beschriebene Basis-Projekt importieren.

4.3.4   Initialisierung der Session-Factory

Als Nächstes wollen wir eine `SessionFactory` initialisieren und eine `Session` öffnen. Dazu laden wir zunächst die Konfiguration aus der Datei *hibernate.cfg.xml*:

```
AnnotationConfiguration configuration = new AnnotationConfiguration();
configuration.configure();
```

Der Dateiname ist bei Hibernate auf *hibernate.cfg.xml* voreingestellt. Nun können wir die `SessionFactory` initialisieren:

```
SessionFactory sessionFactory = configuration.buildSessionFactory();
```

Für unsere Tests verwenden wir auch gerne folgende Kurzschreibweise:

```
SessionFactory sessionFactory = new
    AnnotationConfiguration().configure().buildSessionFactory();
```

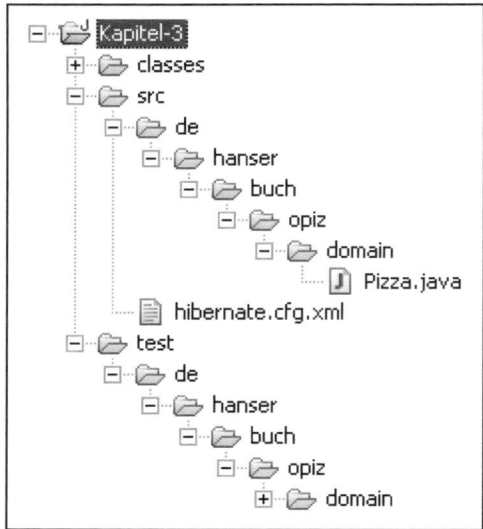

Abbildung 4.3: Verzeichnisstruktur unseres Projekts

Als Nächstes können wir mit der `SessionFactory` eine `Session`, die zentrale
Schnittstelle zu Hibernate, öffnen:

```
Session session = sessionFactory.openSession();
```

Jetzt steht der Benutzung unserer gemappten Klasse nichts mehr im Wege. In den
nächsten Abschnitten sehen wir uns an, wie wir mit der `Session` die grundlegenden Datenbank-Operationen, die sogenannten CRUD-Operationen (Create, Read,
Update, Delete), ausführen.

4.3.5 Speichern eines Objekts

In unserem ersten Test wollen wir eine Pizza in die Datenbank einfügen. Wir formulieren den Test mit JUnit. Dazu legen wir uns einen JUnit-Test in einer Klasse
de.hanser.buch.opiz.domain.SaveTest an und starten mit einer leeren Testmethode:

```
public class SaveTest extends TestCase {
    public void testSave() {
    }
}
```

In dieses JUnit-Fragment schreiben wir unseren Code.

Als Erstes öffnen wir eine `Session` wie oben:

```
Session session = sessionFactory.openSession();
```

Alle Aktionen mit einer Session sollen bei Hibernate innerhalb einer Transaktion
ablaufen. Deshalb öffnen wir eine Transaktion:

```
Transaction transaction = session.beginTransaction();
```

Als Nächstes erzeugen wir das `Pizza`-Objekt, das wir in die Datenbank einfügen wollen:

```
Pizza pizza = new Pizza();
pizza.setName("Thunfisch");
```

Weil der Primärschlüssel von Hibernate generiert wird, belegen wir nur das `name`-Property, während der Wert für `id` *null* bleibt.

Nun wird es interessant: Wir speichern das `Pizza`-Objekt. Dafür bietet das `Session`-API die Methode `save`:

```
Serializable save(Object object) throws org.hibernate.HibernateException
```

Die Methode `save` fügt ein Objekt in die Datenbank ein, das dort noch nicht existiert. Dazu erzeugt die Methode ein `INSERT`-Statement. Da wir automatisch generierte Primärschlüssel verwenden, generiert `save` vorher einen Identifier und weist ihn dem Identifier-Property zu. Wir erweitern also unseren Test um einen Aufruf von `save`:

```
session.save(pizza);
```

Wenn die `save`-Methode ihre Arbeit gemacht hat, darf das `id`-Property nun nicht mehr *null* sein:

```
assertNotNull(pizza.getId());
```

Das war es im Wesentlichen. Am Ende müssen wir lediglich die Transaktion festschreiben und die `Session` sowie die `SessionFactory` schließen:

```
transaction.commit();
session.close();
sessionFactory.close();
```

Damit Sie das Ganze im Zusammenhang sehen können, finden Sie im folgenden Listing den vollständigen Quelltext.

Listing 4.1: Die `SaveTest`-Klasse

```
 1  package de.hanser.buch.opiz.domain;
 2
 3  import junit.framework.TestCase;
 4  import org.hibernate.*;
 5  import org.hibernate.cfg.AnnotationConfiguration;
 6
 7  public class SaveTest extends TestCase {
 8
 9      public void testSave() {
10
11          AnnotationConfiguration configuration = new
                  AnnotationConfiguration();
12          configuration.configure();
13          SessionFactory sessionFactory =
                  configuration.buildSessionFactory();
14          Session session = sessionFactory.openSession();
15          Transaction transaction = session.beginTransaction();
16
```

```
17          Pizza pizza = new Pizza();
18          pizza.setName("Thunfisch");
19
20          session.save(pizza);
21
22          assertNotNull(pizza.getId());
23
24          transaction.commit();
25          session.close();
26          sessionFactory.close();
27      }
28  }
```

Sie finden diesen Test auch im Begleit-Quelltext unter dem Namen *SaveTest.java*.
Am besten probieren Sie ihn selbst aus.

> **Achtung!**
>
> Beim Speichern versucht Hibernate, anhand des Identifier-Properties zu
> entscheiden, ob ein Objekt bereits in der Datenbank existiert und ob deshalb
> ein INSERT oder ein UPDATE nötig ist. Bei referenzbasierten Typen wie *Long*
> und *Integer* gilt per Voreinstellung *null* als sogenannter Unsaved Value, also als
> Marker für ungespeicherte Objekte. Für einfache Typen wie *long* und *int* wird
> die Sache unnötig kompliziert, weshalb wir in diesem Buch nur nullable
> Typen für den Identifier verwenden.

Hibernate arbeitet asynchron

Aktionen, die die Datenbank verändern, führt Hibernate asynchron aus. Wenn
wir auf der Session beispielsweise save aufrufen, erzeugt Hibernate das dazugehörige INSERT-Statement in der Regel nicht sofort. Stattdessen werden die
ausgeführten Aktionen in einer internen Buchführung vermerkt. Erst später führt
Hibernate sie bei einer speziellen Aktion namens Flush aus.

Ein Flush lässt sich zum einen manuell über die Session-Methode flush
auslösen:

```
void flush() throws HibernateException;
```

Zum anderen hat die Session einen Flush-Mode, der bestimmt, zu welchen Zeit-
punkten Hibernate automatisch einen Flush auslöst. Der Flush-Mode lässt sich an
der Session mit der Eigenschaft flushMode einstellen:

```
void session.setFlushMode(FlushMode flushMode)
FlushMode getFlushMode()
```

Die möglichen Werte für flushMode lauten:

- ALWAYS: Vor jeder Abfrage erfolgt ein Flush.
- AUTO: Vor manchen Abfragen erfolgt ein Flush, um sicherzustellen, dass kon-
  sistente Daten geliefert werden.
- COMMIT: Vor jedem Commit erfolgt ein flush.

■ MANUAL: Nur bei einem expliziten `flush`-Aufruf erfolgt ein Flush, sonst nie.

Die Voreinstellung ist `AUTO`.

> *Achtung!*
> Hibernate verzögert die Ausführung von SQL-Anweisungen, weil dadurch häufig mehrere Aktionen in einem einzigen Batch-Statement ausgeführt werden können. Dies kann die Performance wesentlich verbessern. Bei der Vermischung von Hibernate-Code mit JDBC-Code kann das allerdings auch verwirren, weil JDBC – anders als Hibernate – SQL-Anweisungen synchron behandelt.

4.3.6 Laden eines Objekts

Mit Hibernate können wir Objekte natürlich nicht nur speichern, sondern auch laden. Das `Session`-API bietet dafür die Methode `load`. Sie lädt ein Objekt anhand seines Primärschlüssels:

```
Object load(Class aClass, Serializable id) throws HibernateException
```

Der erste Parameter ist die Klasse des Objekts, das wir laden wollen. Der zweite Parameter ist der Primärschlüssel.

In diesem Buch beschränken wir uns auf den Fall, bei dem der Primärschlüssel aus einem primitiven Java-Typ gebildet wird, insbesondere einem `Integer` oder `Long`. In diesem Fall genügt der Aufruf:

```
Long id = 5;
Pizza p = (Pizza) session.load(Pizza.class, id);
```

In dem Beispiel lädt die `Session` ein `Pizza`-Objekt mit dem Primärschlüssel 5. Dazu setzt die `Session` ein `SELECT`-Statement ab. Wenn Hibernate keinen passenden Datensatz findet, bekommen wir eine `HibernateException`.

Alternativ zur `load`-Methode bietet die `Session` auch die Methode `get`:

```
Object get(Class aClass, Serializable id) throws HibernateException
```

Ihr Verhalten entspricht dem von `load`, nur dass sie *null* liefert, anstatt eine Exception zu werfen, wenn es keinen Datensatz mit dem übergebenen Primärschlüssel gibt.

> *Tipp*
> Wenn Hibernate eine `HibernateException` wirft, ist die `Session` in einem undefinierten Zustand und muss geschlossen werden – so schreibt es die Referenzdokumentation vor. Deshalb ist es in der Regel sinnvoller, `get` statt `load` zu verwenden – außer, wir sehen ein fehlgeschlagenes `load` als einen Systemfehler an.

Der folgende Code-Ausschnitt zeigt, wie Sie die `get`-Methode in einem Test ausprobieren können:

```
....
Transaction transaction = session.beginTransaction();
Pizza pizza = new Pizza();
pizza.setName("Thunfisch");
session.save(pizza);
Integer id = pizza.getId();
transaction.commit();

transaction = session.beginTransaction();
Pizza reloadedPizza = (Pizza) session.get(Pizza.class, id);
assertNotNull(reloadedPizza);
assertEquals("Thunfisch", reloadedPizza.getName());
transaction.commit();
...
```

In der ersten Transaktion speichert das Beispiel ein `Pizza`-Objekt, um es dann in der zweiten Transaktion mit `get` wieder zu laden.

Nachdem Sie im vorherigen Abschnitt in Listing 4.1 einen vollständigen Beispieltest gesehen haben, der ein `Pizza`- Objekt in die Datenbank einfügt, dürfte Ihnen klar sein, wie Sie ihn um das Code-Fragment von oben erweitern. Sie finden außerdem im Begleit-Quelltext eine Testklasse `GetTest`, die eigenständig lauffähig ist und `get` demonstriert.

4.3.7   Suchen eines Objekts

Natürlich bieten relationale Datenbanken sehr viel leistungsfähigere Möglichkeiten für den Zugriff als nur den Weg über den Primärschlüssel. SQL erlaubt die Formulierung komplexer und umfangreicher Abfragen. Und so kommt auch Hibernate mit einer Abfragesprache namens HQL (Hibernate Query Language) daher. HQL wurde ursprünglich locker als Erweiterung von EJBQL konzipiert, welche wiederum auf SQL basiert. Deshalb sehen HQL-Abfragen heute wie ein objektorientiertes SQL aus. HQL bietet alle wesentlichen Features von SQL, ist in einigen Belangen aber deutlich mächtiger und bequemer zu benutzen.

Hier ein erstes Beispiel für eine typische HQL-Abfrage:

```
select p from Pizza p where p.name like 'M%'
```

Diese Abfrage sieht exakt wie ihr SQL-Pendant aus. Allerdings interpretiert Hibernate sie mit den Namen der gemappten Klassen und deren Properties. Deshalb bezieht sich „Pizza" auf die Klasse `Pizza` und „p.name" auf das Property `name` der `Pizza`-Klasse. Mit etwas SQL-Erfahrung ist es leicht, diese Abfrage zu interpretieren: Sie liefert alle Pizzen, deren Name mit ‚M' anfängt.

Um eine HQL-Abfrage auszuführen, bietet die `Session` uns die `createQuery`-Methode:

```
Query createQuery(String queryString) throws HibernateException
```

Diese Methode erzeugt aus unserem Abfrage-String ein `Query`-Objekt. Darauf können wir verschiedene Eigenschaften setzen, z.B. `Query`-Parameter. Anschließend werten wir über die `list`- Methode die Abfrage aus:

```
List list() throws HibernateException
```

Bei der `list`-Methode setzt Hibernate den Abfrage-String intern in ein oder teilweise sogar mehrere `SELECT`-Statements um. Das Ergebnis ist eine `List` von Objekten.

Hier ein konkretes Beispiel, das den Abfrage-String von oben ausführt:

```
Query query = session.createQuery(
        "select p from Pizza p where p.name like 'M%'");
List objects = query.list();
```

Der Typ der Ergebnisliste richtet sich nach dem Abfrage-String. In unserem Beispiel liefert `list` `Pizza`-Objekte zurück. Hier zeigt sich ein Vorteil des O/R-Mappings: Bei JDBC müssten wir das JDBC-`ResultSet` manuell in Objekte umwandeln. Hibernate erledigt das für uns automatisch.

> *Achtung*
>
> Weil HQL auf Klassen und Properties basiert, ist dort für Namen die Groß- und Kleinschreibung relevant – anders als bei SQL. Wenn Sie die Schreibweise nicht beachten, wird Ihnen Hibernate eine Exception präsentieren, weil es einen entsprechenden Namen nicht kennt.

Wenn wir höchstens ein Element als Ergebnis erwarten, können wir auch die Methode `uniqueResult` verwenden:

```
Object uniqueResult() throws HibernateException
```

`uniqueResult` liefert das einzige Abfrageergebnis zurück, oder *null*, wenn das Ergebnis leer ist. Das ist in manchen Situationen kürzer als `list`. Wenn es mehr als ein Ergebnis gibt, wirft `uniqueResult` eine `HibernateException`.

HQL bietet die aus JDBC bekannten Fragezeichen als Platzhalter für Abfrage-Parameter. Zum Beispiel:

```
select p from Pizza p where p.name = ?
```

Die konkreten Werte für die Platzhalter setzen wir an dem `Query`-Objekt:

```
Query query = session.createQuery (
                "select p from Pizza p where p.name = ?");
query.setString(0, "Salami");
List objects = query.list();
```

In dem Beispiel setzt `setString` den ersten Abfrage-Parameter, nämlich den mit dem Index 0, auf den Wert *„Salami"*. In Hibernate beginnen die Indizes von Abfrage-Parametern bei 0 – anders als in JDBC. Die `Query`-Schnittstelle stellt uns entsprechende Methoden, `setInteger`, `setBigDecimal` usw., für andere Typen bereit.

Neben den Fragezeichen, die auch als anonyme Platzhalter bezeichnet werden, bietet Hibernate auch benannte Platzhalter. Wir markieren sie in einer HQL-Abfrage durch einen Namen mit vorangestelltem Doppelpunkt:

```
select p from Pizza p where p.name = :name
```

Um den Wert des Platzhalters anzugeben, gibt es wieder Methoden, `setString` usw., im `Query`-API, die statt des Parameter-Indexes den Platzhalternamen erwarten:

```
Query query = session.createQuery (
                "select p from Pizza p where p.name = :name");
query.setString("name", "Salami");
List objects = query.list();
```

Ein vollständiges Beispiel finden Sie im Begleit-Quelltext in der Klasse `Query-Test`. Kapitel 7 geht genauer auf HQL und die `Query`-Schnittstelle ein.

4.3.8 Verändern eines Objekts

Der Weg, um ein persistentes Objekt in Hibernate zu verändern, ist für viele Entwickler zunächst überraschend. Die Intuition sagt, dass man zuerst ein Objekt lädt, es mit den Setter-Methoden verändert und dann mit einer Methode wie `save` wieder speichert. So funktioniert es aber nicht!

Ein Objekt, das mit `save` in der Datenbank gespeichert wird, bleibt mit seiner `Session` verbunden, bis sie geschlossen wird. Wenn wir nun Änderungen an dem Objekt vornehmen, erkennt Hibernate das automatisch und speichert die Änderungen durch ein `UPDATE`-Statement in der Datenbank. Dies nennt sich automatisches Dirty-Checking. Ähnliches wie bei `save` gilt für Objekte, die wir mit `load` oder `get` laden. Sie bleiben ebenfalls mit der `Session` verbunden, und damit gilt auch für sie das automatische Dirty-Checking.

Konkret verändern wir ein `Pizza`-Objekt mit folgendem Fragment:

```
Pizza pizza = (Pizza) session.load(Pizza.class, id);
pizza.setName("Salami");
```

Wir laden ein `Pizza`-Objekt. Dieses bleibt mit der `Session` assoziiert. Dann verändern wir das Objekt, indem wir den Namen setzen. Hibernate überprüft beim nächsten Flush den Objekt-Zustand und erzeugt ein `UPDATE`-Statement.

Dass Objekte mit der `Session` assoziiert werden und über deren Lebenszeit auch bleiben, ist bei Hibernate ein zentrales Konzept. Wenn die Session geschlossen wird, löst Hibernate die Objekte von der Session. Sie heißen dann „detached". Für solche Objekte gelten andere Spielregeln – mehr dazu in Abschnitt 4.4. Deshalb sollten wir uns immer darüber im Klaren sein, wie die Lebensdauer der benutzten `Session` ist.

Zum automatischen Dirty-Checking finden Sie ein vollständiges Beispiel im Begleit-Quelltext als *UpdateTest.java*.

4.3.9   Löschen eines Objekts

Um ein Objekt aus der Datenbank zu löschen, bietet Hibernate uns die `Session`-Methode `delete`:

```
void delete(Object object) throws HibernateException
```

`delete` löst ein SQL-`DELETE`-Statement aus. Hier ein Beispiel mit der `Pizza`-Klasse:

```
Pizza pizza = (Pizza) session.load(Pizza.class, 5);
session.delete(pizza);
```

Das Beispiel lädt ein `Pizza`-Objekt und löscht es anschließend. Um ein Objekt löschen zu können, muss es nicht mit der `Session` verbunden sein.

Ein vollständiges Beispiel finden Sie im Begleit-Quelltext als *DeleteTest.java*.

4.3.10   Exception-Handling

In den bisherigen Beispielen haben wir die `HibernateException`-Exceptions, die die einzelnen `Session`-Methoden werfen können, einfach ignoriert. In produktionstauglichem Code können wir uns das leider nicht erlauben, weil sonst bei einer Exception die Session weiter geöffnet bleibt und Ressourcen unnötig verschwendet werden. Wir müssen deshalb die Session schließen, wenn eine Exception auftritt. Außerdem müssen wir einen Rollback auf der Transaktion auslösen. Daraus ergibt sich für `Session`-basierten Code folgendes Muster:

```
Session session = sessionFactory.openSession();
Transaction transaction = session.beginTransaction();
try {
    // Aktionen mit der Session durchführen
    ...
    transaction.commit();
}
catch (Throwable t) {
    transaction.rollback();
    throw t;
} finally {
    session.close();
}
```

Dieses Muster schließt durch das *try ... finally* zuverlässig die Session und führt im Fehlerfall ein Rollback aus.

Eigentlich müssten wir so eine Code-Sequenz für jede Hibernate-basierte Aktion in den Quelltext kopieren. Das ist natürlich sehr unschön. Sobald wir in Kapitel 7 die Hibernate-Unterstützung von Spring kennengelernt haben, steht uns ein besserer Ansatz zur Verfügung. Deshalb verzichten wir in den reinen Hibernate-Beispielen zu Gunsten der Lesbarkeit auf das Exception-Handling.

4.3.11   Logging

In manchen Situationen, sei es beim Debugging, Testen oder Profilen, ist es hilfreich, sich die von Hibernate generierten SQL-Statements anschauen zu können.

Ein schneller Weg zum Erfolg ist das Setzen des Parameters *show_sql* an der Konfiguration für die Session-Factory. Wenn wir auch noch den Parameter *format_sql* auf *true* setzen, geschieht die Ausgabe auch noch in gut lesbarer Form.

```
<prop key="hibernate.show_sql">true</prop>
<prop key="hibernate.format_sql">true</prop>
```

Diese Einstellung ist nur für Testzwecke geeignet und funktioniert auch eher aus rein historischen Gründen, denn Hibernate schreibt mit diesen Einstellungen direkt in `System.out`, was uns wenig Steuerungsmöglichkeiten bei der Ausgabe einräumt.

Alternativ nutzt Hibernate das Apache-Jakarta Commons Logging[3], ein Art Portal-API für verschiedene Logging-Implementationen. In unserem Beispielprojekt verwenden wir die Implementation von *log4j*[4]. Die Konfiguration von *log4j* befindet sich standardmäßig in der Datei *log4j.xml*, die im Klassenpfad bereitgestellt wird.

Um das Loggen der SQL-Statements in Hibernate einzuschalten, muss der Logger *org.hibernate.SQL* in den `DEBUG`-Level versetzt werden:

```
<logger name="org.hibernate.SQL">
    <level value="DEBUG"/>
</logger>
```

Einen weiterer hilfreicher Logger bei der Fehlersuche ist der *org.hibernate.type*. Befindet sich dieser Logger im `DEBUG`-Level, so werden bei Prepared-Statements auch die Werte der gebundenen Variablen herausgeschrieben.

```
<logger name="org.hibernate.type">
    <level value="DEBUG"/>
</logger>
```

Zu guter Letzt muss in der *log4j*-Konfiguration noch ein *appender* existieren, der Logging-Ausgaben im `DEBUG`-Level durchlässt. Die folgende Konfiguration würde solche Ausgaben in die Konsole schreiben.

```
<appender name="STDOUT" class="org.apache.log4j.ConsoleAppender">
    <param name="threshold" value="DEBUG"/>
    <layout class="org.apache.log4j.PatternLayout">
        <param name="ConversionPattern" value="%d %p [%c] - %m%n"/>
    </layout>
</appender>
```

Weitere Möglichkeiten zur Steuerung der eigentlichen Ausgabe des Loggers entnehmen Sie bitte der Dokumentation zu *log4j*.

---

[3] http://jakarta.apache.org/commons/logging
[4] http://logging.apache.org/log4j

4.4 Persistency-Lifecycle

Jedes Objekt hat aus Sicht von Hibernate einen von drei Zuständen: *persistent*, *detached* und *transient*. Deren Unterschiede sind entscheidend für das Verhalten von Hibernate.

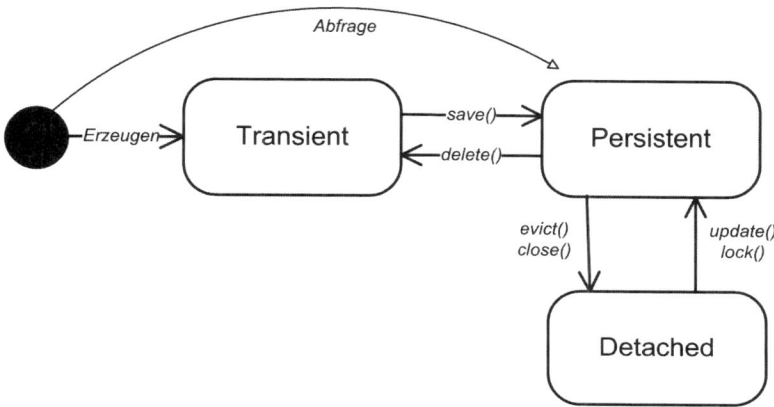

Abbildung 4.4: Lifecycle eines Hibernate-Objekts

Die Objekte, die der Hibernate-`Session` noch nicht bekannt sind, z. B. weil sie gerade mit dem `new`-Operator erzeugt worden sind, werden als *transiente* Objekte bezeichnet. Diese Objekte haben natürlich noch keine Datenbank-Repräsentation. Sobald diese Objekte nicht mehr von anderen Objekten referenziert werden, schlägt der Garbage-Collector von Java zu und unsere Objekte sind für immer verloren.

Wie in Abbildung 4.4 zu sehen ist, gibt es noch eine weitere Möglichkeit ein *transientes* Objekt zu erhalten. Sollten wir mithilfe der `delete`-Methode ein Objekt aus der Datenbank entfernen, verliert es seine Repräsentation in der Datenbank und wird wieder wie ein normales transientes Objekt behandelt.

Die Objekte, die Hibernate in der aktuellen Session bekannt sind, werden als *persistente* Objekte bezeichnet. Sie haben eine Repräsentation in der Datenbank und einen Wert für ihren Primärschlüssel. Der Zustand dieser Objekte wird von Hibernate verfolgt, das heißt ein explizites Speichern von Änderungen ist nicht notwendig. Wir erhalten ein persistentes Objekt, wenn wir z. B. unser neu angelegtes transientes Objekt mithilfe der `save`-Methode bei der `Session` persistieren. Alle Objekte, die als Ergebnis einer Abfrage von Hibernate geliefert werden, sind auch persistent. Am Ende einer Transaktion bzw. spätestens beim Schließen einer Session wird ihr Zustand mit der Repräsentation in der Datenbank abgeglichen.

Ein persistentes Objekt kann von der Hibernate-Session wieder getrennt werden. In diesem Fall spricht man von einem *detached* Objekt. Dabei können wir zwischen dem expliziten Entfernen über die Session-Methode `evict` oder dem impliziten Trennen am Ende (`close`) der Session unterscheiden. In beiden Fällen werden unsere Objekte nicht mehr von Hibernate überwacht, das heißt Änderungen an den Objekten führen nicht mehr automatisch zu einer Anpassung in der Datenbank. Somit können wir diese Objekte ohne Bedenken an ein Frontend übergeben. Das besondere an detached Objekten ist die Tatsache, dass wir diese Objekte wieder mit einer anderen Hibernate-Session verbinden können. Dafür steht an der Hibernate-Session die `lock`-Methode zur Verfügung, wodurch ein *detached* Objekt wieder unter die Kontrolle von Hibernate gelangt (vgl. Abschnitt 9.3.2). Auch die Session-Methode `update` erzielt das gleiche Ergebnis, wobei hier das Aktualisieren des Objekts im Mittelpunkt steht (vgl. Abschnitt 7.8.3).

Kapitel 5

O/R-Mapping mit Hibernate

Nachdem wir im vorigen Kapitel eine einfache Klasse auf die Datenbank gemappt und einzelne Objekte mit Hibernate persistent gemacht haben, wollen wir in diesem Kapitel die Mapping-Fähigkeiten von Hibernate genauer beleuchten. Als Beispiel mappen wir dazu das Objektmodell unseres Beispiels *Opiz*. Dabei werden wir auf viele Annotations zurückgreifen, die aus der Java Persistence API (JPA) stammen.

Um tatsächlich alle Mapping-Elemente aus Hibernate zeigen zu können, die in der Praxis nach unserer Erfahrung nützlich sind, werden Sie an einigen Stellen Mapping- und Objektmodellvarianten sehen, die so nicht im Source-Code zu finden sind. Sie hätten jedoch durchaus in ähnlicher Form in Opiz eingehen können.

Das Kapitel befasst sich mit folgenden Themen:

■ Die Abschnitte 5.1 und 5.2 behandeln das Mapping von Klassen und einfachen Properties. Dabei kommen auch spezielle Datentypen wie Enumerations, Blobs und Timestamps zum Einsatz.

■ Anschließend beleuchten wir in Abschnitt 5.3 das Mapping von Identifier-Properties. In diesem Rahmen sind die verschiedenen Primärschlüssel-Generierungsstrategien besonders wichtig.

■ In Abschnitt 5.4 mappen wir verschiedene Beziehungen zwischen Klassen bzw. ihren Tabellen. Dabei verwenden wir die bekannten Varianten 1:1, 1:N und M:N. Weil Beziehungen eine zentrale Bedeutung bei relationalen Datenbanken und damit in der Praxis haben, bekommt dieses Thema besonders viel Raum.

■ Als Nächstes betrachten wir in Abschnitt 5.5 die verschiedenen Ansätze, Vererbung mit Hibernate abzubilden. Damit entsteht auch die Basis für polymorphe Beziehungen.

■ Im letzten Abschnitt 5.6 finden Sie erläutert, wie Sie die `Pizza`-Klasse aus dem vorigen Kapitel mit XML statt mit Annotations mappen. Da XML-basiertes

Mapping sehr weit verbreitet ist, soll dieser Abschnitt Ihnen einen Eindruck von dieser Technik vermitteln.

5.1 Mapping von persistenten Klassen

Wie wir eine persistente Klasse mit `@Entity` mappen, haben wir bereits im vorigen Kapitel betrachtet. Der Vollständigkeit halber machen wir das hier noch einmal mit der `Order`-Klasse:

```
@Entity
@Table(name = "orders")
public class Order { ...  }
```

`@Entity` markiert die Klasse als persistent. `@Table` legt den Namen der Tabelle fest, auf die wir `Order` mappen. Analog gehen wir bei den Klassen `Customer` und `Topping` vor.

5.2 Mapping von einfachen Properties

Im vorigen Kapitel haben wir an der `Pizza`-Klasse bereits gesehen, wie wir mit Hibernate Bean-Properties auf Spalten mappen. Nun wollen wir die Möglichkeiten genauer untersuchen.

5.2.1 Persistente Properties

Per Voreinstellung betrachtet Hibernate jedes Java-Property als persistent. Dabei akzeptiert Hibernate verschiedene Java-Typen und kann diese teilweise auf mehrere SQL-Typen abbilden. Tabelle 5.1 auf der nächsten Seite zeigt die Java-Typen, die Hibernate ohne Hilfe mappen kann.

Die angegebenen SQL-Typen sollen hier nur als Orientierung dienen. Tatsächlich unterscheiden sich die verwendbaren SQL-Typen je nach Datenbankhersteller. Zum Beispiel benutzen die meisten Datenbanken für Zeichenketten den SQL-Typ `VARCHAR`, während Oracle `VARCHAR2` bevorzugt. Welche SQL-Typen Hibernate bei fertigen Schemas akzeptiert und bei der automatischen Schema-Generierung verwendet, legt der Hibernate-Dialekt fest, den wir über den Parameter *hibernate.dialect* in der `SessionFactory`-Konfiguration bestimmen (siehe auch Abschnitt 4.3.2).

Mit der `@Basic`-Annotation können wir für ein persistentes Property zusätzliche Eigenschaften bestimmen. Vor allem liefert sie uns das Attribut *optional*, mit dem wir festlegen, ob ein Property *null* sein darf. Per Default gilt für alle Properties „*optional = true*". In Opiz nutzen wir `@Basic`, um den Pizza-Namen nicht nullable zu machen:

```
@Basic(optional = false)
public String getName() {
    return name;
}
```

Tabelle 5.1: Java-Typen und ihre SQL-Pendants

Java-Typ	SQL-Typ
einfacher Java-Typ (int, boolean, ...) Wrapper für einen einfachen Java-Typ (Integer, ...)	NUMERIC, BOOLEAN, ...
String	VARCHAR
BigInteger BigDecimal	NUMERIC
java.util.Date	je nach Mapping (siehe unten)
Calendar	TIMESTAMP
java.sql.Date	DATE
java.sql.Time	TIME
java.sql.Timestamp	TIMESTAMP
byte[] Byte[]	bytea (oder ähnliches)
char[] Character[]	bytea (oder ähnliches)
Enum	NUMERIC oder VARCHAR
Class	VARCHAR
Locale Timezone Currency	VARCHAR
Serializable	bytea

Da Hibernate in der Voreinstellung alle Properties persistent macht, müssen wir diejenigen markieren, bei denen wir das nicht wollen. Dazu bietet Hibernate `@Transient`. Ein typischer Anwendungsfall sind sogenannte abgeleitete Properties. Das sind Properties, deren Wert sich aus dem Wert anderer Properties berechnet. In Opiz ist der Preis einer Pizza so ein Property, weil er sich aus den Preisen der Beläge ergibt. Wir markieren deshalb das `price`-Property in `Pizza` mit `@Transient`:

```
@Transient
public String getPrice() {
    ...  // Berechnung des Preises
}
```

5.2.2   Spalteneigenschaften festlegen

Die zu einem Java-Property gehörige Datenbankspalte lässt sich mit der Annotation `@Column` genauer beschreiben. Zum einen legt diese Annotation den zu verwendenden Spaltennamen fest, und zum anderen steuert sie die automatische

Schema-Generierung. Wir markieren damit das `username`-Property aus der Klasse `Customer`:

```
@Basic(optional = false)
@Column(name = "user_name", length = 63,
        nullable = false, unique = true)
public String getUsername() {
    return username;
}
```

Das Beispiel bildet das Java-Property `username` auf die Spalte `user_name` ab. Die Voreinstellung übernimmt sonst den Property-Namen für die Spalte. Die Länge der Spalte ist mit *length* auf 63 Zeichen begrenzt und ist durch „*nullable = false*" nicht nullable. Darüber hinaus erzeugt die Schema-Generierung einen Unique-Index für die Spalte. Als Voreinstellungen gelten „*length = 255*", „*nullable = true*" und „*unique = false*".

Außerdem kann `@Column` die Genauigkeit für numerische Spalten definieren. Hier ein Beispiel:

```
@Column(precision = 6, scale = 2)
public BigDecimal getBasePrice () {
    return basePrice;
}
```

In diesem Ausschnitt bekommt der Spaltentyp von `basePrice` insgesamt 6 Dezimalstellen, wovon 4 Vor- und 2 Nachkommastellen sind.

5.2.3 Enumerations

Hibernate kann Enumerations ohne Weiteres persistent machen. In Opiz verwenden wir diese Eigenschaft, um die Preiskategorie für den Belag, die wir als Enumeration definieren, in der `Topping`-Klasse zu speichern:

```
public ToppingPriceCategory getPriceCategory() {
    return priceCategory;
}
```

Wie Hibernate die einzelnen Enumeration-Instanzen in der Datenbank darstellt, legen wir mit der `@Enumerated`-Annotation fest. Sie hat zwei mögliche Werte:

- *EnumType.ORDINAL*
  Speichert die Instanzen als `Integer`, entsprechend der Reihenfolge innerhalb der Enumeration, z. B. *ToppingPriceCategory.ONE.ordinal()* ist *0*

- *EnumType.STRING*
  Speichert den Namen, z. B. *ToppingPriceCategory.ONE.name()* ist „*ONE*"

Per Default speichert Hibernate Enumerations unter ihrem Integer-Wert. Weil wir bei der `Order`-Klasse den Bestellungszustand `state`, dargestellt mit der Enumeration `OrderState`, als `String` speichern wollen, geben wir dort an:

```
@Enumerated(EnumType.STRING)
public OrderState getState() {
    return state;
}
```

5.2.4 Zeitbasierte Properties

Hibernate mappt Java-Properties mit den Typen

- `java.sql.Date` – Datum ohne Uhrzeit
- `java.sql.Time` – Uhrzeit ohne Datum
- `java.sql.TimeStamp` – Uhrzeit mit Datum

direkt auf die entsprechenden SQL-Typen. Hier ist die Abbildung eindeutig. Um den Erstellungszeitpunkt einer Bestellung zu verfolgen, verwendet Opiz jedoch ein Property `Order.creationTime` vom Typ `java.util.Date`. Dessen Schnittstelle gibt Hibernate keinen Hinweis, welche Teile (Datum, Uhrzeit) wir in der Datenbank speichern möchten. Dazu benutzen wir für dieses Property die `@Temporal`-Annotation:

```
@Temporal(TemporalType.TIMESTAMP)
public Date getCreationTime() {
    return creationTime;
}
```

Deren Parameter bestimmt, ob von `java.util.Date`

- nur das Datum (`TemporalType.DATE`)
- nur die Uhrzeit (`TemporalType.TIME`)
- oder beides (`TemporalType.TIMESTAMP`)

persistent sein soll. In unserem Beispiel gilt Letzteres.

> *Tipp*
>
> Es ist problematisch, Businesslogik wie z. B. Validierungen in den Getter/Setter-Methoden von persistenten Properties unterzubringen. Es gibt nämlich keine Garantie, wann welches Property beim Laden gesetzt wird. Deshalb sollte Businesslogik besser nur in abgeleiteten Properties vorkommen. Für Validierungen bietet Hibernate mittlerweile ein vollständiges Framework, das auf Annotations basiert und sich sowohl beim Datenbankzugriff als auch in Client-Code einsetzen lässt.

5.2.5 Blobs und Clobs

Hibernate vereinfacht den Umgang mit großen Datenbankobjekten, also Blobs und Clobs, gegenüber JDBC ganz erheblich. Byte-Arrays lassen sich bequem auf Blobs und `Strings` und *Char*-Arrays bequem auf Clobs mappen. Hier ein Beispiel, das in Opiz nicht vorkommt:

```
@Entity
public class Picture {
    private byte[] data;
    ...
```

```
@Lob
public byte[] getData() {
    return data;
}

public void setData(byte[] data) {
    this.data = data;
}
```

`Picture` hat ein Property `data` vom Typ *byte[]*, das mit `@Lob` markiert ist. Properties mit dieser Annotation mappt Hibernate auf ein „Large Object", also einen Blob oder Clob. In diesem Falle verwendet Hibernate eine Blob-Spalte namens `data`, um das Property zu speichern.

Im Beispiel-Quelltext finden Sie im Package *de.hanser.buch.opiz.domain* die Klasse `Picture` und einen Test `BlobTest`, der sie benutzt.

5.3   Mapping von Identifier-Properties

Neben den einfachen Properties bildet das Mapping der Identifier-Properties für den Primärschlüssel einen weiteren, unverzichtbaren Aspekt. In relationalen Datenbanken ist es üblich, Primärschlüssel zu verwenden, und in Hibernate sogar zwingend.

5.3.1   Manuell vergebene Schlüssel

Bei Hibernate stellen die persistenten Klassen den Primärschlüssel durch ein spezielles Property, das Identifier-Property, dar. Mit der `@Id`-Annotation definieren wir dessen Abbildung auf den Primärschlüssel der dazugehörigen Tabelle. Hier ein Beispiel für diese Annotation:

```
@Entity
public class Pizza {
    ...
    @Id
    public Integer getId() {
        return id;
    }
    ...
}
```

Unsere Anwendung kann Identifier selbst definieren oder von Hibernate generieren lassen. Ohne weitere Annotations ist es unsere Aufgabe, den Wert für Identifier und damit den Primärschlüssel vor dem Aufruf von *session.save* zu vergeben. Besser ist es jedoch, Primärschlüssel durch Hibernate automatisch generieren zu lassen.

5.3.2 Automatisch generierte Schlüssel

Zur automatischen Generierung von Primärschlüsseln bietet Hibernate eine ganze Reihe von Verfahren. Darunter sind alle in der Praxis gebräuchlichen Strategien vertreten. Die wichtigsten unter ihnen, die nebenbei auch EJB3 bereitstellt, sind:

- *IDENTITY* – eine Identity-Spalte
- *SEQUENCE* – eine Datenbank-Sequence
- *TABLE* – eine Tabelle hält den nächsten Identifier vor
- *AUTO* – eine der drei vorigen Strategien, je nach Unterstützung durch die verwendete Datenbank

IDENTITY

Die *IDENTITY*-Strategie verwendet eine sogenannte Identity-Spalte, wie sie z. B. MySQL und DB2 bieten. Für so eine Spalte generiert die Datenbank bei einem INSERT-Statement selbsttätig einen neuen, eindeutigen Wert. Für ein Identifier-Property namens id deklarieren wir diese Strategie wie folgt:

```
@Id
@GeneratedValue(strategy=GenerationType.IDENTITY)
public Integer getId() {
    return id;
}
```

Die @GeneratedValue-Annotation teilt Hibernate mit, dass wir unsere Primärschlüssel generieren lassen möchten. Der *strategy*-Parameter mit Wert *GenerationType.IDENTITY* legt dabei die konkrete Strategie fest. Die anderen erwähnten Strategien sind ebenfalls über diesen Aufzählungstyp zugänglich.

SEQUENCE

Mit der *SEQUENCE*-Strategie generiert Hibernate die Id aus einer Datenbank-Sequence. Eine Sequence ist ein Datenbank-Objekt, das sich mit SQL abfragen lässt. Bei jeder Abfrage generiert es eine neue, höhere Zahl. Die Datenbank sorgt dabei für die Einzigartigkeit der Zahlen und für Transaktionssicherheit. Hier ein Beispiel für die Verwendung:

```
@Entity
@SequenceGenerator(
    name="idGenerator",
    sequenceName="pizza_sequence"
)
public class Pizza {
    ...
    @Id
    @GeneratedValue(
        strategy = GenerationType.SEQUENCE,
        generator = "idGenerator")
    public Integer getId() {
        return id;
    }
```

Zu Beginn definiert dieser Quelltext mit `@SequenceGenerator` einen Primärschlüssel-Generator mit dem Namen *idGenerator*. Der Name ist frei wählbar und
ermöglicht, den Generator später zu referenzieren. Der Parameter *sequenceName*
legt mit `pizza_sequence` den SQL-Namen der zu benutzenden Sequence fest.
Weiter unten referenziert `@GeneratedValue` diesen Generator über den *generator*-Parameter – wir verwenden denselben Namen wie oben.

Bei JPA finden Sie in der `@SequenceGenerator`-Annotation einen weiteren Parameter *allocationSize*, mit dem es Folgendes auf sich hat: Wenn der Generator
bei jedem `save` die Sequence abfragt, führt der O/R-Mapper vor jedem `INSERT`
ein `SELECT` aus – die Anzahl der SQL-Statements für ein `save` verdoppelt sich!
Um das zu vermeiden, kann der Generator gleich mehrere Ids in einem einzigen
`SELECT`-Statement von der Sequence holen. Erst wenn diese Ids alle vergeben
sind, wird ein neues `SELECT` abgesetzt, um neue Ids zu generieren. Mit dem Parameter *allocationSize* legen wir fest, wie viele Ids der Generator auf einmal holen
soll. Die Voreinstellung liegt bei 50, sodass wir auf diesen Parameter auch verzichten können. Ärgerlicherweise implementiert Hibernate diesen Parameter zur Zeit
nicht und ignoriert ihn einfach, wodurch die Performance bei SEQUENCE ziemlich enttäuschen kann – je nachdem, wie wichtig INSERTs in ihrer Anwendung
sind. Hibernate bietet jedoch den `SequenceHiLoGenerator`, der das gewünschte Verhalten hat. In Abschnitt 5.4.5 finden Sie ein Beispiel für die Verwendung
solch eines Hibernate-spezifischen Id-Generators.

Die *SEQUENCE*-Strategie wird häufig mit Oracle verwendet, weil diese Datenbank keine Identity-Columns kennt.

TABLE

Bei der *TABLE*-Strategie verfolgt Hibernate einen ganz ähnlichen Ansatz wie bei
SEQUENCE. Allerdings speichert nicht eine Sequence, sondern eine Tabelle den
nächsten Id-Wert. Diese Tabelle hat zwei Spalten: Die erste enthält den Namen der
Tabelle, für die die Ids generiert werden. Die zweite nimmt den nächsten freien
Id-Wert für diese Tabelle auf.

Hier ein Beispiel mit der *TABLE*-Strategie:

```
@Entity
@TableGenerator(name="idGenerator",
    table="table_sequence",
    pkColumnName = "table_name",
    valueColumnName = "sequence_value"
)
public class Pizza {
  ...
  @Id
  @GeneratedValue(strategy = GenerationType.TABLE,
                  generator = "idGenerator")
  public Integer getId() { ... }
```

Die `@TableGenerator`-Annotation funktioniert ganz ähnlich wie `@Sequence-`
`Generator` aus dem vorigen Beispiel: Mit dem Parameter *name* definieren wir
wieder einen referenzierbaren Namen für den Generator. Mit *table* legen wir den

Tabellennamen fest. *pkColumnName* bestimmt den Spaltennamen für die Tabellennamenspalte und *valueColumnName* die Spalte für die Id-Werte. Weiter unten bildet der Parameter *name* bei der `@GeneratedValue`-Annotation die Verbindung zum Generator.

Auch bei *TABLE* sieht JPA wie bei *SEQUENCE* den Parameter `allocationSize` vor. Er legt die Anzahl der Ids fest, die der Generator pro Datenbankzugriff alloziert. Mit ihm ließe sich die Performance von *TABLE* wesentlich verbessern. Und auch hier ignoriert Hibernate den Parameter derzeit. Als Alternative bietet sich der Hibernate-spezifische `HiLoTableGenerator` an.

Weil *TABLE* nur Standard-SQL-Mittel einsetzt, funktioniert sie auf jeder Datenbank. Sie ist aber auch die langsamste Strategie: Jedes Mal, wenn der Generator einen neuen Block von Ids alloziert, muss er zwei Statements, ein `SELECT` und ein `UPDATE`, absetzen.

AUTO

Um dem Dilemma zwischen Performance und Portabilität zu entgehen, bietet Hibernate *GeneratorType.AUTO*. Hier wählt Hibernate selbstständig die zu verwendende Strategie aus, je nach den Mitteln, die die Datenbank bereitstellt. Damit ist dies allgemein die günstigste Variante. In Opiz verwenden wir für alle Identifier-Properties deshalb *AUTO*.

Neben den beschriebenen Generatoren bietet Hibernate weitere an, beispielsweise UUIDs. Sie finden ein Beispiel für die Verwendung des Hibernate-spezifischen Generators *foreign* weiter unten im Abschnitt 5.4.5. Außerdem können Sie auch eine eigene Strategie implementieren. Weitere Informationen dazu finden Sie in der Hibernate-Referenz[1].

5.3.3 Natürliche Schlüssel

In Datenbank-basierten Projekten gibt es für die Gestaltung der Primärschlüssel zwei Alternativen:

- Natürliche Schlüssel
- Technische Schlüssel

Natürliche Schlüssel werden direkt aus den Daten eines Datensatzes gebildet und vom Entwickler manuell vergeben. Bei einem Pizza-Belag wäre z. B. der Belagname ein Kandidat für einen natürlichen Schlüssel. Natürliche Schlüssel bedeuten regelmäßig auch aus mehreren Spalten zusammengesetzte Schlüssel. Technische Schlüssel werden automatisch generiert, so wie wir es im vorhergehenden Abschnitt gesehen haben, und haben keinen inhaltlichen Bezug zu den damit identifizierten Daten.

Bei der Entscheidung zwischen den zwei Ansätzen haben die Hibernate-Entwickler eine klare Präferenz: Sie empfehlen technische Schlüssel. Ein Datenbank-Schema mit natürlichen Schlüsseln betrachten sie als Altlast. Hibernate erlaubt

---

[1] http://www.hibernate.org/hib_docs/v3/reference/en/html

zwar, so ein Schema zu mappen, aber nach unserer Erfahrung bereitet die Arbeit damit kein Vergnügen: Das Mapping ist komplizierter und der Code wird umständlicher. In diesem Buch beschränken wir uns auf technische Schlüssel. Wenn Sie um natürliche Schlüssel nicht herumkommen, verweisen wir Sie auf die Referenzdokumentation. Im Übrigen sollten Sie sich einen Gefallen tun und technische Schlüssel verwenden.

5.4   Mapping von Beziehungen

Beziehungen sind das Salz in der Suppe bei relationalen Datenbanken. Sie bilden zusammen mit Tabellen die zentralen Konzepte im relationalen Modell. Entsprechend wichtig sind Beziehungen für Hibernate. In Hibernate können Beziehungen 1:1, 1:N, N:1 oder M:N sein. Außerdem gibt es unidirektionale und bidirektionale Beziehungen.

5.4.1   1:N-Beziehungen

Am häufigsten treten in der Praxis 1:N-Beziehungen auf. In diesem Abschnitt werden Sie bereits die wichtigsten Elemente von Hibernate-Beziehungen kennenlernen. Der Rest bildet dann nur noch Varianten von 1:N.

Eine unidirektionale N:1-Beziehung

Als erstes wollen wir die Beziehung zwischen den Klassen Customer und Order mappen. Da zu einem Customer beliebig viele Order-Objekte gehören können und jedes Order-Objekt zu höchstens einem Customer gehört, besteht zwischen Order und Customer eine 1:N-Beziehung.

Genauer gesagt ist dies eine unidirektionale 1:N-Beziehung, weil wir im Java-Code nur von Order zu Customer, aber nicht von Customer zu Order navigieren können. Wenn eine Beziehung zwischen zwei persistenten Klassen mit Java-Mitteln nur in eine Richtung navigierbar ist, dann nennen wir sie unidirektional. Entsprechend heißt eine Beziehung, die in beide Richtungen navigierbar ist, bidirektional. Wir nennen die Variante der 1:N-Beziehung von Order zu Customer auch N:1-Beziehung, da sie nur von der N- zur 1-Seite navigierbar ist.

Wir nehmen uns die N:1-Beziehung von Customer/Order als erste vor, weil dies in Hibernate die einfachste und zugleich nützlichste ist. In dem folgenden UML-Diagramm sehen Sie noch einmal den Zusammenhang zwischen Customer und Order:

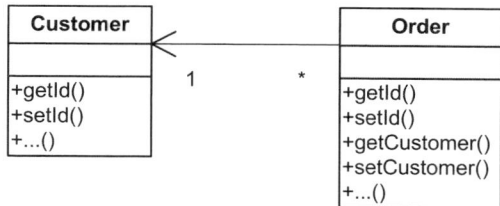

Beide Klassen haben ein Property `id` für den Primärschlüssel. Darüber hinaus hat Order ein Property `customer`, das die Beziehung zur `Customer`-Klasse repräsentiert. Über dieses Property macht Hibernate das `Customer`-Objekt, das zu einer Order gehört, zugänglich. Bei der `Customer`-Klasse gibt es keine Methoden, um an ein `Order`-Objekt zu gelangen – das macht die Beziehung unidirektional.

Die Datenbanktabellen dazu sehen folgendermaßen aus:

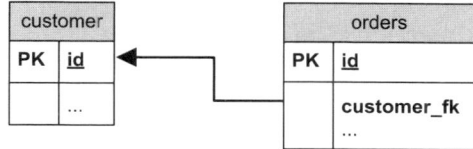

Die Tabelle `customer` speichert die Objekte der `Customer`-Klasse. Analoges gilt für die `orders`-Tabelle, nur heißt sie hier `orders` statt `order`, weil ORDER in SQL ein Schlüsselwort und damit als Name nicht verwendbar ist.

In den Tabellen heißen die beiden Primärschlüsselspalten `id`, genau wie die dazu gehörigen Identifier-Properties. In der Tabelle `orders` schafft die Fremdschlüsselspalte `customer_fk` die Beziehung zwischen `Customer` und `Order`. Zusätzlich definieren wir einen Foreign-Key-Index für `customer_fk`, der die referentielle Integrität für diese Beziehung sicherstellt. Dies erledigen wir entweder manuell oder überlassen es Hibernates Schema-Generierung.

Schauen wir uns zunächst die `Customer`-Klasse an:

```
@Entity
public class Customer {
    private Integer id;
    ...
    public Customer() {
    }

    @Id
    @GeneratedValue(strategy = GenerationType.AUTO)
    public Integer getId() {
        return id;
    }
}
```

Hier findet sich gegenüber dem vorigen Abschnitt nichts Neues – die `@Entity`-Annotation bildet die Klasse automatisch auf die Customer-Tabelle ab. Als Primärschlüssel-Generator verwenden wir *AUTO*. Weil die Beziehung unidirektional ist und von Order zu Customer verläuft, enthält die Klasse dafür keinen Code.

Nun die relevanten Teile aus der `Order`-Klasse:

```
@Entity
@Table(name = "orders")
public class Order {
    private Customer customer;
    ...

    @ManyToOne
    public Customer getCustomer() {
        return customer;
    }

    public void setCustomer(Customer customer) {
        this.customer = customer;
    }
}
```

Zunächst bindet die `@Table`-Annotation die `Order`-Klasse an die `orders`-Tabelle. Nun kommt der interessante Teil: Mit `@ManyToOne` legen wir fest, dass das `customer`-Property eine N:1-Beziehung zur `Customer`-Klasse implementieren soll. Bei diesem Mapping verwendet Hibernate den Namen `customer_id` für die Fremdschlüsselspalte von `orders` zu `customer`. Dies ist die Voreinstellung und ergibt sich aus dem Property-Namen plus `_id`. Da wir den Spaltennamen selbst bestimmen wollen, geben wir zusätzlich bei `@ManyToOne` noch die `@JoinColumn`-Annotation an:

```
@ManyToOne
@JoinColumn(name = "customer_fk")
public Customer getCustomer() {
    ...
```

Der Parameter *name* definiert den Spaltennamen. Als Letztes geben wir der `@ManyToOne`-Annotation noch den boolschen Parameter *optional*:

```
@ManyToOne(optional = true)
@JoinColumn(name = "customer_fk")
public Customer getCustomer() {
    ...
```

optional bestimmt, ob das `customer`-Property *null* sein darf. Wir definieren „*optional = true*", weil wir in Opiz auch Bestellungen ohne Kunde anlegen möchten. In einer realen Anwendung würden wir wahrscheinlich „*optional = false*" verwenden, weil dort eine Bestellung ohne Kunde sinnlos ist. In diesem Fall würde Hibernate das Property bei *save* und bei Updates überprüfen und zusätzlich die Spalte im Datenbankschema „`NOT NULL`" markieren. Voreinstellung ist „*optional = true*".

Damit haben wir die Beziehung auf die Tabellen gemappt. Jetzt können wir endlich damit arbeiten. Um eine Order mit einem `Customer` zu verbinden, setzen wir einfach das `customer`-Property des `Order`-Objekts:

```
Customer customer = ...;
Order order = ...;
order.setCustomer(customer);
```

Wir nehmen hier sowohl für *customer* als auch für *order* an, dass sie bereits persistent, d. h. der Session bekannt sind. Hibernate erkennt dann wie auch bei einfachen Properties die Veränderung am Order-Objekt und erzeugt beim nächsten `flush` ein entsprechendes UPDATE-Statement (oder auch ein passendes INSERT, falls das Order-Objekt noch nicht in der Datenbank liegt).

Genauso einfach lässt sich die Beziehung auch wieder auflösen:

```
Order order = ...;
order.setCustomer(null);
```

Auf der Basis der Beziehung lässt sich eine HQL-Abfrage bequem formulieren:

```
Query query = session.createQuery(
        "select o from Order o where o.customer.name like 'G%'");
```

Hier bezeichnet *o* eine `Order`, *o.customer* den `Customer`, der mit der Order *o* verbunden ist, und `o.customer.name` dessen Property `name`. So eine Konstruktion nennt sich Pfadausdruck und führt implizit zu einem Join in SQL. Offensichtlich ist diese Formulierung viel bequemer als ein expliziter Join wie Folgender:

```
select ... from customer c, orders o
  where c.id = o.customer_fk
    and ...
```

Pfadausdrücke machen explizite Joins in den meisten Fällen unnötig.

Im Quelltext zum Buch finden Sie ein einfaches Beispiel für den Umgang mit der Beziehung in der Klasse `UniDirectionalManyToOneTest`.

Eine bidirektionale 1:N-Beziehung

Soweit war das ganz schön, aber das erste, was einen Java-Entwickler bei einem O/R-Mapper typischerweise wirklich interessiert, ist eine bidirektionale 1:N-Beziehung – also die gleiche wie im vorigen Abschnitt, nur in beide Richtungen navigierbar. Das nehmen wir zum Anlass, die Beziehung zwischen den Klassen `Order` und `Pizza` zu mappen.

Da zu jeder Bestellung beliebig viele Pizzen gehören können und zu jeder bestellten Pizza eine Bestellung gehört, haben wir zwischen `Order` und `Pizza` wieder eine N:1- bzw. 1:N-Beziehung. Schauen wir uns das UML-Diagramm dazu an:

Es sieht strukturell dem Diagramm aus dem vorigen Abschnitt sehr ähnlich. Die wesentliche Neuerung ist, dass es nun auch von der „1"-Seite, hier also der `Order`-Klasse, eine Navigation durch das Property `pizzas` zur „N"-Seite gibt.

Dieses Property hat als Typ `List<Pizza>`, um mehrere Pizza-Objekte referenzieren zu können.

Die Datenbanktabellen dazu:

pizza	
PK	<u>id</u>
	order_fk
	...

Die dazugehörige Datenbanktabellen haben die gleiche Struktur wie im vorausgehenden Abschnitt – nur die Namen haben sich geändert. Daran können Sie sehen, dass es aus Datenbanksicht unerheblich ist, ob eine Beziehung bidirektional oder unidirektional ist.

Zunächst erweitern wir die `Pizza`-Klasse um die `Order`/`Pizza`-Beziehung:

```
@Entity public class Pizza implements Serializable {
    private Order order;
    ...
    @ManyToOne
    @JoinColumn(name = "order_fk")
    public Order getOrder() {
        return order;
    }

    public void setOrder(Order order) {
        this.order = order;
    }
}
```

Auf dieser Seite sieht die bidirektionale Beziehung genauso aus wie eine unidirektionale. Die verwendeten Annotations kennen Sie deshalb schon aus dem vorhergehenden Abschnitt.

Nun ändern wir die `Order`-Klasse so, dass sie die Beziehung zu `Pizza` aufnimmt:

```
@Entity
@Table(name = "orders")
// order ist ein SQL-Schlüsselwort -- als Tabellenname nicht zulässig
public class Order {
    private List<Pizza> pizzas = new ArrayList<Pizza>();
    ...
    @OneToMany(mappedBy = "order")
    public List<Pizza> getPizzas() {
        return pizzas;
    }

    public void setPizzas(List<Pizza> pizzas) {
        this.pizzas = pizzas;
    }
}
```

Gegenüber dem vorigen Abschnitt hat die Klasse ein neues, `List<`*`Pizza`*`>`-wertiges Property `pizzas`. Es erlaubt uns, die Beziehung von `Order` zu `Pizza` zu navigieren. Mit der `@OneToMany`-Annotation teilen wir Hibernate mit, dass dieses Property zu der `Order`/`Pizza`-Beziehung gehört. Eine Besonderheit stellt dabei der *mappedBy*-Parameter dar.

In einer bidirektionalen Beziehung muss immer eine der beiden Seiten der „Eigentümer" der Beziehung sein. Hibernate informiert sich nämlich nur auf der Seite des Eigentümers, welche Änderungen an der Beziehung es in der Datenbank durchführen muss.

Das bei der Methode *Order.getPizzas* in `@OneToMany` angegebene Attribut *mappedBy* dient dazu, die Partner-Klasse *Pizza* zum Eigentümer zu deklarieren. Dabei bezeichnet der Wert „*order*" das Property der Pizza-Klasse, das die Beziehung repräsentiert. Aus Performance-Gründen wählt man eigentlich immer die `@ManyToOne`-Seite als Eigentümer, nicht die mit `@OneToMany`.

Nun wollen wir die Beziehung benutzen. Folgender Code ordnet eine `Pizza` einem `Order`-Objekt zu:

```
Order order = ...;
Pizza pizza = ..;
order.getPizzas().add(pizza);
pizza.setOrder(order);
```

Der Entwickler pflegt bei einer bidirektionalen Beziehung beide Seiten, die 1- und die N-Seite. Deshalb rufen wir sowohl *order.getPizzas().add()* als auch *pizza.setOrder()* auf. Wenn wir dies vergessen und nur eine Seite der Beziehung pflegen, kann es passieren, dass der neue Eintrag trotzdem in der Datenbank landet. Hibernate zieht jedoch im Objektmodell die fehlende Referenz nicht nach, sodass es später zu Verwirrung und Fehlern kommen kann.

Analog zum obigen Beispiel entfernen wir eine `Pizza` von der Bestellung:

```
Order order = ...;
Pizza pizza = ..;
order.getPizzas().remove(pizza);
pizza.setOrder(null);
```

Und schließlich entfernen wir sämtliche Pizzen aus der Bestellung mit folgendem Code-Fragment:

```
Order order = ...;
Pizza pizza = ..;
order.getPizzas().clear();
```

Hibernate erzeugt dafür ein einziges `DELETE`-Statement anstelle eines pro `Pizza`-Objekts.

Weil man die Pflege für eine Seite der Beziehung leicht vergisst, bietet es sich an, den Code zum Hinzufügen und Entfernen von Objekten einer Beziehung in entsprechenden Methoden zusammenzufassen:

```
public class Order {
    ...
    public void addPizza(Pizza pizza) {
        pizzas.add(pizza);
        pizza.setOrder(this);
    }

    public void removePizza(Pizza pizza) {
        pizzas.remove(pizza);
        pizza.setOrder(null);
    }
}
```

Dieses Vorgehen gilt als Best Practice. Allerdings findet es sich in der Praxis eher dort, wo der Code für persistente Klassen aus einem Modell generiert wird, also z. B. bei MDA (Model Driven Architecture).

Bei einer Abfrage können Sie für eine bidirektionale Beziehung die Properties beider Seiten verwenden. Da Sie im vorigen Abschnitt schon ein Beispiel für die @ManyToOne-Seite gesehen haben, kommt hier eines für @OneToMany mit Order.pizzas:

```
Query query = session.createQuery(
    "select p from Order o join o.pizzas p where o.id = 1");
List<Pizza> = query.list();
```

Diese Abfrage liefert alle Pizzas, die zur Bestellung mit *id 1* gehören.

Im Begleit-Quelltext finden Sie in der Klasse BiDirectionalOneToManyTest ein einfaches Beispiel zu dieser Beziehung.

Tipp

Bidirektionale Beziehungen sind sehr bequem und deshalb auch sehr beliebt. Bitte beachten Sie aber, dass Hibernate zum Verändern der Beziehung, also zum Einfügen und Löschen von Objekten, alle zur List gehörenden Objekte lädt. Damit ist dieser Beziehungstyp für größere Datenmengen ungeeignet, weil zum einen ein Performance-, zum anderen ein Speicherproblem droht. In so einem Fall verwenden wir statt einer bidirektionalen Beziehung eine unidirektionale N:1-Beziehung. Wenn die Gegenrichtung mal navigiert werden muss, verwenden wir dafür HQL anstelle von Java-Referenzen. Die Hibernate-Community betrachtet die Navigierbarkeit der Gegenrichtung aus Java heraus als verzichtbares Bequemlichkeits-Feature.

Parent/Child-Beziehungen und Cascade

Im vorigen Kapitel haben wir einzelne Objekte mit save in die Datenbank gebracht, sie mit delete wieder gelöscht usw. Wenn wir es mit einem Objektgraphen zu tun haben, also mit einer Menge von Objekten, die über Beziehungen verbunden sind, dann müssen wir diese Operationen nicht unbedingt auf jedem Objekt einzeln ausführen. Wir können stattdessen Hibernate über das Mapping anweisen, Operationen auf referenzierte Objekte zu kaskadieren.

Die wichtigste Anwendung dafür ist die häufig anzutreffende Parent/Child-Beziehung. Bei so einer Beziehung besteht ein besonderes Verhältnis zwischen den Objekten. Die Child-Objekte sind konzeptionell ein Teil des Parent-Objekts. Die Child-Objekte sollen deshalb genau dann gelöscht werden, wenn auch der Parent gelöscht wird. In Opiz besteht so eine Parent/Child-Beziehung zwischen `Order` und `Pizza`. Um die `Order/Pizza`- Beziehung in Opiz zur Parent/Child-Beziehung zu machen, fügen wir der `@OneToMany`-Annotation den *cascade*-Parameter hinzu:

```
@OneToMany(mappedBy = "order", cascade = CascadeType.ALL)
public List<Pizza> getPizzas() {
    return pizzas;
}
```

Der *cascade*-Parameter bestimmt, welche Operationen Hibernate zu den verbundenen Objekten weiterleitet. Die möglichen Werte aus der `CascadeType`-Enumeration lauten:

- PERSIST – kaskadiert die `save`- und `persist`-Methoden.
- MERGE – kaskadiert die `merge`-Methode.
- REMOVE – kaskadiert die `delete`-Methode.
- REFRESH – kaskadiert die `refresh`-Methode.
- ALL – schließt alle anderen Werte ein.

Bei dem Beispiel-Mapping kaskadieren alle Operationen von der Bestellung (dem Parent) zu den Pizzen (den Children). Wenn wir eine Bestellung löschen, sorgt dieses Mapping dafür, dass Hibernate auch alle dazugehörigen Pizzen löscht.

Neben einem einzelnen Wert können wir auch ein Array angeben:

```
@OneToMany(cascade = { CascadeType.PERSIST, CascadeType.MERGE })
```

Dies ist außerhalb von Parent/Child-Beziehungen nützlich, um einen ganzen Objektgraphen mit einem einzigen Methodenaufruf in die Datenbank einzufügen.

Eine unidirektionale 1:N-Beziehung

Eine unidirektionale 1:N-Beziehung ist das Gegenstück zur schon beschriebenen unidirektionalen N:1-Beziehung. Bei ihr ist einfach die navigierbare Seite vertauscht. Würden wir die `Customer/Order`-Beziehung so mappen, dann hätte `Customer` eine Methode `getOrders` und aus Order würde die Methode `getCustomer` verschwinden (siehe folgendes UML-Diagramm). Die Tabellen blieben unverändert.

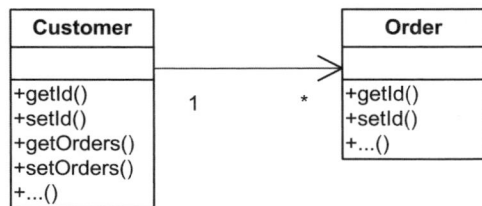

Unidirektionale 1:N-Beziehungen treten in der Praxis selten auf. Die Hibernate-Entwickler raten sogar davon ab, diese Beziehungsart zu benutzen. Wenn Sie sich trotzdem darauf einlassen wollen, finden Sie hier als Beispiel die nötigen Änderungen an den Opiz-Klassen:

```
@Entity public class Customer {
    private List<Order> orders;
    ...

    @OneToMany(cascade = CascadeType.ALL)
    @JoinColumn(name = "customer_fk")
    public List<Order> getOrders() {
        return orders;
    }

    public void setOrders(List<Order> orders) {
        this.orders = orders;
    }
}
```

Das @OneToMany-Property ist hier, anders als im vorigen Abschnitt, der Eigentümer der Beziehung, weshalb es keinen Parameter *mappedBy* hat. Wir geben zusätzlich mit der @JoinColumn-Annotation den Namen des Fremdschlüssels in der orders-Tabelle an.

Die Beziehung lässt sich wie eine normale List pflegen:

```
Customer customer = ...
Order order = new Order();
customer.getOrders().add(order);
```

In Opiz verwenden wir diesen Beziehungstyp nicht.

5.4.2   Bags, Lists, Arrays, Sets, Collections und Maps

Die bisher gezeigten Beispiele haben immer java.util.List als Container für N-wertige Properties verwendet. Stattdessen lassen sich jedoch auch java.-util.Set oder java.util.Collection mit Hibernate einsetzen. Hier als Beispiel das Order.pizzas-Property auf der Basis von java.util.Set:

```
public class Order {
    private Set<Pizza> pizzas = new HashSet<Pizza>();
    ...
    @OneToMany(mappedBy = "order")
    public Set<Pizza> getPizzas() {
        return pizzas;
    }
```

Der Typ des Properties muss ein Interface sein und nicht eine konkrete Implementation wie `ArrayList` oder `HashSet`. Hibernate verwendet hier nämlich eigene Implementations-Klassen.

Ein weiterer Punkt ist die Anordnung der Elemente in `java.util.List`. Obwohl List in Java geordnet ist, behandelt Hibernate diesen Typ per Voreinstellung mit Bag-Semantik. Das heißt, Hibernate betrachtet die `List` wie einen Container ohne Anordnung und legt die Objekte in beliebiger Reihenfolge hinein.

Wir können die `List`-Elemente beim Laden mit der `@OrderBy`-Annotation sortieren:

```
@OneToMany(mappedBy = "order")
@OrderBy("name asc, id desc")
public List<Pizza> getPizzas() {
    return pizzas;
}
```

`@OrderBy` bestimmt die Properties, nach denen Hibernate die Elemente beim Laden aufsteigend („*asc*") oder absteigend („*desc*") sortiert. Die Angabe von *asc* oder *desc* ist dabei optional. Die resultierende Reihenfolge bezieht sich jedoch nur auf das Laden.

Egal ob wir `@OrderBy` angeben oder nicht, alle manuellen Änderungen an der Reihenfolge sind nicht persistent und gehen verloren. Wenn uns das stört, können wir die Reihenfolge über eine zusätzliche Index-Spalte speichern. Wollen wir z. B. die `Pizza`s in ihrer Bestellreihenfolge in `Order` speichern, können wir das Mapping für `Order.pizzas` wie folgt erweitern:

```
@OneToMany(mappedBy = "order")
@IndexColumn(name = "index_in_order", base=1)
public List<Pizza> getPizzas() {
    return pizzas;
}
```

`@IndexColumn` definiert die Index-Spalte, die numerisch die Anordnung der `List`-Elemente aufnimmt. Der Parameter *name* definiert den Spaltennamen und *base* die Zahl, ab der die Index-Werte erzeugt werden.

Mit `@IndexColumn` sind sogar Arrays möglich:

```
public class Order {
    private Pizza[] pizzas = {};
    ...

    @OneToMany(mappedBy = "order")
    @IndexColumn(name = "index_in_order", base=1)
    public Pizza[] getPizzas() {
        return pizzas;
    }
}
```

Darüber hinaus beherrscht Hibernate auch das Mapping von `java.util.Map`. Da dies in der Praxis eher selten vorkommt, verweisen wir dazu auf die Hibernate-Dokumentation.

5.4.3   Equals und HashCode implementieren

Bislang haben wir ein bißchen gemogelt: In bestimmten Fällen müssen persistente Klassen die Methoden `equals` und `hashCode` aus `java.lang.Object` überschreiben, und das haben wir nicht gemacht. Wir sind soweit damit klar gekommen, aber auf Dauer geht das nicht gut. Hibernate verlangt eine eigene Implementation von `equals` und `hashCode` für eine persistente Klasse unter bestimmten Bedingungen:

■ Wenn ihre Objekte in einem `Set` gespeichert werden.

■ Wenn ihre Objekte als Detached-Object reattached werden.

Darüber hinaus ist `equals` nötig,

■ wenn wir für so ein Objekt auf einer Collection wie `List` die Methoden `remove` oder `contains` aufrufen.

Zumindest Letzteres dürfte häufig vorkommen.

Eigene Implementationen für `equals` und `hashCode` sind deshalb notwendig, weil Hibernate persistente Klassen teilweise dynamisch subclassed, um Proxy-Klassen zu erzeugen. Wozu die gut sind, erfahren Sie weiter unten in Abschnitt 5.4.7 zum Thema Lazy-Loading. Für diese Proxy-Klassen funktioniert die Default-Implementierung von `equals` auf der Basis von Objektidentität nicht mehr. In einem `Set` könnte das gleiche persistente Objekte zweimal auftauchen.

Der nächstliegende Gedanke wäre nun, den Identifier, also den Primärschlüssel, als Basis für `equals` und `hashCode` zu verwenden. Das klappt leider auch nicht so recht, weil der Identifier erst nach `save` zur Verfügung steht.

Deshalb empfehlen die Hibernate-Entwickler, Business-Keys zu verwenden. Ein Business-Key ist eine Menge von Properties, die gemeinsam ein Objekt eindeutig identifizieren und deren Werte sich nie oder selten ändern. Ein typisches Beispiel für einen Business-Key ist das Property `username` in der `Customer`-Klasse. Jeder Username identifiziert einen Kunden eindeutig und ändert sich praktisch nie. Weitere Kandidaten für Business-Keys sind

■ für `Order`: `customer` plus `creationTime`

■ für `Pizza`: `order` plus ein Index innerhalb der Bestellung, also Pizza 1, Pizza 2, ... Dieses Index-Property müsste in Opiz extra eingeführt werden.

■ für `Topping`: `name`

Teilweise gibt es in einem Objektmodell bereits natürliche Kandidaten für einen Business-Key, etwa so wie bei `Customer`. In anderen Fällen wie bei `Pizza` muss man es erweitern, um sie zu bekommen.

Bei der Implementierung von `equals` und `hashCode` gibt es einige Fallstricke. Deshalb sollten Sie einem Muster wie z. B. dem aus dem Buch „Effective Java"[2] folgen. Am besten lassen Sie sich den Code von einer IDE wie IntelliJ IDEA generieren und passen ihn anschließend für Hibernate an. Bei Hibernate gilt

---

[2] Joshua Bloch: Effective Java, Addison-Wesley 2001.

es nämlich, eine zusätzliche Komplikation zu beachten. Weil Hibernate Proxy-Klassen generiert, reicht es nicht aus, die Klassen zweier Objekte mit

```
this.getClass() != o.getClass()
```

zu vergleichen. Wir verwenden *Hibernate.getClass(o)*, um die Proxy-freie Klasse eines Objekts *o* zu bekommen. Damit korrigieren wir die obige Zeile zu:

```
Hibernate.getClass(this) != Hibernate.getClass(o)
```

Hier nun ein Beispiel für `equals` aus der `Order`-Klasse, das den zusammgesetzten Business-Key `customer` plus `creationTime` verwendet:

```
public boolean equals(Object o) {
    if (this == o)
        return true;
    if (o == null || Hibernate.getClass(this) != Hibernate.getClass(o))
        return false;

    Order order = (Order) o;

    if (creationTime != null ? !creationTime.equals(order.creationTime)
                             : order.creationTime != null)
        return false;
    if (customer != null ? !customer.equals(order.customer)
                         : order.customer != null)
        return false;

    return true;
}
```

Damit dieser Code funktioniert, muss `Customer.equals` ebenfalls überschrieben sein. Sie sehen hier, dass die Methode die Werte der Felder auf *null* prüft. Dort, wo *null* nicht auftreten kann, können Sie natürlich darauf verzichten.

Bei der `hashCode`-Implementierung gelten die gleichen Spielregeln[3] wie sonst auch bei dieser Methode. Basierend auf dem `Order`-Business-Key hier ein Beispiel:

```
public int hashCode() {
    int result;
    result = (customer != null
                ? customer.hashCode() : 0);
    result = 29 * result + (creationTime != null
                ? creationTime.hashCode() : 0);
    return result;
}
```

Auch bei dieser Methode könnten wieder einzelne Felder *null* sein.

Eine Folge der `hashCode`-Implementierung ist, dass eine Änderung am Business-Key auch zu einem veränderten Hashcode führt. Wenn Sie `Sets` für Beziehungen benutzen, müssen Sie deshalb darauf achten, zunächst den Business-Key zu setzen und erst dann das Objekt einem `Set` hinzuzufügen.

---

[3] siehe die Javadoc für *Object.hashCode*.

Bei einem Business-Key ist es sinnvoll, seine Eindeutigkeit mit einen Unique-Constraint durchzusetzen. Wenn Sie sich Ihr Schema von Hibernate generieren lassen, dann können Sie den Constraint mit einem Parameter *uniqueConstraints* für `@Table` erzeugen lassen. Hier ein Beispiel mit dem Business-Key aus der `Order`-Klasse:

```
@Entity
@Table(name = "orders",
       uniqueConstraints = @UniqueConstraint(columnNames = {
                              "customer_fk", "creationtime"
       }))
public class Order {
   ...
}
```

`@UniqueConstraint` erwartet ein Array von Spaltennamen. Auf diese Spalten legt Hibernate den Unique-Constraint.

5.4.4 M:N-Beziehungen

Nun wollen wir uns den M:N-Beziehungen zuwenden. Diese Beziehungsart taucht in der Praxis seltener auf, hat aber durchaus ihre Relevanz. Eine M:N-Beziehung besteht dann zwischen zwei Klassen, wenn ein Objekt der einen Klasse mehrere Objekte der anderen Seite assoziiert und umgekehrt.

Eine unidirektionale M:N-Beziehung

In Opiz kann eine Pizza mehrere Beläge haben. Umgekehrt kann ein Belag auf mehreren Pizzen verwendet werden. Damit besteht zwischen den dazugehörigen Klassen eine M:N-Beziehung. Um sie effizient zu gestalten, macht Opiz diese Beziehung nur von `Pizza` nach `Topping` navigierbar und damit unidirektional.

Das sieht in UML folgendermaßen aus:

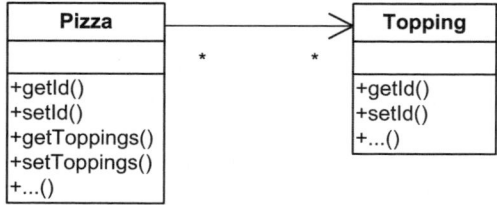

Kennzeichnend für eine M:N-Beziehung ist, dass sie in der Datenbank eine Zwischentabelle, auch Join-Tabelle genannt, benötigt. Diese nimmt die Fremdschlüssel der verbundenen Datensätze auf.

Damit sehen die Tabellen wie folgt aus:

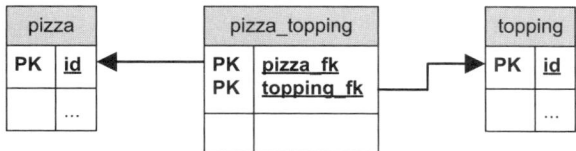

`pizza_topping` ist die besagte Zwischentabelle mit den Fremdschlüsseln zu `pizza` und `topping`. Für solche Beziehungstabellen verwendet Hibernate ausnahmsweise einen aus den Fremdschlüsseln zusammengesetzten Primärschlüssel – hier aus `pizza_fk` und `topping_fk`.

Um die M:N-Beziehung zu mappen, benutzen wir die `@ManyToMany`-Annotation auf dem Property, mit dem wir die Beziehung navigieren. Wir verändern das Mapping der `Pizza`-Klasse folgendermaßen:

```
@Entity
public class Pizza {
    private List<Topping> toppings;
    ...

    @ManyToMany
    @JoinTable(name = "pizza_topping",
               joinColumns = {@JoinColumn(name = "pizza_fk")},
               inverseJoinColumns = {@JoinColumn(name = "topping_fk")})
    public List<Topping> getToppings() {
        return toppings;
    }

    public void setToppings(List<Topping> toppings) {
        this.toppings = toppings;
    }
    ...
}
```

`@ManyToMany` besagt, dass das `toppings`-Property eine M:N-Beziehung abbildet. Auch bei dieser Beziehung gibt es einen Eigentümer. Dies ist im unidirektionalen Fall immer die Seite mit dem Mapping, hier also `Pizza`. Mit der `@JoinTable`-Annotation definieren wir den Namen der Zwischentabelle (*name*), den Namen von deren Fremdschlüssel zur Eigentümer-Seite (*joinColumns*) und den Fremdschlüssel zur Nichteigentümer-Seite (*inverseJoinColumns*).

Die `JoinTable`-Annotation ist optional. Ohne sie verwendet `@ManyTo@Many` folgende Voreinstellung:

- Der Name der Zwischentabelle (*name*) ergibt sich aus der Verkettung von Eigentümer-Tabellenname, einem Unterstrich und dem Nichteigentümer-Tabellennamen, z. B. `pizza_topping`

- Der erste Fremdschlüssel (*joinColumns*) leitet sich aus dem Eigentümer-Tabellennamen und dessen Id-Property ab, z. B. `pizza_id` (statt `pizza_fk` aus obigem Beispiel)

■ Der zweite Fremdschlüssel (*inverseJoinColumns*) ergibt sich aus dem Beziehungs-Property des Eigentümers und dem Id-Property des Nichteigentümers, z. B. `toppings_id`

Da die Beziehung unidirektional ist, hat die `Topping`-Klasse keine relevanten Annotations.

Um die Beziehung zu verändern, gehen wir genau so vor wie auf der `@OneTo-Many`-Seite einer 1:N-Beziehung. Wir fügen mit `getToppings().add` einen Belag zur Pizza hinzu:

```
Topping topping = ...;
Pizza pizza = ...;
pizza.getToppings().add(topping);
```

Und entfernen ihn wieder mit `getToppings().remove`:

```
Topping topping = ...;
Pizza pizza = ...;
pizza.getToppings().remove(topping);
```

Mit `getToppings().clear` entfernen wir alle Beläge von der Pizza.

Schließlich können wir eine Abfrage über die Beziehung mithilfe der Pfadnotation ausführen:

```
Query query = session.createQuery(
    "select p " +
    "from Pizza p join p.toppings t where t.name is 'Salami'");
List<Pizza> pizzas = query.list();
```

Diese Abfrage liefert alle `Pizza`s, die einen Belag mit dem Namen „Salami" haben.

Ein Beispiel zu dieser Beziehung finden Sie im Begleit-Quelltext in der Klasse `UniDirectionalManyToManyTest`.

Eine bidirektionale M:N-Beziehung

Nachdem wir im vorigen Abschnitt die Beziehung `Pizza` zu `Topping` für Opiz als unidirektional gemappt haben, schauen wir uns als Nächstes an, wie die Beziehung im bidirektionalen Fall aussieht. Opiz bringt so eine Beziehung nicht mit, aber unabhängig davon ist sie praxisrelevant.

Wir erweitern die `Topping`-Klasse um ein Property `pizzas`, das eine `List` von `Pizza`s aufnimmt. In UML sieht das so aus:

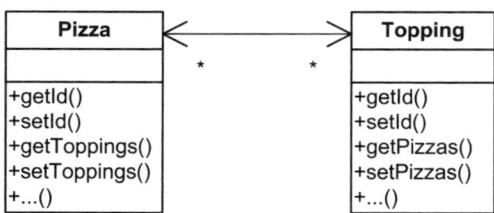

Die Tabellen bleiben gegenüber dem vorigen Abschnitt identisch.

Um die unidirektionale Beziehung aus dem vorigen Abschnitt bidirektional zu machen, brauchen wir die `Pizza`-Klasse nicht zu ändern. Bei der `Topping`-Klasse sieht die Änderung folgendermaßen aus:

```
@Entity
public class Topping {
    private List<Pizza> pizzas;
    ...

    @ManyToMany(mappedBy="toppings")
    public List<Pizza> getPizzas() {
        return pizzas;
    }

    public void setPizzas(List<Pizza> pizzas) {
        this.pizzas = pizzas;
    }
}
```

`Topping` hat das neue `pizzas`-Property bekommen. Auch hier markiert die `@ManyToMany`-Annotation die M:N-Beziehung. Durch den Parameter *mappedBy* erklären wir `Pizza.toppings` zum Eigentümer. Wir haben *mappedBy*-Parameter auch schon bei `@OneToMany` gesehen. Da nur der Eigentümer die Zwischentabelle mit `@JoinTable` beschreibt, sind wir mit dem Mapping schon fertig.

Um eine Beziehung zwischen einer `Pizza` und einem `Topping` herzustellen, gehen wir wie folgt vor:

```
Pizza pizza = ...;
Topping topping = ...;
pizza.getToppings().add(topping);
topping.getPizzas().add(pizza);
```

Und um sie wieder aufzulösen:

```
Pizza pizza = ...;
Topping topping = ...;
pizza.getToppings().remove(topping);
topping.getPizzas().remove(pizza);
```

5.4.5 1:1-Beziehungen

Bei einer 1:1-Beziehung zwischen zwei Klassen referenziert ein Objekt der einen Klasse höchstens ein Objekt der anderen Klasse und umgekehrt.

> *Hinweis*
>
> In der Praxis kommen 1:1-Beziehungen nicht so häufig vor, weil man oft die Spalten der einen Tabelle in die andere übernehmen kann, ohne einen Informationsverlust zu erleiden. Dabei spart man sich einen Join, was teilweise einen wichtigen Performance-Vorteil bringt.

Eine unidirektionale 1:1-Beziehung

Eine typische Verwendung für eine 1:1-Beziehung stellen optionale Bestandteile einer Klasse dar, z. B. die Mietwagenreservierung bei einer Flugbuchung. In Opiz haben wir eine ähnliche Situation. Wir wollen dort als Nächstes die Adresse des Kunden mappen. Ein Kunde kann eine Adresse haben, sie kann aber auch entfallen.

Über die Klasse `Address` bilden wir die Adresse ab. Sie nimmt folgende Properties auf:

- `street` – die Straße
- `city` – die Stadt
- `zip` – die Postleitzahl

Wie diese Properties gemappt werden, ist für Sie natürlich kein Geheimnis mehr. Wir konzentrieren uns auf die 1:1- Beziehung zwischen `Customer` und `Address`.

Zunächst sehen wir uns die unidirektionale Variante an. Wir geben `Address` ein Property `customer`. Das sieht in UML wie folgt aus:

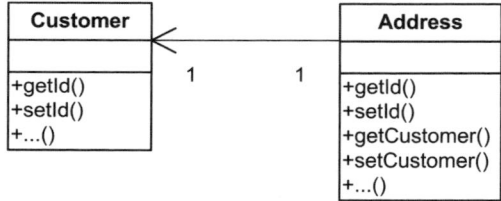

In den meisten Fällen haben die Datensätze der beteiligten Tabellen bei einer 1:1-Beziehung denselben Primärschlüssel. Das heißt: Zu einem Datensatz der `customer`-Tabelle mit dem Primärschlüssel 7 findet sich in der `address`-Tabelle sein Pendant ebenfalls mit Primärschlüssel 7. Um das abzubilden, ist der Primärschlüssel von der `address`-Tabelle gleichzeitig ihr Fremdschlüssel zu `customer`. Damit sehen die Tabellen so aus:

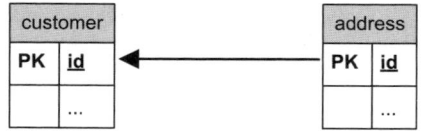

Im Quelltext stellt sich das Mapping folgendermaßen dar:

```
@Entity
public class Address {
    private Customer customer;
    ...

    @Id
    @GeneratedValue(generator = "system-foreign")
    @GenericGenerator(
```

```
            name = "system-foreign",
            strategy = "foreign",
            parameters= @Parameter(
                    name = "property",
                    value = "customer"))
public Integer getId() {
    return id;
}


@OneToOne
@PrimaryKeyJoinColumn
public Customer getCustomer() {
    return customer;
}
}
```

Bei diesem Mapping greift eine Besonderheit: Weil der Identifier von `Address` mit dem aus dem assoziierten `Customer`-Objekt identisch sein soll, verwenden wir einen speziellen, Hibernate-spezifischen Id-Generator.

Im Beispiel greift `@GeneratedValue` auf einen Id-Generator mit dem Namen *system-foreign* zurück. Dieser Name ist frei vergebbar und wird in der folgenden `@GenericGenerator`-Annotation eingeführt. `@GenericGenerator` definiert den Hibernate-spezifischen Id-Generator und deklariert als dessen Generierungsstrategie *foreign*. Diese übernimmt den Id-Wert aus einem assoziierten Objekt, das über `@Parameter` festgelegt wird.

`@Parameter` ist ein allgemeiner Mechanismus zur Übergabe von Parametern an `@GenericGenerator` als Name/Wert-Paar. Hier deklariert `@Parameter` den Parameter *property*, der das Property festlegt, aus dem `foreign` sich das assoziierte Objekt holt – in diesem Fall das *customer*-Property.

Das `@OneToOne` deklariert die 1:1-Beziehung. Wir können bei dieser Annotation wie bei `@ManyToOne` zusätzlich den Parameter *optional=false* angeben, um das Property nicht nullable zu machen. Die `@PrimaryKeyJoinColumn`-Annotation definiert den Primärschlüssel aus `address` zum Fremdschlüssel auf die `customer`-Tabelle. Hibernate kann auch eine separate Spalte dafür verwenden. Diese Variante finden Sie weiter unten in Abschnitt 5.4.5 beschrieben.

Die `Customer`-Klasse berühren wir bei dieser Änderung nicht.

Die Pflege der Beziehung ist ganz einfach. Wir stellen eine Beziehung zwischen zwei Objekten her mit:

```
Customer Customer = ...;
Address address = ...;
address.setCustomer(customer);
```

Auflösen können wir sie dann mit:

```
Address address = ...;
address.setOrder(null);
```

Sie formulieren Abfragen analog zu `@ManyToOne` mit der Pfadnotation.

Eine bidirektionale 1:1-Beziehung

Als Nächstes machen wir die 1:1-Beziehung bidirektional. Wir geben `Customer` zusätzlich ein Property `address`. Damit ändert sich das UML-Diagramm wie folgt:

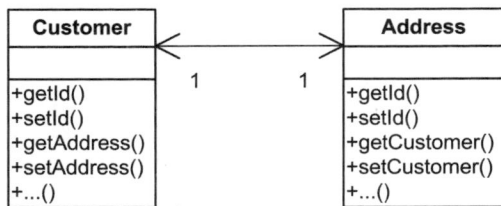

Wir müssen analog zur 1:N-Beziehung nur die Gegenseite mit *mappedBy* mappen:

```
@Entity
public class Customer {
    private Address address;
    ...

    @OneToOne(mappedBy = "customer", cascade = CascadeType.ALL)
    public Address getAddress() {
        return address;
    }
    ...
```

Und schon ist die Beziehung bidirektional. Durch *mappedBy* deklariert die `Customer`-Klasse die `Address` zum Eigentümer der Beziehung. Damit das assoziierte Objekt zusammen mit dem `Customer` gespeichert und gelöscht wird, steht der *cascade*-Parameter auf *CascadeType.All*.

Die Pflege der Beziehung ist ähnlich einfach wie im vorausgehenden Abschnitt. Wir stellen eine Beziehung zwischen zwei Objekten her mit:

```
Customer customer = ...;
Address address = ...;
customer.setAddress(address);
address.setCustomer(customer);
```

Auflösen können wir sie mit:

```
Customer customer = ...;
Address address = ...;
customer.setAddress(null);
address.setCustomer(null);
```

> *Achtung!*
>
> Leider hat Hibernate derzeit bei diesem Mapping ein kleines Problem: Wir müssen in der `SessionFactory`-Konfiguration `Customer` vor `Address` eintragen, weil Hibernate sonst eine Fehlermeldung der Art „Property Customer.address does not exist" produziert. Hibernate muss zuerst die Eigentümer-Klasse und dann die *mappedBy*-Klasse aus der Konfiguration laden.

Eine unidirektionale 1:1-Beziehung mit separatem Fremdschlüssel

Der Ansatz, die Primärschlüssel identisch zu halten, funktioniert nicht mehr, wenn es mehrere 1:1-Beziehungen zwischen zwei Tabellen geben soll. Zum Beispiel könnte es am Kunden eine Liefer- und eine Rechnungsadresse geben. Außerdem würden wir gerne eine unidirektionale 1:1-Beziehung in der Gegenrichtung, also von `Customer` zu `Address` anstatt von `Address` zu `Customer`, herstellen können:

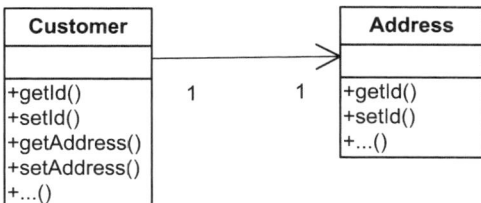

So etwas bekommen wir mit diesem Ansatz nicht auf befriedigende Weise zustande.[4]

In einem derartigen Fall verwenden wir analog zur 1:N-Beziehung eine extra Spalte für den Fremdschlüssel. Auch das ist mit `@OneToOne` möglich und macht das Mapping sogar einfacher.

Weil wir eine 1:1-Beziehung haben, können wir uns aussuchen, in welcher der beiden Tabellen wir den Fremdschlüssel unterbringen. In Opiz legen wir ihn in die `customer`-Tabelle:

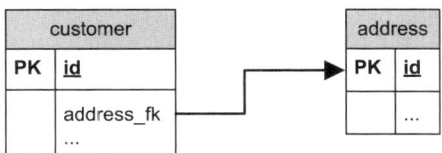

Für den unidirektionalen Fall mappen wir die `Address`-Klasse ganz normal, ohne speziellen Id-Generator und ohne Referenz auf `Customer`:

```
@Entity
public class Address {
    ...

    @Id
    @GeneratedValue(strategy = GenerationType.AUTO)
    public Integer getId() {
        return id;
    }
}
```

---

[4] Der Grund ist etwas verwickelt: Wenn `Address` den Primärschlüssel von `Customer` übernehmen soll, muss Hibernate von `Address` zu `Customer` navigieren können. Und die dafür nötige Objektreferenz stellt `Address` nicht zur Verfügung.

Die ganze Komplexität aus dem vorigen `Address`-Mapping ist damit verschwunden. In `Customer` verwenden wir statt `@PrimaryKeyJoinColumn` die `@Join-Column`-Annotation:

```
@Entity
public class Customer {
    ...

    @OneToOne(optional = true, cascade = CascadeType.ALL)
    @JoinColumn(name = "address_fk")
    public Address getAddress() {
        return address;
    }
    ...
}
```

`@JoinColumn` bestimmt die Spalte, über die der Join für die `@OneToOne`-Annotation erfolgen soll. Wir könnten diese Annotation auch weglassen. In diesem Fall würde Hibernate als Voreinstellung den Property-Namen `address` mit einem Unterstrich und dem Namen des referenzierten Identifier-Properties `id` verketten, also `address_id` verwenden.

Im Begleit-Quelltext unter `UniDirectionalOneToOneTest` gibt es ein Beispiel für den Umgang mit diesem Mapping.

Um diese Variante mit separatem Fremdschlüssel bidirektional zu machen, würden wir wie bei den anderen Beziehungen vorgehen, zusätzlich bei `Address` ein `customer`-Property einführen und es mit *mappedBy* deklarieren:

```
@OneToOne(mappedBy = "address")
public Customer getCustomer() { ... }
```

5.4.6 Unidirektionale Beziehungen rückwärts navigieren

Wenn wir uns entschlossen haben, eine Beziehung unidirektional zu mappen, dann können wir sie in Java nur noch in einer Richtung navigieren. Die Gegenrichtung bleibt uns verschlossen. Was ist aber, wenn wir die Beziehung trotzdem einmal in der Gegenrichtung navigieren müssen? In der Praxis kommt das durchaus vor.

Offensichtlich geht das mit Java-Bordmitteln nicht. Aber wir können an diesen Stellen eine HQL-Abfrage benutzen, um das gleiche Ergebnis zu erzielen. An dieser Stelle sehen wir uns die beiden wichtigsten Fälle an.

Unidirektionale N:1-Beziehung

Eine unidirektionale N:1-Beziehung (beschrieben in Abschnitt 5.4.1) ist aus Datenbanksicht das natürlichste Mapping. Typischerweise möchten wir diese Beziehung in Java aber gerade in der entgegengesetzten Richtung navigieren.

Nehmen wir als Beispiel die Beziehung zwischen `Order` und `Customer`. Wie finde ich alle seine `Orders`, wenn ich einen `Customer` habe? In HQL würden wir folgende Abfrage formulieren:

```
select order from Order order where order.customer = ?
```

Diese Abfrage liefert uns die Menge der `Orders`, die einen bestimmten `Customer` referenzieren. Den `Customer` bestimmen wir über den Platzhalter (`?`).

Bitte beachten Sie, dass Hibernate als Wert für den Platzhalter ein `Customer`-Objekt erwartet und keinen Primärschlüssel, wie das bei SQL der Fall wäre.

Unidirektionale 1:N-Beziehung

Viel natürlicher ist aus Java-Sicht eine unidirektionale 1:N-Beziehung wie in Abschnitt 5.4.1. Dort haben wir `Customer` und `Order` verändert, um diese Beziehung zu untersuchen. `Order` verlor seine Referenz auf `Customer`, und `Customer` bekam eine `List` namens *orders* von `Order`-Objekten.

Wie finden wir in dieser Konstellation zu einer `Order` den dazu gehörenden `Customer`? Dies leistet folgende HQL-Abfrage:

```
select customer from Customer customer where ? in
    elements(Customer.orders)
```

Diese Abfrage liefert alle `Customer`, die unsere `Order` referenzieren.

In Hibernate wird nicht nur die Java-basierte Navigation vom Mapping bestimmt, sondern auch die Ausdrucksmöglichkeiten in Abfragen. Da wir keine Referenz von `Order` auf `Customer` mehr gemapped haben, steht uns so eine Referenz auch in HQL nicht zur Verfügung – obwohl es immer noch einen Fremdschlüssel von `ORDERS` zu `CUSTOMER` gibt! Deshalb müssen wir die Query aus Sicht von `Customer` formulieren.

Die in der Abfrage verwendete Funktion `elements()` ist sicher etwas überraschend für Sie, bei Abfragen mit `in` auf Collections aber nötig.

5.4.7 Lazy Loading

Nehmen wir an, wir laden ein `Order`-Objekt. Was ist dann mit dem `Customer`-Objekt, zu dem `Order` eine Referenz hat – wird das auch geladen? Klingt vernünftig. Aber was ist dann mit den `Pizza`-Objekten, die über eine `List` an `Order` hängen? Werden die geladen? Und deren `Toppings` auch? Und was ist, wenn die wieder Referenzen haben? Wann ist Schluss?

Für jeden O/R-Mapper ist es eine wichtige Frage, wann er assoziierte Objekte nachlädt. Wenn er zu jedem geladenen Objekt sofort alle verbundenen Objekte lädt, haben wir schnell die ganze Datenbank im Speicher. Das ist untragbar. Auf der anderen Seite wollen wir aber in einigen Situationen eine Beziehung sofort auflösen, also die verbundenen Objekte sofort laden. Tatsächlich können wir bei Hibernate für jede einzelne Beziehung zwischen zwei Verhalten wählen:

- Beim *Eager Loading* lädt Hibernate die verbundenen Objekte einer Beziehung sofort.

- Bei *Lazy Loading* löst Hibernate die Beziehung nicht sofort auf, sondern lädt verbundene Objekte erst bei Bedarf, nämlich beim ersten Zugriff, nach.

Per Voreinstellung gilt für jede Beziehung Lazy Loading. Damit ist die Gefahr, aus Versehen die gesamte Datenbank in den Speicher zu laden, erst mal gebannt. Außerdem hat Lazy Loading im Allgemeinen einen Performance-Vorteil, weil nur die wirklich benötigten Objekte geladen werden.

Hibernate implementiert Lazy Loading, indem es für ein noch nicht geladenes Objekt ein Proxy, ein Stellvertreter-Objekt, einsetzt. Ein Proxy hat die gleiche Schnittstelle wie das eigentlich assoziierte Objekt. Wenn das erste Mal eine Methode auf dem Proxy aufgerufen wird, lädt der Proxy das Ziel-Objekt aus der Datenbank nach und delegiert danach alle Methodenaufrufe weiter.

Die Proxy-Klassen sind dabei ein interessanter Punkt: Bei Collections ist es für Hibernate relativ leicht, eine Proxy-Klasse bereit zu stellen – es reicht aus, das entsprechende Collection-Interface zu implementieren. Für Domain-Objekte hingegen erstellt Hibernate zur Laufzeit durch Byte-Code-Generierung eine Subklasse und überschreibt die relevanten Methoden. Deswegen dürfen persistente Klassen auch keine *final*-Methoden enthalten.

Es gibt mit Lazy Loading ein Problem: Versuchen wir, außerhalb einer offenen Session das erste Mal auf die Elemente einer Lazy Loading-Beziehung zuzugreifen, bekommen wir eine Exception. Hier ein Beispiel:

```
Session s = sessionFactory.openSession();

Order o = (Order) s.createQuery(
    "select o from Order o where o.id=1243").uniqueResult();
List<Pizza> pizzas = o.getPizzas();

s.close();
pizzas.get(0); // -> LazyInitializationException
```

Hibernate erlaubt es nämlich nicht, eine Beziehung außerhalb einer offenen Session zu initialisieren. Deshalb bekommen wir bei diesem Stück Code eine `Lazy-InitializationException`. Es gibt zwei Möglichkeiten, damit umzugehen: Zum einen können wir den Code für den Zugriff auf die assoziierten Objekte vor das Schließen der Session ziehen. Zum anderen können wir Eager-Loading verwenden, um die Beziehung bereits beim Laden der Entity zu initialisieren. Hibernate verwendet dann in der Regel zum Laden einen Outer-Join. Beim Mapping von Beziehungen lässt sich das sogenannte Fetch-Verhalten über den Parameter *fetch* einstellen. Zum Beispiel:

```
@OneToMany(fetch = FetchType.EAGER)
```

Mögliche Werte für den *fetch*-Parameter sind:

- *FetchType.EAGER* – für Eager Fetching
- *FetchType.LAZY* – für Lazy Fetching

Den *fetch*-Parameter stellen nicht nur `@OneToMany`, sondern auch die anderen Beziehungs-Annotations wie `@ManyToMany` und `@ManyToOne` bereit. *LAZY* ist die Voreinstellung.

In Hibernate sollten persistente Klassen nicht *final* sein, weil Lazy Loading auf der Generierung von Proxies beruht und dies nur für nichtfinale Klassen möglich ist.

Das gemappte Fetch-Verhalten greift an folgenden Stellen:

- `session.get` und `session.load`
- beim Navigieren einer Beziehung
- Criteria-Abfragen (siehe Abschnitt 7.7)

Für HQL-Abfragen greift der *fetch*-Parameter nicht. Dort gibt es ein spezielles Schlüsselwort namens *fetch*, mit dem sich die Voreinstellung Lazy Loading überschreiben lässt. Die Abfrage von oben würden wir damit wie folgt umformulieren:

```
Order o = (Order) s.createQuery(
    "from Order o join fetch o.pizzas where o.id=1243").uniqueResult();
```

Mit dieser Änderung gilt für `o.pizzas` Eager-Fetching und die `LazyInitializationException` tritt nicht mehr auf. Wie in diesem Beispiel kann es durchaus passieren, dass durch Eager-Fetching eine HQL-Abfrage zu mehreren SQL-Selects führt.

Im Allgemeinen ist Hibernates Voreinstellung, Lazy Fetching zu verwenden, sehr vernünftig. In Einzelfällen müssen wir aber selbst entscheiden, was die bessere Strategie ist.

5.5 Mapping von Vererbung

Vererbung ist eine der Stärken von O/R-Mappern. Wenn eine Klassenhierarchie auf Tabellen gemappt wird, fallen dabei teilweise komplexe Abfragen an. Ein O/R-Mapper erzeugt sie ohne Zutun des Entwicklers automatisch. Häufig ist das generierte SQL dabei besser als ein von Hand geschriebenes.

Als Beispiel wollen wir um die `Customer`-Klasse herum eine Klassenhierarchie aus drei Klassen etablieren, die bislang in dieser Form in Opiz nicht vorkam. Wir wollen die Beziehung Geschäftspartner, Kunde und Lieferant darstellen. Zunächst definieren wir für den Geschäftspartner die abstrakte Basisklasse `BusinessPartner`. Von ihr erben die Klassen `Customer` für Kunde und `Supplier` für Lieferant. Das folgende UML-Diagramm veranschaulicht die Situation.

`BusinessPartner` bekommt als Properties den Identifier, der zuvor bei `Customer` lag, und einen sprechenden Namen `name`. Beide werden von `Customer` und `Supplier` geerbt. `Customer` behält `username` und `password`. `Supplier` erhält ein Property `billsDueInDays` für das Zahlungsziel. Da die Klassen bislang nur Properties und die Vererbung enthalten, reißen wir den Source-Code nur kurz an:

```
@Entity
public abstract class BusinessPartner {
    private Integer id;
    private String name;

    @Id
    @GeneratedValue(strategy = GenerationType.AUTO)
```

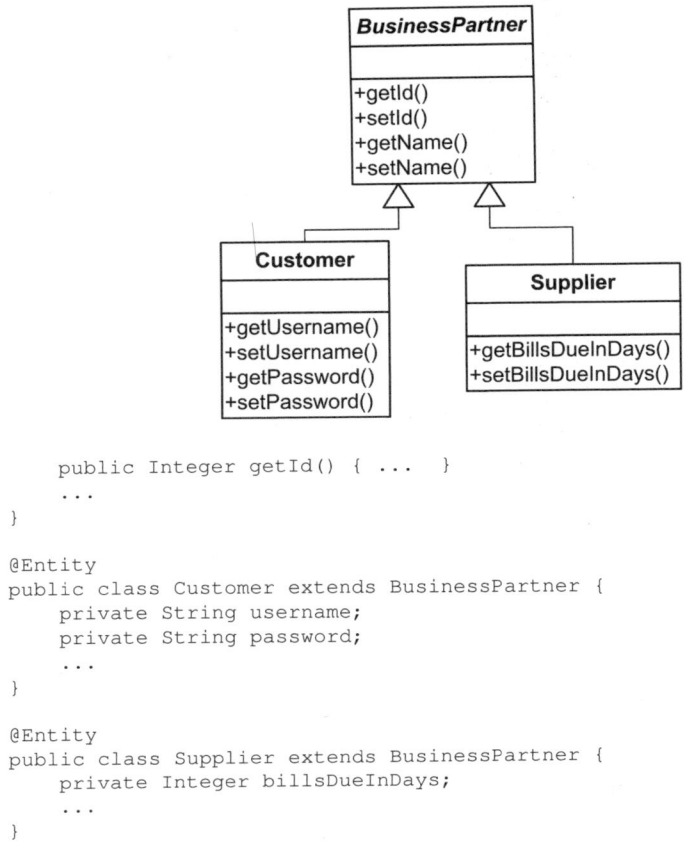

```
        public Integer getId() { ... }
        ...
}

@Entity
public class Customer extends BusinessPartner {
    private String username;
    private String password;
    ...
}

@Entity
public class Supplier extends BusinessPartner {
    private Integer billsDueInDays;
    ...
}
```

Wenn wir dieses Objektmodell umgesetzt haben, können wir HQL-Abfragen wie

```
select b from BusinessPartner b where b.name like 'M%'
```

benutzen. Solche Abfragen heißen polymorph, weil ihr Ergebnis verschiedene Typen desselben Basistyps enthalten kann. Bei dieser Abfrage erhalten wir eine Liste von Customer- und Supplier-Objekten. Welche Klasse zu instanziieren ist, entscheidet Hibernate selbsttätig. Außerdem muss Hibernate unter Umständen mehrere Tabellen durchsuchen. All dies leistet Hibernate automatisch für uns!

Um die Vererbung eines Objektmodells auf die Tabellen einer relationalen Datenbank abzubilden, gibt es verschiedene Strategien. Hibernate unterstützt drei gebräuchliche Ansätze. Diese werden wir im Folgenden betrachten. Es ändern sich jeweils das Mapping und das Datenbankschema, die beschriebenen Properties bleiben aber unverändert. Auch das UML-Diagramm bleibt für alle drei Ansätze gültig, schließlich bleibt die Klassenstruktur dieselbe.

5.5.1   Eine Tabelle für die ganze Klassenhierarchie

Bei dem einfachsten Ansatz gibt es für die ganze Klassenhierarchie nur eine einzige Tabelle. Sie hat für jedes Property, das irgendwo in einer Klasse vorkommt, eine entsprechende Spalte. Damit Hibernate bei einem Abfrage-Ergebnis entscheiden kann, zu welchem Typ ein Objekt gehört und die entsprechende Klasse instanziieren kann, bekommt die Tabelle eine zusätzliche Spalte. Diese sogenannte Diskriminatorspalte nimmt die Typinformation auf. Hibernate speichert dort je nach Objektklasse eine Konstante als Typmarkierung.

Für unser Beispiel sieht die Tabelle damit so aus:

businesspartner	
PK	id
	discriminator
	name
	username
	password
	billsdueindays

`discriminator` ist die Diskriminatorspalte. Die anderen Spalten `name`, `username`, `password` und `billsdueindays` leiten sich aus der Gesamtmenge aller Properties in der Klassenhierarchie ab.

Wenn Hibernate ein Objekt in diese Tabelle speichert, werden nur die Spalten belegt, für die es in der Klasse des Objekts ein Property gibt. Deshalb müssen die Spalten `username`, `password` und `billsdueindays` nullable sein – auch wenn die dazugehörigen Properties es nicht sind. Das ist der größte Nachteil dieses Ansatzes.

Als erstes mappen wir die `BusinessPartner`-Klasse auf diese Tabelle:

```
@Entity
@Inheritance(strategy = InheritanceType.SINGLE_TABLE)
@DiscriminatorColumn(name = "discriminator")
public abstract class BusinessPartner {
    private Integer id;
    private String name;
    ...
}
```

Mit `@Inheritance(strategy=...)` bestimmt unser Mapping die Vererbungs-Strategie, in diesem Fall *InheritanceType.SINGLE_TABLE*. Weil diese Strategie eine Diskriminatorspalte benötigt, enthält das Mapping zusätzlich eine Annotation `@DiscriminatorColumn(name=...)`, die den Namen der Spalte bestimmt. `@DiscriminatorColumn` hat den optionalen Parameter *discriminatorType*, mit dem sich die Art des Diskriminators festlegen lässt:

■ *DiscriminatorType.STRING* – ein String

■ *DiscriminatorType.CHAR* – ein Buchstabe

■ *DiscriminatorType.INTEGER* – eine Zahl

Voreingestellt ist *DiscriminatorType.STRING*, weswegen wir ihn hier weglassen.

Wir geben den Wert für den Diskriminator bei den konkreten, also den instanzierbaren Klassen an:

```
@Entity
@DiscriminatorValue("Customer")
public class Customer extends BusinessPartner {
    private Integer bonus;
    ...
}
```

Die Customer-Klasse bekommt mit der @DiscriminatorValue-Annotation den Diskriminator „Customer". Dies funktioniert mit den anderen DiscriminatorType-Werten genauso.

Analog markieren wir die Supplier-Klasse:

```
@Entity
@DiscriminatorValue("Supplier")
public class Supplier extends BusinessPartner {
    private int billsDueInDays;
    ...
}
```

Da wir bei beiden Klassen den Klassennamen als Diskriminator gewählt haben und dies die Voreinstellung ist, hätten wir in diesem Beispiel die Annotation auch weglassen können.

Nachdem wir die Klassen gemappt haben, müssen wir sie noch in der Hibernate-Konfiguration eintragen. Dabei ist zu beachten, dass dort nur die konkreten Klassen, also Customer und Supplier, anzugeben sind. Der entsprechende Ausschnitt lautet:

```
<hibernate-configuration>
    <session-factory>
    ...
    <mapping class="de.hanser.buch.opiz.domain.Customer"/>
    <mapping class="de.hanser.buch.opiz.domain.Supplier"/>
    ...
    </session-factory>
</hibernate-configuration>
```

Nun können wir eine Abfrage absetzen:

```
Query query = session.createQuery(
        "select b from BusinessPartner b where b.name like 'M%'");
List<BusinessPartner> list = query.list();
```

Das Ergebnis ist eine List von Customer- und Supplier-Objekten, deren name mit M beginnt. Diese Abfrage ist polymorph, weil sie Objekte verschiedenen Typs als Ergebnis hat.

Bleibt noch, diese Strategie zu bewerten. Ihr zentraler Nachteil ist, dass Spalten nullable gemacht werden müssen, die es eigentlich nicht sein sollten. Damit hilft die Datenbank nicht mehr, Not-Null-Spalten durchzusetzen. Dies kann zu Problemen mit inkonsistenten Daten führen, wenn außer Hibernate auch JDBC verwendet wird oder weitere Programme auf die Datenbank zugreifen. Als Vorteil verbucht diese Strategie zunächst mal die Einfachheit: Sie ist leicht verständlich.

Darüber hinaus bietet sie die beste Performance. Außerdem unterstützt Hibernate polymorphe Beziehungen bei dieser Strategie optimal. Alles in allem ist dieser Ansatz zu empfehlen.

5.5.2 Eine Tabelle pro Klasse

Eine andere Strategie besteht darin, für jede Klasse der Klassenhierarchie eine eigene Tabelle einzurichten. Die Vererbungsbeziehung zwischen zwei Klassen findet sich dann als 1:1-Beziehung zwischen zwei Tabellen wieder. Um alle Properties einer Klasse zu bekommen, muss Hibernate die betroffenen Klassen joinen. Daraus ergibt sich auch der Strategiename: Joined Subclass.

Für unser Beispiel entsteht folgendes Datenmodell:

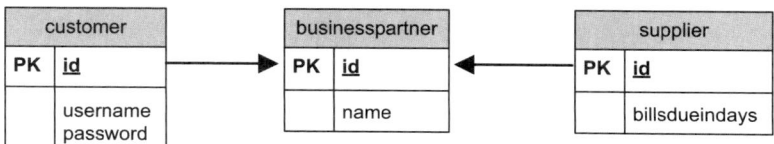

Zu jeder Klasse findet sich eine Tabelle. Die Primärschlüssel der Datensätze, die zu einem Objekt gehören, sind jeweils identisch. Deshalb haben die Tabellen der abgeleiteten Klassen `customer` und `supplier` auf ihrem Primärschlüssel ein Foreign-Key-Constraint zu `businesspartner`.

Ändern wir nun den Quelltext aus dem vorigen Abschnitt so, dass er die neue Strategie verwendet. Wir setzen in der Basisklasse die Vererbungsstrategie auf *JOINED*:

```
@Entity
@Inheritance(strategy = InheritanceType.JOINED)
public abstract class BusinessPartner {
    ...
}
```

In den abgeleiteten Klassen können wir auf zusätzliche Annotations verzichten – die Deklaration „*extends BusinessPartner*“ reicht aus.

```
@Entity
public class Customer extends BusinessPartner {
    ...
}
```

Der Quelltext für `Supplier` sieht analog zu `Customer` aus.

In der Bewertung sticht zunächst die schlechtere Performance heraus, da ja zur Rekonstruktion eines Objekts potenziell ein oder mehrere Joins nötig sind. Bei tiefen Hierarchien kann die Performance untragbar werden. Darüber hinaus ist die Tabellenstruktur ohne O/R-Mapper, also manuell, nur mühsam zu handhaben. Auf der Plus-Seite verbucht die *JOINED*-Strategie die Strukturgleichheit von Tabellen und Klassen. Damit ist sie aus OO-Sicht der natürlichste Ansatz. Hibernate unterstützt hier Polymorphie gut. Ingesamt ist auch Joined Subclass eine gute Strategie.

5.5.3 Eine Tabelle pro konkreter Subklasse

Beim dritten Ansatz namens Table per Class erhält jede konkrete Subklasse eine eigene Tabelle. Jedes Property der Klasse bekommt eine Spalte in der Tabelle, und zwar auch dann, wenn es geerbt ist. Dies führt zur Duplizierung von Spalten, weil ja geerbte Properties in mehreren Klassen sichtbar sind und damit jeweils mehrere Spalten ergeben. Abstrakte Klassen bekommen keine Tabelle.

Für unser Beispiel ergibt sich folgendes Datenmodell:

customer	
PK	**id**
	name
	bonus

supplier	
PK	**id**
	name
	billsdueindays

Weil `name` ein geerbtes Property ist, kommt die Spalte `name` zweimal vor. Diese Herangehensweise findet man in der Praxis häufig dort, wo Tabellen mit einer Datenbank-Sichtweise, also ohne Subtyp-Gedanken, designed wurden.

Wir ändern nun den Quelltext von `BusinessPartner` für diese Strategie:

```
@Entity
@Inheritance(strategy = InheritanceType.TABLE_PER_CLASS)
public abstract class BusinessPartner {
    ...
}
```

Am Mapping ändert sich gegenüber dem vorigen Abschnitt nur der *strategy*-Parameter mit dem Wert *TABLE_PER_CLASS*. Die abgeleiteten Klassen bekommen wiederum keine spezifischen Annotations und bleiben gegenüber dem vorigen Abschnitt unverändert.

Nun zur Bewertung von *TABLE_PER_CLASS*: Bei den Nachteilen stechen die doppelten Spalten hervor, in unserem Beispiel die `name`-Spalte. Außerdem ist die Performance schlecht. Hibernate muss nämlich bei einer polymorphen Abfrage einen SQL-`UNION` verwenden. Außerdem funktionieren Identifier mit Identity-Spalten bei dieser Strategie nicht. Auf der Vorteilsseite bleibt vor allem die Einfachheit zu nennen. Insgesamt wiegen die Nachteile jedoch so schwer, dass von diesem Ansatz eher abzuraten ist.

5.5.4 Polymorphe Beziehungen

Neben polymorphen Abfragen erlaubt Vererbung auch polymorphe Beziehungen. Das bedeutet, dass in einer Beziehung der Typ der Partner-Klasse eine Basisklasse sein kann. Hier ein kleines Beispiel:

```
@Entity
public class MailingList {
    private List<BusinessPartner> recipients
                    = new ArrayList<BusinessPartner>();
    ...
```

```
    public List<BusinessPartner> getRecipients () {
        return recipients;
    }

    public void setRecipients (List<BusinessPartner> recipients) {
        this.recipients = recipients;
    }
}
```

Die persistente Klasse `MailingList` hat ein `recipients`-Property. Weil es vom Typ `List<BusinessPartner>` ist, kann es sowohl `Customer`- als auch `Supplier`-Objekte referenzieren.

5.6 Mapping mit XML

Wie schon im vorigen Kapitel erwähnt, lässt sich in Hibernate das Mapping nicht nur mit Annotations, sondern auch mit XML-Dateien beschreiben. Wir erwarten, dass sich Annotation-basiertes Mapping durchsetzt, weil es in unseren Augen die bessere Lösung ist. Trotzdem betrachten wir hier ein kleines Beispiel für XML-basiertes Mapping, um Ihnen ein Gefühl dafür zu geben.

Wir gehen zurück zu der einfachen `Pizza`-Klasse aus dem vorhergehenden Kapitel und mappen wie dort nur den Identifier und das `name`-Property. Wir streichen alle Annotations aus der Klasse, nur das `id`- und das `name`-Property verbleiben.

Als Nächstes erstellen wir eine Mapping-Datei namens *Pizza.hbm.xml*:

```
<?xml version="1.0"?>
 <!DOCTYPE hibernate-mapping PUBLIC
    "-//Hibernate/Hibernate Mapping DTD 3.0//EN"
    "http://hibernate.sourceforge.net/hibernate-mapping-3.0.dtd">

<hibernate-mapping package="de.hanser.buch.opiz.domain">
  <class name="Pizza" table="PIZZA">
    <id name="id">
      <generator class="identity"/>
    </id>
    <property name="name" type="string" column="name"/>
  </class>
</hibernate-mapping>
```

Der Name von Hibernate-Mapping-Dateien endet per Konvention mit *.hbm.xml*. Das äußerste XML-Tag namens *<hibernate-mapping>* enthält die Angabe, in welchem Package wir uns gerade befinden. Es ist durchaus möglich, in diesem Mapping-File alle Informationen für dieses Package zu definieren, was allerdings schnell unübersichtlich wird. Stattdessen sollte jede Klasse eine eigene XML-Datei bekommen.

Das folgende Tag *<class>* definiert den Klassennamen. Zusätzlich kann bei diesem Tag das Attribut *table* verwendet werden, um die entsprechende Tabelle anzugeben, die unsere Pizzen speichern soll. Als nächstes mappen wir mit dem Tag *<id>* den Identifier. *<generator>* wählt als Generator die „identity"-Strategie für die Primärschlüssel.

Die einzelnen Properties unserer Klassen werden anschließend mithilfe des Tags
<property> definiert. Analog zu den Klassen und Tabellen besteht auch hier die
Möglichkeit, Hibernate die Spalte für dieses Property mitzuteilen. Dazu gibt es
das Attribut *column*, wobei Hibernate auch hier als Default den Namen des Properties verwenden würde.

Um die Mapping-Datei zu benutzen, muss sie im *CLASSPATH* unter *de/hanser/-
buch/opiz/domain/Pizza.hbm.xml* zu finden sein. Außerdem müssen wir sie in unserer *hibernate.cfg.xml* eintragen (und eventuell den Annotation-basierten Pizza-
Eintrag entfernen):

```
<?xml version='1.0'?>
<!DOCTYPE hibernate-configuration PUBLIC
    "-//Hibernate/Hibernate Configuration DTD 3.0//EN"
    "http://hibernate.sourceforge.net/hibernate-configuration-3.0.dtd">
<hibernate-configuration>
  <session-factory>
    ...

    <!-- Definition der gemappten Klassen -->
    <mapping resource="de/hanser/buch/opiz.domain/Pizza.hbm.xml"/>

  </session-factory>
</hibernate-configuration>
```

Nun können wir die Testklassen aus dem vorigen Kapitel unverändert mit unserer
neuen Pizza-Klasse starten. Das Verhalten ist identisch, lediglich die Mapping-
Technik hat sich geändert.

5.7   Weitere Mapping-Elemente

Hibernate bietet eine Vielzahl an Mapping-Varianten und wir konnten nur einen
Teil zeigen. Wir haben hier die Elemente erläutert, die nach unserer Erfahrung in
der Praxis wirklich nötig und nützlich sind.

Sollten wir etwas nicht behandelt haben, das Sie in Ihrem Projekt einsetzen
möchten, dann hat dieses Kapitel Sie sicher über den anfangs steilen Anstieg in
der Hibernate-Lernkurve gebracht. Es dürfte Ihnen nun leicht fallen, die benötigten Teile aus der Hibernate-Referenzdokumentation[5] zu übernehmen und für Ihre
Zwecke anzupassen.

---

[5] http://www.hibernate.org/hib_docs/v3/reference/en/html

Kapitel 6

Einführung in Spring

In diesem Kapitel werden wir zunächst die grundlegenden Konzepte von Spring kurz vorstellen und uns anschließend mit den Bestandteilen des Spring-Frameworks beschäftigen. Schließlich wollen wir uns ein kleines Beispiel ansehen und erste Beispiele mithilfe von Spring entwickeln. Dabei sind die Beispiele in vielen Punkten stark vereinfacht, da es lediglich darum geht, das Programmiermodell von Spring zu verstehen.

6.1 Grundlagen

Damit die Begriffe *Lightweight-Container*, *Inversion of Control* und *Dependency-Injection* für uns nicht mehr nur Schlagwörter sind, die in jedem Meeting gerne mal fallen gelassen werden, sehen wir uns die einzelnen Konzepte nun einmal näher an.

6.1.1 Lightweight-Container

Spring wird oftmals als Lightweight-Container bezeichnet. Doch was zeichnet einen Lightweight-Container eigentlich aus?

■ **Keine bzw. minimale Abhängigkeiten zur Container-API**
Bei der Betrachtung der Enterprise Java Bean Spezifikation 2.1 fällt auf, dass dort eine sehr direkte Abhängigkeit zur Container-API besteht. Wenn der Entwickler z. B. eine Session-Bean schreiben möchte, muss er eine ganze Reihe von Schnittstellen der Container-API implementieren bzw. verwenden. Somit wird es fast unmöglich, den fachlichen Code in einer anderen Umgebung auszuführen. Ein Lightweight-Container sollte diese Abhängigkeit verhindern bzw. zumindest die Entwicklung von unabhängigem fachlichen Code ermöglichen.

■ **Basiert auf Plain Old Java Objects**
Die verschiedenen Komponenten/Services sollten als POJOs realisiert wer-
den, damit diese ohne Probleme in verschiedenen anderen Umgebungen bzw.
Kontexten verwendet werden können.

■ **Schnelles Starten und Herunterfahren**
Gerade während der Entwicklung ist eine schnelle Turn-Around-Zeit von
großer Bedeutung. Damit wird die Zeit bezeichnet, die benötigt wird, um eine
Änderung am Code zu testen und somit die Änderung/Anpassung zu veri-
fizieren. Somit sollte das Starten und Stoppen des Lightweight-Containers relativ zügig durchgeführt werden können. Dieses kann erreicht werden, wenn
nur die für den aktuellen Kontext benötigten Komponenten gestartet werden.

■ **Keine zusätzlichen Deployment-Schritte**
Ein Lightweight-Container benötigt keine zusätzlichen Deployment-Schritte
bzw. komplexen Deployment-Dateien. Die entsprechenden Komponenten
werden konfiguriert und automatisch beim Starten des Containers bereitgestellt.

■ **Kann in andere Umgebungen integriert werden**
Einen guten Lightweight-Container kann man ohne Probleme in andere Umgebungen integrieren. Dadurch können die Stärken von anderen Umgebungen ausgenutzt werden, ohne auf die Vorteile eines Lightweight-Containers
zu verzichten.

6.1.2   Inversion of Control

Wenn wir den Begriff Inversion of Control (IoC) zunächst ins Deutsche übersetz-
zen, sprechen wir von *Umkehrung der Kontrolle*. In diesem Zusammenhang fällt
auch oft der Satz: *„Don't call us, we'll call you."* Doch was heißt das nun genau?

Bei einem Framework, das nach dem IoC-Prinzip arbeitet, übernimmt das Framework die Verantwortung bei der Programmausführung und ruft Methoden des
Systems auf, nicht umgekehrt. Dazu müssen die Komponenten, die auf der Basis
dieses Frameworks entwickelt werden, bestimmte Callback-Methoden implementieren.

Für dieses Vorgehen gibt es bereits im Java Development Kit verschiedene Beispiele, die uns wahrscheinlich sogar schon öfter begegnet sind.

■ `ActionListener` in Swing[1]
Bei der Implementierung der `ActionListener`-Schnittstelle müssen wir
die Methode `void actionPerformed (ActionEvent e)` implementieren. Sobald ein entsprechendes Event für unser Programm bzw. Control entsteht, wird unsere Methode von der Java-Runtime aufgerufen.

■ Runnable bei Threads
Bei der Implementierung eines Runnable-Interfaces schreibt die Java-Runtime

---

[1] Bei Swing handelt es sich um eine API zum Programmieren von grafischen Benutzeroberflächen,
die Bestandteil der Java-Runtime ist.

vor, dass wir die Methode `public void run()` implementieren. Nachdem der Thread nun gestartet wurde, entscheidet die Java-Runtime selbst, wann sie unser Runnable ausführt und ruft zu diesem Zeitpunkt dann unsere `run`-Methode auf.

Es wird also deutlich, dass unsere Applikation in bestimmten Situationen nicht für den Ablauf des Programms verantwortlich ist. Dadurch, dass wir vorgefertigte Methoden überschreiben bzw. implementieren, können wir bestimmen, *was* wir in bestimmten Situationen tun wollen, das Framework ruft unseren Code dann an den geeigneten Stellen auf. Wenn wir dagegen lediglich eine Bibliothek, die oftmals als API (Application-Programming-Interface) bezeichnet wird, oder einfache Standard-Funktionen der Java-Runtime verwenden, dann bleibt die Steuerung der Aufrufe oftmals in unserer Applikation.

6.1.3 Dependency-Injection

Widmen wir uns nun dem nächsten Begriff, der Dependency-Injection[2] (DI). Hierbei handelt es sich um eine spezielle, angewendete Version der Inversion of Control. Der Schwerpunkt liegt auf der Erzeugung und Initialisierung von Objekten. Am besten sehen wir uns das ganze an einem Beispiel an und greifen dazu auf unsere Opiz-Anwendung zurück. Das folgende Klassendiagramm zeigt lediglich eine Service- und eine DAO-Klasse, die jeweils noch eine eigene Schnittstelle besitzen.

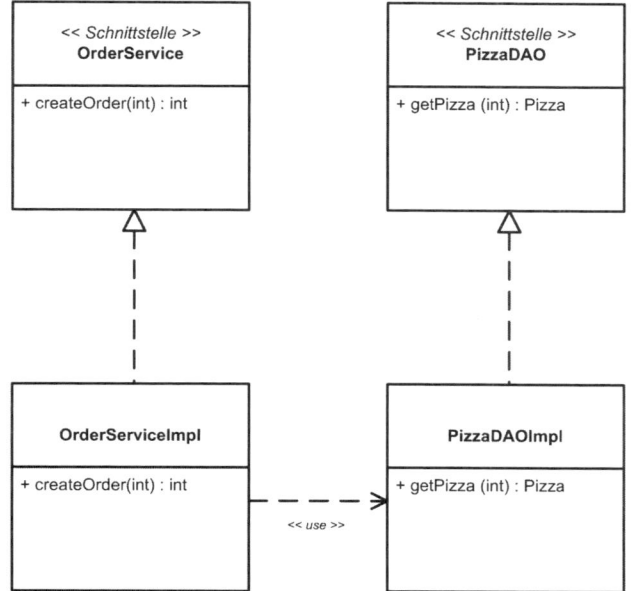

Abbildung 6.1: Klassendiagramm PizzaService und PizzaDAO

---

[2] vgl. Martin Fowler, http://martinfowler.com/articles/injection.html.

Wir wollen uns nun um den kleinen, unscheinbaren Strich zwischen den beiden Klassen kümmern, der aussagt, dass unsere Service-Klasse die DAO-Klasse benutzt. Wie erhält unsere Service-Klasse eine Referenz auf die DAO-Klasse? Zunächst einmal wäre es natürlich möglich, dass unsere Service-Klasse eine entsprechende Instanz dieses Objekts selbst erzeugt und konfiguriert:

```
public class OrderServiceImpl implements OrderService {
    public Integer createOrder(Integer aPizzaId) {
        PizzaDao myPizzaDao = createPizzaDAO();
        Pizza myPizza = myPizzaDao.getPizza(aPizzaId);
        // Neue Order erzeugen und Pizza hinzufügen.
        ...
    }

    private PizzaDao createPizzaDAO() {
        PizzaDao myPizzaDao = new PizzaDaoImpl();
        // Konfiguration des PizzaDao, d.h. dieser muss mit
        // einer initialisierten Datenbank-Verbindung
        // initialisiert werden.
        return myPizzaDao;
    }
}
```

Wir wollen diese Implementierung einmal genauer betrachten und mögliche Kritikpunkte aufzählen:

■ Der `OrderServiceImpl` besitzt eine direkte Abhängigkeit vom `PizzaDao-Impl`. Möchten wir z. B. in einem Unit-Test statt der eigentlichen `PizzaDao-Impl` eine `DummyPizzaDaoImpl` verwenden, müssen wir den Code anpassen.

■ Die Erzeugung und Konfiguration findet in dem `OrderServiceImpl` statt. Dieses ist eigentlich nicht die primäre Aufgabe der `OrderServiceImpl`-Klasse. Sollte ein anderer Service ebenfalls einen `PizzaDAO` benötigen, muss er diesen selbst erzeugen und konfigurieren.

Die Idee, dass wir unseren Service gegen das `PizzaDao`-Interface geschrieben haben, war schon der richtige Ansatz. Doch nun stellt sich die Frage, wie wir unseren `PizzaDao` instanziieren, wenn wir auf der einen Seite keine starke Bindung haben möchten, zum anderen aber irgendwie einen Zugriff auf das endgültige Objekt benötigten.

```
public class OrderServiceImpl implements OrderService {
    public Integer createOrder(Integer aPizzaId) {
        PizzaDao myPizzaDao = getPizzaDAO();
        Pizza myPizza = myPizzaDao.getPizza(aPizzaId);
        // Neue Order erzeugen und Pizza hinzufügen.
        ...
    }

    private PizzaDao getPizzaDAO() {
        ApplicationContext context = ApplicationContext.getInstance();
        return (PizzaDao) context.find("pizzaDao");
    }
}
```

Mithilfe dieser Lösung, die wir als Dependency-Lookup bezeichnen, kommen wir unserem Ziel ein Stück näher. Der `ApplicationContext` wird uns von der Container-API (z. B. der JNDI-Context bei einem EJB-Container) zur Verfügung gestellt. Innerhalb dieses Contextes können wir die bereits erzeugte und konfigurierte Instanz unseres `PizzaDao` abfragen. Allerdings wäre es noch ein wenig eleganter, wenn wir die Abhängigkeit zur Container-API eliminieren könnten.

```
public class OrderServiceImpl implements OrderService {

    private PizzaDao myPizzaDao = null;

    public Integer createOrder(Integer aPizzaId) {
        Pizza myPizza = myPizzaDao.getPizza(aPizzaId);
        // Neue Order erzeugen und Pizza hinzufügen.
        ...
    }

    public void setPizzaDao(PizzaDao aPizzaDao) {
        myPizzaDao = aPizzaDao;
    }
}
```

Jetzt stellt sich natürlich der aufmerksame Leser die Frage, wer unsere `set-PizzaDao`-Methode aufruft. Genau an dieser Stelle kommt wieder das bereits erklärte Prinzip („*Don't call us, we'll call you*") der Inversion of Control ins Spiel. Unser (Lightweight-)Container erzeugt den gewünschten `PizzaDao` und versieht unseren `OrderServiceImpl` mit dem entsprechenden Verweis auf das instanziierte Objekt, indem er die `setPizzaDao`-Methode aufruft. Das ganze nennt man Dependency-Injection, und in diesem speziellen Fall sprechen wir von einer Setter-Injection. Dabei muss sichergestellt werden, dass alle Abhängigkeiten gesetzt sind, bevor unser Service das erste Mal aufgerufen wird. Alternativ könnten die Abhängigkeiten auch bereits über den Konstruktor gesetzt werden, was dann als Konstruktor-Injection bezeichnet würde.

6.2 Überblick und Einstieg in Spring

Nach der grauen Theorie wollen wir uns im Folgenden einen kurzen Überblick über die verschiedenen Spring-Module verschaffen, bevor wir uns das Programmiermodell von Spring anhand eines einfachen Beispiels einmal näher ansehen.

6.2.1 Übersicht über die Spring-Module

Spring besteht aus einer Reihe sogenannter Module, die in Abbildung 6.2 dargestellt sind. Je nach Anforderung kann der Entwickler lediglich die benötigten Module verwenden und die anderen Module völlig unbeachtet lassen. Die einzelnen Module finden sich, wie bereits erwähnt, in verschiedenen JAR-Dateien

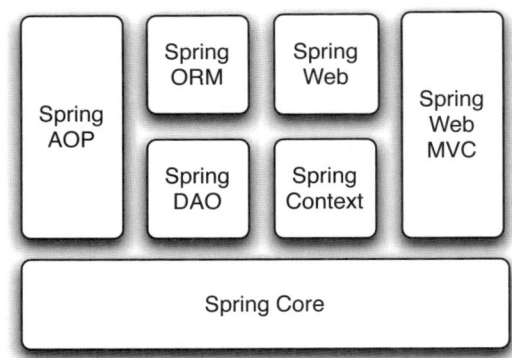

Abbildung 6.2: Überblick über die Spring-Module

wieder. Seit der Version 2.5 liegen diese JAR-Dateien auch in OSGI[3]-kompatiblen Bundles vor.

Beim Betrachten der verschiedenen Spring-Module fällt auf, dass Spring in vielen Fällen das Rad nicht komplett neu erfindet und daher als Meta-Framework oder Integrations-Framework bezeichnet wird. Wenn z. B. ein anderes Framework oder Produkt eine bestimmte Aufgabe bereits zufriedenstellend gelöst hat, wird dieses in Spring in einer einheitlichen Art integriert. Dies ist auch der Grund, warum man innerhalb von Spring z. B. keine Logging-Funktionalität oder Connection-Pools findet. In diesen Bereichen gibt es andere Frameworks, die sich darauf spezialisiert haben, wie z. B. das Commons-Logging oder die Commons-DBCP. Auch einen eigenen O/R-Mapper suchen wir in Spring vergeblich. Hier werden allerdings verschiedenste Hilfsmittel bereitgestellt, damit sich die verschiedenen Implementierungen einheitlich und einfach in die eigene Anwendung integrieren lassen.

Spring Core und Context

Spring Core kann als zentraler Bestandteil des Frameworks angesehen werden. Mithilfe dieser Basisinfrastruktur stellt Spring den leichtgewichtigen Container bereit. Das zentrale Konzept für die Umsetzung der Dependency-Injection ist eine Klasse namens `BeanFactory`, die uns im Verlauf dieses Buches noch sehr oft begegnen wird.

Ein weiteres Package, das ebenfalls zur Basis von Spring gehört, ist das Spring Context-Package. Hier wird der sogenannte `ApplicationContext` definiert, der auf der `BeanFactory` aufbaut und zusätzliche Funktionalitäten bereitstellt. So ist es beispielsweise möglich, einen `ApplicationContext` deklarativ zu erstellen oder Applikations-Layer-spezifische `ApplicationContext`-Objekte zu verwenden. Zunächst sollten wir festhalten, dass das Spring-Framework ohne das

---

[3] Die Open Services Gateway Initiative ist eine offene und modulare Integrationsplattform auf Java-Basis, die sich eines immer größer werdenden Zuspruchs erfreut.

Spring-Core-Package (und mit Einschränkungen auch ohne das Spring-Context-Package) nicht verwendbar ist.

Spring DAO

Das Modul Spring DAO unterstützt uns beim Einsatz des *Data-Access-Object*-Entwurfmusters. Auf die Persistenzschicht innerhalb einer Anwendung soll dabei über einen standardisierten Weg zugegriffen werden. Somit wird es möglich, später ohne Probleme zwischen verschiedenen Persistenztechnologien zu wechseln. Spring stellt darüber hinaus eine unabhängige Hierarchie der Datenzugriff-Exceptions zur Verfügung. Die von Spring verwendeten Exceptions sind dabei nicht an JDBC gebunden und können somit z. B. auch verwendet werden, wenn die Persistierung der Daten in Dateien erfolgt.

Doch damit nicht genug – Spring bietet für verschiedene Persistenztechnologien, wie z. B. JDBC, Hibernate oder die Java-Persistence-API (JPA) spezielle Basis-Klassen, die uns die Arbeit wesentlich erleichtern. Die verschiedenen Klassen und Konzepte in diesem Modul werden wir in den nächsten Kapiteln ausführlich behandeln.

Spring AOP

In letzter Zeit hat sich mit der aspektorientierten Programmierung (AOP) ein neues Paradigma innerhalb der Software-Entwicklung etabliert. Somit wird es möglich, global benötigtes Systemverhalten in eigenen Klassen zu modularisieren und für alle fachlichen Methoden zu verwenden. In diesem Zusammenhang werden gern die Beispiele Logging und Security genannt. Spring AOP unterstützt uns dabei, diese übergreifenden Aufgaben (Crosscutting-Concerns) einfach in unseren Lightweight-Container zu integrieren. Ab der Version 2.0 des Spring-Frameworks wurde die Unterstützung für AOP noch weiter ausgebaut und das bekannte AspectJ-Framework inklusive der Pointcut-Language integriert.

Spring Web

Das Spring Web Package stellt Basisfunktionalitäten für die Webentwicklung, wie z. B. einen weborientierten Applikationskontext, bereit. Einer Verwendung des Spring Contexts innerhalb einer webbasierten Anwendung steht damit nichts mehr im Wege. Zusätzlich befinden sich in diesem Modul noch Klassen für eine einfache Integration von Jakarta-Struts und JavaServer Faces.

Spring Web MVC

Springs Web-MVC-Package stellt eine Model-View-Controller-Implementierung für Webapplikationen zur Verfügung, die im Prinzip mit Struts verglichen werden kann. An dieser Stelle stellt Spring also ein Konkurrenzprodukt zu den bereits vorhandenen Frameworks zur Verfügung und bricht damit mit der eigentlichen Idee, lediglich als Integrationsframework zu dienen. Mithilfe von Spring Web

MVC soll eine Web-Anwendung unter Verwendung der Idee eines Lightweight-Containers und des IoC-Prinzips noch einfacher entwickelt werden können.

Spring Remoting

Einfache Plain Old Java Objects (POJOs) können mithilfe von Spring sehr leicht entfernten Systemen zur Verfügung gestellt werden. Es wird eine große Anzahl von Remoting-Technologien wie beispielsweise RMI, IIOP, Hessian/Burlap[4], XFire, JMS und JAX-RPC unterstützt.

Spring Test-Framework

Für die Entwicklung von diversen Unit-Tests bietet das Spring-Framework ein sehr hilfreiches Test-Framework. Dieses unterstützt die von Spring integrierten Techniken und vereinfacht das Schreiben von Unit-Tests sehr stark. Auch in diesem Bereich ist Spring seinen Prinzipien absolut treu geblieben und setzt auf der bekannten *jUnit*-Bibliothek auf, wodurch sich jeder Entwickler schnell zurechtfinden kann. Zusätzlich sind einige Features implementiert, die z. B. das Caching zwischen Tests oder ein spezielles Transaktions-Handling für Tests erlauben.

Spring Sub-Projekte

In der letzten Zeit sind im Umfeld von Spring weitere Sub-Projekte entstanden. Da diese Module selbst schon kleine Frameworks sind, werden sie als eigene Sub-Projekte geführt. Neben dem bereits länger existierenden Projekt Spring Web Services und dem bekannten Spring Security[5]-Projekt entsteht zur Zeit gerade das Spring Batch-Projekt. Das Ziel des Spring Batch-Projektes ist eine gezielte Weiterentwicklung des Spring Frameworks, um eine Massenverarbeitung von Daten zu vereinfachen. Dieses ist besonders für große Unternehmen eine immer noch wichtige Problemstellung. Der Applikationsentwickler soll mit Hilfe des Spring Batch-Projektes in die Lage versetzt werden, ohne große Konzentration auf die Infrastruktur-Themen die fachliche Logik schnell und einfach zu implementieren.

6.2.2 Erstellung eines Spring-Projekts

Als Basis für unser kleines Beispiel soll das bereits in Kapitel 2.2.4 vorgestellte Projekt dienen. Wir wollen zunächst einen einfachen `OrderService` erstellen und diesen später noch mit einem `PizzaOrderDAO` verbinden.

Die zentrale Philosophie von Spring besteht darin, dass einfache Objekte (POJOs) mithilfe einer Konfiguration zusammengesetzt und mit zusätzlichen Diensten wie z. B. einer Transaktionssteuerung deklarativ angereichert werden können. Diese Objekte werden dann innerhalb von Spring als Beans bezeichnet.

---

[4] Hessian und Burlap sind zwei Serialisierungsprotokolle von Caucho (www.caucho.com). Sie sind sich grundsätzlich sehr ähnlich, jedoch serialisiert Hessian binär und Burlap in ein XML-Format.
[5] Vorher Acegi Security benannt.

Service-Interface und Service-Implementierung

Als ersten Schritt legen wir uns eine `OrderService`-Schnittstelle an. Es ist ein gutes Design, eine in Spring definierte Bean gegen eine Schnittstelle zu implementieren. In der Konfiguration kann so eine bestehende Implementierung leicht gegen eine andere Implementierung derselben Schnittstelle ausgetauscht werden, ohne dass sich der Quelltext in einer Fachklasse ändert.

```
public interface OrderService {
    public Integer createOrder(Integer aPizzaId);
}
```

Unsere erste Implementierung der `OrderService`-Klasse hat zunächst den Charakter einer „Dummy"-Implementierung und liefert als Ergebnis eine Order-Nummer, die aus der Pizza-Id + 1000 besteht.

```
public class OrderServiceImpl implements OrderService {
    public Integer createOrder(Integer aPizzaId) {
        return 1000+aPizzaId;
    }
}
```

Es gibt also weder bei der Klasse noch bei der Schnittstelle einen Hinweis darauf, dass sie eine Beziehung zum Spring-Framework haben.

Konfiguration des Order-Services

Die bereits angesprochene Konfiguration unserer Spring-Beans erfolgt in einer zentralen XML-Datei, die wir innerhalb unserer Beispiele als *applicationContext.xml* bezeichnen. Dabei werden alle Spring-Beans einer Anwendung zunächst in einer einzigen Datei abgelegt. Später werden wir sehen, dass es auch möglich und sinnvoll ist, diese Konfigurationsdatei in mehrere kleine Dateien zu zerlegen.

```
<?xml version="1.0" encoding="UTF-8"?> <beans
    xmlns="http://www.springframework.org/schema/beans"
    xmlns:xsi="http://www.w3.org/2001/XMLSchema-instance"
    xsi:schemaLocation="http://www.springframework.org/schema/beans
      http://www.springframework.org/schema/beans/spring-beans-2.0.xsd">

    <bean id="orderService" class="de.opiz.service.OrderServiceImpl">
       ...
    </bean>
</beans>
```

Zunächst betrachten wir nur das *<bean>*-Tag, innerhalb dessen unsere Spring-Beans deklariert werden. Jede Bean benötigt eine eindeutige Identifikation, wobei wir auf den Namen der Schnittstellen mit einem kleinen Anfangsbuchstaben zurückgreifen. Dieses Prinzip hat sich in der Praxis sehr bewährt, da schnell eine Zuordnung zwischen der entsprechenden Bean und der Schnittstelle hergestellt werden kann. Allerdings schreibt Spring hier keine Regeln vor, sodass der Phantasie grundsätzlich keine Grenzen gesetzt sind.

Das *class*-Attribut bezeichnet die aktuelle Implementierung dieser Bean. Spring erzeugt später diese Bean mithilfe des Default-Konstruktors und stellt sie standardmäßig als Singleton im System bereit. Dies bedeutet, dass von dieser Bean nur eine Instanz im System vorhanden ist, die unter der angegebenen Identifikation gefunden werden kann.

Wir haben hier die einfachste Form einer Bean-Definition gesehen. Im Folgenden werden wir noch verschiedene weitere Möglichkeiten vorstellen, wie das Erzeugen einer Bean und ihr Verhalten in unterschiedlicher Art und Weise beeinflusst werden kann.

Test-Klasse

Nachdem wir nun sowohl die Schnittstelle angelegt und implementiert als auch die Datei *applicationContext.xml* konfiguriert haben, wird es Zeit für einen ersten Test.

Oftmals wird zu solchen Test-Zwecken ein kleines Main-Programm geschrieben und am Ende wieder verworfen. Wenn wir das ganze nun als einen kleinen JUnit-Test implementieren, kann dieser im Laufe der Entwicklung immer weiterentwickelt werden. Als Nebenprodukt stehen am Ende dann auch schon die ersten Tests für unsere Anwendung bereit.

```
1  public class SimpleTest extends TestCase {
2      public void testPizzaServices() throws Exception {
3
4          ClassPathResource res = new
                ClassPathResource("applicationContext.xml");
5          XmlBeanFactory factory = new XmlBeanFactory(res);
6          OrderService myService = (OrderService)
                factory.getBean("orderService");
7
8          assertEquals(new Integer("1001"), myService.createOrder(new
                Integer("1")));
9      }
10 }
```

Unser `SimpleTest` erzeugt uns in Zeile 5 eine `BeanFactory` auf der Basis der vorher aus dem Klassenpfad eingelesenen Konfigurationsdatei. Bei dieser `Bean-Factory` können wir nun mithilfe der Methode `getBean` eine Referenz auf die gewünschte Bean erhalten. Als letzten Schritt (Zeile 8) prüfen wir in unserem Test, ob der `OrderService` auch wie gewünscht funktioniert.

An dieser Stelle sehen wir deutlich, dass unser Test den `PizzaOrderService-Impl` nicht selbst erzeugt, sondern die von Spring erzeugte Implementierung nutzt. Sollten wir später eine andere Implementierung der `OrderService`-Schnittstelle verwenden wollen, muss der Zugriff nicht angepasst werden. Wir würden in diesem Fall in *applicationContext.xml* einfach eine andere Klasse als Implementierung eintragen und schon würde die `BeanFactory` die andere Implementierung zurückliefern.

Wir haben nun mithilfe von zwei einfachen Klassen, einer Konfigurationsdatei und einem einfachen Test unsere erste Spring-Anwendung geschrieben. Im Folgenden werden wir dieses einfache Beispiel noch ein wenig ausbauen und uns damit die weiteren Konfigurationsmöglichkeiten von Spring näher ansehen.

6.2.3 Konfiguration des Application-Contexts

Wie wir bereits gesehen haben, handelt es sich bei *applicationContext.xml* um die
XML-Datei, in der alle Beans definiert werden. Seit der Spring-Version 2.0 enthält
diese Datei ein XML-Schema, das die genaue Struktur beschreibt. In den vorherigen Versionen von Spring wurde der Aufbau der Konfigurationsdatei mithilfe
einer DTD beschrieben, wie im folgenden Listing zu sehen ist.

```xml
<?xml version="1.0" encoding="UTF-8"?>
<!DOCTYPE beans PUBLIC "-//SPRING//DTD BEAN//EN"
    "http://www.springframework.org/dtd/spring-beans.dtd">
<beans>
  <!-- Hier folgen die einzelnen Bean-Definitions -->
</beans>
```

Alle Konfigurationsdateien, die unter Spring 1.2.x geschrieben wurden, können
ohne Anpassungen in das neue Format übernommen werden, da die definierten
XML-Tags lediglich erweitert wurden. Die zentralen *<bean>*-Elemente sind dabei weiterhin vorhanden und können in der gleichen Art und Weise verwendet
werden.

Zusätzlich erlaubt Spring, noch weitere (zum Teil bereits mitgelieferte Schemas)
zu verwenden. Dadurch können Bean-Definitionen teilweise stark vereinfacht
und verkürzt werden. Wir werden im Laufe dieses Buches noch verschiedene Stellen kennenlernen, wo wir z. B. das Util-Schema oder auch das AOP-Schema einbinden. Dazu müssen wir dann die genutzten Namespaces und Schema-Dateien
in unserer Datei *applicationContext.xml* definieren.

Sollte bei bestimmten Listings innerhalb dieses Buches keine explizite Schema-
Information angegeben worden sein, gehen wir immer von der Standard-Spring
<beans>-Definition aus, die im folgenden Listing dargestellt ist.

```xml
<?xml version="1.0" encoding="UTF-8"?>
<beans
    xmlns="http://www.springframework.org/schema/beans"
    xmlns:xsi="http://www.w3.org/2001/XMLSchema-instance"
    xsi:schemaLocation="http://www.springframework.org/schema/beans
        http://www.springframework.org/schema/beans/
            spring-beans-2.0.xsd">

    <!-- Hier folgen die einzelnen Bean-Definitions -->
</beans>
```

Wir hatten bereits angemerkt, dass es teilweise sinnvoll sein kann, *applicationCon-
text.xml* auf verschiedene Dateien aufzuteilen. Gerade, wenn wir eine große Anzahl verschiedener Beans innerhalb einer Anwendung definieren, kann eine einzige XML-Datei schnell unübersichtlich werden. Für diesen Zweck gibt es das Tag
<import>, das mit seinem Attribut *resource* einen Import von Subkonfigurationen
erlaubt.

```xml
<beans ...>
    <import resource="databaseContext.xml"/>
    <import resource="ta/transactionContext.xml"/>
    <!-- Hier können weitere Bean-Definitions folgen -->
</beans>
```

Wir sehen hierbei, dass die beiden Subkonfigurationen vor den Bean-Definitionen der Top-Level-Konfiguration aufgeführt werden müssen. In diesem Beispiel werden unter anderem die in *databaseContext.xml* beschriebenen *<bean>*-Tags in die Top-Level-Datei importiert und stehen dann im Gesamtsystem genauso zur Verfügung, als ob sie direkt in der Datei *applicationContext.xml* angegeben worden wären. Die Pfadangaben bei dem *resource*-Attribut sind relativ zu der Top-Level-Konfiguration anzugeben. Für unser Beispiel bedeutet dies, dass die Datei *databaseContext.xml* im gleichen Verzeichnis liegen muss. Die Datei *transactionContext.xml* wird dagegen in einem Unterverzeichnis mit dem Namen *ta* erwartet.

6.3 Spring-Beans und ihre Definitionen

Aufbauend auf dem eben erstellten Beispiel sehen wir uns nun verschiedene Möglichkeiten an, wie eine Spring-Bean erzeugt werden kann. Danach wollen wir uns damit beschäftigen, wie die bereits theoretisch erläuterte Dependency-Injection in der Praxis aussieht. Abschließend geben wir unseren Spring-Beans noch einen eigenen Lebenszyklus und können damit das Verhalten einer Bean noch ein wenig besser steuern.

6.3.1 Erzeugung einer Spring-Bean

Das Spring-Framework stellt zwei Möglichkeiten zur Verfügung, wie sich eine Instanz einer Bean erzeugen lässt. Diese sollten uns aus der täglichen Java-Entwicklung bereits bekannt vorkommen.

Erzeugung mit einem Konstruktor

Grundsätzlich kann zunächst jede Klasse mit einem Default-Konstruktor von Spring direkt erzeugt werden. Ein einfaches Beispiel dafür haben wir bereits bei unserem `PizzaOrderService` gesehen. Es ist also nicht notwendig, dass sich unsere Klassen von irgendwelchen Spring-Klassen ableiten oder bestimmte Schnittstellen implementieren müssen. Allerdings gibt es oftmals Klassen, die keinen Default-Konstruktor anbieten. Aber auch hier bietet uns Spring eine Lösung an. Stellen wir uns einmal vor, unser `OrderServiceImpl` erwartet bereits im Konstruktor einen Integer-Wert, der als Basis für die Order-Nummer (statt der Konstanten 1000) dienen soll.

```
public class OrderServiceImpl implements OrderService {
    private int _orderBasis = -1;
    public OrderServiceImpl(int orderBasis) {
        _orderBasis = orderBasis;
    }
    public Integer createOrder(Integer aPizzaId) {
        return _orderBasis+aPizzaId;
    }
}
```

Dieser geänderte Konstruktor führt natürlich dazu, dass wir noch die Konfigurationsdatei anpassen müssen, damit Spring diese Klasse wie gewünscht instanziieren kann.

```
<bean id="orderService" class="de.opiz.service.OrderServiceImpl">
    <constructor-arg type="int"><value>1000</value></constructor-arg>
</bean>
```

Nach diesen Anpassungen sollte unser Beispiel immer noch funktionieren, d. h. der jUnit-Test sollte durchlaufen. Bei der Definition der Argumente für den Konstruktor müssen wir den entsprechenden Java-Typ[6] als *type*-Attribut angeben, damit Spring die Parameter zuordnen kann. Sollten wir den Fall haben, dass unsere Klasse einen Konstruktor mit zwei Parametern des gleichen Java-Typs besitzt, müssen wir bei der Definition noch einen Index angeben, damit die eindeutige Zuordnung gesichert ist.

```
<bean id="orderService" class="de.opiz.service.OrderServiceImpl">
    <constructor-arg index="0"><value>1000</value></constructor-arg>
    <constructor-arg index="1"><value>50</value></constructor-arg>
</bean>
```

Bisher haben wir nur einfache Java-Typen als Parameter für einen Konstruktor verwendet. In einer realen Anwendung werden wir allerdings oftmals auch komplexere Objekte oder sogar Listen als Parameter für einen Konstruktor verwenden. Diesen Bereich werden wir uns in Kürze in Kapitel 6.3.2 ansehen, das sich den Abhängigkeiten von verschiedenen Spring-Beans widmet.

Abschließend noch einige Worte zum Thema *Singleton*: Wie bereits erwähnt, erzeugt Spring standardmäßig jede Bean als Singleton, d. h. wir erhalten beim Zugriff über eine Bean-Factory immer eine Referenz auf die gleiche Instanz dieser Klasse. Erwarten wir bei jedem Aufruf eine neue Instanz, müssen wir das Default-Verhalten von Spring anpassen, indem wir explizit das Attribut *scope* auf *prototype* setzen. Somit erzeugt die `BeanFactory` bei jedem Zugriff ein neues Objekt, das nach der Erzeugung nicht mehr unter der Kontrolle von Spring steht.

```
<bean id="gutscheinBean"
    class="de.opiz.prototyp.Gutschein" scope="prototype"/>
```

Dieses Gutscheinobjekt könnte dann z. B. eine eindeutige generierte Nummer enthalten. Spring dient in diesem Fall also nicht als zentrale Stelle, bei der wir unsere Instanzen abfragen. Vielmehr fungiert es als Factory, die für die Erzeugung von Objekten verantwortlich ist.

Erzeugung mit einer Factory

Gerade im Bereich von Legacy-Code ist die Erzeugung eines Objekts teilweise etwas komplexer, sodass wir eine eigene bzw. bereits vorhandene Factory einsetzen wollen.

---

[6] z. B. int, java.lang.String, java.lang.Integer u.s.w.

■ Statische Factory-Methode

Bei der statischen Factory-Methode wird für die Erzeugung einer bestimmten Bean eine statische Methode an einer Klasse aufgerufen.

```
<bean id="gutscheinBean" class="de.opiz.prototyp.GutscheinFactory"
    factory-method="createGutschein"/>
```

In diesem Beispiel wird beim Zugriff auf die *gutscheinBean* die statische Methode `createGutschein` an der Klasse `GutscheinFactory` aufgerufen, die eine Instanz der `Gutschein`-Klasse zurückliefert. Nachdem diese Instanz mit der Factory erstellt wurde, wird sie genauso behandelt, als ob sie automatisiert von Spring mithilfe des Konstruktors erstellt worden wäre.

■ Instanz-Factory-Methode

Oftmals wird allerdings eine konkrete Instanz einer Factory benötigt, damit bestimmte Objekte erzeugt werden können. In diesem Fall wird die Klasse `GutscheinFactory` als eigene Bean definiert und bei der Definition von *gutscheinBean* anstelle des *class*-Attributes unter dem Attribut *factory-bean* eingetragen.

```
<bean id="gutscheinFactory"
    class="de.opiz.prototyp.GutscheinFactory"/>

<bean id="gutscheinBean"
    factory-bean="gutscheinFactory"
    factory-method="createGutschein"/>
```

Somit wird auch die Factory von Spring als eigene Bean gemanaged und könnte, wie bereits vorhin gesehen, mithilfe des Konstruktors mit weiteren Informationen versorgt werden. Im folgenden Kapitel sehen wir, wie wir mithilfe der Dependency-Injection die Factory noch besser konfigurieren können.

6.3.2 Properties und Abhängigkeiten von Spring-Beans

Die Klassen, die wir für eine Spring-Bean verwenden, folgen oftmals den Java-Bean-Konventionen. Das bedeutet, dass für jede Property eine entsprechende `getter`- und `setter`-Methode existiert. Mithilfe dieser Methoden können wir nun in unserer Konfigurationsdatei die verschiedenen Beans zusätzlich konfigurieren und miteinander verknüpfen. Damit wären wir dann auch schon bei einer zentralen Eigenschaft des Spring-Frameworks, der bereits erwähnten Dependency-Injection.

Properties einer Bean setzen

Beginnen wir aber vorerst mit einfachen Properties. Gemeint sind die bekannten Java-Klassen wie z. B. `java.lang.String` oder `java.lang.Integer` bzw. die primitiven Datentypen wie *int*, *lang*, *double* oder *boolean*.

Nehmen wir als Beispiel drei Properties in unseren `PizzaOrderService` auf. Unser `PizzaService` bekommt nun einen Namen (`String`), eine Nummer (int) und einen Online-Schalter (`Boolean`).

```
public class OrderServiceImpl implements OrderService {
    private String name;
    private int nummer;
    private Boolean online;
    ...
}
```

Damit wir bei dieser Klasse die Properties später von Spring injizieren lassen können, müssen wir die entsprechenden `setter`-Methoden bereitstellen. Mithilfe von Eclipse ist dieses lediglich eine Sache von ein paar Klicks und schon sind die gewünschten Methoden generiert. Abbildung 6.3 zeigt diese einfache Möglichkeit, wodurch auch für Objekte mit einer großen Anzahl von Properties schnell und einfach das gewünschte Ergebniss erzielt werden kann.

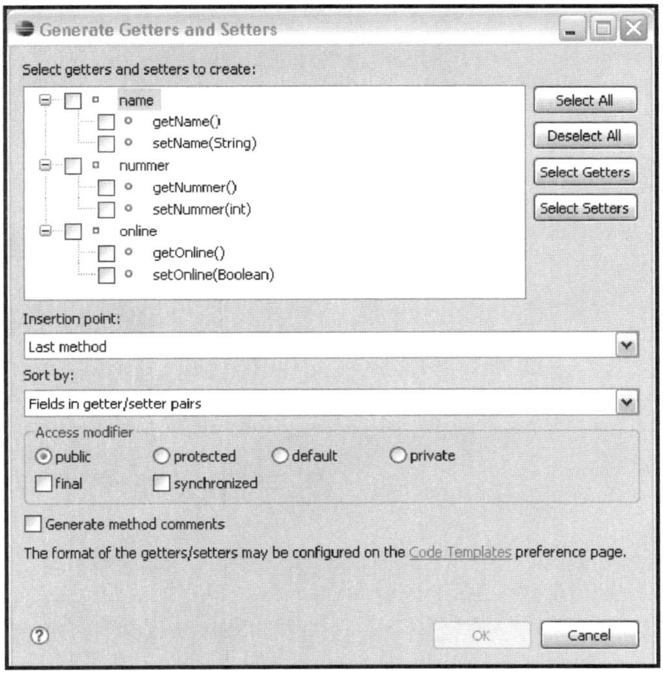

Abbildung 6.3: Generierung von Getter und Setter

Das *<property>*-Tag in der Konfigurationsdatei erfüllt nun die Aufgabe, die entsprechenden Properties mit den verschiedenen Werten zu füllen. Dabei begegnet uns das bereits bekannte *<value>*-Tag, das den eigentlichen Wert enthält.

```
<beans>
    <bean id="orderService" class="de.opiz.service.OrderServiceImpl">
        <property name="name">
            <value>Giovannis Pizza Service</value>
        </property>
        <property name="nummer">
            <value>100</value>
        </property>
```

```
            <property name="online">
                <value>true</value>
            </property>
        </bean>
    </beans>
```

Spring ist nun in der Lage, den als Text eingegebenen Wert in das gewünschte Objekt bzw. den gewünschten Datentypen umzuwandeln. Sollten wir dabei Spring vor eine unmögliche Aufgabe stellen, indem wir z. B. bei der Property `nummer` ein paar Buchstaben eingeben, erhalten wir von Spring eine entsprechende Exception mit einer eindeutigen Fehlermeldung[7].

Damit wir als Entwickler nicht mehr als wirklich notwendig schreiben müssen, gibt es für die Definition dieser einfachen Properties auch eine vereinfachte Schreibweise:

```
<beans>
    <bean id="orderService" class="de.opiz.service.OrderServiceImpl">
        <property name="name" value="Giovannis Pizza Service"/>
        <property name="nummer" value="100"/>
        <property name="online" value="true"/>
    </bean>
</beans>
```

Setter-Dependency-Injection

Bisher haben wir unsere Properties nur mit relativ einfachen Objekten versorgt, die mithilfe des *<value>*-Tags von Spring erstellt wurden. Interessanter wird es, wenn wir zwei Beans miteinander verknüpfen. Dazu werden wir nun unseren `OrderService` um eine Verbindung zur Datenbank erweitern, die wir wiederum in einer DAO-Klasse kapseln.

```
public interface PizzaDAO {
    public String getPizzaName(Integer aPizzaId);
}
```

Das `PizzaDAO` liefert uns passend zu einer `pizzaID` den entsprechenden Namen aus der Datenbank. In unserem ersten kleinen Beispiel lassen wir den Datenbankzugriff zunächst einmal außen vor und geben immer einen selbst zusammengesetzten Namen zurück. Genau an dieser Stelle wird dann später der wirkliche Datenbankzugriff (dann mithilfe von Hibernate) erfolgen.

```
public class PizzaDAOImpl {
    public String getPizzaName(Integer aPizzaId) {
      // ... Datenbankzugriff
      return "PizzaMitDerNummer"+aPizzaId;
    }
}
```

Eine Instanz dieser `PizzaDAOImpl`-Klasse soll nun in unserem `PizzaOrderServiceImpl` verwendet werden, um damit aus unserem Service auf die Datenbank zugreifen zu können.

---

[7] org.springframework.beans.TypeMismatchException: Failed to convert property value of type [java.lang.String] to required type [int]

```
public class OrderServiceImpl implements OrderService {
    private PizzaDAO pizzaDAO;

    public Integer createOrder(Integer aPizzaId) {
        System.out.println("Pizza [" + pizzaDAO.getPizzaName(aPizzaId) + "
            bestellt!");
        return 1000+aPizzaId;
    }

    public void setPizzaDAO(PizzaDAO pizzaDAO) {
        this.pizzaDAO = pizzaDAO;
    }
}
```

Zunächst sehen wir hier eine private Instanzvariable vom Typ `PizzaDAO` und die dazu passende `setPizzaDAO`-Methode. In der bereits bekannten `createOrder`-Methode wird nun die in der `PizzaDAO`-Schnittstelle definierte Methode `getPizzaName` aufgerufen und das Ergebnis auf der Console ausgegeben.

Die Erzeugung eines Objekts vom Typ `PizzaDAOImpl` sehen wir in diesem Code nun nicht – und das ist auch gut so. Genau dieses ist die Aufgabe von Spring.

```
<beans>
    <bean id="pizzaDAO" class="de.opiz.service.PizzaDAOImpl">
    </bean>

    <bean id="orderService" class="de.opiz.service.OrderServiceImpl">
        <property name="pizzaDAO">
            <ref bean="pizzaDAO"/>
        </property>
    </bean>
</beans>
```

Wir lassen uns mithilfe dieser Konfiguration zunächst eine *pizzaDAO*-Bean erzeugen und verknüpfen diese mit der *pizzaOrderService*-Bean. Das entsprechende *<property>*-Tag bekommt durch die Angabe des Attributes `name` die Information, auf welche Property es sich bezieht. Innerhalb dieses Tags können wir nun mit dem *<ref>*-Tag eine Referenz auf eine andere Bean, die *pizzaDAO*-Bean, setzen. Das folgende Codefragment zeigt, was im Hintergrund durch Spring passiert:

```
// Erzeugung des PizzarDAOImpl
PizzaDAO dao = new PizzaDAOImpl();

// Erzeugung des OrderServiceImpl
OrderService service = new OrderServiceImpl();

// Setzen des DAO in den Service
service.setPizzaDAO(dao);
```

Die Methoden des Services können nun auf das injizierte `PizzaDAO` zurückgreifen und die im Interface definierten Methoden aufrufen. Sollten wir also später unsere reale Implementierung des `PizzaDAO` mit einem wirklichen Datenbankzugriff implementiert haben, müssen wir diese lediglich in unserer Konfiguration anstelle der bisherigen `PizzaDAOImpl` eintragen. Die Klasse `PizzaOrderService` selbst besitzt keine Information, woher und welche Implementierung für sie konfiguriert wurde.

Sollten wir allerdings innerhalb der Konfiguration das entsprechende *<property>*-Tag falsch oder gar nicht setzen, wird unser Service eine der gehassten `Null-PointerException` auswerfen. Daher sollten wir bei unserem Code darauf achten, dass Pflicht-Properties wirklich gesetzt werden. Dazu können wir die im folgenden beschriebene *Konstruktor Dependency Injection* verwenden, oder mithilfe von Spring bestimmte Prüfungen definieren.[8]

Springs Konstruktor Dependency Injection

In dem letzten Beispiel hat Spring zunächst beide Objekte erzeugt und danach dem `OrderService` eine Referenz auf das `PizzaDAO` durch einen Aufruf der passenden `setter`-Methode zur Verfügung gestellt. Mithilfe der *Konstruktor-Injection* ist es möglich, dass unser `OrderService` sofort bei der Erzeugung die entsprechende Referenz übergeben bekommt.

Dazu passen wir zunächst den `OrderServiceImpl` an und erweitern diesen um einen neuen Konstruktor, der als einzigen Parameter ein `PizzaDAO` erwartet. An dieser Stelle sollte noch einmal deutlich werden, dass wir unbedingt auf der Basis von Schnittstellen arbeiten sollten. Es ist für den `OrderService` völlig uninteressant, wie das entsprechende DAO implementiert ist. Entscheidend ist aus Sicht des Services lediglich, dass er mitilfe einer `pizzaID` den entsprechenden Namen der Pizza erhält. Die Implementierung des DAOs kann dazu auf Basis von Hibernate, JDO oder reinem JDBC entwickelt worden sein.

```
public class OrderServiceImpl implements OrderService {

    private PizzaDAO pizzaDAO;

    public OrderServiceImpl(PizzaDAO newPizzaDAO) {
       pizzaDAO = newPizzaDAO;
    }

    public Integer createOrder(Integer aPizzaId) {
       System.out.println("Pizza [" + pizzaDAO.getPizzaName(aPizzaId) +
           " bestellt!");
       return 1000 + aPizzaId;
    }
}
```

Die nun folgende Bean-Definition wird bestimmt niemanden mehr überraschen, da wir die Erzeugung einer Bean mithilfe eines Konstruktors und Parametern bereits betrachtet haben. Neu ist, dass wir an dieser Stelle nun keine reinen Java-Typen übergeben. Stattdessen wird eine Referenz auf eine an einer anderen Stelle definierten Bean übergeben.

```
<beans>
    <bean id="pizzaOrderDAO" class="de.opiz.service.PizzaOrderDAOImpl"/>

    <bean id="exampleBean" class="de.opiz.service.OrderServiceImpl">
       <constructor-arg><ref bean="pizzaOrderDAO"/></constructor-arg>
    </bean>
</beans>
```

---

[8] Näheres hierzu wird im Kapitel 6.3.4 beim LifeCycle von Spring-Beans beschrieben.

Wie in einer XML-Definition üblich spielt die Reihenfolge der Bean-Definitionen keine Rolle. Eine strukturierte Definition ist allerdings schon aus Gründen der Übersichtlichkeit vorteilhaft.

Innere Bean-Definition

Eigentlich haben wir nun fast alle Möglichkeiten kennengelernt, um eine Spring-Bean zu erzeugen und mit verschiedenen Parametern zu initialisieren. Sollten wir allerdings eine Spring-Bean nur innerhalb einer anderen Spring-Bean benötigen, gibt es noch das Konzept der inneren Bean-Definition. Dabei bekommt die innere Spring-Bean keine eigene ID, sondern wird direkt in die äußere Bean injiziert.

```
<beans>
  <bean id="pizzaOrderDAO" class="de.opiz.service.PizzaOrderDAOImpl" />

  <bean id="service" class="de.opiz.service.PizzaServiceProxy">
      <property name="target">
          <bean class="de.opiz.service.OrderServiceImpl">
              <constructor-arg>
                  <ref bean="pizzaOrderDAO"/>
              </constructor-arg>
          </bean>
      </property>
  </bean>
</beans>
```

Wir haben hier mithilfe von Spring und der inneren Bean-Definition eine Implementierung des Proxy-Patterns realisiert. Die Klasse `PizzaServiceProxy` implementiert dabei ebenfalls die `PizzaService`-Schnittstelle und leitet alle Aufrufe an die innere Bean weiter. Zusätzlich kann unser Proxy nun bestimmte Aktionen durchführen, wie z. B. ein Logging der Aufrufe.

```java
public class OrderServiceProxy implements OrderService {

    private OrderService target;

    public Integer createOrder(Integer aPizzaId) {
        System.out.println("Start OrderService ["+aPizzaId+"]");
        Integer returnValue = target.createOrder(aPizzaId);
        System.out.println("Ende OrderService ["+returnValue+"]");
        return returnValue;
    }

    public void setTarget(OrderService aPizzaService)
    {
        this.target = aPizzaSerivce;
    }
}
```

Somit haben wir die Möglichkeit, während der Entwicklungszeit bestimmte Aktionen vor oder nach dem Aufruf einer Methode durchzuführen. Mit einer kleinen Änderung an der Konfiguration können wir diesen Proxy wieder durch die direkte Implementierung der Spring-Bean austauschen. Dieses Konzept geht schon ein wenig die Richtung von AOP, das wir im Abschnitt 8.4.1 genauer betrachten werden.

6.3.3 Collections und andere Util-Klassen

Neben den bereits gezeigten Möglichkeiten gibt es innerhalb von Spring noch vereinfachte Definitionen von verschiedenen Collections bzw. anderen Util-Klassen. In diesem Bereich ist Spring ab der Version 2.0 mithilfe der vorgefertigten XML-Schemas dem Entwickler sogar noch einen Schritt entgegengekommen, sodass die Beschreibung innerhalb der *applicationContext.xml* fast zum Kinderspiel wird.

Definition einer java.util.List

Zunächst betrachten wir ein einfaches Beispiel, in welchem unser Pizza-Service als Property eine `java.util.List` besitzt, in der wir verschiedene E-Mail-adressen als String eintragen möchten. Somit können bei jeder Bestellung die Entwickler dieser Anwendung per E-Mail benachrichtigt werden.[9]

```
<bean id="orderService" class="de.opiz.service.OrderServiceImpl">
    <property name="emails">
     <list>
        <value>thomas.langer@spring-hibernate.de</value>
        <value>richard.oates@spring-hibernate.de</value>
        <value>gerald.bachlmayr@spring-hibernate.de</value>
        <value>stefan.wille@spring-hibernate.de</value>
        <value>torsten.lueckow@spring-hibernate.de</value>
     </list>
    </property>
</bean>
```

In diesem Beispiel wird von Spring zunächst eine Liste erzeugt, mit den angegebenen fünf Strings gefüllt und dann in unseren `PizzaOrderService` injiziert. Wir haben somit eine Liste, die natürlich lediglich innerhalb unserer `PizzaOrderServiceImpl`-Klasse verfügbar ist. Wir können aber auch eine `java.util.-List` direkt als eigene Spring-Bean definieren und dann mithilfe des *<ref>*-Tags als Property einer anderen Bean setzen. Das folgende Beispiel zeigt genau diesen Fall und wird interessant, sobald wir eine Liste in zwei verschiedenen Spring-Beans verwenden wollen.

```
<bean id="emails"
    class="org.springframework.beans.factory.config.ListFactoryBean">
    <property name="sourceList">
        <list> <value>thomas.langer@spring-hibernate.de</value>
               <value>richard.oates@spring-hibernate.de</value>
        </list>
    </property>
</bean>

<bean id="service1" class="de.opiz.service.PizzaServiceImpl">
    <property name="emails"> <ref id="emails"> </property>
</bean>

<bean id="service2" class="de.opiz.service.PizzaServiceImpl">
    <property name="emails"> <ref id="emails"> </property>
</bean>
```

---

[9] Über die Notwendigkeit dieser Benachrichtigung wollen wir nicht weiter diskutieren, da es sich lediglich um ein Beispiel handelt.

Wenn wir nun aufgrund der großen Pizza-Nachfrage zwei Pizza-Services zur Verfügung stellen wollen, haben somit beide die Möglichkeit, auf die E-Mail-Liste zuzugreifen. Beide erhalten eine Referenz auf das identische Objekt, das standardmäßig eine Instanz der `java.util.ArrayList` ist, die von der `ListFactoryBean` erzeugt worden ist. Sollten wir lieber eine andere Implementierung der `java.util.List`-Schnittstelle wünschen, dann können wir dieses einfach über die *targetListClass*-Property in der Bean-Definition angeben.

```
<beans>
    <bean id="emails" class="org.springframework.
       beans.factory.config.ListFactoryBean">
        <property name="sourceList">
            <list>
                <value>thomas.langer@spring-hibernate.de</value>
                <value>richard.oates@spring-hibernate.de</value>
                <value>gerald.bachlmayr@spring-hibernate.de</value>
            </list>
        </property>
        <property name="targetListClass">
            <value>java.util.LinkedList</value>
        </property>
    </bean>
</beans>
```

Bei dieser Definition der Liste haben wir eine ganze Menge Boilerplate-Code[10] geschrieben. Die wirklich interessanten Informationen sind der Inhalt der Liste, die `id` für die Bean und evtl. der gewünschte Listen-Typ. Genau an diesem Punkt haben die Entwickler von Spring ab der Version 2 angesetzt und eine vereinfachte Form der List-Definition angeboten.

```
<beans xmlns="http://www.springframework.org/schema/beans"
    xmlns:xsi="http://www.w3.org/2001/XMLSchema-instance"
    xmlns:util="http://www.springframework.org/schema/util">

    <util:list id="emails" list-class="java.util.LinkedList">
        <value>thomas.langer@spring-hibernate.de</value>
        <value>richard.oates@spring-hibernate.de</value>
        <value>gerald.bachlmayr@spring-hibernate.de</value>
    </util:list>
</beans>
```

Wir möchten an dieser Stelle nochmals auf die Definition des *util*-Namespaces innerhalb des äußeren *<beans>*-Tags hinweisen. Erst danach sind wir in der Lage, die in diesem Namespace definierten Tags zu benutzen.

Definition einer java.util.Properties-Klasse

Bei der Klasse `Properties`, einer Sonderform der `HashMap`, sind die Schlüssel-/Wertepaare immer vom Typ String. Dadurch können diese ohne Probleme aus einer Datei gelesen bzw. in eine Datei gespeichert werden. Ein beliebter Einsatz von Property-Dateien sind Konfigurationen und aus dem Programm ausgelagerte Zeichenketten für bestimmte Texte innerhalb der Anwendung.

---

[10] Boilerplate-Code bezeichnet oft wiederholte und umfangreiche Code-Abschnitte.

Mithilfe von Spring können wir ebenfalls eine Instanz der `Properties`-Klasse erzeugen lassen und unsere Werte innerhalb der *applicationContext.xml* definieren. Nehmen wir einmal an, dass wir im Falle einer Exception innerhalb unserer Opiz-Anwendung den zuständigen Entwickler per E-Mail benachrichtigen wollen.

```
<bean id="orderService" class="de.opiz.service.OrderServiceImpl">
  <property name="developerEMails">
    <props>
        <prop key="services">thomas.langer@spring-hibernate.de</prop>
        <prop key="datenbank">richard.oates@spring-hibernate.de</prop>
        <prop key="businessobjekte">
            gerald.bachlmayr@spring-hibernate.de</prop>
    </props>
  </property>
</bean>
```

Somit kann der `OrderServiceImpl` eine hoffentlich nur sehr selten auftretende Exception auswerten und mithilfe der Methode *getDeveloperEMails().getProperty("datenbank")* die entsprechende E-Mail abfragen.

In vielen Fällen ist es allerdings sinvoll, wenn die Werte nicht irgendwo innerhalb der *applicationContext.xml* versteckt sind, sondern ihre eigene Property-Datei besitzen. Für diesen Fall stellt Spring die `PropertiesFactoryBean` bereit, die eine Instanz der Klasse `java.util.Properties` erzeugt und die entsprechende Datei direkt aus dem Classpath einliest. Wir haben die Bean diesmal als innere Bean definiert, was allerdings nicht zwingend erforderlich ist.

```
<bean id="orderService" class="de.opiz.service.OrderServiceImpl">
    <property name="developerEMails">
        <bean class="org.springframework.beans.
            factory.config.PropertiesFactoryBean">
            <property name="location">
              <value>
                  classpath:de/opiz/config/developerEMails.properties
              </value>
            </property>
        </bean>
    </property>
</bean>
```

Es gibt auch für diese doch recht komplexe Definition eine angenehme Abkürzung innerhalb des Util-Schemas. Nachdem wir im Tag *<beans>* wieder den notwendigen Namespace definiert haben, sieht die gleiche Bean-Definition doch ein wenig aufgeräumter aus.

```
<bean id="orderService" class="de.opiz.service.OrderServiceImpl">
    <property name="developerEMails">
        <util:properties location="classpath:de/opiz/config/
            developerEMails.properties"/>
    </property>
</bean>
```

Für die Collections `java.util.Set` und `java.util.Map` gibt es ähnliche Konzepte und Möglichkeiten, die in der Spring-Dokumentation ausführlich beschrieben sind. Sollten Sie eine Map oder ein Set benötigen, können Sie dieses mithilfe des bereits Gelernten und der Spring-Dokumentation ohne Probleme umsetzen.

6.3.4   Der Life-Cycle von Spring-Beans

Spring stellt verschiedene Schnittstellen zur Verfügung, um das Verhalten von Beans zu steuern. Implementiert eine Bean die Schnittstelle `InitializingBean`, so wird bei der Initialisierung der Bean die Methode `afterPropertiesSet` aufgerufen. Die Methode `destroy` wird beim Zerstören der Bean aufgerufen, wenn das Interface `DisposableBean` implementiert wird. In den folgenden Abschnitten wollen wir uns ansehen, wozu diese Schnittstellen in der Praxis genutzt werden können.

Initialisierung der Bean

Durch Implementierung von `InitializingBean` erreicht man, dass die einzige Methode in diesem Interface bei der Bean-Initialisierung aufgerufen wird:

```
void afterPropertiesSet() throws Exception;
```

Innerhalb dieser Methoden haben wir nun die Möglichkeit, bestimmten Code für eine Initialisierung der Bean zu implementieren. So nutzen z. B. einige Spring-Basisklassen diese Technik, um zu prüfen, ob alle notwendigen Properties gesetzt worden sind. Sollte bei einer `DataSource`-Bean beispielsweise keine Datenbank-URL definiert worden sein, kann bereits an dieser Stelle eine Exception geworfen werden.

Die direkte Implementierung der Schnittstelle hat allerdings den Nachteil, dass der Code an Spring gekoppelt wird, weshalb die Bindung nicht im Source-Code, sondern in der Konfigurationsdatei erfolgen sollte. Dabei wird bei der Bean-Definition mithilfe des `init-method`-Attributs der Name der Methode angegeben, die bei der Bean-Initialisierung aufgerufen werden soll:

```
<bean id="exampleInitBean" class="examples.ExampleBean"
    init-method="init"/>

public class Customer {
    public void init() { /* Initialisierungslogik */ }
}
```

Die Bean muss dann die entsprechende Methode implementieren, andernfalls wirft die Spring-Runtime eine `BeanCreationException`.

Zerstörung der Bean

Die `DisposableBean`-Schnittstelle verfügt ebenfalls nur über eine Methode. Diese ist geeignet, um Aufräumarbeiten durchzuführen:

```
void destroy() throws Exception;
```

Wiederum sollte nicht die Schnittstelle direkt implementiert, sondern der Methodenname in der Kontextdatei verankert werden, um die Implementierung nicht an Spring zu binden. Dazu wird das Attribut `destroy-method` in die Bean-Definition eingefügt:

```
<bean id="exampleInitBean" class="examples.ExampleBean"
    destroy-method="cleanup"/>
```

```
public class Customer {
    public void cleanup() { /* Aufräumarbeiten */ }
}
```

Default-Methoden

Die Möglichkeit, die Initialisierungs- und Zerstörungsmethoden pro Bean zu definieren, bringt zwar Flexibilität in die „Benennungspolitik" von Methodennamen, in den meisten Fällen wünscht man sich aber einheitliche Methodennamen, um sich sofort in den verschiedenen Klassen zurechtzufinden.

Wir wollen also die Benennung der Initialisierungs- und Zerstörungsmethoden einmalig für alle Beans festlegen. Das kann mithilfe der Attribute `default-init-method` und `default-destroy-method` im Element *<beans>* der *applicationContext.xml* definiert werden. Sinnvollerweise wirft Spring keine `BeanCreationException`, wenn diese Methoden in einzelnen Beans nicht existieren.

Falls es nötig ist, die Initialisierungs- oder Zerstörungsmethoden in einzelnen Beans anders zu benennen als im Rest der Anwendung, besteht immer noch die Möglichkeit, den Default-Wert auf Bean-Ebene zu überschreiben:

```
<beans default-init-method="init" default-destroy-method="destroy" ...>
    <bean name="stockService"
        class="de.hanser.buch.opiz.service.InventoryChecker"
        destroy-method="close"/>
</beans>
```

Bean-Alias

Bisher hatten wir jeder Bean immer genau eine eindeutige ID zugeordnet. Mithilfe des *<alias>*-Tags können wir nun auch noch verschiedene Aliases für unsere Beans definieren.

Diese Möglichkeit kann nützlich sein, wenn wir die gleiche Bean unter verschiedenen Namen referenzieren möchten. Wir möchten z. B. ein Backend-System benutzen, das sowohl Orders als auch Buchungen verarbeiten kann. Das Backend wird in *systemContext.xml* als Bean definiert:

```
<bean id="backendSystem" class="..." />
```

In unserem Orderverarbeitungssystem möchten wir diese Bean als *orderSystem* ansprechen. In der Konfigurationsdatei *orderContext.xml* definieren wir:

```
<import resource="systemContext.xml" />
<alias alias="orderSystem" name="backendSystem"/>
```

Im Kontext des Orderverarbeitungssystems können wir jetzt die Spring-Bean für das Backend-System als *orderSystem* ansprechen.

Wenn wir aber im Buchungsverarbeitungssystem unterwegs sind, möchten wir die gleiche Bean unter dem Namen *buchungsSystem* ansprechen. Mit folgender Konfiguration wird dies ermöglicht:

```
<import resource="systemContext.xml" />
<alias alias="buchungsSystem" name="backendSystem"/>
```

6.4 Spring Inversion-of-Control-Container

Bisher haben wir einzelne Spring-Beans betrachtet und gesehen, wie sie definiert und angesprochen werden können. Zusätzlich haben wir verschiedene Beans über Referenzen miteinander verbunden. Aber in welchem (Spring-) Kontext existieren diese Beans? Wenn wir die Sammlung von Beans als ganzes betrachten, wie wird diese Sammlung in Spring repräsentiert und wie können wir sie ansprechen?

Das Herz von Spring bildet der *Inversion-of-Control* (IoC)-Container. Dieser wird durch das Package *org.springframework.beans.factory* und insbesondere die Schnittstelle `BeanFactory` repräsentiert. Diese Schnittstelle bildet das Konfigurationsrahmenwerk für das Bean-Management und stellt einfache Funktionalitäten zur Verfügung. Sie ist z. B. für das Anlegen und Konfigurieren von Beans verantwortlich und ermöglicht die Schaffung von Abhängigkeiten zwischen Beans.

Aufbauend auf diesem IoC-Container bietet das Package *org.springframework.- context* weitergehende Funktionalitäten. Die wichtigste Schnittstelle hier ist die `ApplicationContext`-Schnittstelle.

Im nächsten Abschnitt schauen wir uns die Funktionalitäten der `BeanFactory` an. Die Fähigkeiten der `BeanFactory` können 1:1 auf den `ApplicationContext` übertragen werden, da diese von der `BeanFactory` erbt. Die weitergehenden Funktionalitäten der `ApplicationContext`-Schnittstelle werden in Abschnitt 6.4.2 vorgestellt.

6.4.1 Die Bean-Factory-Schnittstelle

Mit Spring werden verschiedene Implementierungen der `BeanFactory`-Schnittstelle[11] bereitgestellt. Normalerweise würden wir dabei die `XmlBeanFactory`-Implementierung verwenden, da diese die Möglichkeit bietet, die Definitionen der Beans direkt aus unserer *applicationContext.xml* einzulesen.

Das Anlegen eines `BeanFactory`-Objekts und das Einlesen von Bean-Definitionen ist sehr einfach:

```
Resource inputStream = new ClassPathResource("applicationContext.xml");
BeanFactory factory = new XmlBeanFactory(inputStream);
```

---

[11] *org.springframework.beans.factory*

Die `BeanFactory`-Schnittstelle enthält die folgenden sechs Methoden:

- *boolean containsBean(String name)*
  Liefert wahr zurück, falls in dieser Bean-Factory eine Bean mit dem angegebenen Namen existiert.

- *String[] getAliases(String name)*
  Gibt eine Liste der Alias-Namen für diese Bean zurück (vgl. Abschnitt 6.3.4).

- *Object getBean(String name)*
  Liefert die Bean mit dem angegebenen Namen. Wie unten erläutert müssen wir das zurückgelieferte Objekt auf den gewünschten Typ umwandeln, was gegebenfalls zu einer `ClassCastException` führen kann.

- *Object getBean(String name, Class requiredType)*
  Liefert die Bean mit dem angegebenen Namen. Falls die Bean nicht den Typ *requiredType* besitzt, wird eine Exception `BeanNotOfRequiredType-Exception` geworfen. Somit kann sichergestellt werden, dass die gewünschte Bean wirklich den erwarteten Typ besitzt. Wir können dann sicher sein, dass eine Umwandlung (cast) auf den gewünschten Typ auf alle Fälle erfolgreich sein wird.

- *Class getType(String bean)*
  Liefert den Typ der Bean mit dem angegebenen Namen.

- *boolean isSingleton(String bean)*
  Liefert wahr zurück, falls die Bean mit dem angegebenen Namen als eine Singleton-Bean definiert ist.

Der Unterschied zwischen den verschiedenen `getBean`-Methoden liegt im Zeitpunkt, wann eine Exception geworfen wird, falls die angefragte Bean nicht den erwarteten Typ besitzt. Die Methode `getBean(String name)` wirft nicht beim Abfragen der Bean, sondern erst bei der notwendigen Umwandlung (Cast) eine `ClassCastException`:

```
// holt OrderService vom Typ OrderService
Object obj = factory.getBean("OrderService");
// castet auf PizzaDAO -- wirft ClassCastException
System.out.println((PizzaDAO) obj);
```

Mit der Methode `getBean(String name, Class requiredType)` wird sofort eine Spring-Exception geworfen, falls die anfragte Bean nicht den angegebenen Typ besitzt:

```
// wirft BeanNotOfRequiredTypeException
PizzaDAO dao = factory.getBean("OrderService", PizzaDAO.class);
```

6.4.2 Weitergehende Funktionalität mit dem Application-Context

Ein `ApplicationContext` baut auf der `BeanFactory` auf und stellt uns weitere nutzliche Funktionalitäten zur Verfügung:

- Unterstützung für Internationalisierung (i18n).

■ Einfacher Zugang zu System-Ressourcen, z. B. Dateien und URLs.

■ Propagieren von Events zu Beans, die sich hierfür angemeldet haben (eine Bean meldet sich an, indem sie die `ApplicationListener`-Schnittstelle implementiert). Wir können eigene Events implementieren und mit der `ApplicationContext`-Methode `publishEvent` an allen angemeldeten Beans publizieren.

■ Definition von mehreren Contexts, was eine Trennung der Konfigurationdateien zwischen verschiedenen Schichten der Anwendung erlaubt.

Für detaillierte Informationen über diese Features verweisen wir auf die Spring-Referenzdokumentation.

Lazy-Initialisierung der Beans

Wenn wir einen `ApplicationContext` benutzen, werden standardmäßig unsere Spring-Beans bei der Erzeugung des Contexts initialisiert (im Gegensatz zur `BeanFactory`, wo die Beans `lazy` geladen werden).

Normalerweise ist dieses Merkmal vorteilhaft, da Fehler in der Bean-Konfiguration sofort gemeldet werden, nicht nur beim ersten Zugriff auf die betroffene Bean. Nichtsdestotrotz können wir das Verhalten mit dem *<beans>*-Attribut *default-lazy-init* steuern. Im folgenden Beispiel schalten wir in Zeile 5 die `lazy`-Initialisierung für alle Beans ein. Wir können diese Vorgabe pro Bean mit dem *<bean>*-Attribut *lazy-init* ändern (vgl. Zeile 6).

```
1  <beans xmlns="http://www.springframework.org/schema/beans"
2     xmlns:xsi="http://www.w3.org/2001/XMLSchema-instance"
3     xsi:schemaLocation="http://www.springframework.org/schema/beans
         http://www.springframework.org/schema/beans/spring-beans-2.0.xsd"
4     default-autowire="byType"
5     default-lazy-init="true" >
6       <bean id="bean1" lazy-init="false" class="..." />
```

Automatische Initialisierung bestimmter Bean-Arten

Ein weiterer `ApplicationContext`-Vorteil ist die automatische Initialisierung von bestimmten Arten von Beans. (Wenn eine `BeanFactory` benutzt wird, müssen diese Beans „von Hand" initialisiert werden.)

Die betroffenen Bean-Arten sind `BeanFactoryPostProcessor`, `BeanPostProcessor` und `ApplicationListener`. Diese Beans übernehmen spezielle Aufgaben und besitzen damit einen Sonderstatus. Im nächsten Abschnitt sehen wir uns die Funktionen und Aufgaben dieser Beans bzw. ihrer konkreten Implementierungen an. Allein dieses `ApplicationContext`-Feature ist normalerweise ausreichend, um ein `ApplicationContext` einem `BeanFactory` vorzuziehen.

6.5 Individualisieren des Containers

Es ist natürlich möglich, dass der Wunsch nach neuen Initialisierungs- oder Konfigurationsmöglichkeiten des Spring-IoC-Containers aufkommt. Aber in diesem Fall ist es normalerweise nicht notwendig, eine neue Implementierung der `Bean-Factory`- bzw. `ApplicationContext`-Schnittstellen vorzunehmen. Die hierfür notwendigen Erweiterungsmöglichkeiten sind schon von Spring zur Verfügung gestellt:

■ Die *Definition* für eine Bean kann angepasst werden, bevor der Container die Bean erzeugt (vgl. Abschnitt 6.5.1).

■ Eine *Bean* kann angepasst werden, nachdem sie vom Container erzeugt wurde (vgl. Abschnitt 6.5.2).

■ Aufwändiger Initialisierungs-Code kann in einer Bean implementiert und diese dem IoC-Container als Bean-Fabrik bekannt gemacht werden.

Eine Bean, die die `FactoryBean`[12]-Schnittstelle implementiert, wird selbst zu einer Bean-Fabrik. Sie kann den IoC-Container erweitern, um eine Funktionalität abzubilden, die vielleicht einfacher in Java zu implementieren als in XML zu definieren ist.

Das Konzept der `FactoryBean` kommt überall im Spring-Framework vor, z. B. die Klassen `RmiProxyFactoryBean` und `SimpleRemoteStateless-SessionProxyFactoryBean`, die wir in Kapitel 10 kennenlernen werden.

6.5.1 Veränderung von Bean-Definitionen

Die erste Möglichkeit, den IoC-Container zu erweitern, ist die Veränderung einer Bean-Definition, bevor die Bean geladen wird. Im Gegensatz zu den vorherigen Abschnitten geht es hier nicht um eine Änderung der Bean-Instanz selbst, sondern um ihre Definition (die Metadaten, die üblicherweise in der XML-Konfigurationsdatei gehalten werden).

Die Schnittstelle, die Spring hierfür anbietet, heißt `BeanFactoryPostProcessor`[13]. Sie enthält lediglich die Methode `postProcessBeanFactory`.

Spring liefert bereits verschiedene Implementierungen von `BeanFactoryPostProcessor` mit. Wir sehen uns nun die allgemeine Benutzung anhand der Klasse `PropertyPlaceholderConfigurer` an. Diese Klasse ist sehr nützlich, wenn wir Konfigurationswerte für eine Spring-Bean abhängig von der Umgebung setzen wollen. Statt die Werte fest in der Spring-Konfigurationsdatei zu kodieren, können sie in einer separaten Datei ausgelagert und mit dem `BeanFactory-PostProcessor` in die Spring-Bean-Definition gesetzt werden.

---

[12] *org.springframework.beans.factory*
[13] *org.springframework.beans.factory.config*

Für unser Beispiel schreiben wir eine einfache Bean mit einer Property, deren Wert wir von Spring injizieren lassen wollen:

```
public class OrderSerivce {
    private String serviceName;

    public String getServiceName() {
        return a;
    }

    public void setServiceName(String name) {
        this.serviceName = name;
    }
}
```

Den Wert für die Property *serviceName* setzen wir nicht direkt in der Spring-Konfigurationsdatei. Stattdessen wird eine Referenz auf den Wert eingetragen:

```
<bean id="pizzaService"
    class="de.hanser.buch.opiz.service.OrderService">
    <property name="serviceName" value="${pizzaService.name}" />
</bean>
```

Diesen Wert möchten wir aus einer Properties-Datei *pizzaService.properties* lesen, die nur die nachfolgende Zeile enthält:

```
pizzaService.name=Luigis Pizza Service
```

Zuerst betrachten wir wieder den manuellen Weg, der notwendig ist, wenn wir mit einem `BeanFactory` arbeiten.

```
1  XmlBeanFactory factory = new XmlBeanFactory(new
       ClassPathResource("applicationContext.xml"));
2
3  PropertyPlaceholderConfigurer cfg = new PropertyPlaceholderConfigurer();
4  cfg.setLocation(new ClassPathResource("pizzaService.properties"));
5
6  // ersetze die Werte
7  cfg.postProcessBeanFactory(factory);
8
9  // hole Bean und gebe Wert aus
10 OrderService pizzaService = (OrderService )
       factory.getBean("pizzaService");
11 System.out.println("Wert ist: " + pizzaService.getServiceName());
```

Nach dem Laden der `BeanFactory` wird in den Zeilen 3–4 ein `Property-PlaceholderConfigurer`-Objekt angelegt und mit der Properties-Datei *pizzaService.properties* konfiguriert. Zeile 7 enthält dann den Befehl, die bestehende `BeanFactory` nachzubearbeiten. In diesem Fall sucht der `PropertyPlaceholderConfigurer` gezielt nach Strings der Art *${xxx}*, die dann mit den Werten aus der angegebenen Properties-Datei ersetzt werden.

Benutzung mit einem Application-Context

Wie bereits angedeutet, ist die Benutzung der Post-Processor-Beans mit dem `ApplicationContext` viel einfacher. Hier werden Beans vom Typ `BeanFactoryPostProcessor` automatisch erkannt und verarbeitet.

Wir fügen also den `PropertyPlaceholderConfigurer` als Bean der Konfigurationsdatei hinzu:

```
<bean class="org.springframework.beans.
    factory.config.PropertyPlaceholderConfigurer">
  <property name="location" value="test.properties"/>
  <property name="order" value="1" />
</bean>
```

Der Bean-Eintrag benötigt keine *name*-Property, da wir die Bean nie namentlich referenzieren. Die *order*-Property kann benutzt werden, um eine Reihenfolge zu schaffen, falls es mehrere Post-Processor-Beans im Context gibt (in diesem Beispiel ist es überflüssig).

Ab der Version 2.5 wurde der Context-Namespace eingeführt, der uns eine vereinfachte Form für die Definition der `PropertyPlaceholderConfigurer`-Klasse anbietet:

```
<context:property-placeholder location="test.properties"/>
```

Im Java-Code müssen wir nichts Zusätzliches bedenken. Bei der Schaffung der `ApplicationContext`-Instanz wird der Post-Processor automatisch angewendet.

```
ApplicationContext appCtx = new
    ClassPathXmlApplicationContext("beans.xml");


// hole Bean und gebe Wert aus
Bean2 bean2 = (Bean2) appCtx.getBean("bean2");
System.out.println("Wert ist: " + bean2.getA());
```

6.5.2 Nachbearbeitung von Beans

Mithilfe der `BeanPostProcessor`[14]-Schnittstelle kann der Entwickler veranlassen, dass Beans noch einmal überarbeitet werden, nachdem sie ins Leben gerufen wurden. Die Schnittstelle verfügt über die zwei Methoden `postProcess-BeforeInitialization` und `postProcessAfterInitialization`, um die Beans vor und nach deren möglichen Initialisierung-Callback-Methoden, die bereits in Kapitel 6.3.4 besprochen wurden, zu modifizieren.

Diese beiden Methoden bekommen jeweils das Bean-Objekt und dessen Namen übergeben und geben jeweils ein Objekt als Rückgabewert zurück. Dabei kann es sich um die veränderte Bean oder ein völlig anderes Objekt handeln. Diese Möglichkeit Beans zu überarbeiten ist auch die Grundlage für Spring AOP, das wir im Kapitel 8 untersuchen.

Das folgende Beispiel zeigt eine einfache Bean, die die `BeanPostProcessor`-Schnittstelle implementiert. Die Bean zählt alle Objektinstanzen, die angelegt werden, und ruft `toString` auf. Der Zähler wird erhöht, nachdem eine neue Bean instanziiert wurde. In diesem Beispiel möchten wir die Bean vor der Initialisierung nicht ändern. Daher macht die Methode `postProcessBeforeInit-`

---

[14] *org.springframework.beans.factory.config*

ialization nichts weiter als die von Spring übergebene Bean wieder zurück-zugeben.

```
public class ObjectInstanceCounter implements BeanPostProcessor {
    private int counter;
    public int getCounter() {
        return counter;
    }

    public Object postProcessBeforeInitialization(
            Object bean, String beanName) throws BeansException {
        return bean;
    }

    public Object postProcessAfterInitialization(
            Object bean, String beanName) throws BeansException {
        counter++;
        System.out.println("Instanziiert " + bean.toString());
        return bean;
    }
}
```

Anbindung an den Container

Damit unser `BeanPostProcessor` seine Arbeit auch aufnimmt und nicht nur gemütlich rumlungert, muss dieser dem IoC-Container bekannt gemacht werden.

```
<bean name="instanceCounter"
      class="de.hanser.buch.opiz.domain.ObjectInstanceCounter" />
<bean id="orderService" class="de.opiz.service.OrderServiceImpl" />
<bean id="pizzaDAO" class="de.opiz.dao.PizzaDAOImpl" />
```

Dies reicht aber nicht aus, wenn wir lediglich eine `BeanFactory` benutzen. In diesem Fall ist es notwendig, alle `BeanPostProcessor`-Objekte programmatisch anzumelden. Dieses geschieht mit der Methode `addBeanPostProcessor` aus der Schnittstelle `ConfigurableBeanFactory`.

```
1   Resource inputStream = new ClassPathResource("beans.xml");
2   ConfigurableBeanFactory factory = new XmlBeanFactory(inputStream);
3
4   ObjectInstanceCounter postProcessor = new ObjectInstanceCounter();
5
6   factory.getBean("pizzaDAO");
7
8   factory.addBeanPostProcessor(postProcessor);
9
10  factory.getBean("OrderService");
11
12  System.out.println("Beans geladen: " + postProcessor.getCounter());
```

Wir laden die `BeanFactory` in Zeile 2. In den Zeilen 6 und 10 fragen wir Beans von der Factory ab. Allerdings registrieren wir unser `BeanPostProcessor`-Objekt erst in Zeile 8. Die Auswirkung hiervon ist, dass das Programm Folgendes auf der Konsole ausgibt:

```
Instanziiert de.opiz.service.OrderServiceImpl@bfc8e0
Beans geladen: 1
```

Das `BeanPostProcessor`-Objekt meldet nur *eine* Bean als geladen, da es nur für den zweiten Aufruf von `getBean` aktiv war.

Benutzung mit einem Application-Context

Wenn wir den Spring-IoC-Container mit einem `ApplicationContext` statt einem `BeanFactory` initialisieren, werden u. a. alle `BeanPostProcessor`-Objekte automatisch erkannt und angewandt. In diesem Fall reicht es aus, einfach die Bean in die Spring-Konfigurationsdatei aufzunehmen. Wir brauchen also keinen besonderen Code, um unser `BeanPostProcessor`-Objekt anzumelden:

```
ApplicationContext appCtx = new
    ClassPathXmlApplicationContext(applicationContext.xml);
ObjectInstanceCounter postProcessor = (ObjectInstanceCounter)
    appCtx.getBean("instanceCounter");

System.out.println("Beans geladen: " + postProcessor.getCounter());
```

Auf die Konsole kommt diesmal:

```
Instanziiert de.opiz.service.OrderService@1b383e9
Instanziiert de.opiz.dao.PizzaDAOImpl@12d3205
Beans geladen: 2
```

Wir sehen also, dass der `BeanPostProcessor` automatisch vom `ApplicationContext` herangezogen wurde. Zusätzlich wird an dieser Stelle noch ein Unterschied zwischen einer `BeanFactory` und einem `ApplicationContext` deutlich. Bei einem `ApplicationContext` werden die Beans per Default nicht als `lazy` geladen, sodass hier bereits beide Beans erzeugt worden sind.

Hoffentlich haben die Beispiele hier gezeigt, dass es normalerweise einfacher ist, einen `ApplicationContext` statt einer `BeanFactory` zu benutzen, wenn wir die Funktionalität einer `BeanPostProcessor`-Bean benutzen wollen.

6.5.3   Definition individueller Property-Editors

Bei der Definition innerhalb der *applicationContext.xml*-Konfiguration sind alle Property-Werte als einfache Zeichenketten vorhanden. Es ist nun die Aufgabe von Spring, beim Erzeugen eines `ApplicationContext` bzw. einer `BeanFactory` die passenden Objekte für alle Properties zu erzeugen. Dafür nutzt Spring die Technik der bekannten JavaBeans `PropertyEditors`. In den meisten Fällen reichen die bereits in Spring integrierten `PropertyEditors` vollkommen aus. So sind z.B. ein `PropertyEditor` für die Umwandlung eines Klassennamens in ein `Class`-Objekt oder ein `PropertyEditor` für die Umwandlung eines Datums in ein `Date`-Objekt bereits vorhanden. Sollten wir allerdings innerhalb unserer Anwendung eigene, z.B. komplexe fachliche Daten-Typen besitzen, müssen wir Spring ein wenig unterstützen und einen eigenen `PropertyEditor` zur Verfügung stellen.

Stellen wir uns einfach mal vor, dass wir eine Klasse `Plz` designed haben, die neben einem einfachen String noch zusätzliche Validierungs-Methoden enthält.

```
public class Plz
{
  private String plz;
  public Plz(String plz)
  {
    this.plz = plz;
  }
  // verschiedene Validierungs-Methoden
}
```

Wenn wir nun unseren Pizza-Service neben einem Namen noch mit einer Adresse versehen wollen, dann möchten wir natürlich auf unsere Plz-Klasse zurückgreifen. Somit wird unser OrderService mit zusätzlichen Properties versehen, wobei der Ort lediglich ein normaler String ist.

```
public class OrderServiceImpl implements OrderService {
    // ...
    public void setOrt(String ort) {
        return this.ort = ort
    }
    public void setPlz(Plz plz) {
        return this.plz = plz
    }
    // ...
}
```

Die folgende Konfiguration würde beim Starten der Anwendung zu einem Fehler führen, da Spring keine Vorstellung hat, wie aus der Zahl 22457 ein Plz-Objekt erstellt werden kann.

```
<bean id="pizzaService"
    class="de.hanser.buch.opiz.service.OrderService">
    <property name="serviceName" value="${pizzaService.name}" />
    <property name="ort" value="Hamburg" />
    <property name="plz" value="22457" />
</bean>
```

Damit dieses so funktioniert, muss ein PropertyEditor für dieses Szenario von uns erstellt werden. Dieses ist wirklich sehr einfach und stellt keine große Hürde dar.

```
public class PlzTypeEditor extends PropertyEditorSupport {
    public void setAsText(String text) {
        Plz plz = new Plz(text);
        setValue(type);
    }
}
```

Bei der Implementierung müssen wir lediglich die Aufgabe übernehmen, innerhalb der Methode `setAsText(String text)` den Input-Text in das gewünschte Objekt zu transformieren und dann die Methode `setValue(Object type)` aufzurufen. Wenn wir nun unseren eigenen `PropertyEditor` noch bei Spring registrieren, steht einem erfolgreichen Start der Anwendung nichts mehr im Wege.

```
<bean
    class="org.springframework.beans.factory.config.CustomEditorConfigurer">
  <property name="customEditors">
    <map>
      <entry key="de.hanser.buch.opiz.Plz">
        <bean class="de.hanser.buch.opiz.PlzTypeEditor"/>
      </entry>
    </map>
  </property>
</bean>
```

Kapitel 7

Die Datenzugriffsschicht

In den Kapiteln 4 und 5 wurde Hibernate *ohne* die Benutzung von Spring beschrieben. In diesem Kapitel wollen wir jetzt untersuchen, wie unsere Hibernate-Kenntnisse in eine Spring-basierte Anwendung integriert werden können.

Aus architektonischer Sicht befinden sich die Klassen, die mit dem Datenbankzugriff zu tun haben, normalerweise in ihrer eigenen Schicht – der sogenannten Datenzugriffsschicht oder DAO[1]-Schicht. Dieses Vorgehen bietet verschiedene Vorteile (vgl. auch Abschnitt 3.2.2), zum Beispiel:

- Die Datenbankzugriffe der Anwendung finden nur über Klassen aus einer wohl definierten Schicht statt. Dies vereinfacht die Fehlersuche und das Refactoring sowie einen möglichen Austausch des darunterliegenden Datenbankzugriffsmechanismus bzw. O/R-Mappers.

- Die Testbarkeit der Anwendung wird erhöht. Tests oberhalb der DAO-Schicht können ohne Datenbank ausgeführt werden, da wir die gesamte DAO-Schicht mit Mock-Objekten ersetzen können. (Testen mit Mock-Objekten ist ein Thema, mit dem wir uns im Kapitel 8.3.1 beschäftigen.)

Dieses Kapitel gliedert sich wie folgt:

- In Abschnitt 7.1 sehen wir uns die konkreten Vorteile an, die wir von der Benutzung des Spring-Frameworks zusammen mit Hibernate erwarten können.

- Der nächste Abschnitt zeigt, wie wir eine Hibernate-`SessionFactory` in einer Spring-XML-Datei konfigurieren (Abschnitt 7.2).

- Nach dieser eher theoretischen Diskussion gehen wir zur Praxis über. Wir implementieren unser erstes DAO, das verschiedene lesende Zugriffe auf der Datenbank durchführt, und sehen, wie es als Spring-Bean konfiguriert wird. Schließlich schreiben wir JUnit-Tests für unser DAO mit Unterstützung des Spring-Test-Frameworks (Abschnitte 7.3–7.4).

---

[1] Ein *Data-Access-Object*, zu Deutsch Datenzugriffsobjekt, kapselt den Zugriff auf die Datenbank.

■ Wir untersuchen die weiteren Features der Hibernate Query Language und andere Hibernate-Zugriffsmöglichkeiten aus Spring heraus in den Abschnitten 7.5 und 7.6.

■ Wir betrachten dann die Hibernate-`Criteria`-API, welche uns erlaubt, dynamische Abfragen zu erzeugen. Dazu werden Aggregat-Funktionen und „Query-By-Example" untersucht (Abschnitt 7.7).

■ Nach diesem ausführlichen Exkurs in die Welt der *read-only* DAOs zeigen wir im Abschnitt 7.8 die Implementierung von DAO-Methoden, die den Datenbank-Inhalt ändern.

■ Zu guter Letzt schauen wir uns die Benutzung von Stored Procedures in einer Hibernate- und Spring-Umgebung an (Abschnitt 7.9.2).

> **Begleitquelltext**
> Der Source-Code zu den Klassen ist im Eclipse-Projekt *opiz* enthalten.

7.1 Vorteile von Spring im Kontext eines O/R-Mappers

Warum sollten wir Hibernate zusammen mit Spring einsetzen? Hibernate lässt sich, wie seine Entwickler oft betonen, gut ohne Spring benutzen.

Nachfolgend listen wir verschiedene Vorteile einer *Hibernate-mit-Spring*-Umgebung auf:

■ Die Konfiguration und das allgemeine Ressourcen-Management kann zentral und einheitlich in Spring erfolgen. Falls wir verschiedene Datenzugriffstechniken einsetzen (z. B. Hibernate und JDBC), wird deren Konfiguration vereinfacht, da wir nicht mehr verschiedene Dateien pflegen müssen.

Spring bringt in diesem Bereich weitere Vorteile mit sich, z. B. beim Hibernate Session-Management, die wir später betrachten.

■ Durch die Abstraktionen, die Spring anbietet, wird es einfacher, die Art der Implementierung des Datenzugriffs auszutauschen oder verschiedene Techniken miteinander zu kombinieren; z. B. konvertiert Spring technologiespezifische Exceptions, die vom O/R-Mapper oder JDBC-Treiber stammen, in Exceptions aus der eigenen Exceptionhierarchie. Dies reduziert die Abhängigkeit von einem bestimmten O/R-Mapper, da die DAO-Schicht nur Spring-Exceptions vom Typ `DataAccessException` weitergibt und eben nicht Hibernate- oder SQL-Exceptions. Natürlich erhöht sich dadurch die Abhängigkeit vom Spring-Framework, aber diesen Punkt sehen wir als weniger kritisch an.

Obwohl es relativ unwahrscheinlich ist, dass man einen O/R-Mapper komplett durch einen anderen austauschen möchte, kann es trotzdem sinnvoll bzw. notwendig sein, verschiedene DB-Zugriffsmöglichkeiten miteinander zu kombinieren. Zum Beispiel kann es schwierig sein, Legacy-Datenbankschemata vernünftig mit Hibernate zu mappen – in diesem Fall könnte man iBATIS[2] für diese Tabellen benutzen. Ein solches Szenario ist einfach in Spring zu konfigurieren. Dank der einheitlichen Exceptionshierarchie ist es für den Rest der Anwendung transparent.

Als weiterer Vorteil der Exceptionskonvertierung werden *checked*- in *unchecked*-Exceptions gewandelt, was die Anzahl der *try...catch*-Blöcke, die der Entwickler schreiben muss, erheblich reduziert. Allerdings ist dieser Vorteil mit der Zeit kleiner geworden, da Hibernate in der Version 3 bereits *unchecked*-Exceptions benutzt.

■ Spring bietet eine bequeme Basisklasse für DAOs, die den Entwickler entlastet. (Wir werden DAOs mit und ohne diese Basisklasse im weiteren Verlauf des Kapitels kennenlernen.)

7.2   Hibernate-Konfiguration mit Spring

In Abschnitt 4.3.2 haben wir gesehen, wie wir die `SessionFactory` von Hibernate mit der Datei *hibernate.cfg.xml* konfigurieren. Passender zur Spring-Vorgehensweise ist es, diese Konfiguration direkt in der `ApplicationContext` vorzunehmen. Dazu müssen wir die JDBC-`DataSource` und die Hibernate-`SessionFactory` als Spring-Beans definieren.

7.2.1   Definition der JDBC-DataSource

Es gibt verschiedene JDBC-`DataSource`-Implementationen, die wir benutzen können. Im folgenden Ausschnitt aus unserer Spring-Konfigurationsdatei verwenden wir den `ComboPooledDataSource` aus dem *C3P0*-Paket[3] für die *data-Source*-Bean. Die Bean benötigt die üblichen JDBC-Verbindungsdaten wie *driver-Class*, *jdbcUrl*, *user* und *password*.

```
<bean id="dataSource" class="com.mchange.v2.c3p0.ComboPooledDataSource"
    destroy-method="close">
    <property name="driverClass" value="org.hsqldb.jdbcDriver"/>
    <property name="jdbcUrl" value="jdbc:hsqldb:mem:pizza"/>
    <property name="user" value="sa"/>
    <property name="password" value=""/>
</bean>
```

Um Unterschiede in Entwicklungs-, Test- und Produktionsumgebungen zu verwalten, tragen wir normalerweise die Datenbankzugriffsparameter aber nicht wie hier in der Spring-Konfiguration fest ein, sondern lagern sie in eine Properties-Datei aus. Diese Datei können wir am einfachsten mit einer Bean vom Typ `PropertyPlaceholderConfigurer` referenzieren und einlesen. Wie diese Klasse genau funktioniert, wurde in Abschnitt 6.5.1 erklärt. Die neue Konfiguration sieht dann wie folgt aus:

---

[2] Ein Data-Mapper Framework, siehe http://ibatis.apache.org
[3] http://www.mchange.com/projects/c3p0/index.html

```
1  <bean id="dataSource" class="com.mchange.v2.c3p0.ComboPooledDataSource"
       destroy-method="close">
2      <property name="driverClass" value="${db.driverClass}"/>
3      <property name="jdbcUrl" value="${db.jdbcUrl}"/>
4      <property name="user" value="${db.user}"/>
5      <property name="password" value="${db.password}"/>
6  </bean>
7
8  <bean class="org.springframework.
       beans.factory.config.PropertyPlaceholderConfigurer">
9      <property name="location" value="classpath:jdbc.properties"/>
10 </bean>
```

Die Property-Werte für die *dataSource*-Bean werden jetzt im Format ${...} angegeben.

Die Zeilen 8–10 spezifizieren, dass die `PropertyPlaceholderConfigurer`-Bean die Properties-Datei *jdbc.properties* aus dem Klassenpfad einlesen soll. Dies ist eine normale Properties-Datei mit dem folgenden Inhalt:

```
db.driverClass=org.hsqldb.jdbcDriver
db.jdbcUrl=jdbc:hsqldb:mem:pizza
db.user=sa
db.password=
```

7.2.2 Definition der Hibernate-SessionFactory

Als Nächstes definieren wir die Spring-Bean für die Hibernate-`Session-Factory`. Die Hibernate-Properties definieren wir in der Spring-Bean.

Da wir Hibernate-Annotations benutzen, definieren wir die *sessionFactory*-Bean als ein Objekt vom Typ `AnnotationSessionFactoryBean`[4]. Ohne Annotations könnten wir die Klasse `LocalSessionFactoryBean`[5] nehmen.

Wir geben die gemappten Klassen im Property *annotatedClasses* als eine Liste an.

```
1  <bean id="sessionFactory" class="org.springframework.
       orm.hibernate3.annotation.AnnotationSessionFactoryBean">
2      <property name="annotatedClasses">
3          <list>
4              <value>de.hanser.buch.opiz.domain.Order</value>
5              <value>de.hanser.buch.opiz.domain.Pizza</value>
6              <value>de.hanser.buch.opiz.domain.Topping</value>
7              <value>de.hanser.buch.opiz.domain.Customer</value>
8          </list>
9      </property>
```

Das *dataSource*-Property referenziert eine Spring-Bean vom Typ `DataSource`. In diesem Fall ist das die im letzten Abschnitt vorgestellte *dataSource*-Bean.

```
10         <property name="dataSource" ref="dataSource"/>
```

---

[4] *org.springframework.orm.hibernate3.annotation*
[5] *org.springframework.orm.hibernate3*

Das Property *hibernateProperties* spezifiziert weitere Hibernate-Properties. Die Angaben hier sind identisch mit den Properties, die wir aus der *hibernate.cfg.xml* kennen.

```
11        <property name="hibernateProperties">
12          <props>
13            <prop key="hibernate.dialect">
                 org.hibernate.dialect.HSQLDialect</prop>
14            <prop key="hibernate.hbm2ddl.auto">create</prop>
15            <prop key="hibernate.jdbc.batch_size">0</prop>
16            <prop key="hibernate.show_sql">true</prop>
17            <prop key="hibernate.format_sql">true</prop>
18          </props>
19        </property>
20    </bean>
```

Die bisher definierten Beans werden graphisch in Abbildung 7.1 dargestellt.

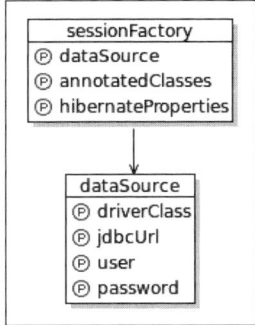

Abbildung 7.1: Die sessionFactory- und dataSource-Beans

Benutzung der *hibernate.cfg.xml*-Datei

Falls wir weiterhin die *hibernate.cfg.xml* benutzen möchten, können wir die Spring-Bean mit der *configLocation*-Property konfigurieren. Zum Beispiel:

```
<property name="configLocation">
    classpath:hibernate.cfg.xml
</property>
```

Diese Konfigurationsmöglichkeit eignet sich als Übergangslösung, hat aber den Nachteil, dass wir jetzt zwei verschiedene Konfigurationsdateien (Spring und Hibernate) pflegen müssen. Wir bevorzugen die vollständige Konfiguration der Hibernate-`SessionFactory` in der Spring-Contextdatei.

> *Achtung!*
> Spring unterstützt sowohl Hibernate 2 als auch Hibernate 3.
> Da die Klassennamen zwischen den beiden Implementierungen identisch sind, ist es wichtig sicherzustellen, dass Klassen aus der Package-Hierarchie *org.springframework.orm.hibernate3* benutzt werden.

7.3   Abfragen mit einem Data-Access-Objekt

In den folgenden Abschnitten entwickeln wir eine einfache DAO-Klasse und binden sie in die Spring-Welt ein. Als Basis für unsere DAO-Klasse benutzen wir die `ToppingDao`-Schnittstelle:

```
public interface ToppingDao {
    List<Topping> getToppingByName(String name);

    Topping getTopping(Integer id);
}
```

Die `getToppingbyName`-Methode liest alle Beläge aus der Datenbank, deren Name den angegebenen String enthält. Die Methode `getTopping` liest einen Belag mit dem angegebenen Primärschlüssel aus der Datenbank.

Die Implementierung dieser Schnittstelle nehmen wir in der Klasse `Hibernate-ToppingDaoImpl` vor.

7.3.1   Objekte mit dem Primärschlüssel laden

In einer reinen Hibernate-Umgebung laden wir ein gemapptes Objekt anhand seines Primärschlüssels aus der Datenbank, indem wir auf der aktuellen Hibernate-`Session` die `get`- bzw. `load`-Methoden benutzen.

Mit Spring verwenden wir dafür die Klasse `HibernateTemplate`[6]. Diese Klasse ist der Haupteinstiegspunkt für Hibernate-Interaktionen in einer Spring-Anwendung und bietet folgenden Nutzen:

- Resource-Management. Eine Hibernate-`Session` wird automatisch für uns geöffnet, wenn noch keine offen ist, und nach ihrer Benutzung wieder geschlossen, ohne dass wir uns als Entwickler darum kümmern müssen. Entsprechendes gilt auch für Transaktionen.

- Verschiedene Convenience-Methoden rund um die Hibernate-`Session`-API. Wir gehen detaillierter auf die Finder-Methoden dieser Klasse im Abschnitt 7.6.1 ein.

- Konvertierung von Exceptions. Exceptions vom Typ `HibernateException` werden in unchecked `DataAccessExceptions` umgewandelt.

Die Basisklasse `HibernateDaoSupport`

Die Implementierung unseres DAOs wird durch den Einsatz der Spring-Klasse `HibernateDaoSupport`[7] erleichtert. Sie bietet ein Grundgerüst für Hibernate-Interaktionen in Spring. Dies ist nicht die einzige von Spring angebotene Möglichkeit, mit Hibernate zu kommunizieren. Wir werden später auf andere treffen, aber für unsere jetzigen Bedürfnisse reicht sie auf jeden Fall.

---

[6] *org.springframework.orm.hibernate3*
[7] *org.springframework.orm.hibernate3.support*

Diese Basisklasse bekommt eine Hibernate-`SessionFactory` injiziert und bietet über die Methode `getHibernateTemplate` einen einfachen Zugriff auf das `HibernateTemplate`. Wenn unsere DAOs diese Klasse als Basisklasse benutzen, sparen wir uns das Schreiben der `setter`-Methode für das `SessionFactory`-Objekt.

Implementierung

Die `getTopping`-Methode bekommt lediglich den Primärschlüssel der Tabelle `Topping` übergeben. Sie ruft die `HibernateTemplate`-Methode `get` auf, um das Belag-Objekt mit dem angegebenen Primärschlüssel `id` aus der Datenbank zu lesen. Hinter den Kulissen delegiert `get` auf die `get`-Methode der aktuellen Hibernate-`Session`.

```
public class HibernateToppingDaoImpl extends HibernateDaoSupport
    implements ToppingDao {

    public Topping getTopping(Integer id) {
        return (Topping) getHibernateTemplate().get(Topping.class, id);
    }
}
```

Im Abschnitt 4.3.10 haben wir das *try...finally*-Code-Muster gesehen, das wir in einer Hibernate-Umgebung schreiben müssen, um zuverlässig die Hibernate-`Session` zu schließen. Wie wir im obigen Listing schön beobachten können, ist das Wegfallen dieses fehleranfälligen Musters eines der nützlichsten Features der `HibernateTemplate`. Die Klasse kümmert sich automatisch um das Öffnen und Schließen einer `Session`.

7.3.2 Konfiguration der DAO-Klasse als Spring-Bean

Die `HibernateDaoSupport`-Klasse, und dadurch unsere Sub-Klasse `HibernateToppingDaoImpl`, hat ein *sessionFactory*-Property, das wir in der Spring-Konfigurationsdatei angeben müssen. Zu diesem Zweck referenzieren wir unsere *sessionFactory*-Bean, die wir im Abschnitt 7.2.2 konfiguriert haben:

```
<bean id="toppingDao"
    class="de.hanser.buch.opiz.dao.HibernateToppingDaoImpl">
    <property name="sessionFactory" ref="sessionFactory"/>
</bean>
```

Graphisch sieht das wie in Abbildung 7.2 auf der nächsten Seite aus.

7.3.3 Eine DAO-Finder-Methode

Wir entwickeln unsere zweite DAO-Methode, `getToppingByName`, nach einem ähnlichen Muster. Diesmal implementieren wir eine sogenannte `Finder`-Methode, die mehrere Belag-Objekte aus der Datenbank liest (d. h. der Primärschlüssel wird nicht verwendet). Dazu setzen wir eine einfache HQL[8]-Abfrage

---

[8] Die *Hibernate Query Language* wurde schon im Kapitel 4, insbesondere im Abschnitt 4.3.7, eingeführt.

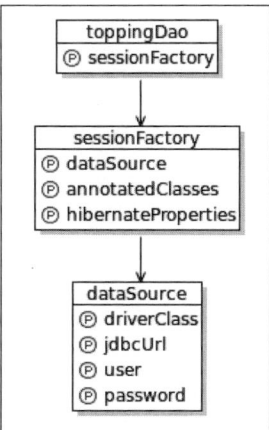

Abbildung 7.2: Die toppingDao-Bean und Abhängigkeiten

an die Datenbank ab, die alle Beläge aus der Datenbank liest, deren Name den gewünschten String enthält.

Um eine HQL-Abfrage in Hibernate zu spezifizieren und auszuführen, benutzen wir die `Query`[9]-Schnittstelle. Ein `Query`-Objekt wird über die aktuelle `Session` erzeugt, und mit der Methode `list` wird die Abfrage in der Datenbank ausgeführt.

```
Query query = currentSession.createQuery("from Pizza");
List list = query.list();
```

In der Spring-Welt wird auch diese API durch die `HibernateTemplate`-Klasse gekapselt, zum Beispiel durch eine der `find`-Methoden, die uns zur Verfügung gestellt werden. Die `getTopping`-Methode sieht wie folgt aus:

```
@SuppressWarnings("unchecked")
public List<Topping> getToppingByName(String name) {
    return (List<Topping>) getHibernateTemplate().find(
        "from Topping where name like '%" + name + "%'");
}
```

Bei der Ausführung dieser Methode wird letztendlich die SQL-Abfrage

```
select * from Topping where name like '%name%'
```

in der Datenbank ausgeführt. Das als eine untyped Liste zurückgegebene Ergebnis wird auf einem Collection-`List<Topping>` gecastet.[10]

Im Abschnitt 7.6.1 schauen wir weitere `find`-Methoden der `HibernateTemplate`-Klasse an, die analog zu JDBC die Möglichkeit anbieten, mit Named-Parameters zu arbeiten.

Unser Spring-unterstütztes DAO unterscheidet sich nur unwesentlich von einer reinen Hibernate-Implementierung. Gerade deswegen haben wir aber gesehen,

---

[9] *org.hibernate.Query*
[10] Daher die Benutzung der Method-Annotation *@SuppressWarnings("unchecked")*, um die Compiler-Warnung zu unterdrücken.

dass es sehr einfach ist, die beiden Welten Spring und Hibernate zusammen-zuführen. Die Hauptvorteile der Benutzung des Spring-Frameworks werden wir eigentlich erst in Kapitel 8 sehen, wenn es um die AOP-Anreicherung (z. B. für Transaktionsverwaltung) der Spring-Beans geht. Ungeachtet dessen hat die Spring-Unterstützung für unsere O/R-Mapper noch Eigenes auf Lager, wie wir im Rest dieses Kapitels sehen werden.

7.4 Test der DAO-Klassen

Um das Verhalten der DAO-Schicht zu testen, insbesondere, ob unsere Hibernate-Mappings korrekt sind, schreiben wir Tests auf der Basis von JUnit. Wir betrach-ten die DAO-Klassen nicht für sich allein (reine Unit-Tests), sondern testen sie in Verbindung mit Hibernate und der Datenbank.

Unsere Test-Umgebung sollte mindestens die folgenden Features anbieten:

- Die Möglichkeit, die Datenbank in den benötigten Zustand zu bringen, bevor der Test startet.

- Falls die Methode, die getestet wird, die Datenbank ändert, muss es möglich sein, diese Änderungen zu überprüfen.

- Nach dem Test muss die Möglichkeit bestehen, alle Änderungen in der Da-tenbank rückgängig zu machen, damit sie für den nächsten Test wieder im Originalzustand ist.

Reine JUnit-Tests, die eine Klasse vereinzelt testen, lassen sich normalerweise oh-ne das Spring-Framework ausführen – unsere zu testenden Beans sind norma-le POJOs, deren Properties aus dem Test heraus ohne Probleme gesetzt werden können.

Die Tests für eine DAO-Klasse benötigen aber mehr Initialisierung. In diesem Fall müssen wir eine `DataSource` bereitstellen und Hibernate konfigurieren.

Glücklicherweise bietet das Spring-Framework von Haus aus hilfreiche Basisklas-sen, die wir für unsere DAO-Tests benutzen können. Mit ihrer Hilfe können wir unsere Wünsche an die Test-Umgebung abdecken. Deswegen bietet es sich an, die DAO-Tests mithilfe der Spring-Test-Klassen durchzuführen.

Im nächsten Abschnitt beschreiben wir die Test-Klassen, die Spring zur Verfügung stellt, und schreiben danach auf deren Basis eine DAO-Test-Klasse.

7.4.1 Das Spring-Test-Framework

Die Hierarchie der Spring-Test-Klassen ist in Abbildung 7.3 auf der nächsten Seite gezeigt. Die Klassen liegen im Package *org.springframework.test* und sind in der Datei *spring-test.jar* enthalten.

Wie in der Abbildung gezeigt, bietet Spring eine große Test-Klassenhierarchie an. Da die Test-Klassen von der Klasse `TestCase` erben, ist die Benutzung von JUnit 4 zur Zeit ausgeschlossen.

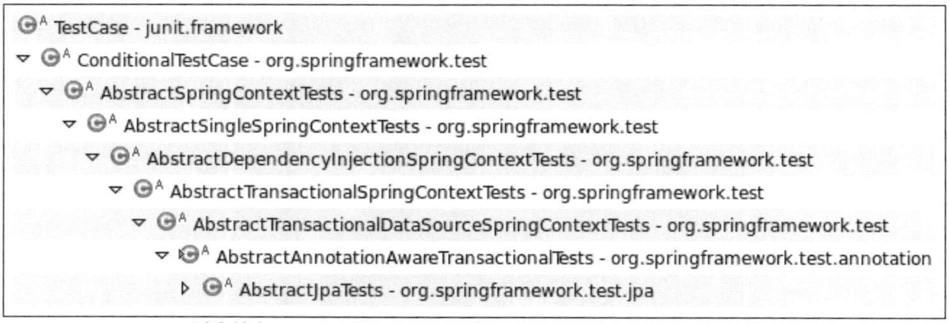

⊖ᴬ TestCase - junit.framework
▽ ⊖ᴬ ConditionalTestCase - org.springframework.test
 ▽ ⊖ᴬ AbstractSpringContextTests - org.springframework.test
  ▽ ⊖ᴬ AbstractSingleSpringContextTests - org.springframework.test
   ▽ ⊖ᴬ AbstractDependencyInjectionSpringContextTests - org.springframework.test
    ▽ ⊖ᴬ AbstractTransactionalSpringContextTests - org.springframework.test
     ▽ ⊖ᴬ AbstractTransactionalDataSourceSpringContextTests - org.springframework.test
      ▽ ⊖ᴬ AbstractAnnotationAwareTransactionalTests - org.springframework.test.annotation
       ▷ ⊖ᴬ AbstractJpaTests - org.springframework.test.jpa

Abbildung 7.3: Die Hierarchie der Spring-Test-Klassen

Spring-Tests, die keine Transaktionsumgebung brauchen, können auf die Klasse `AbstractDependencyInjectionSpringContextTests` aufsetzen. Wir werden allerdings `AbstractAnnotationAwareTransactionalTests` als Basisklasse für unsere Test-Klassen benutzen,[11] da sie unsere Anforderungen weitgehend erfüllt:

■ Jeder Test läuft automatisch in einer Transaktion ab, am Ende des Tests wird automatisch ein Rollback ausgeführt. Vom Test verursachte Datenbank-Änderungen werden verworfen.

  Hierfür ist es allerdings notwendig, einen Transaktions-Manager als Spring-Bean im `ApplicationContext` zu definieren, d. h. einen, der die `PlatformTransactionManager`-Schnittstelle implementiert.

  Wir betrachten Transaktionen in Spring erst in Kapitel 8. Für unsere Tests reicht die folgende Bean-Definition, um einen Transaktions-Manager im `ApplicationContext` einzutragen:

```
<bean id="transactionManager" class="org.springframework.orm.
    hibernate3.HibernateTransactionManager">
    <property name="sessionFactory" ref="sessionFactory"/>
</bean>
```

■ Jede Test-Methode bekommt automatisch die Möglichkeit, mittels eines `JdbcTemplate`[12]-Objekts JDBC-Abfragen direkt auf der Datenbank auszuführen. Dies ist, wie wir sehen werden, ein bequemes und nützliches Feature, das wir bei der Überprüfung unserer DAO-Methoden häufig einsetzen.

■ Das Test-Objekt wird automatisch mit seinen Bean-Abhängigkeiten aus der `ApplicationContext`-Instanz injiziert. Es profitiert von der Dependency-Injection, ohne dafür einen *<bean>*-Konfigurationseintrag zu benötigen.

  Über setter-Methoden in unserer Test-Klasse werden Objekte per *Autowire* aus dem `ApplicationContext` automatisch injiziert. Wie dies genau funktioniert, beschreibt Abschnitt 7.4.4.

---

[11] Umgebungen ohne Java 5 können auf die Klasse `AbstractTransactionalDataSourceSpringContextTests` zurückgreifen.
[12] *org.springframework.jdbc.core*

Darüber hinaus werden die verschiedenen in den Tests geladenen `App-licationContext`-Instanzen wiederverwendet, was einen deutlichen Performance-Gewinn bei der Test-Ausführung bringen kann. Im normalen Fall wird ein `ApplicationContext` für alle Tests in der gleichen Testklasse wiederverwendet. Dieses Verhalten lässt sich mit der Methode `setDirty` steuern, z. B. um ein Neuladen des `ApplicationContext` zu forcieren.

7.4.2 Test einer DAO-Abfrage-Methode

Jetzt wollen wir unsere `ToppingDao`-Methode `getToppingbyName` testen. Wir definieren dazu die Test-Klasse `HibernateToppingDaoImplTest`.

Unsere Test-Methode `testSelectByNameOneResult` ruft die DAO-Methode `getToppingbyName` mit dem Parameter „Tomato" auf, um alle Beläge, deren Name diesen String enthält, aus der Datenbank zu selektieren.

Danach prüfen wir, ob die zurückgelieferte Liste genau einen Datensatz enthält und ob der Name im gefundenen Datensatz dem gesuchten entspricht.

```
1  public class HibernateToppingDaoImplTest extends
      AbstractAnnotationAwareTransactionalTests {
2
3      private ToppingDao toppingDao;
4
5      public void testSelectByNameOneResult() {
6          List<Topping> list = toppingDao.getToppingbyName("Tomato");
7          assertEquals("Liste sollte genau einen Eintrag enthalten", 1,
              list.size());
8          assertEquals("Falscher Name", "Tomato sauce",
              list.get(0).getName());
9      }
```

Natürlich kann der Aufruf der DAO-Methode in Zeile 6 nicht funktionieren, wenn die Instanzvariable `toppingDao` nicht irgendwie gesetzt wurde. Wie kann dies geschehen? Die kurze Antwort darauf lautet, dass Spring diese Referenz injiziert, wenn eine setter-Methode mit dem Typ `ToppingDao` existiert. Wie genau die Test-Klasse eine Referenz auf eine Spring-Bean bekommt, erklärt Abschnitt 7.4.4.

```
10      public void setToppingDao(ToppingDao aToppingDao) {
11          this.toppingDao = aToppingDao;
12      }
```

Tabelle 7.1 auf der nächsten Seite zeigt die Methoden der Spring-Test-Klassenhierarchie, die von einer Test-Klasse sinnvollerweise überschrieben werden können. Wir betrachten nachfolgend die beiden wichtigsten Methoden der Spring-Basisklasse, nämlich `onSetUpInTransaction` und `getConfigLocations`.

onSetUpInTransaction

Die Methode `onSetUpInTransaction` wird beim Start des Tests von der Spring-Basisklasse aufgerufen. Hier können beliebige Initialisierungsschritte vorgenommen werden. Normalerweise wird die Methode überschrieben, um den Inhalt der Datenbank in den benötigten Zustand zu versetzen.

Tabelle 7.1: Methoden in der Spring Test-Klassenhierarchie

Methodenname	Beschreibung
getConfigLocations	Muss in der Test-Klasse implementiert werden, um dem Spring-Framework mitzuteilen, wo sich die Spring-Konfigurationsdateien befinden.
onSetUpBeforeTransaction onSetUpInTransaction	Erlaubt das Durchführen von Test-Setup-Operationen *bevor* bzw. *nach* dem Start einer Transaktion.
onTearDownAfterTransaction	Erlaubt Test-Cleanup nach der Transaktion bzw. das Durchführen von weiteren (invarianten) Tests.
onTearDownInTransaction	Erlaubt das Durchführen von Test-Cleanup im Context der Transaktion.

Dazu rufen wir die statische Methode `insertTopping` aus unserer Hilfsklasse `JDBCTestHelper`[13] auf, die anhand eines einfachen JDBC-Statements einen Datensatz in die Tabelle `topping` einfügt.

```
13      @Override
14      protected void onSetUpInTransaction() throws Exception {
15          JDBCTestHelper.insertTopping(jdbcTemplate, 1, "Tomato sauce",
                0.95);
16          ...
17      }
```

Für manche Tests ist es übrigens wichtig, dass Hibernate *nicht* benutzt wird, um die Datenbank zu befüllen. Andernfalls würden die Objekte der Hibernate-Session bekannt sein, was unsere Tests verfälschen könnte. Eine Alternative dazu wäre, Hibernate doch einzusetzen, um dann mit der `Session`-Methode `clear` die persistenten Objekte loszuwerden.

Da wir von der Spring-Test-Klasse `AbstractTransactionalDataSource-SpringContextTests` erben, wird am Ende des Tests automatisch ein Transaktion-Rollback ausgeführt, und unsere Datenbank-Änderungen werden verworfen. Dieses Verhalten kann mit der Methode `setComplete` für diesen Test bzw. mit der Methode `setDefaultRollback` für alle Tests angepasst werden.

getConfigLocations

Die `getConfigLocations`-Methode muss in unseren Test-Klassen implementiert werden. Sie liefert als String-Array die Pfade der Spring Konfigurationsdateien zurück, die Spring benutzen soll, um den `ApplicationContext` zu initialisieren.

In unserer Anwendung haben wir zwei Konfigurationsdateien *applicationContext.xml* und *databaseContext.xml*. Allerdings importieren wir in der *applicationCon-*

---
[13] Siehe Source-Download.

text.xml die Datei *databaseContext.xml*. Deswegen müssen wir nur die Hauptdatei in der Methode `getConfigLocations` angeben:

```
18      @Override
19      protected String[] getConfigLocations() {
20          return new String[] {"applicationContext.xml"};
21      }
22  }
```

Spring optimiert das Laden der `ApplicationContext`-Instanzen, sofern möglich. Sogar für getrennte Test-Klassen wird derselbe `ApplicationContext` verwendet, solange die Namen der Kontextdateien, die die jeweiligen `get-ConfigLocations`-Methoden liefern, gleich bleiben. Werden dagegen unterschiedliche Namen der Kontextdateien benutzt, dann werden auch unterschiedliche `ApplicationContext`-Instanzen angelegt, auch wenn der Inhalt gleich ist.

Unser erstes Beispiel `ApplicationContextTest1` zeigt das Verhalten, wenn `getConfigLocations` den gleichen Key für jeden Test zurückliefert.

```
public class ApplicationContextTest1 extends
    AbstractDependencyInjectionSpringContextTests {

  public void testEnvironment1() {
    System.out.println("Test 1: " +
      applicationContext.getDisplayName() + ", hashCode: "
        + applicationContext.hashCode());
  }

  public void testEnvironment2() {
    System.out.println("Test 2: " +
      applicationContext.getDisplayName() + ", hashCode: "
        + applicationContext.hashCode());
  }

  @Override
  protected String[] getConfigLocations() {
    return new String[] { "applicationContext.xml" };
  }
}
```

Wenn wir diese beiden Tests nacheinander ausführen, zeigt sich, dass keine neue `ApplicationContext`-Instanz angelegt wird. Die Testmethoden geben beide Male den gleichen Hash-Code aus:

```
Test 1:
    org.springframework.context.support.GenericApplicationContext@93dcd,
      hashCode: 605645
Test 2:
    org.springframework.context.support.GenericApplicationContext@93dcd,
      hashCode: 605645
```

Ändern wir jetzt in unserer zweiten Testklasse die Methode `getConfig-Locations`, um für einen Test ein anderes Ergebnis zu liefern, so legt Spring eine neue `ApplicationContext`-Instanz an. Wir kopieren beispielsweise die Datei *applicationContext.xml* in eine neue Datei *applicationContextCopy.xml* und ändern die Methode `getConfigLocations` in Klasse `ApplicationContextTest2`.

```
public class ApplicationContextTest2 extends
      AbstractDependencyInjectionSpringContextTests {

   public void testEnvironment1() { /* wie vorher */ }

   public void testEnvironment2() { /* wie vorher */ }

   @Override
   protected String[] getConfigLocations() {
      if (getName().equals("testEnvironment2")) {
         return new String[] { "applicationContextCopy.xml" };
      } else {
         return new String[] { "applicationContext.xml" };
      }
   }
}
```

Das heißt: Die verwendeten Bean-Definitionen sind beim ersten und zweiten Test gleich, aber für Spring weichen die Konfigurationen voneinander ab. Nun starten wir einen erneuten Testlauf:

```
Test 1:
    org.springframework.context.support.GenericApplicationContext@93dcd,
      hashCode: 605645
Test 2:
    org.springframework.context.support.GenericApplicationContext@83d37a,
      hashCode: 8639354
```

Wir sehen, dass die Tests zwei verschiedene Anwendungskontexte verwenden.

7.4.3   Weitere Methoden in der Spring-Test-Klassenhierarchie

Die Test-Klassenhierarchie bietet weitere Methoden, die wir noch nicht kennengelernt haben. Wir schauen diese Methoden in diesem Abschnitt kurz an.

Tests, die das Verhalten des Systems auch außerhalb eines Transaktionkontexts prüfen möchten, können mit der Methode `endTransaction` veranlassen, dass die laufende Transaction vorzeitig beendet wird.[14] Diese Möglichkeit kann nützlich sein für Tests, die z. B. das Lazy-Loading-Verhalten des Systems prüfen möchten. Danach kann eine neue Transaktion mit der Methode `startNewTransaction` gestartet werden.

Mit der Methode `deleteFromTables` haben wir eine einfache Möglichkeit, Tabellen anzugeben, deren Inhalt gelöscht sein soll. Nach Benutzung dieser Methode können wir das Rollback-Verhalten des Tests nicht mehr mit `setComplete` ändern, d. h. am Ende des Tests wird auf alle Fälle ein Rollback durchgeführt.

Mit der Methode `setDirty` veranlassen wir, dass der Spring-Kontext neu geladen wird für den nächsten Test. In anderen Worten: die automatische Wiederverwendung des Kontexts wird für den nächsten Test ausgeschaltet. Dies ist wichtig für Tests, die Bean-Definitionen gezielt ändern. In einer Java 5-Umgebung erzielen wir den gleichen Effekt mit der Annotation `@DirtiesContext`.

---

[14] Normalerweise wird die Transaktion zurückgerollt; dies kann aber mit der Methode `setComplete` geändert werden.

7.4.4 Initialisierung der Test-Klasse

Wir benutzen die automatischen Konfigurationsmöglichkeiten von Spring, das sogenannte *Autowire*, um die Test-Klasse zu initialisieren. Zuerst fährt Spring den `ApplicationContext` wie gewohnt hoch. Dann werden die Abhängigkeiten in unsere Test-Klasse injiziert. Dies geschieht anhand des *Typs* aller Objekte, die in den setter-Methoden der Test-Klasse definiert werden.

Wir sehen uns das Prinzip anhand unserer Test-Klasse `HibernateToppingDaoImplTest` an. Diese Klasse enthält eine setter-Methode `setToppingDao`, die ein Objekt vom Typ `ToppingDao` als Parameter erwartet. Um diese Methode aufrufen zu können, sucht Spring im `ApplicationContext` nach einer Bean vom Typ `ToppingDao`. Wird eine entsprechende Bean gefunden, ruft Spring die setter-Methode unserer Test-Klasse auf. Kein oder mehrere Treffer führen zu einer Exception.

Mit diesem Verfahren können die Abhängigkeiten unserer Test-Klassen vom Spring injiziert werden, ohne die Test-Klassen selbst in XML konfigurieren zu müssen. Spring bietet somit eine sehr bequeme Umgebung für unsere Tests.

7.4.5 Autowire by Name

Typischerweise benutzt man in Testklassen die Voreinstellung Autowire by Type. In Einzelfällen kann es aber vorkommen, dass verschiedene Beans im `ApplicationContext` den gleichen Typ haben. In diesem Fall scheitert Autowire by Type, und Autowire by Name bietet sich als Lösung an.

Diese Einstellung wird mit der Methode `setAutowireMode` konfiguriert, wie im folgenden Listing gezeigt.

```
 1  public class HibernateToppingDaoImplAutowireByNameTest extends
        AbstractTransactionalDataSourceSpringContextTests {
 2
 3      private ToppingDao toppingDao;
 4
 5      public HibernateToppingDaoImplAutowireByNameTest() {
 6          super();
 7          this.setAutowireMode(AUTOWIRE_BY_NAME);
 8      }
 9
10      public void setToppingDao(ToppingDao aToppingDao) {
11          this.toppingDao = aToppingDao;
12      }
13
14      public void testSelectByNameOneResult() {
15          List<Topping> list = toppingDao.getToppingByName("Tomato");
16          assertEquals("Liste sollte ein Eintrag haben", 1, list.size());
17          assertEquals("Falscher Name", "Tomato sauce",
18              list.get(0).getName());
19      }
    }
```

Im Vergleich zum Listing in Abschnitt 7.4.2 ist ein Konstruktor hinzugekommen, der den Autowire-Mode setzt (vgl. Zeile 7).

Um zu sehen, dass Autowire by Name wirklich aktiv ist, nehmen wir ein paar Änderungen in dieser Test-Klasse vor. Zuerst schalten wir zurück auf Autowire by Type, indem wir den `setAutowireMode`-Aufruf im obigen Listing auskommentieren. Dann ändern wir die setter-Methode so, dass sie ein `Object` als Parameter erwartet.

```
public void setToppingDao(Object toppingDao) {
    this.toppingDao = (ToppingDao)toppingDao;
}
```

Wenn wir jetzt den Test starten, bekommen wir beim Erzeugen der `ApplicationContext`-Instanz eine Fehlermeldung. Spring kann die Abhängigkeit der Test-Klasse nicht injizieren, da mehrere Beans vom Typ `Object` im `ApplicationContext` existieren.[15]

Jetzt kommentieren wir den `setAutowireMode`-Aufruf wieder ein, um auf Autowire by Name umzuschalten, und ändern den Namen der setter-Methode auf `setToppingDaos`.

```
public void setToppingDaos(Object toppingDao) {
    this.toppingDao = (ToppingDao)toppingDao;
}
```

Auch in diesem Fall bekommen wir eine Fehlermeldung bei der Initialisierung des `ApplicationContexts`, da Spring nach einer Bean mit dem Namen `toppingDaos` sucht (Autowire by Name ist ja eingeschaltet). Dieser Bean-Name ist natürlich unbekannt.

7.5   Weitere Features der Hibernate Query Language

Wir haben in unseren DAO-Methoden bis jetzt nur die einfacheren Features der HQL benutzt. In diesem Abschnitt gehen wir auf weitere Elemente ein.

7.5.1   Die select-Klausel

Wie wir schon gesehen haben, kann die `select`-Klausel in HQL entfallen.[16] Hibernate liefert standardmäßig ein komplettes Objekt aus der Datenbank. Zum Beispiel bekommen wir eine `List` von Pizza-Objekten von der folgenden Abfrage zurück:

```
from Pizza where name like '%F%'
```

Wir können aber wie in SQL eine `select`-Klausel angeben, um genau die Properties zu spezifizieren, die wir erhalten möchten:

```
select name from Pizza where name like '%F%'
```

---

[15] Genauer gesagt, haben *alle* Beans im `ApplicationContext` den (Basis-)Typ `Object`.
[16] Dies wird sich gegebenenfalls im Zuge der Anpassung an die Java Persistence API ändern, da in der JPA Query Language eine select-Klausel zwingend erforderlich ist.

Dieses Beispiel liefert nur den Pizza-Namen (Typ `String`). Wir können auch ganze Objekte erhalten:

```
select order.customer from Order order where order.id = 1
```

Wenn wir mehrere Properties angeben, werden sie als ein `Object`-Array zurückgeliefert:

```
select name, id from Pizza where name like '%F%'
```

Diese Abfrage liefert eine Liste von `Object`-Arrays. Jedes Array hat zwei Elemente, und zwar jeweils die Werte für *name* und *id*.

Wir können die Ergebnisse auch als eine `List` erhalten:

```
select new list(name, id) from Pizza where name like '%F%'
```

Damit bekommen wir pro Ergebniszeile eine `List` mit zwei Elementen.

Wenn wir ein Value-Objekt mit einem passenden Konstruktor definieren, kann Hibernate dieses für uns mit dem Ergebnis füllen:

```
select new de.hanser.buch.opiz.domain.PizzaNameAndId(name, id) from
    Pizza where name like '%F%'
```

Da Hibernate eine `List` von Properties unterstützt, wird es vielleicht nicht überraschen, dass wir auch eine `Map` als Ergebnis erhalten können. Im folgenden Beispiel fragen wir die Anzahl der Pizzen mit der kleinsten und der größten Anzahl Beläge ab. Die Aggregat-Funktionen, die wir hier benutzen, werden im nächsten Abschnitt näher beschrieben. Wir setzen Aliases für die Spalten mit dem `as`-Schlüsselwort.

```
select new map(count(*) as anzahl, min(toppings.size) as minBelag,
    max(toppings.size) as maxBelag) from Pizza
```

Von dieser Anfrage erhalten wir eine `Map` mit dem Inhalt {*anzahl = 4, minBelag = 1, maxBelag = 3*}.

7.5.2   Funktionen

Wie wir im vorherigen Beispiel gesehen haben, unterstützt HQL verschiedene Aggregat-Funktionen:

- `count`
- `avg, sum`
- `min, max`

Andere SQL-Funktionen können auch benutzt werden, z. B.:

- String-Konkatenation „`||`"
- Scalar-Funktionen wie `upper`
- mathematische Operatoren

Das folgende Beispiel arbeitet mit Konkatenation und der SQL-Funktion `upper`:

```
select name || '-' || upper(name) from Pizza where name like '%F%'
```

und liefert als Ergebnis:

```
Tuna Fish-TUNA FISH
Funghi-FUNGHI
```

7.5.3   Die from-Klausel

In HQL gibt es wie in SQL eine `from`-Klausel. Sie bestimmt, auf welche Elemente sich die `select`- und die `where`-Klausel beziehen können.

Im einfachsten Fall verwendet eine `from`-Klausel nur eine einzelne Klasse. In diesem Beispiel ist es die Klasse `Order`:

```
from Order o
```

Anders als in SQL müssen Sie bei der `from`-Klausel in HQL immer ein Alias angeben. Das Alias legt fest, unter welchem Namen wir uns auf ein Objekt im Rest der Abfrage beziehen können. Im vorigen Beispiel hat *Order* das Alias *o*.

Wenn Sie eine Abfrage über mehrere Klassen machen, trennen Sie sie in `from` mit Kommata:

```
from Order o, Customer c
```

Wie in SQL entsteht dabei ein kartesisches Produkt. Das heißt, in dem Beispiel wird paarweise jede *Order* mit jedem *Customer* kombiniert.

Dabei kann eine Klasse mehrfach auftauchen:

```
from Customer customer1, Customer customer2
```

Das Ergebnis ist wieder ein kartesisches Produkt, und zwar in diesem Fall die Kombination jedes *Customer* mit jedem *Customer* — auch mit sich selbst.

In der `from`-Klausel lassen sich Joins bequem mit dem Schlüsselwort `join` ausdrücken, und zwar ohne umständlich wie in SQL jeweils Fremd- und Primärschlüssel vergleichen zu müssen:

```
from Order o join o.pizzas p
```

Durch diesen Join können wir uns auf das Alias `p` beziehen. Dies zeigt das folgende Beispiel:

```
select p from Order o join o.pizzas p where o.id = ?
```

Voraussetzung ist, dass die Collection *Order.pizzas* tatsächlich gemapped ist.

Neben Inner Joins lassen sich auch Outer Joins mit den Schlüsselwörtern `left outer join` und `right outer join` ausdrücken:

```
from Order o left outer join o.pizzas
```

Dieses Beispiel leistet einen Left Outer Join zwischen *Order* und *Pizza*.

7.5.4 Die where-Klausel

Genau wie in SQL schränken wir die Ergebnisse einer HQL-Abfrage mit der `where`-Klausel ein. Ein einfaches Beispiel ist die Abfrage alle Pizzen, deren Name mit S anfängt:

```
select p.name from Pizza p where p.name like 'S%'
```

Wir können in der `where`-Klausel auch unsere Objekthierarchie mittels eines Pfadausdrucks verfolgen:

```
select p.toppings.name from Pizza p where p.order.state = 'OPEN'
```

Hier fragen wir die Namen aller Pizzabeläge ab, die zu einer Order im offenen Status gehören. Die HQL-Schreibweise ist viel kompakter als das entsprechende SQL (ein Join über vier Tabellen):

```
// SQL
select topping2_.name as col_0_0_
from pizza pizza0_,
     pizza_topping toppings1_,
     topping topping2_,
     orders order3_
where pizza0_.order_fk=order3_.id
  and pizza0_.id=toppings1_.pizza_id
  and toppings1_.topping_id=topping2_.id
  and order3_.state='OPEN'
```

In der `where`-Klausel können wir die meisten Ausdrücke, die in SQL erlaubt sind, benutzen.

Für Collection-wertige Properties gibt es verschiedene HQL-Funktionen wie `size`, `minelement`, `maxelement`, `minindex` und `maxindex`:

```
select p.name from Pizza p where p.toppings.size > 2

class java.lang.String: Spicy Cheese
class java.lang.String: Tuna Fish
class java.lang.String: Funghi

select p.name from Pizza p where maxelement(p.toppings) = 1

class java.lang.String: Margherita
```

Die `size`-Funktion liefert die Größe der Collection. `minelement` und `maxelement` liefern den kleinsten und größten Wert einer Collection. Mit `minindex` und `maxindex`, die nur für indizierte Collections wie Maps einsetzbar sind, können wir die minimalen und maximalen Werte des Index auslesen.

7.5.5 Subquery

Wir können Subqueries in HQL spezifizieren, wenn die zugrunde liegende Datenbank sie unterstützt. Die Subquery wird in Klammern angegeben, zum Beispiel:

```
select p.name, (select max(p.toppings.size) from p) from Pizza p
```

Subqueries funktionieren nicht nur in der `select`-, sondern auch in der `where`-Klausel.

7.5.6 Gruppierung

Mit der `group by`-Klausel können wir unsere Ergebnisse gruppieren. Im folgenden Beispiel selektieren wir die Anzahl der Beläge in jeder Preiskategorie.

```
select new Map(t.priceCategory as category, count(*) as anzahl)
from Topping t
group by t.priceCategory
order by t.priceCategory
```

Wir erhalten eine `List` von `Map`-Objekten, jeweils mit den Keys *category* und *anzahl*:

```
list[0]   {category=ToppingPriceCategory.ONE, anzahl=1}
list[1]   {category=ToppingPriceCategory.TWO, anzahl=2}
```

7.6 Zusätzliche Hibernate-Zugriffsmöglichkeiten

Es existieren verschiedene weitere Methoden in der Klasse `HibernateTemplate`, mit denen wir uns in diesem Abschnitt befassen wollen. Außerdem untersuchen wir die Klasse `HibernateCallback`, die für uns bei der direkten Benutzung der Hibernate-`Session` die Exception-Konvertierung übernimmt.

7.6.1 Weitere Methoden in HibernateTemplate

Wie wir gesehen haben, bietet die `HibernateTemplate`-Klasse verschiedene Convenience-Methoden rund um die Hibernate-APIs `Session` und `Query`. In diesem Abschnitt betrachten wir die Abfrage-relevanten Methoden dieser Klasse detaillierter.

Einfache Abfragen mittels `find`

Am einfachsten ist die `find`-Methode, die einen HQL-String erwartet:

```
list = hibernateTemplate.find(
        "from Topping where name like '" + name +
        "' and priceCategory=" + category.toString());
```

Wenn wir JDBC-Parameter in unserer Abfrage benutzen möchten, können wir auf zwei Varianten dieser Methode zurückgreifen. Für einen Parameter:

```
list = hibernateTemplate.find(
        "from Topping where name like ?",
        name);
```

Oder für mehrere Parameter:

```
list = hibernateTemplate.find(
        "from Topping where name like ? and priceCategory = ?",
        new Object[] {name, category});
```

Die Versionen mit Parameter haben gegenüber der Version ohne Parameter die folgenden Vorteile:

- Die Abfrage kann vorkompiliert und gecached werden.

- Wir müssen uns nicht um die Konvertierung der `priceCategory`-Parameter kümmern.

Benannte Parameter mittels `findByNamedParam`

Häufig möchten wir mit *benannten* Parametern arbeiten, da sich dadurch weniger Fehler bei der Formulierung von Abfragen einschleichen. Die Sprache HQL bietet die Möglichkeit an, Parameter namentlich zu referenzieren.[17] Hierfür können wir die `HibernateTemplate`-Methode `findByNamedParam` benutzen. Es existieren zwei verschiedene Versionen dieser Methode. Die erste ist für HQL-Statements, die nur einen Parameter haben:

```
list = hibTemplate.findByNamedParam(
    "from Topping where name like :name", "name", "Salami%");
```

Im HQL-String wird der Parameter im Doppelpunkt-Format, hier *:name*, angegeben. Der zweite Parameter referenziert den benannten Parameter im HQL-String, der mit dem dritten Parameter besetzt wird.

Die zweite Version der `findByNamedParam`-Methode ist für HQL-Statements, die mehrere Parameter benötigen. Hier werden die Parameter-Namen als ein `String`-Array und deren Werte als ein `Object`-Array übergeben:

```
// mit mehreren Parametern
list = hibernateTemplate.findByNamedParam(
    "from Topping where name like :name and priceCategory = :category",
    new String[] { "name", "category" },
    new Object[] { "Salami%", ToppingPriceCategory.TWO });
```

Benannte Abfragen mittels `findByNamedQueryAndNamedParam`

Mit Hibernate können wir unsere Abfragen benennen und sie im Code referenzieren. Für jede Abfrage erzeugt Hibernate bei der Initialisierung der Session-Factory eine `PreparedStatement`. Wir als Entwickler haben zwei Vorteile: zum einen wird der Syntax der Abfrage zur Startup-Zeit geprüft, und zweitens wird das wiederholte Ausführen der Abfrage performanter.

Wir können benannte Abfragen auf zwei Arten definieren, entweder in den Mapping-Dateien (mit dem *query*-Tag) oder durch Annotations. Aus Hibernate-Sicht gibt es keinen Unterschied zwischen beiden Varianten. Da wir in diesem Buch auf Annotations setzen, betrachten wir die erste Möglichkeit hier nicht weiter.

Mit der Hibernate-Annotation `@NamedQuery`[18] definieren wir unsere benannte Abfrage. Die Annotation geben wir direkt in der gemappten Klasse an. Das folgende Beispiel zeigt eine Annotation in der Klasse `Topping`.

---

[17] Diese Funktionalität ist auch ab JDBC 3.0 vorhanden.

[18] Genau genommen eine Annotation aus der JPA-Spezifikation.

```
@Entity
@Table(name = "topping")
@NamedQuery(name = "byNameAndPrice",
    query = "from Topping where name like :name and priceCategory =
        :category")
public class Topping implements Cloneable, Serializable {
    ...
}
```

Der Name der Abfrage, in diesem Fall `byNameAndPrice`, ist frei wählbar, wobei
es sich empfiehlt, einen eindeutigen Namen unter Einbeziehung des Namens des
Java-Packages auszudenken.

Von Spring heraus können wir diese Abfrage mit den `HibernateTemplate`-
Methoden `findByNamedQuery` bzw. `findByNamedQueryAndNamedParam`
ausführen:

```
list = hibernateTemplate.findByNamedQueryAndNamedParam(
        "byNameAndPrice",
        new String[] { "name", "category" },
        new Object[] { name, category });
```

Wir geben den Namen der Abfrage im ersten Parameter an. Der zweite Parameter
referenziert die benannten Parameter im HQL-String, die mit dem dritten Parameter besetzt werden. Auch hier gibt es eine Version der Methode für nur einen
Parameter.

Die Größe der Ergebnismenge einschränken

Oftmals wird eine größere Ergebnisanzahl von einer Datenbank-Abfrage erwartet. Es kann aus verschiedenen Gründen vorkommen, dass man nicht alle Ergebnisse sofort bekommen möchte, vielleicht weil dies den Speicher sprengen würde
oder weil die Ergebnisse auf verschiedenen Web-Seiten dargestellt werden sollen.

Um die Ergebnismenge einzuschränken, können wir die `setMaxResults`-Me-
thode der `HibernateTemplate`-Klasse anwenden. Hier ein Beispiel aus unserer
`selectByNameAndPrice`-Methode:

```
1  getHibernateTemplate().setMaxResults(2);
2  list = getHibernateTemplate().findByNamedQueryAndNamedParam(
3          "byNameAndPrice",
4          new String[] { "name", "category" },
5          new Object[] { name, category });
6  getHibernateTemplate().setMaxResults(0);
7  return list;
```

Diese Methode liefert maximal zwei Datenzeilen zurück. Nach dem `find`-Auf-
ruf müssen wir die Beschränkung wieder mit einem Aufruf von `setMaxRe-
sults(0)` aufheben (vgl. Zeile 6), da das `HibernateTemplate`-Objekt ein
Spring-Singleton ist.

Diesen Weg sollen wir aber aus zwei Gründen nicht weiter verfolgen. Das Haupt-
problem ist, dass die Einschränkung nicht pro Thread, sondern global für das
`HibernateTemplate`-Objekt gilt. Weil wir typischerweise das `Hibernate-`

`Template` als ein (Spring-)Singleton konfigurieren – d. h. es gibt nur ein solches Objekt im System – ist die `setMaxResults`-Methode nicht Thread-safe.

Zweitens bietet die `HibernateTemplate`-Klasse keine Methode, um die Anfangsdatenzeile einer Abfrage festzulegen – der Aufruf unserer obigen Methode liefert immer die ersten zwei Datenzeilen zurück.

Um diese Probleme zu umgehen und Paging thread-safe zu implementieren, ist es am einfachsten, wenn wir direkt auf die Hibernate `Query`-API zurückgreifen. Wie das funktioniert, ist Thema der folgenden Abschnitte 7.6.2–7.6.3.

7.6.2   Die HibernateCallback-Klasse

Für den Fall, dass die Hilfsmethoden in `HibernateTemplate` nicht ausreichen, greifen wir auf die Hibernate-`Session` zurück und benutzen die `Query`-API. Diese Vorgehensweise können wir in der Spring-Welt mit der `Hibernate-Callback`-Klasse implementieren, wie nachfolgend gezeigt wird.

```
 1  public List<Order> getOrdersInState(final int state) {
 2      HibernateTemplate ht = new HibernateTemplate(this.sessionFactory);
 3      return (List<Order>) ht.execute(new HibernateCallback() {
 4          public Object doInHibernate(Session session) {
 5              Query query = session.createQuery("from Order o where
                    o.state=?");
 6              query.setInteger(0, state);
 7              return query.list();
 8          }
 9      });
10  }
```

In Zeile 3 rufen wir die `execute`-Methode der `HibernateTemplate`-Klasse auf. Diese Methode erwartet als Parameter ein Objekt, das die Schnittstelle `HibernateCallback` implementiert. Diese einfache Schnittstelle hat nur eine Methode `doInHibernate`. Innerhalb dieser Methode muss die Abfrage bzw. das Statement ausgeführt werden. Eine bestehende Hibernate-Session wird weiterhin benutzt – falls keine existiert, wird eine neue erzeugt. Anders als in der `HibernateTemplate`-Version existiert die Session pro Thread, sodass wir Thread-safe arbeiten. Ähnlich sieht es aus für die Transaktion. Wenn nötig, wird eine Transaktion geöffnet und danach geschlossen. In den Zeilen 5–6 erzeugen wir ein Hibernate-`Query`-Objekt mit `createQuery` und setzen seinen Parameter. Dann rufen wir die Ergebnisse ab.

7.6.3   Eine Paged-Abfrage

Da wir jetzt wissen, wie wir mit Spring auf die Hibernate-`Session` zugreifen können, gehen wir das Problem der *paged*-Abfrage erneut an.

Wir haben bereits die `HibernateTemplate`-Methode `setMaxResults` kennengelernt. Was uns fehlte, war die Möglichkeit, die Anfangszeile der Ergebnisse zu bestimmen, da keine Methode dafür in `HibernateTemplate` existiert. Diese ist jedoch in der Hibernate `Query`-API vorhanden.

Im folgenden Listing zeigen wir, wie diese Methode angewandt wird. Innerhalb der `HibernateCallback`-Implementierung holen wir die benannte Abfrage `byNameAndPrice` und setzen ihre Parameter.

```
1   public List<Topping> selectByNameAndPricePaged(final String name,
2           final ToppingPriceCategory category, final int startPage,
3           final int pageSize) {
4       List<Topping> list;
5       list = getHibernateTemplate().executeFind(
6           new HibernateCallback() {
7               public Object doInHibernate(Session session) throws
                        HibernateException, SQLException {
8                   Query query = session.getNamedQuery("byNameAndPrice");
9                   query.setString("name", name);
10                  query.setInteger("category", category.ordinal());
```

Wir beschränken die Ergebnismenge mit zwei Methoden der Hibernate `Query`-
API, nämlich `setMaxResults` und `setFirstResult`.

```
11                  query.setFirstResult(startPage * pageSize);
12                  query.setMaxResults(pageSize);
13
14                  return query.list();
15              }
16          });
17      return list;
18  }
```

Wir testen die Ergebnisbeschränkung in der Methode `testSelectByNameAnd-`
`PricePaged`, von der Sie hier einen Ausschnitt sehen. Wir rufen die DAO-
Methode *selectByNameAndPricePaged* mit der `startPage` 0 auf und prüfen, dass
nur eine Datenzeile zurückgeliefert wird (wir haben ja eine Seitengröße von 1 angegeben).

```
1   public void testSelectByNameAndPricePaged() {
2       int startPage = 0;
3       List<Topping> list = toppingDao.selectByNameAndPricePaged("%am%",
            ToppingPriceCategory.TWO, startPage, 1);
4       assertEquals("Falsche List-Größe", 1, list.size());
5       Topping topping1 = list.get(0);
```

Im zweiten Aufruf der DAO-Methode geben wir eine *startPage* von 1 an, sonst
bleibt alles wie beim ersten Aufruf. Auch hier erwarten wir eine Liste mit nur
einem Objekt, das allerdings anders sein muss als das erste Objekt.

```
6       startPage = 1;
7       list = toppingDao.selectByNameAndPricePaged("%am%",
            ToppingPriceCategory.TWO, startPage, 1);
8       assertEquals("Falsche List-Größe?", 1, list.size());
9       Topping topping2 = list.get(0);
10      assertNotSame("objekte gleich?", topping1, topping2);
11  }
```

7.6.4   DAO-Implementierung ohne HibernateDaoSupport

Bis jetzt haben wir unsere DAOs mithilfe der Basisklasse `HibernateDaoSupport` geschrieben. Diese Klasse bietet den Zugriff auf die `SessionFactory`- und `HibernateTemplate`-Objekte.

Es ist natürlich weiterhin möglich, ohne diese Basisklasse DAOs zu implementieren. Wir zeigen die allgemeine Vorgehensweise auf der Basis der Klasse `HibernateOrderDaoImpl`, die nur die `OrderDao`-Schnittstelle implementiert.

```
1  public class HibernateOrderDaoImpl implements OrderDao {
2      private HibernateTemplate hibernateTemplate;
3
4      public void setHibernateTemplate(HibernateTemplate
           hibernateTemplate) {
5          this.hibernateTemplate = hibernateTemplate;
6      }
7
8      public Order getOrder(Integer id) {
9          return (Order) hibernateTemplate.get(Order.class, id);
10     }
11 }
```

Für das Attribut `hibernateTemplate` und eine passende setter-Methode müssen wir selbst sorgen (Zeilen 2–6).

In der Spring-Konfiguration für diese Bean müssen wir angeben, dass die `HibernateTemplate` injiziert werden soll.

```
<bean id="orderDao"
    class="de.hanser.buch.opiz.dao.HibernateOrderDaoImpl">
    <property name="hibernateTemplate" ref="hibernateTemplate"/>
</bean>

<bean id="hibernateTemplate"
    class="org.springframework.orm.hibernate3.HibernateTemplate">
  <property name="sessionFactory" ref="sessionFactory" />
</bean>
```

Die relevanten Spring-Beans sehen dann wie folgt aus:

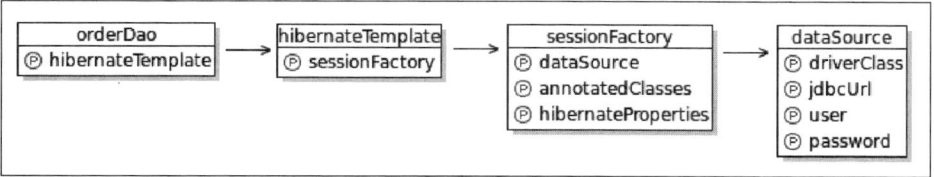

Abbildung 7.4: Die orderDao-Bean – ohne HibernateDaoSupport – und Abhängigkeiten

7.6.5   DAO-Implementierung ohne Spring

Es sollte nicht unerwähnt bleiben, dass wir ab Hibernate 3.0.1 auch den „reinen" Zugriff auf Hibernate-APIs in unseren DAOs benutzen können. Der Vorteil hier-

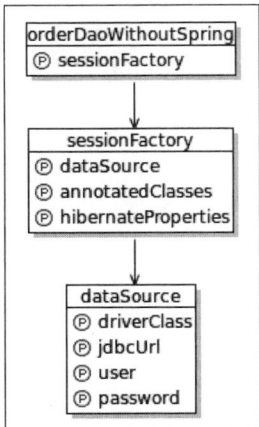

Abbildung 7.5: Die orderDao-Bean ohne Spring-Hilfsklassen

bei ist, dass wir nur eine Abhängigkeit von Hibernate-Klassen in unseren DAOs haben – Spring-Klassen kommen gar nicht mehr vor.

Der Source-Code sieht ähnlich aus wie vorher, allerdings arbeiten wir jetzt direkt mit dem `SessionFactory` statt mit dem `HibernateTemplate`. Die Spring-Konfiguration muss dementsprechend angepasst werden (vgl. Abbildung 7.5).

```
1   public class HibernateOrderDaoWithoutSpringImpl implements OrderDao {
2       private SessionFactory sessionFactory;
3       public void setSessionFactory(SessionFactory sessionFactory) {
4           this.sessionFactory = sessionFactory;
5       }
6
7       public Order getOrder(Integer id) {
8           return (Order)
                sessionFactory.getCurrentSession().get(Order.class, id);
9       }
```

In der Methode `getOrder` holen wir die aktuelle Session mit der `getCurrent-Session`-Methode.

Hauptnachteil dieses Vorgehens ist, dass `HibernateException`-Objekte nicht mehr automatisch in Spring-Exceptions gemappt werden. Wenn wir vermeiden wollen, dass die Hibernate-Exceptionshierarchie auch außerhalb der DAO-Schicht benutzt wird, müssen wir uns selbst um dieses Mapping kümmern. Wir können entweder die Hibernate-Exceptions in Spring-Exceptions wandeln oder, wenn wir gänzlich auf Spring in der DAO-Schicht verzichten möchten, in eine selbstdefinierte Exceptionshierarchie konvertieren.

7.7 Die Criteria-API

Es ist nicht immer möglich oder sinnvoll, jede erdenkliche Abfrage vorab als eine HQL-Abfrage zu definieren. Ein Objekt mit vier gemappten Properties muss fünf-zehn verschieden benannte Abfragen implementieren, um alle Properties einzeln oder zusammen abfragen zu können! So etwas ist natürlich unzumutbar und nicht wartbar.

Für diesen Zweck bietet Hibernate die `Criteria`-API, welche die dynamische Definition von Abfragen ermöglicht.

7.7.1 Ein Criteria-basiertes Beispiel

Wir betrachten die Benutzung der `Criteria`-API anhand der Methode `select-Order` aus der Klasse `HibernateOrderDaoImpl`. Diese Methode baut eine Ab-frage dynamisch zusammen, um eine oder mehrere Bestellungen aus der Da-tenbank zu selektieren. (Der Parameter der Methode ist eine einfache Java-Bean `OrderFilter`, die alle Properties, auf denen wir suchen möchten, speichert.)

Um die `Criteria`-API zu benutzen, erzeugen wir über die `Hibernate-Session` ein `Criteria`-Objekt. Dabei übergeben wir auch den Typ, auf dem dieses Objekt operieren soll – in unserem Fall die `Order`-Klasse.

```
1   public List<Order> selectOrder(OrderFilter filter) {
2       Criteria criteria = this.hibernateTemplate.getSessionFactory().
            getCurrentSession().createCriteria(Order.class);
```

Um die Anzahl der Ergebnisse einzuschränken, können wir Abfrage-Bedin-gungen diesem `Criteria`-Objekt nach und nach hinzufügen. Hibernate bietet dafür die `Restrictions`-Klasse, die viele statischen Methoden für die typischen Operatoren *and*, *between*, *or*, *gt*, *lt*, *eq* usw. enthält. Zum Beispiel definieren wir eine Bedingung auf den Status der Bestellung.

```
3       if (filter != null) {
4           if (filter.getState() != null) {
5               criteria.add(Restrictions.eq("state", filter.getState()));
6           }
```

Wir möchten auch Bestellungen anhand ihrer Pizzen und des Kundennamens fil-tern können. Solche assoziierten Objekte berücksichtigen wir mit der Methode `createCriteria`. Durch diesen Aufruf wird ein neues `Criteria`-Objekt er-zeugt und an das bestehende `Criteria`-Objekt angehängt. Als Parameter für das zweite `Criteria`-Objekt wird der Name des assoziierten Propertys übergeben.

In unserem Beispiel möchten wir eine Restriktion hinzufügen für Pizzen, die zu einer Bestellung gehören. Wir selektieren anhand der statischen `in`-Methode der `Restrictions`-Klasse die entsprechenden Pizzen.

```
7           if ((filter.getPizzas() != null) &&
8               (filter.getPizzas().size() != 0)) {
9               // Füge Restriktion hinzu
10              criteria.createCriteria("pizzas").add(
11                  Restrictions.in("id", filter.getPizzas()));
12          }
```

Um eine Restriktion anhand des Kundennamens der Bestellung hinzukriegen, benutzen wir die `like`-Methode der `Restrictions`-Klasse.

```
13        if (filter.getCustomerName() != null) {
14            // Füge Restriktion hinzu
15            criteria.createCriteria("customer").add(
                  Restrictions.like("name", filter.getCustomerName()));
16        }
17    }
```

Schließlich wird mit dem Aufruf von `list` auf dem ursprünglichen `Criteria`-Objekt eine SQL-Abfrage von Hibernate konstruiert und ausgeführt und das Ergebnis als eine `List` von `Order`-Objekten zurückgeliefert.

```
18    List<Order> orderList = criteria.list();
19    return orderList;
20 }
```

7.7.2 Test einer Criteria-basierten Methode

Jetzt schreiben wir unsere Tests für die neue Methode `selectOrder`. Ein Teil der Klasse ist in Listing 7.1 auf der nächsten Seite wiedergegeben.

Die Tests erzeugen verschiedene `OrderFilter`-Objekte, rufen die DAO-Methode `selectOrder` auf und überprüfen die Ergebnisse auf Richtigkeit. Die Methode `testSelectByCustomerFilter` testet das Filter mit einem gesetzten Property, die Methode `testSelectByNameAndStateFilter` dagegen mit zwei.

7.7.3 Query-by-Example

Wenn wir die `Restrictions`-Klasse benutzen, müssen wir unsere Abfrage selbst zusammenbauen. Ein Alternative hierzu ist die `Example`-API. Diese API vereinfacht das Aufbauen einer dynamischen Abfrage, da ein bestehendes Objekt als eine Art Template benutzt wird. Alle Objekte, deren Property-Werte zu denen im Template passen, werden aus der Datenbank selektiert. Standardmäßig werden Template-Properties mit `null`-Wert ignoriert.

Die `Example`-API kann uns beim Zusammenbauen unserer Abfrage Zeit sparen, da wir nicht jedes einfache Property einer Klasse einzeln dem `Criteria`-Objekt hinzufügen müssen. Assoziierte Objekte müssen aber nach wie vor „per Hand" angegeben werden, wie Sie im folgenden Beispiel sehen.

Die Methode `selectOrderByExample` erwartet ein `Order`-Objekt als Parameter. Dieses Objekt wird der statischen Methode `Example.create` als Template für eine dynamische Query übergeben.

```
1  public List<Order> selectOrderByExample(Order exampleOrder) {
2
3      Example example = Example.create(exampleOrder).ignoreCase();
```

Die Erzeugung eines `Criteria`-Objekts für die `Order`-Klasse wird genauso wie im vorigen Beispiel gehandhabt. Der Unterschied liegt in Zeile 5, wo das Template einfach dem `Criteria`-Objekt hinzugefügt wird. Dieser Code reicht, um die

Listing 7.1: Tests der `selectOrder`-Methode (in `HibernateOrderDaoImplTest`)

```
 1  public void testSelectByCustomerFilter() {
 2      OrderFilter filter = new OrderFilter();
 3      filter.setCustomerName("%ufe%");
 4      List<Order> list = orderDao.selectOrder(filter);
 5      assertEquals("list Groesse falsch?", 1, list.size());
 6      // pruefe Ergebnisse
 7      for (Order order : list) {
 8          assertTrue("Kunden-Filter fehlerhaft",
                    (order.getCustomer().getName().contains("ufe")));
 9      }
10  }
11
12  public void testSelectByNameAndStateFilter() {
13      OrderFilter filter = new OrderFilter();
14      filter.setCustomerName("%ufe%");
15      filter.setState(OrderState.OPEN);
16      List<Order> list = orderDao.selectOrder(filter);
17      // pruefe Ergebnisse
18      for (Order order : list) {
19          assertTrue("State-Filter fehlerhaft",
                    order.getState().equals(OrderState.OPEN));
20          assertTrue("Kunden-Filter fehlerhaft",
                    (order.getCustomer().getName().contains("ufe")));
21      }
22  }
```

Properties `state` und `creationTime` in die Abfrage einzubeziehen. Das passiert aber nur, wenn ihre Werte im „Template"-Objekt nicht null sind.

```
 4      Criteria criteria = this.hibernateTemplate.getSessionFactory().
            getCurrentSession().createCriteria(Order.class);
 5      criteria.add(example);
```

Allerdings werden assoziierte Objekte nicht automatisch der Abfrage hinzugefügt. Für unser `Order`-Objekt bedeutet dies, dass wir extra Code für die Sub-Queries des Kunden und der Pizzen schreiben müssen.

Um eine Sub-Query für die `customer`-Property zu erzeugen, benutzen wir die `createCriteria`-Methode (wie im vorigen Beispiel). Wir müssen dann ein neues `Example`-Objekt für den Kundenvergleich konstruieren. Hierfür schalten wir mit der Methode `enableLike` den Vergleich mit *like* ein. Jetzt können wir dieses Objekt unserem `Criteria`-Objekt hinzufügen.

```
 6      if (exampleOrder.getCustomer() != null) {
 7          criteria.createCriteria("customer").add(
                Example.create(exampleOrder.getCustomer()).enableLike());
 8      }
```

Für die Sub-Query auf der Basis der `pizzas`-Property wäre es schön, wenn wir einfach ein `Example`-Objekt mittels *Example.create(exampleOrder.getPizzas())* erzeugen könnten. Leider klappt das nicht, da die `getPizzas`-Methode eine `List` zurückgibt – Hibernate erwartet aber einen gemappten Typ. Stattdessen müssen wir die Sub-Query genau wie im vorherigen Beispiel schreiben, d. h. ohne Benutzung der `Example`-API.

```
 9      if ((exampleOrder.getPizzas() != null) &&
            (exampleOrder.getPizzas().size() != 0)) {
10          List<Integer> pizzaList = new ArrayList<Integer>();
11          for (Pizza pizza : exampleOrder.getPizzas()) {
12              pizzaList.add(pizza.getId());
13          }
14          criteria.createCriteria("pizzas").
15              add(Restrictions.in("id", pizzaList));
16      }
17
18      List<Order> orderList = criteria.list();
19      return orderList;
20  }
```

7.7.4 Aggregat-Funktionen

Stellen wir uns vor, wir möchten herausfinden, wie oft ein Kunde bei uns bestellt hat. Für solche Situationen haben wir uns schon die Aggregat-Funktionen in HQL angesehen (vgl. Abschnitt 7.5.2). Auch die Criteria-API unterstützt sie durch die Klasse `Projections`[19]. In diesem Beispiel interessiert uns die Anzahl der Zeilen in unserer Abfrage – in SQL `count(*)`. Dafür gibt es in der `Projections`-Klasse die Methode `rowCount`.

Das nächste Listing zeigt einen Ausschnitt aus der Klasse `HibernateCustomer-DaoImpl`. Wir benutzen ein `HibernateCallback`-Template, in dem wir eine `Criteria`-basierte Abfrage erzeugen.

```
 1  public int getNumberOrders(final Customer customer) {
 2      List result = (List) getHibernateTemplate().execute(
 3          new HibernateCallback() {
 4              public Object doInHibernate(Session session)
 5                  throws HibernateException, SQLException {
 6                  Criteria criteria = session.createCriteria(Order.class);
 7                  criteria.setProjection(Projections.projectionList().add(
 8                      Projections.rowCount()));
 8                  criteria.createCriteria("customer").add(
                        Restrictions.eq("id", customer.getId()));
 9                  return criteria.list();
10              }
11          });
12      return (Integer) result.get(0);
13  }
```

Unser `Criteria` basiert auf einem `Order`-Objekt (Zeile 6). In Zeile 7 fügen wir die Aggregation hinzu – in diesem Fall die `rowCount`-Methode. Hierfür müssen wir ein neues `ProjectionList`-Objekt mit der `projectionList`-Methode konstruieren. Schließlich fügt Zeile 8 eine Beschränkung auf die Kunden-Id hinzu.

Die Abfrage ergibt ein `List`-Objekt, dessen erster und einziger Eintrag die gesuchte Anzahl enthält (Zeile 12).

---

[19] *org.hibernate.criterion*

7.8   DAO-Schreibmethoden

Bisher haben wir uns mit den DAO-Abfragemethoden unserer DAOs beschäftigt. Wir möchten aber natürlich nicht nur Daten lesen, sondern auch schreiben und ändern können. Wie gehen wir in diesem Fall bei unseren DAOs vor?

In den folgenden Abschnitten sehen wir, wie Objekte in der Datenbank gespeichert und aktualisiert werden können. Dazu benutzen wir die entsprechenden Methoden (z. B. `save` und `update`) aus der `HibernateTemplate`-Klasse.

7.8.1   Neue Objekte speichern

Als Erstes implementieren wir die Funktionalität, um eine neue Pizza in der Datenbank zu speichern. Da unsere `Pizza`-Klasse ein einfaches POJO ist, können wir sie mit `new` instanziieren. Zu diesem Zeitpunkt haben wir aus Hibernate-Sicht ein *transientes* Objekt, das wir explizit Hibernate bekannt machen müssen.

Zu diesem Zweck fügen wir der `PizzaDao`-Schnittstelle die `savePizza`-Methode hinzu.

```
Integer savePizza(Pizza aPizza);
```

Die Methode erwartet ein `Pizza`-Objekt und speichert es in der Datenbank. Die Implementierung ist einfach, da wir nur die Methode `save` auf dem `Hibernate-Template` aufrufen müssen. Als Rückgabewert erhalten wir den Primärschlüssel der neu erzeugten Datenbankzeile.

```
public Integer savePizza(Pizza aPizza) {
    return (Integer) getHibernateTemplate().save(aPizza);
}
```

Nebenbei sei bemerkt, dass ein Aufruf dieser Methode mit einem persistenten Objekt, d. h. einem, das Hibernate schon bekannt ist, nichts bewirkt.

Zum Testen dieser DAO-Methode schreiben wir die `testCreatePizza`. Wir erzeugen ein `Pizza`-Objekt mit dem `new`-Operator und stellen dann sicher, dass es keinen Primärschlüssel hat.

```
1  public void testCreatePizza() {
2      Pizza aPizza = new Pizza();
3      aPizza.setName("testCreatePizza");
4      aPizza.setBasePrice(5.43);
5      aPizza.setVegetarian(true);
6      assertNull("id nicht null?", aPizza.getId());
```

Anschließend machen wir das neue Objekt persistent, indem wir die `savePizza`-Methode aufrufen. Nach dem Aufruf überprüfen wir, ob der Primärschlüssel jetzt gesetzt ist.

```
7       Integer res = pizzaDao.savePizza(aPizza);
8       assertTrue("falsches Ergebnis vom DAO:", res.intValue() > 0);
9       assertNotNull("id null?", aPizza.getId());
10  }
```

7.8.2   Aktualisieren eines persistenten Objekts

Nun bringen wir unserer Beispielanwendung bei, eine bereits persistente `Pizza`
zu aktualisieren. Wir möchten einer Pizza einen Belag zuordnen. Das bereits ge-
speicherte `Pizza`-Objekt müssen wir mit `getPizza` (in der `PizzaDao`-Schnitt-
stelle definiert) aus der Datenbank holen. Danach ist das Objekt der Hibernate-
Session bekannt, d. h. es ist ein persistentes Objekt.

In einem Szenario ohne einen O/R-Mapper würde man an dieser Stelle erwarten,
dass in der DAO-Schicht eine separate Methode implementiert werden muss, die
einen neuen Belag einer Pizza zuordnet. Mit Hibernate ist dies nicht notwendig.
Da wir es mit einem persistenten Objekt zu tun haben, ist ein expliziter Aufruf,
der das geänderte Objekt speichert, überflüssig. Stattdessen verwenden wir das
aus Kapitel 4 bekannte automatische Dirty-Checking. Änderungen auf Objekten
im Zustand *persistent* werden in der Datenbank abgebildet.

Wir implementieren die gewünschte Funktionalität in einer Methode `addTop-`
`ping` der `Pizza`-Klasse.

```
1   public class Pizza {
2       private List<Topping> toppings;
3
4       public void addTopping(Topping topping) {
5           this.toppings.add(topping);
6       }
7       ...
8   }
```

Wir müssen die Änderung an das `Pizza`-Objekt in Zeile 5 nicht explizit speichern.
Stattdessen übernimmt Hibernate dies implizit für uns, wenn ein Session-Flush
ausgeführt wird.[20]

7.8.3   Aktualisieren eines detachten Objekts

Für den Fall, dass wir mit detachten Objekten arbeiten, können wir trotzdem
Änderungen vornehmen und diese in der Datenbank speichern. Die `Hibernate-`
`Template`-Methode `update` nimmt ein detachtes Objekt und macht es wieder
persistent (vgl. auch Abschnitt 4.4).

Die Methode in der `HibernatePizzaDaoImpl`-Klasse ist recht einfach:

```
public void update(Pizza aPizza) {
    getHibernateTemplate().update(aPizza);
}
```

Der folgende Code zeigt einen Testfall. Wir laden ein `Pizza`-Objekt aus der Datenbank und leeren dann die Hibernate-`Session` (Zeile 4). Dies bewirkt, dass wir
jetzt ein detachtes `Pizza`-Objekt haben. Danach ändern wir den Namen der Pizza
und rufen die `update`-Methode auf.

---

[20] Das Verhalten wird mit dem Property `flushMode` der `HibernateTemplate`-Klasse gesteuert.
Normalerweise steht dies auf *AUTO*, was zur Folge hat, dass Änderungen nur bei einem Session-Flush
bzw. vor einer späteren Abfrage in die Datenbank geschrieben werden.

```
1   public void testUpdate() {
2       Pizza aPizza = pizzaDao.getPizza(1);
3       sessionFactory.getCurrentSession().flush();
4       sessionFactory.getCurrentSession().clear();
5       aPizza.setName("Neuer Name");
6       pizzaDao.update(aPizza);
7       sessionFactory.getCurrentSession().flush();
8   }
```

Leider funktioniert dieser Code nicht – Hibernate wirft eine Exception:

```
org.hibernate.HibernateException: Found two representations of same
    collection: de.hanser.buch.opiz.domain.Pizza.toppings
```

Anscheinend hat Hibernate ein Problem bei der Neuanbindung eines detachten Objekts an die Session, wenn das Objekt eine Collection enthält. Ein Workaround für dieses „Feature" zeigt das folgende Listing:

```
public void testUpdate() {
    Pizza aPizza = pizzaDao.getPizza(1);
    sessionFactory.getCurrentSession().flush();
    sessionFactory.getCurrentSession().clear();
    sessionFactory.getCurrentSession().refresh(aPizza);
    aPizza.setName("Neuer Name");
    pizzaDao.update(aPizza);
    sessionFactory.getCurrentSession().flush();
}
```

Mit einem `refresh` auf der Session versetzen wir Hibernate in die Lage, das nachfolgende `update` durchzuführen.[21]

7.8.4   Das Flush-Problem in Tests

Da wir Hibernate *und* JDBC in unseren Tests vermischen, ergibt sich ein Problem. Aktionen, die die Datenbank verändern, führt Hibernate asynchron aus. JDBC behandelt SQL-Anweisungen aber synchron. Wir zeigen dieses Problem und seine Lösung anhand der Test-Methode `testAddTopping`.

Im Test-Setup speichern wir zwei Beläge und eine Pizza in der Datenbank (Zeilen 5–7). Diese neue Pizza hat nur einen Belag (der zweitletzte Parameter im Aufruf der statischen Hilfsmethode `insertPizza` in Zeile 7).

```
1   public class HibernatePizzaDaoImplTest extends
        AbstractTransactionalDataSourceSpringContextTests {
2
3       @Override
4       protected void onSetUpInTransaction() throws Exception {
5           JDBCTestHelper.insertTopping(jdbcTemplate, 1, "Tomato sauce",
                ToppingPriceCategory.ONE);
6           JDBCTestHelper.insertTopping(jdbcTemplate, 2, "Mozzarella",
                ToppingPriceCategory.TWO);
7           JDBCTestHelper.insertPizza(jdbcTemplate, 1, "Margherita", 5.42,
                true, new int[]{1}, null);
8       }
```

---

[21] Weitere Informationen hierzu finden Sie unter:
http://forum.hibernate.org/viewtopic.php?p=2231400.

Die `JDBCTestHelper`-Klasse (siehe Source-Download) verfügt über verschiedene Hilfsmethoden, um Zeilen in der Datenbank per JDBC einzufügen.

In der Test-Methode selbst wird die `PizzaDao`-Methode `getPizza` aufgerufen, um die Pizza aus der Datenbank zu lesen. Dann wird die `addTopping`-Methode dieses Objekts aufgerufen, um einen zusätzlichen Belag der Pizza hinzuzufügen. Am Ende wird das von der Spring-Basisklasse bereitgestellte `jdbcTemplate`-Objekt benutzt, um die Datenbank abzufragen, wie viele Beläge unsere Pizza hat.

```
 9    public void testAddTopping() {
10        final Integer PIZZA_ID = new Integer(1);
11        Topping topping = new Topping(2);
12        Pizza aPizza = pizzaDao.getPizza(PIZZA_ID);
13        aPizza.addTopping(topping);
14        assertEquals("falscher Anzahl Belaege: ",
15            2,
16            jdbcTemplate.queryForInt("select count(1) from pizza_topping
                    where pizza_id = " + PIZZA_ID));
17    }
18  }
19 }
```

Wenn dieser Test abläuft, schlägt er fehl. Die `jdbcTemplate`-Abfrage liefert immer 1 als Ergebnis zurück statt der erwarteten 2. Anscheinend ist die erwartete Datenänderung am `Pizza`-Objekt, die die `addTopping`-Methode verursachen sollte, zum Zeitpunkt des Aufrufs von `assertEquals` noch nicht in die Datenbank gelangt.

Das Problem ist hier, dass Änderungen an Objekten asynchron erfolgen. Nur beim Schließen der Hibernate-Session bzw. bei einem Flush auf der Session werden die Änderungen in die Datenbank geschrieben. Diese Optimierung ist eigentlich sehr nützlich und wichtig für eine typische Anwendung, da sie die Anzahl der Datenbank-Zugriffe erheblich reduzieren kann. (Beim Schließen der Session muss Hibernate nur die Summe aller Änderungen am Objekt feststellen und diese in *einem* Update speichern). In unserem Testfall führt dieses Verhalten aber zu einem Problem, weil wir die Ergebnisse in der Datenbank prüfen, bevor Hibernate sie überhaupt in die Datenbank schreibt.

Wir können dieses Problem umgehen, indem wir im Test explizit ein `flush` auf der Session aufrufen. Um an die Session heranzukommen, müssen wir uns zunächst die `SessionFactory` beschaffen. Dies ist einfach zu lösen – wir müssen nur die Test-Klasse um eine setter-Methode für das Property `sessionFactory` erweitern, und Spring erledigt den Rest. Als zweite Änderung muss die Test-Methode `flush` aufrufen:

```
1  private SessionFactory sessionFactory;
2  public void setSessionFactory(SessionFactory aSessionFactory) {
3      this.sessionFactory = aSessionFactory;
4  }
5
6  public void testAddTopping() {
7      final Integer PIZZA_ID = new Integer(1);
8      Topping topping = new Topping(2);
9      Pizza aPizza = pizzaDao.getPizza(PIZZA_ID);
```

```
10      aPizza.addTopping(topping);
11      // flush anstossen um Aenderungen in der Datenbank sichtbar zu
            machen.
12      sessionFactory.getCurrentSession().flush();
13      assertEquals("falscher Anzahl Belaege: ",
14              2,
15              jdbcTemplate.queryForInt("select count(1) from pizza_topping
                    where pizza_id = " + PIZZA_ID));
16  }
```

Dieses Problem entsteht, weil wir im Test den Inhalt der Datenbank an Hibernate vorbei überprüfen. In einer echten Anwendung ist es unwahrscheinlich, dass wir auf das gleiche Problem stoßen, da diese Mischung von Zugriffstechniken dort nicht vorkommt.

7.9 Arbeiten mit Stored Procedures

In vielen bestehenden Enterprise-Anwendungen ist eine beträchtliche Menge Business-Logik in der Datenbank in Stored Procedures implementiert worden. Aus verschiedenen Gründen ist es oftmals schwierig oder sogar unmöglich, sie zu ersetzen und in der Business-Schicht oder im Domain-Modell der Anwendung unterzubringen. Der häufigste Grund dabei ist, dass andere, nicht Java-basierte Anwendungen diesen Code ebenfalls verwenden.

In so einem Fall ist es notwendig, aus Spring- und Hibernate-Anwendungen auf Stored Procedures zuzugreifen. In den nächsten Abschnitten untersuchen wir die verschiedenen Ansätze dafür.

Als Beispiel definieren wir die folgende Stored Procedure, die alle Bestellungen mit einem bestimmten Order-Status aus der `orders`-Tabelle liefert.

```
CREATE OR REPLACE FUNCTION orders.get_orders(v_state IN NUMBER)
RETURN SYS_REFCURSOR
AS
    cursor SYS_REFCURSOR
BEGIN

    OPEN cursor FOR
        SELECT id, customer, state FROM orders
        WHERE state = v_state;
    RETURN cursor;
END;
```

7.9.1 Aufruf über JDBC

Der klassische Weg, um von einer Java-Anwendung eine Stored Procedure aufzurufen, ist die Benutzung der JDBC-Schnittstelle `java.sql.Callable-Statement`. Das Ergebnis kommt als `ResultSet` daher. Das folgende Listing zeigt ein Beispiel:

```
CallableStatement stp =
    connection.prepareCall("{ ? = call orders.get_orders (?) }");

stp.registerOutParameter(1, OracleTypes.CURSOR);
stp.setInt(2, 1);
stp.execute();
ResultSet rset = (ResultSet)stp.getObject(1);

// Verarbeite cursor
while (rset.next()) {
    System.out.println(rset.getString(2));
}
```

7.9.2 Aufruf über Spring

Statt der nackten `CallableStatement`-Schnittstelle aus JDBC bietet Spring eine
bequemere API, bei der wir die Stored Procedure als eigene Klasse verpacken.

Um dieses Feature zu benutzen, definieren wir für jede Stored Procedure eine eigene Klasse, die von `StoredProcedure` erbt. Im Konstruktor definieren wir die
Input- und Output-Parameter der Stored Procedure, ähnlich dem oben dargestell-
ten JDBC-Ansatz (Zeilen 8–9). Danach rufen wir die `compile`-Methode auf, um
die Stored Procedure zu kompilieren.

```
1   public class GetOrdersSTP extends StoredProcedure {
2
3       private static final String STP_NAME = "orders.get_orders";
4       private static final String STATE_PARAMETER = "v_state";
5
6       public GetOrdersSTP(DataSource dataSource) {
7           super(dataSource, STP_NAME);
8           declareParameter(new SqlParameter(STATE_PARAMETER,
                Types.INTEGER));
9           declareParameter(new SqlOutParameter("orders",
                OracleTypes.CURSOR, new OrderMapper()));
10          compile();
11      }
```

Zugang zur Stored Procedure bieten wir über die Methode `execute`, die die
Input-Parameter der Stored Procedure setzt. Diese Methode delegiert an die (pro-
tected) `execute`-Methode in der Basisklasse `StoredProcedure`.

```
12      public Map execute(OrderState state) {
13          Map<String, Object> map = new HashMap<String, Object>();
14          map.put(STATE_PARAMETER, state.ordinal());
15          return super.execute(map);
16      }
17  }
```

Für die Konvertierung des Output-Parameters haben wir einen `RowMapper` benutzt (vgl. Zeile 9). Das ist ein Spring-Konzept, um eine `ResultSet`-Zeile auf ein
Domain-Objekt (in diesem Fall die Klasse `Order`) abzubilden.

Unsere `OrderMapper`-Klasse sieht wie folgt aus:

```
public class OrderMapper implements RowMapper {

    public Object mapRow(ResultSet rs, int rowNum) throws SQLException {
        Order order = new Order();
        order.setId(rs.getInt("id"));
        Customer customer = new Customer();
        customer.setName(rs.getString("customer"));
        order.setCustomer(customer);
        order.setState(OrderState.valueOf(rs.getString("state")));
        return order;
    }
}
```

Für jede Zeile im `ResultSet` wird die Methode `mapRow` aufgerufen, die ein neues `Order`-Objekt erzeugt und vom `ResultSet` befüllt.

Bei der Definition der Bean im Spring-Application-Context gibt es keine Besonderheiten:

```
<bean name="getOrdersSTP"
    class="de.hanser.buch.opiz.dao.stp.GetOrdersSTP"/>
```

Wenn Spring den Applikation-Context lädt, wird die Klasse instanziiert, was die Erzeugung und Übersetzung eines `CallableStatement`-Objekts zur Folge hat.

7.9.3   Aufruf über Hibernate

Ab Hibernate Version 3 können wir auch mit diesem Framework auf Stored Procedures zugreifen. Hier geht es um die Einbindung in die Welt des O/R-Mappers, d. h. aus dem Ergebnis der Stored Procedure erzeugt Hibernate gemappte Objekte. Deswegen überrascht es nicht, dass Hibernate nur bestimmte Arten von Stored Procedures ansprechen kann.

Für Oracle-Datenbanken sind diese Einschränkungen wie folgt:

- Eine Funktion muss ein Result-Set zurückgeben.
- Der erste Parameter einer Stored Procedure muss ein OUT-Parameter sein, der ein `ResultSet` zurückgibt (der Oracle-Typ hierfür ist SYS_REFCURSOR).

Stored Procedures, die diese Einschänkungen nicht erfüllen, lassen sich am einfachsten mit der Spring-`StoredProcedure`-Klasse ansprechen, wie wir in Abschnitt 7.9.2 schon gesehen haben.

Der Aufruf unserer Beispiel-Stored Procedure beruht auf der Definition einer benannten Abfrage, die wir durch Annotieren unseres `Order`-Objekts definieren.

```
@NamedNativeQuery(name="orders.get_orders",
    query="? = call orders.get_orders( ? )",
    resultClass=Order.class,
    callable=true)
```

Der *name*-Parameter zur Annotation `NamedNativeQuery`[22] gibt den Namen der Hibernate-Query an. Mit dem *query*-Parameter spezifizieren wir die Abfrage, in diesem Fall den Aufruf der Stored Procedure.

Der *resultClass*-Parameter sagt an, auf welche Klasse das Ergebnis des Aufrufs abgebildet werden soll. Da unsere Stored Procedure nur Datenzeilen aus der `orders`-Tabelle zurückgibt, können wir das normale Hibernate-Mapping für diese Entity benutzen. (Ein komplizierteres Mapping kann mithilfe des Parameters *resultSetMapping* angegeben werden.)

Letztendlich sollte der *callable*-Parameter auf *true* gesetzt werden, wenn die Abfrage eine Stored Procedure aufruft.[23]

7.9.4 Empfehlung

Auf der grünen Wiese ist es relativ einfach, Stored Procedures so zu definieren, dass sie Hibernates Einschränkungen erfüllen. In diesem Fall ist es aber ohnehin sinnvoll, weitgehend auf Stored Procedures zu verzichten und Domain-Logik im Middle-Tier zu definieren.

Bei bestehenden Systemen gibt es hingegen oft viele Stored Procedures, die sich nicht einfach ablösen lassen. Deren Signaturen passen aber häufig nicht zu Hibernate. In dieser Situation bleibt der Aufruf über Spring als einfachste Einbindungsmöglichkeit.

---

[22] *org.hibernate.annotations*

[23] Der *callable*-Parameter ist eine Hibernate-Erweiterung, d. h. er ist nicht in der JPA Persistenz-Spezifikation enthalten. Es bleibt offen, ob Hibernate hier nachzieht und die „Query-Hints" aus JPA implementiert.

Kapitel 8

Services mit Spring

Nachdem wir unsere Anwendung mittels einer DAO-Schicht an die Datenbank angebunden haben, sehen wir uns in diesem Kapitel die fachlichen Services unserer Anwendung an.

Unsere gesamten fachlichen Services und somit die Schnittstelle für das Frontend kapseln wir in einer *Service-Schicht*. Über die Methoden in der Service-Schicht bieten wir Zugriff auf die gesamte Geschäftslogik der Anwendung. Die Service-Schicht ist auch verantwortlich für das Kontrollieren von Transaktionen und anderer Ressourcen, die wir für das Ausführen der Geschäftslogik benötigen.

Genau wie die anderen Schichten unserer Anwendung implementieren wir auch unsere Services als normale POJOs, die wir als Spring-Beans konfigurieren. Die für einen Datenbank-Zugriff benötigten DAO-Beans werden von Spring injiziert. In den Abschnitten 8.1–8.3 dieses Kapitels implementieren und konfigurieren wir unsere Service-Schicht mit Spring.

In Abschnitt 8.4 bieten wir eine gründliche Einführung in das mächtige Werkzeug Aspektorientierte Programmierung (AOP). Dies ist wichtig, da es die Grundlage für Spring-Transaktionshandlungen bildet. Dieses Thema behandeln wir in Abschnitt 8.5.

8.1 Allgemeine Themen bei der Implementierung der Service-Schicht

Eine Beschreibung der Aufgaben und Vorteile der Service-Schicht haben wir schon im Abschnitt 3.2.3 gesehen. Im vorliegenden Abschnitt gehen wir nun auf weitere Punkte ein, die wir bei der Implementierung einer Service-Schicht beachten müssen.

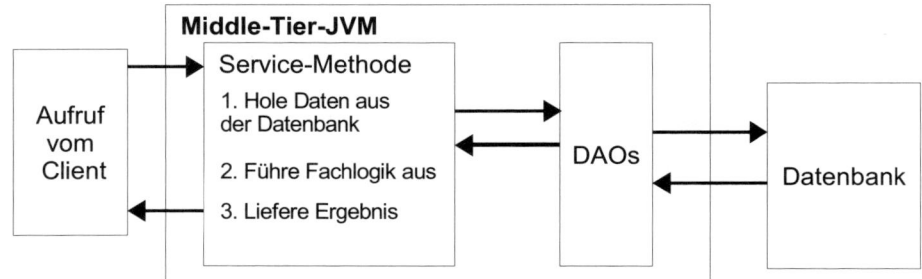

Abbildung 8.1: Eine Service-Methode mit Geschäftslogik

Bereitstellung der Geschäftslogik

Es existieren zwei grundlegende Vorgehensweisen bei der Implementierung der Geschäftslogik in einer Anwendung. Die Frage dreht sich um den genauen Ort, wo die Geschäftslogik entwickelt wird – entweder innerhalb von Service-Methoden oder übergreifend in verschiedenen Domain-Objekten.

In einem ersten Szenario könnten wir die Geschäftslogik direkt in einer Service-Methode implementieren. Die Verarbeitung einer Anfrage geschieht dann typischerweise in drei Schritten (vgl. Abbildung 8.1):

1. Wir lesen die benötigten Daten aus der Datenbank. Hierfür wird die DAO-Schicht einbezogen.

2. Wir führen die Geschäftslogik der Methode mithilfe der Daten aus.

3. Wir liefern das Ergebnis an den Client zurück bzw. speichern den neuen Zustand in der Datenbank.

Dieses Szenario wird oft kritisiert, da die entworfenen Domain-Objekte eigentlich nicht viel mehr als Datenbehälter sind.[1] Deswegen baut ein zweites Szenario auf einem „vollwertigen" Domain-Modell auf,[2] d. h. die Domain-Objekte enthalten nicht nur die Daten der Anwendung, sondern auch die fachlichen Methoden, die diese Daten verwenden.

Da wir die Geschäftslogik in diesem Fall in unsere Domain-Objekte verschoben haben, würden unsere Service-Methoden keine Geschäftslogik mehr enthalten. Unsere Service-Schicht hätte lediglich die Aufgabe, die einzelnen Fachmethoden an den Domain-Objekten Use-Case-spezifisch aufzurufen, das Ergebnis zusammenzubauen und dieses an den Aufrufer zu liefern (vgl. Abbildung 8.2 auf der nächsten Seite).

In den folgenden Abschnitten implementieren wir allerdings unsere Service-Methoden, wie es im ersten Szenario beschrieben wurde. Wenn wir über die Web-Anbindung sprechen (Kapitel 9), werden wir eine weitere Möglichkeit vorstellen, nämlich das Arbeiten mit detachten Objekten.

---

[1] Das Problem wird nach Martin Fowler als *Anaemic Domain Modell* gekennzeichnet.
Siehe http://martinfowler.com/bliki/AnemicDomainModel.html.
[2] Siehe z. B. *Domain-Driven Design*, Evans, Addison-Wesley 2003.

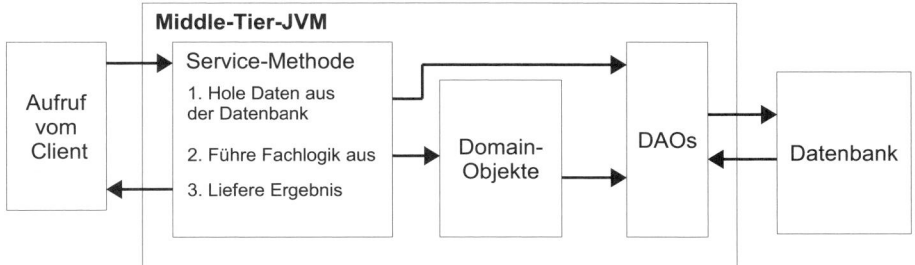

Abbildung 8.2: Eine Service-Methode mit Geschäftslogik in einem Domain-Modell

Data-Transfer-Objekte

Eine Frage, die wir beim Design der Service-Schicht klären müssen, ist, ob wir für den Transport der Ergebnisse zum Client Data-Transfer-Objekte oder bereits vorhandene Domain-Objekte einsetzen. Das DTO-Pattern[3] hat sich für EJB-Anwendungen und insbesondere Entity-Beans etabliert, allerdings führt es unter anderem zu größeren Mengen von Code und einem erhöhten Pflege-Aufwand.

Da bei uns alle Domain-Objekte als POJOs realisiert worden sind, haben wir zumindest die Möglichkeit, einfach die Domain-Objekte an den Client zurückzugeben. Wenn wir dies machen, erhalten wir natürlich eine höhere Kopplung zwischen unserem Frontend und der Service-Schicht (Middle-Tier). Bei der Entscheidung für eine dieser beiden Lösungen müssen verschiedene Aspekte beachtet werden:

▨ Sobald unsere Domain-Objekte nicht nur die Daten, sondern auch eine bestimmte (von der Datenbank abhängige) Geschäftslogik enthalten, ist es eigentlich nicht sinnvoll, diese Objekte auch im Frontend zu verwenden.

▨ Für den Fall, dass unser Frontend und unsere Service-Schicht auf verschiedenen Systemen liegen, kommt ein weiterer Aspekt hinzu. Oft werden die Daten in die Domain-Objekte mithilfe von Lazy Loading aus der Datenbank geladen. Durch diese Optimierung werden unnötige Datenbankzugriffe eingespart. Falls allerdings genau diese Daten im Frontend benutzt werden sollen, müssen sie vollständig geladen werden, bevor die Domain-Objekte das Middle-Tier verlassen, sonst sind sie nicht ohne Weiteres im Frontend verfügbar.

▨ Oftmals kann das Ergebnis einer Service-Methode eine Sammlung, Teilmenge oder Aggregation verschiedener Domain-Objekte sein. Somit wäre an dieser Stelle ein DTO ein geeigneter Weg, um lediglich die wirklich vom Client benötigten Daten zurückzuliefern.

Um unsere *Opiz*-Beispielanwendung einfach zu halten, liefern wir die Domain-Objekte zum Frontend, statt DTOs zu benutzen. Wir gehen auf die oben angesprochene Lazy-Loading-Problematik im Abschnitt 9.3.1 auf Seite 209 näher ein.

---

[3] Siehe z. B. http://java.sun.com/blueprints/corej2eepatterns/Patterns/TransferObject.html.

Client-Zugriff auf der Service-Schicht

Der Zugriff auf die Service-Beans kann entweder lokal oder remote durchgeführt werden. Lokale Zugriffe werden beispielsweise in den JUnit-Tests verwendet, die wir in diesem Kapitel vorstellen. Der Zugriff aus der Präsentationsschicht, die wir im Kapitel 9 vorstellen, ist ebenfalls ein lokaler Zugriff, da die gesamte Anwendung in diesem Fall in einem Web-Container laufen wird. Dem Thema „Remote-Zugriff" wenden wir uns dann in Kapitel 10 zu.

Entwicklung mit dem Spring-Framework

Wenn wir unsere Anwendung im Rahmen eines Applikations-Servers entwickeln würden, bekämen wir verschiedene Services wie z. B. Transaktionshandling vom Container zur Verfügung gestellt. Da wir unsere Anwendung allerdings unabhängig von einem EJB-Container entwickeln wollen, stellt sich die Frage, woher wir den Zugriff auf diese Services bekommen können. Glücklicherweise können wir mit dem Spring-Framework genau auf diese zentralen Services ebenfalls zurückgreifen, wie wir im Laufe dieses Kapitels sehen werden.

Wenn wir dann die Anwendung doch in einem Applikations-Server deployen, brauchen wir nur die Spring-Konfiguration anzupassen, um dem Spring-Framework mitzuteilen, dass es die Services vom Container benutzen soll.

8.2   Der Use-Case „Pizza-Bestellung"

Der Kern des Opiz-Systems ist die Bestellung einer Pizza. Wie ein Kunde eine Pizza bestellt, ist bereits in Abbildung 3.2 auf Seite 15 dargestellt. Jeder der Schritte in dieser Abbildung korrespondiert mit einer Methode in unserer Service-Schnittstelle.

Die Zuordnung einer Service-Methode zu einer bestimmten Service-Schnittstelle ist frei wählbar. Es ist trotzdem sinnvoll, wenn fachlich ähnliche Use-Cases in die gleiche Service-Schnittstelle zusammengefasst werden. So könnten z. B. alle Service-Methoden rund um das `Pizza`-Objekt in einer Schnittstelle `Pizza-Service` abgebildet werden.

Tabelle 8.1 auf der nächsten Seite beschreibt die einzelnen Schritte des Use-Cases und listet die entsprechenden Service-Methoden auf.

8.2.1   Implementierung einer Service-Methode

Der zweite Schritt unseres Use-Cases befasst sich mit der initialen Speicherung einer Bestellung und der dazugehörigen Pizza. Wir werden uns mit der Methode `createPendingOrder` befassen, die sich logischerweise in der `OrderService`-Schnittstelle befindet.

Das Sequenzdiagramm für den Aufruf dieser Methode wird in Abbildung 8.3 auf Seite 162 gezeigt. Vor dem Methodenaufruf muss eine neue Pizza mit einem getrennten Aufruf der `PizzaService`-Methode `savePizza` in der Datenbank

Tabelle 8.1: Einzelne Schritte bei der Aufgabe einer Bestellung in Opiz

Schritt	Service-Schnittstelle	Methode
Die erste Pizza mit den gewünschten Belägen wird ausgewählt.	— (nur in Frontend)	—
Diese Pizza wird als Teil einer Bestellung im System gespeichert. Die Pizza und die Bestellung werden in der Datenbank als neue Datenzeilen in den Tabellen *pizza* bzw. *orders* gespeichert.	PizzaService OrderService	savePizza createPendingOrder
Der Kunde kann weitere Pizzen der Bestellung hinzufügen.	OrderService	addPizzaToOrder
Der Kunde signalisiert, dass seine Bestellung fertig ist.	OrderService	finishOrder

gespeichert werden. (Wir hätten diesen Aufruf natürlich auch in der `create-PendingOrder`-Methode integrieren können.) Der von diesem Aufruf zurück-gelieferte Primärschlüssel der neuen Pizza wird dann im Aufruf der `Order-Service`-Methode `createPendingOrder` benutzt.

Für unsere Methode benötigen wir zwei DAOs, die mittels setter-Methoden von Spring injiziert werden. Wir benutzen das Pizza-DAO, um das `Pizza`-Objekt mit dem übergebenen Primärschlüssel aus der Datenbank zu laden. Das Order-DAO speichert das neu erzeugte Objekt des Typs `Order` in der Datenbank.

```
1   public class OrderServiceImpl implements OrderService {
2
3       private OrderDao orderDao;
4       private PizzaDao pizzaDao;
5
6       public void setOrderDao(OrderDao orderDao) {
7           this.orderDao = orderDao;
8       }
9
10      public void setPizzaDao(PizzaDao pizzaDao) {
11          this.pizzaDao = pizzaDao;
12      }
```

In der Service-Methode selbst laden wir zuerst die gewünschte `Pizza` aus der Datenbank. Danach erzeugen wir ein neues transientes Objekt vom Typ `Order` und fügen das frisch geladene `Pizza`-Objekt der Bestellung hinzu. Schließlich (in Zeilen 17–19) speichern wir das `Order`-Objekt und aktualisieren die Referenz auf der Bestellung im `Pizza`-Objekt. Da es sich um ein persistentes Objekt handelt, wird diese Änderung automatisch von Hibernate gespeichert. Danach liefern wir den Primärschlüssel der neu erzeugten Bestellung zurück.

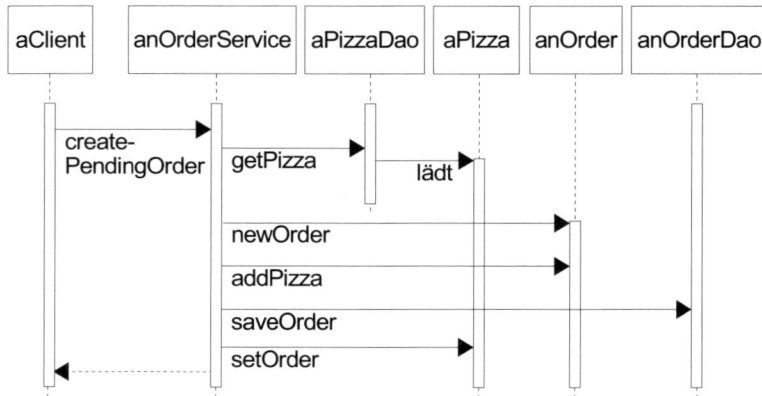

Abbildung 8.3: Sequenzdiagramm für die Methode `createPendingOrder`

```
13    public Integer createPendingOrder(Integer pizzaId) {
14        Pizza pizza = pizzaDao.getPizza(pizzaId);
15        Order order = new Order();
16        order.addPizza(pizza);
17        Integer newOrderId = orderDao.saveOrder(order);
18        return newOrderId;
19    }
20 }
```

Wir müssen natürlich diese Service-Bean mit Angabe der notwendigen DAOs in der Spring-Konfigurationsdatei spezifizieren, sodass die Beans richtig injiziert werden.

```
<bean id="orderService"
    class="de.hanser.buch.opiz.service.OrderServiceImpl">
    <property name="orderDao" ref="orderDao"/>
    <property name="pizzaDao" ref="pizzaDao"/>
    ... <!-- weitere Properties nicht gezeigt -->
</bean>
```

8.2.2   Test der Service-Methode

Zum Testen der Methode schreiben wir die Methode `testCreatePending-Order` in der Klasse `OrderServiceTest`. Als Instanzvariablen benötigen wir ein `OrderService`- und ein `SessionFactory`-Objekt – Letzteres, weil wir ein Flush auf die Hibernate-Session auszuführen beabsichtigen (vgl. Abschnitt 7.8.4).

```
1  public class OrderServiceTest extends
        AbstractTransactionalDataSourceSpringContextTests {
2      private OrderService orderService;
3      private SessionFactory sessionFactory;
4
5      public void setOrderService(OrderService anOrderService) {
6          this.orderService = anOrderService;
7      }
8
```

```
 9      public void setSessionFactory(SessionFactory aSessionFactory) {
10          this.sessionFactory = aSessionFactory;
11      }
12
13      @Override
14      protected String[] getConfigLocations() {
15          return new String[] { "applicationContext.xml" };
16      }
```

Natürlich müssen wir auch die Methode `getConfigLocations` implementieren, um den Spring-Kontext zu laden. Für den Testfall benötigen wir einen Belag und eine Pizza in der Datenbank. Dieses fügen wir im Setup des Tests mithilfe des `JDBCTestHelper` in die Datenbank ein.

```
17      private final int PIZZA_ID = 2;
18
19      @Override
20      protected void onSetUpInTransaction() throws Exception {
21          JDBCTestHelper.insertTopping(jdbcTemplate, 1, "Tomato sauce",
                ToppingPriceCategory.ONE);
22          JDBCTestHelper.insertPizza(jdbcTemplate, PIZZA_ID, "Margherita",
                new int[] { 1 }, null);
23      }
```

Im Testfall selbst erzeugen wir durch den Methodenaufruf `createPending-Order` eine Bestellung für die Pizza mit Id 2. Für unsere Testzwecke müssen wir ein Flush auf die Hibernate-Session ausführen, sonst werden die Änderungen nicht per JDBC prüfbar. Die Prüfungen sollen zeigen (a), dass die Order-Id richtig gesetzt ist, und (b), dass die assoziierte Pizza auch diese Order-Id enthält.

```
24      public void testCreatePendingOrder() {
25          Integer orderId = orderService.createPendingOrder(PIZZA_ID);
26          sessionFactory.getCurrentSession().flush();
27          assertTrue("Falscher orderId (==" + orderId + ")", orderId > 0);
28          assertEquals("Falscher orderId in pizza",
29              orderId.intValue(),
30              jdbcTemplate.queryForInt(
31                  "select order_fk from pizza where id = " + PIZZA_ID));
32      }
33  }
```

8.3   Aufnehmen einer weiteren Pizza in einer Bestellung

Im dritten Schritt unseres Use-Cases kann der Kunde seiner Bestellung weitere Pizzen hinzufügen. Hierfür bieten wir die `OrderService`-Methode `addPizzaToOrder` an.

Im Unterschied zur vorigen Methode haben wir es jetzt mit zwei persistenten Objekten zu tun – einem `Order`- und einem `Pizza`-Objekt. In diesem Fall kann die Service-Methode nach Laden der entsprechenden Objekte einfach die `Order`-Methode `addPizza` aufrufen, um diesen Schritt des Use-Cases durchzuführen. Damit ist es nun Aufgabe von Hibernate dafür zu sorgen, dass beide Objekte in der Datenbank miteinander verknüpft werden.

```
public void addPizzaToOrder(Integer anOrderId, Integer aPizzaId) {
    Pizza pizza = pizzaDao.getPizza(aPizzaId);
    if (pizza == null) {
        throw new UnknownPizzaException("Pizza ID " + aPizzaId + " nicht
            bekannt");
    }
    Order order = orderDao.getOrder(anOrderId);
    if (order == null) {
        throw new UnknownOrderException("Order ID " + anOrderId + "
            nicht bekannt");
    }
    order.addPizza(pizza);
}
```

8.3.1   Testen mit Mock-Objekten

Außer den bereits entwickelten Tests fallen uns bei näherer Betrachtung der
Service-Methode verschiedene Problemszenarien ein, für die wir unbedingt Tests
schreiben sollten. Diese Fehlerfälle können wir problemlos mithilfe des Spring-
Test-Frameworks abdecken, wie wir nachfolgend zeigen. Wir setzen in diesem
Beispiel eine entsprechend befüllte Datenbank für die Testfälle voraus.

1. Die angegebene Pizza ist dem System nicht bekannt.

```
 1  public void testAddUnknownPizzaToOrder() {
 2      final int ORDER_ID = 1;
 3      final int PIZZA_ID = 2;
 4      try {
 5          orderService.addPizzaToOrder(ORDER_ID, PIZZA_ID);
 6          fail("exception erwartet");
 7      } catch (UnknownPizzaException x) {
 8          // ok
 9      }
10  }
```

2. Die angegebene Order ist dem System nicht bekannt.

```
 1  public void testAddPizzaToUnknownOrder() {
 2      final int ORDER_ID = 2;
 3      final int PIZZA_ID = 2;
 4      JDBCTestHelper.insertPizza(jdbcTemplate, PIZZA_ID, "Margherita",
            new int[] { 1 }, null);
 5      try {
 6          orderService.addPizzaToOrder(ORDER_ID, PIZZA_ID);
 7          fail("exception erwartet");
 8      } catch (UnknownOrderException x) {
 9          // ok
10      }
11  }
```

Allerdings stellt sich nun die Frage, wie wir sicherstellen können, dass der Zustand der Datenbank genau unseren Erwartungen entspricht. Dieses Problem ist
in unserem Beispiel nicht groß, da wir ein sehr einfaches Datenbank-Schema haben. Wir müssen nur die beiden beteiligten Tabellen (pizza und orders) vorher mithilfe von JDBC entsprechend unseren Anforderungen befüllen. Für diese

Vorgehensweise entschieden wir uns bereits in Kapitel 7. Für komplexere Tabellenabhängigkeiten macht dies aber schnell keinen Spaß mehr. Stattdessen könnte man darüber nachdenken, mit *DbUnit*[4] zu arbeiten, um die Datenbanktabellen automatisch zu befüllen. Ein anderer Weg wäre, den Zugriff auf die Datenbank durch Mock-Objekte zu simulieren. Genau dies wollen wir uns in der Folge einmal näher ansehen.

Die Service-Methode `addPizzaToOrder` spricht zwei DAOs an, um die entsprechenden `Pizza`- und `Order`-Objekte aus der Datenbank zu holen. Aus der Sicht eines reinen Unit-Tests möchten wir die `OrderServiceImpl`-Klasse isoliert testen. Die gerade vorgestellten JUnit-Tests tun dies aber nicht, da die DAO-Klassen bzw. die Hibernate-Mappings gleichzeitig ebenfalls getestet werden. Im idealen Fall möchten wir durch andere Probleme (z. B. wie kommen die Testdaten in die Datenbank) nicht vom eigentlichen Testfall abgelenkt werden. Genau dieses können wir durch den Einsatz von Mock-Objekten für unsere DAOs erreichen.

> *Mock-Objekte*
>
> Mock-Objekte werden in der testgetriebenen Softwareentwicklung „Dummy"-Objekte genannt, die als Platzhalter für echte Objekte innerhalb von Unit-Tests verwendet werden. Es ist nicht immer möglich oder erwünscht, ein einzelnes Objekt vollkommen isoliert zu testen. Soll die Interaktion eines Objekts mit seiner Umgebung überprüft werden, muss vor dem eigentlichen Test die Umgebung nachgebildet werden. Das kann umständlich, zeitaufwendig oder gar nur eingeschränkt oder überhaupt nicht möglich sein. In diesen Fällen können Mock-Objekte helfen.
> Aus *http://de.wikipedia.org/wiki/Mock-Objekt*

Für das Mocken der DAO-Objekte werden wir die Library *EasyMock*[5] benutzen. Eine andere Möglichkeit bietet die Library *jMock*[6] an. Beide Tools haben Vor- und Nachteile. Für EasyMock spricht, dass die Test-Klasse nicht von einer EasyMock-Basisklasse erben muss.

Bei der Verwendung von EasyMock werden zuerst unsere Erwartungen an die Mock-Objekte definiert. Danach werden die Mock-Objekte in einem *Wiedergabe*-Modus umgesetzt. Erst dann führen wir unseren Test aus. Die Mock-Objekte selbst werden auf der Basis der von uns angegebenen Schnittstellen von Easy-Mock selbstständig erzeugt.

Anhand eines Beispiels wird diese Vorgehensweise am einfachsten verständlich. Wir legen zunächst die Testklasse `OrderServiceMockTest` an, die ganz ohne die Hilfe des Spring-Test-Frameworks auskommt. Dies bedeutet, dass wir direkt von JUnits `TestCase` erben können.

In den Zeilen 3–5 definieren wir Variablen für die zu testenden Klassen und die Schnittstellen, die gemockt werden sollen.

---

[4] http://dbunit.sourceforge.net
[5] http://www.easymock.org
[6] http://www.jmock.org

```
 1   public class OrderServiceMockTest extends TestCase {
 2
 3       private OrderServiceImpl orderService;
 4       private PizzaDao pizzaDaoMock;
 5       private OrderDao orderDaoMock;
```

In der setUp-Methode der Test-Klasse werden mithilfe der statischen EasyMock-Methode createMock die Mock-Objekte für die DAOs erzeugt. Wir definieren Mocks für die beiden Schnittstellen PizzaDao und OrderDao, da wir wissen, dass die Methode addPizzaToOrder diese zwei DAO-Schnittstellen benutzt.

Die Mock-Referenzen werden dann (Zeilen 14–15) per Hand in das order-Service-Objekt injiziert.

```
 6       @Override
 7       protected void setUp() {
 8           orderService = new OrderServiceImpl();
 9
10           // erzeuge Mock-Objekte
11           pizzaDaoMock = EasyMock.createMock(PizzaDao.class);
12           orderDaoMock = EasyMock.createMock(OrderDao.class);
13
14           orderService.setOrderDao(orderDaoMock);
15           orderService.setPizzaDao(pizzaDaoMock);
16       }
```

Im Test selbst werden zuerst die Erwartungen an die Mock-DAO-Objekte gesetzt (Zeilen 27–28). Mit der statischen Methode expect geben wir an, welchen Methodenaufruf wir erwarten (und mit welchen Parametern). Mit der ebenfalls statischen Methode andReturn spezifizieren wir das Ergebnis des Methodenaufrufes.

■ Das pizzaDaoMock-Objekt erwartet einen Aufruf von getPizza und gibt ein Pizza-Objekt mit Id 2 zurück.

■ Das orderDaoMock-Objekt erwartet einen Aufruf von der Methode get-Order. Das zurückgegebene Order-Objekt enthält eine Pizza mit Id 1 (gesetzt in den Zeilen 22–25).

```
17       public void testAddPizzaToOrder() {
18           final Integer ORDER_ID = 1;
19           final Integer EXISTING_PIZZA_ID = 1;
20           final Integer NEW_PIZZA_ID = 2;
21
22           List<Pizza> pizzaList = new ArrayList<Pizza>();
23           pizzaList.add(new Pizza(EXISTING_PIZZA_ID));
24           Order order = new Order();
25           order.setPizzas(pizzaList);
26
27           EasyMock.expect(pizzaDaoMock.getPizza(NEW_PIZZA_ID)).
                   andReturn(new Pizza(NEW_PIZZA_ID));
28           EasyMock.expect(orderDaoMock.getOrder(ORDER_ID)).
                   andReturn(order);
```

Wir schalten die Mocks in den Wiedergabemodus um, bevor wir die Service-Methode addPizzaToOrder endlich aufrufen können.

```
29            EasyMock.replay(pizzaDaoMock, orderDaoMock);
30
31            orderService.addPizzaToOrder(ORDER_ID, NEW_PIZZA_ID);
```

In den letzten Zeilen der Test-Methode prüfen wir die Ergebnisse des Tests. Mit
dem Aufruf der statischen Methode verify auf die jeweiligen Mock-Objekte stellen wir sicher, dass alle erwarteten Methodenaufrufe tatsächlich stattgefunden haben.

```
32            assertEquals("Pizza nicht erfolgreich hinzugefuegt: ", 2,
                  order.getPizzas().size());
33            EasyMock.verify(pizzaDaoMock, orderDaoMock);
34      }
35  }
```

Einen Aspekt der Service-Schicht, den wir bisher nicht behandelt haben, der aber
eine wichtige Rolle spielt, stellen die Transaktionen dar. Normalerweise bilden die
Methoden in der Service-Schicht eine Transaktionsklammer, d. h. eine Transaktion
wird beim Start einer Methode begonnen und am Methodenende geschlossen.

Spring hat in diesem Bereich sehr viel zu bieten. Wir untersuchen die Möglichkei-
ten ab Abschnitt 8.5. Bevor wir aber damit beginnen können, widmen wir uns dem
Thema „Aspektorientierte Programmierung", das gleichzeitig das Fundament für
Transaktionen im Spring-Framework darstellt.

8.4   Spring AOP – einfach und mächtig

Dieser Abschnitt soll zunächst die Grundlagen der Aspektorientierten Programmierung (AOP) erläutern und danach zeigen, wie AOP mit Spring angewendet
werden kann. Anhand unterschiedlicher Beispiele soll gezeigt werden, welche
Anwendungsfälle für AOP geeignet sind und wie diese effizient umgesetzt werden können. Die AOP-Umsetzung mit Spring 2.x weicht an einigen Stellen von
den Vorgängerversionen ab und orientiert sich an der AspectJ Pointcut Syntax.
Bevor wir das erste Praxisbeispiel beginnen, wollen wir uns zunächst einen Überblick über die AOP verschaffen.

8.4.1   Konzept des Aspect-Oriented Programming

AOP ist eine Erweiterung der objektorientierten Programmierung und wird eingesetzt, um sogenannte Querschnittsbelange aus der eigentlichen Geschäftslogik
herauszulösen. Als Querschnittsbelange werden beispielsweise Logging oder Mo-
nitoring bezeichnet (vgl. Abbildung 8.4).

Den Ausdruck Querschnitt verwendet man deshalb, weil sich eine fachliche Anforderung durch die ganze Anwendung zieht. Im Gegensatz dazu stehen die
Kernaufgaben einer Anwendung, wie beispielsweise die Berechnung eines Be-
stellwertes.

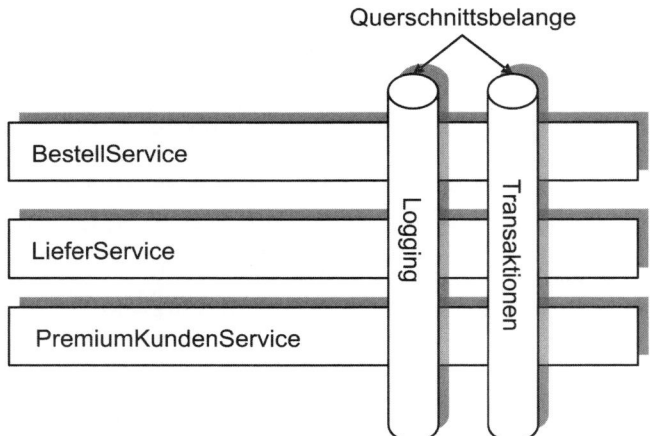

Abbildung 8.4: Kernaufgaben und Querschnittsbelange

Am Beispiel von Logging kann man in vielen Anwendungen sehen, dass Logging-Statements über den gesamten Code verstreut sind und mit zunehmender Anzahl immer schwerer wartbar werden.

AOP soll helfen, diesen Salat zu entwirren und die Querschnittsbelange sauber von der Geschäftslogik zu trennen, wie Logging Statements in Form eines Aspekts von der Geschäftslogik extrahiert werden. Die Logging Statements werden dann entweder während des Kompilierens, nach dem Kompilieren (Binärweben) oder zur Ladezeit in eine neu generierte Methode gewebt. Die generierte Methode enthält sowohl Geschäftslogik als auch Logging-Funktionalität.

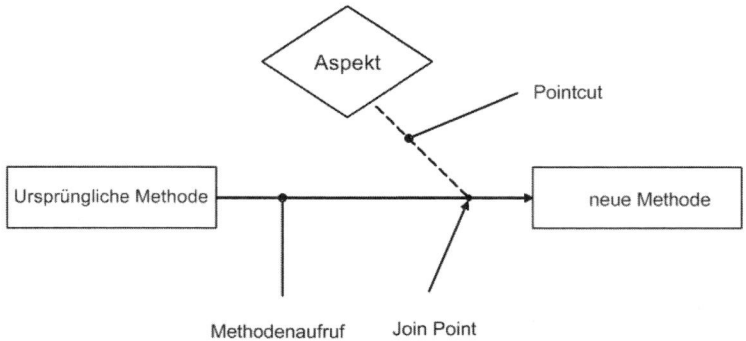

Abbildung 8.5: Ein technischer Überblick

Um das AOP-Prinzip zu verstehen, ist es erforderlich, einige grundlegende Begriffe zu kennen. Diese Begriffe sind nicht Spring-spezifisch, sondern allgemein in der AOP-Welt gültig (vgl. auch Abbildung 8.5). Wer bereits mit AOP gearbeitet hat, kann getrost zum Abschnitt 8.4.2 übergehen.

- Aspekt
  Eine Fachlichkeit, die mehrere Objekte betrifft. Ein Beispiel hierfür sind Logging oder Transaktionshandling. Aspekte werden in Spring entweder mit Java-Klassen in Kombination mit XML-Dateien realisiert oder mit annotierten Java-Klassen.

- Join-Point
  Ein Punkt in einer Anwendung. Der Punkt kann eine Methodenausführung oder der Zugriff auf ein Objektattribut sein. In Spring-AOP werden nur Methodenzugriffe als Join-Points unterstützt, um eine saubere Datenkapselung zu ermöglichen. AspectJ, der sich leicht in Spring integrieren lässt, bietet hierbei mehr Funktionalitäten.

- Advice
  Der Advice ist ein Aspekt, der an einem bestimmten Join-Point zur Geltung kommt. Es gibt unterschiedliche Advice-Typen, um einen Aspekt vor oder/und nach einem Methodendurchlauf auszuführen.

- Pointcut
  Eine Eigenschaft, die mehreren Join-Points entspricht. Der Advice wird mit einem Pointcut-Ausdruck (Eigenschaft) verknüpft und an allen Join-Points, die dem Pointcut-Ausdruck entsprechen, durchlaufen.

- Zielobjekt
  Jenes Objekt, auf das der Advice angewendet wird.

- Weben
  Der Prozess, bei dem der Advice an einer bestimmten Stelle eingefügt wird. Das Weben kann beim Kompilieren, zur Ladezeit oder während der Laufzeit erfolgen. Letzteres wird von Spring-AOP unterstützt. AspectJ unterstützt das Weben zur Kompilierzeit, nach dem Kompilieren (Binärweben) und zur Ladezeit.

- AOP-Proxy
  Das Proxy-Objekt wird vom jeweiligen AOP-Werkzeug generiert. Das Proxy-Objekt beinhaltet den veränderten Code, d. h. dass dort die Querschnittsfunktionen enthalten sind.

Im folgenden Abschnitt werden wir uns den Pointcuts und Advices mit Spring-AOP widmen.

8.4.2 Spring-AOP: Annotations und XML

Um Pointcuts zu analysieren und zuzuordnen, verwendet Spring den AspectJ-Mechanismus, auch wenn im Hintergrund die Spring-AOP-Runtime benutzt wird. Dafür werden Klassen der AspectJ-Weaver-Bibliothek benötigt, die deshalb im Klassenpfad liegen muss (*aspectjweaver.jar*).

Pointcuts und Aspekte können sowohl per XML als auch per Java-Annotations erstellt werden. In den folgenden Beispielen wird beides gezeigt. Die XML-Elemente werden in die Konfigurationsdatei geschrieben und sind damit auch aktiviert. Um die AOP-Annotations zu aktivieren, ist in der Konfigurationsdatei folgender Eintrag vorzunehmen:

```
<aop:aspectj-autoproxy/>
```

Die Spring-AOP-Annotations basieren auf den AspectJ-spezifischen Annotations. Die AspectJ-spezifischen Erweiterungen können die Spring-AOP-Annotations einfach ergänzen, was aber im Rahmen dieses Buches nicht behandelt wird.

8.4.3   Pointcuts in Spring

Pointcuts können innerhalb des AOP-Konfigurationselements `<aop:config>` oder innerhalb eines Aspekts definiert werden. Bei der ersten Variante ist der Pointcut global sichtbar und kann von mehreren Aspekten und Advisors verwendet werden. Wenn der Pointcut innerhalb eines Aspekts definiert wird, ist er nur für diesen Aspekt sichtbar.

Das folgende Beispiel zeigt einen Pointcut, der eine Bean mit der ID *stockService* referenziert. Der Pointcut ist global gültig:

```
<aop:config>
    <aop:pointcut id="stockServicePc" expression="execution(*
        de.hanser.buch.opiz.dao.*Order*.saveOrder(
        de.hanser.buch.opiz.domain.Order))"/>
</aop:config>
```

Der nächste Pointcut wird innerhalb eines Aspekts definiert und ist somit nur für diesen Aspekt sichtbar:

```
<aop:config>
    <aop:aspect id="stockAspect" ref="stockService">
        <aop:pointcut id="stockServicePc" expression="execution(*
            de.hanser.buch.opiz.dao.*Order*.saveOrder(
            de.hanser.buch.opiz.domain.Order))"/>
    </aop:aspect>
</aop:config>
```

Der erste Stern im Attribut *expression* steht für den Rückgabewert und bedeutet, dass der Pointcut zutrifft, egal ob die Methode void, int oder etwas anderes zurückgibt. Anstelle des ersten Sterns kann auch ein Rückgabewert wie beispielsweise *void* oder *int* stehen. Die Sterne (*) in der Package-Deklaration dienen als Platzhalter. Im oben gezeigten Fall trifft der Pointcut auf alle Klassen im Package de.hanser.buch.opiz.dao zu, die an irgendeiner Stelle die Zeichenkette `Order` beinhalten. Dabei haben die betroffenen Methoden den Namen `saveOrder` und ein Objekt vom Typ `Order` als Parameter.

Die Parameter in der Methodensignatur müssen nicht unbedingt festgelegt werden. Soll kein Parameter vorkommen, wird zwischen die Klammern kein Ausdruck geschrieben:

```
expression="execution(* de.hanser.buch.opiz.dao.*Order*.saveOrder())"
```

Wenn mehrere Methoden mit dem gleichen Namen existieren und sich nur durch die Parameter unterscheiden, so kann die Expression auch so formuliert werden, dass sie auf alle Parameter (null oder x-beliebig viele) zutrifft:

```
expression="execution(* de.hanser.buch.opiz.dao.*Order*.saveOrder(..))"
```

Die annotierte Schreibweise wird in der entsprechenden Javaklasse vor der jeweiligen Methode eingefügt:

```
public interface OrderDao {

    @Pointcut("execution(* de.hanser.buch.opiz.dao.*Order*.saveOrder(
        de.hanser.buch.opiz.domain.Order))")
    Integer saveOrder(Order anOrder);

    // .. weiterer Code hier
}
```

Nachdem wir die Verwendung von Pointcuts kennengelernt haben, sehen wir uns die Anwendung von Advices in Spring an.

8.4.4 Advices in Spring

Genauso wie Pointcuts können auch Advices sowohl im XML-Format als auch mittels Annotations formuliert werden. Bei der Annotations-Variante wird die Klasse, die einen oder mehrere Advices enthält, zusätzlich zur Advice-Annotation mit der Annotation @Aspect versehen:

```
@Aspect public class InventoryChecker {
    // ...
}
```

Before-Advice

Der Before-Advice wird vor dem Durchlaufen der entsprechenden Methode ausgeführt. Er kann den Durchführungsverlauf nicht regulär davon abhalten, den Join-Point zu durchlaufen. Eine Ausnahme besteht, wenn der Before-Advice eine Exception wirft. Im Folgenden wird ein Before-Advice dargestellt.

```
<aop:config>
    <aop:aspect id="stockAspect" ref="stockService">
        <aop:pointcut id="stockServicePc" expression="execution(*
            de.hanser.buch.opiz.dao.*Order*.saveOrder(
            de.hanser.buch.opiz.domain.Order))"/>
        <aop:before method="prepareStockForOrder"
            pointcut-ref="stockServicePc" />
    </aop:aspect>
</aop:config>
```

Der annotierte Advice beinhaltet den gleichen Expression-Wert:

```
@Before("execution(* de.hanser.buch.opiz.dao.*Order*.saveOrder(
    de.hanser.buch.opiz.domain.Order))")
public void prepareStockForOrder() {
    // ...
}
```

Der Advice referenziert auf die Pointcut-ID. Bevor eine saveOrder-Methode mit einem Parameter *Order* aus irgendeiner Klasse im Package *de.hanser.buch.opiz.dao*, die das Wort `Order` beinhaltet, aufgerufen wird, wird zuerst der Advice ausgeführt. Im Advice ist festgelegt, dass der Methodenname `prepareStockForOrder` aufgerufen wird. Analog dazu ist natürlich das Bekanntmachen der Bean für Spring erforderlich:

```
<bean name="stockService"
    class="de.hanser.buch.opiz.service.InventoryChecker"/>
```

Wird der Pointcut nur für einen Advice benötigt, kann er auch mittels einer Kurznotation gemeinsam mit dem Advice festgelegt werden:

```
<aop:before method="prepareStockForOrder"
    pointcut="execution(*de.hanser.buch.opiz.dao.*Order*.saveOrder(
        de.hanser.buch.opiz.domain.Order))"/>
```

Der Advice sollte natürlich sinnvolle Logik enthalten, beispielsweise eine Überprüfung, ob der Pizzateig-Meldebestand noch nicht unterschritten wurde, andernfalls wird eine automatische Bestellung initiiert.

AfterReturning-Advice

Der `AfterReturning`-Advice wird ausgeführt, nachdem der Join-Point durchlaufen wurde, ohne eine Exception zu werfen. Der `AfterReturning`-Advice wird ähnlich konfiguriert:

```
<aop:config>
    <aop:aspect id="stockAspect" ref="stockService">
        <aop:after-returning method="reduceStock" pointcut="execution(*
            de.hanser.buch.opiz.dao.*Order*.saveOrder(
            de.hanser.buch.opiz.domain.Order))"/>
    </aop:aspect>
</aop:config>
```

Die annotierte Variante wird wie folgt formuliert:[7]

```
@Aspect public class InventoryChecker {

    @AfterReturning("execution(*
        de.hanser.buch.opiz.dao.*Order*.saveOrder(
        de.hanser.buch.opiz.domain.Order))")
    public void reduceStock() throws InventoryException {
        pizzaCounter--;
    }
    // weiterer Code hier
}
```

AfterThrowing-Advice

Dieser Advice-Typ wird ausgeführt, sofern die Join-Point-Methode eine Exception wirft. Daher bietet sich der `AfterThrowing`-Advice zur Fehlerbehandlung an: Beispielsweise um in eine Logdatei zu schreiben, wenn ein Datenbankfehler auftritt, oder um den Benutzer zu einer Fehlerseite weiterzuleiten:

---

[7] In einer produktiven Anwendung müsste der Lagerbestand für jede Pizza und nicht für jede Bestellung vermindert werden.

```
<aop:after-throwing method="doFailOver"
    pointcut="execution(*
        de.hanser.buch.opiz.dao.OrderDao.saveOrder(..))"/>
```

Der annotierte `AfterThrowing`-Advice lautet:

```
@Aspect public class InventoryChecker {

    @AfterThrowing("execution(*
        de.hanser.buch.opiz.dao.OrderDao.saveOrder(..))")
    public void doFailOver() {
        LOG.warn("hibFlushInterceptor.afterThrowing");
    }
    // ...
}
```

After-Advice

Der `After`-Advice wird nach Durchlaufen des Join-Points ausgeführt, egal ob
vorher eine Exception aufgetreten ist oder nicht. Das unterscheidet ihn vom oben
genannten `AfterReturning`-Advice. Im folgenden Beispiel wird wieder die
Pointcut-ID referenziert, anstatt den Pointcut im Advice festzulegen.

```
<aop:after method="reduceStock"
    pointcut="execution(* de.hanser.buch.opiz.dao.*Order*.saveOrder(
        de.hanser.buch.opiz.domain.Order))"/>
```

Die Annotation dazu sieht so aus:

```
@Aspect public class InventoryChecker {

    @After("execution(* de.hanser.buch.opiz.dao.*Order*.saveOrder(
        de.hanser.buch.opiz.domain.Order))")
    public void reduceStock() throws InventoryException {
        pizzaCounter--;
    }
}
```

Der Pizzabestand wird nach jeder Bestellung in der Methode `reduceStock` reduziert.

Around-Advice

Der `Around`-Advice wird rund um die auszuführende Methode ausgeführt, also sowohl vorher als auch nachher. Dieser Advice bietet nicht nur die Möglichkeit, vor und nach dem Methodenaufruf Aufgaben zu erledigen, sondern kann
auch bestimmen, ob die Zielmethode überhaupt durchgeführt werden soll. Der
`Around`-Advice läuft thread-safe ab und kann beispielsweise verwendet werden,
um die Durchlaufzeit der Methode zu messen. Der `Around`-Advice wird ähnlich
wie die oben genannten Advices im XML-Format verknüpft:

```
<aop:around method="doTimer" pointcut-ref="stockServicePc" />
```

Allerdings muss der dazugehörige Java-Code eine bestimmte Methodensignatur
aufweisen: Ein Parameter vom Typ `ProceedingJoinPoint` wird zwingend als

Eingangsparameter gesetzt. Ein Object vom Typ `java.lang.Object` wird als Rückgabewert zurückgeliefert.

Bei der `Around`-Advice-Methode ist darauf zu achten, dass explizit die Methode `proceed` der Schnittstelle `ProceedingJoinPoint` aufgerufen wird. Andernfalls wird die eigentliche Methode, die vom Advice „umklammert" wird, nicht ausgeführt. Das folgende Beispiel misst den Zeitdurchlauf der Zielmethode und liefert den Rückgabewert der Zielmethode zurück:

```
public Object doTimer(ProceedingJoinPoint pjp) throws Throwable {
    long startTime = Calendar.getInstance().getTimeInMillis();
    Object retVal = pjp.proceed();
    long endTime = Calendar.getInstance().getTimeInMillis();
    LOG.debug("Dauer: " + (endTime - startTime));
    return retVal;
}
```

Die Annotation-Version sieht so aus:

```
@Aspect public class InventoryChecker {
    public Object doTimer(ProceedingJoinPoint pjp) throws Throwable {
        // ... wie oben ...
    }
}
```

Eventuelle Parameter können beim Aufruf der `proceed`-Methode als `java.-lang.Object[]`-Array überreicht werden.

Advisors

Ein Advisor ist ein eigenständiger Aspekt, der genau einen zugehörigen Advice hat. Der Advice wird als Bean festgelegt. Advisors werden häufig bei der XML-basierten Definition von deklarativen Transaktionen verwendet. Ein Advisor wird mit dem Tag *<aop:advisor>* festgelegt und verweist einerseits mit dem Attribut *advice-ref* auf die Advice-Bean und andererseits auf einen Pointcut.

Im folgenden Beispiel wird ein Pointcut *txOrderMethods* definiert, der alle Methoden im Interface `OrderService` betrifft. Dieser Pointcut wird mit dem Advice *txAdvice* verknüpft. In der Advice-Konfiguration wird für alle Methoden der Transaktionsverlauf *REQUIRED* festgelegt. Methoden, die mit *get* oder *select* beginnen, werden read-only durchgeführt. Allen anderen betroffenen Methoden wird das Standard-Transaktionsverhalten zugewiesen.

```
<tx:advice id="txAdvice" transaction-manager="transactionManager">
    <tx:attributes>
        <tx:method name="get*" read-only="true" propagation="REQUIRED"/>
        <tx:method name="select*" read-only="true"
            propagation="REQUIRED"/>
        <tx:method name="*" propagation="REQUIRED"/>
    </tx:attributes>
</tx:advice>
<aop:config>
    <aop:pointcut id="txOrderMethods" expression="execution(*
        de.hanser.buch.opiz.service.OrderService*.*(..))"/>
    <aop:advisor advice-ref="txAdvice" pointcut-ref="txOrderMethods"/>
</aop:config>
```

8.4.5 Binärcode erzeugen – JDK versus CGLIB

Mit Spring-AOP können sowohl JDK als auch CGLIB verwendet werden, um die Proxies für die Zielobjekte zu erzeugen. Wenn das Zielobjekt ein oder mehrere Interfaces implementiert, wird per Default das JDK verwendet, um ein dynamisches Proxy-Objekt zu erzeugen. Andernfalls wird CGLIB für die Proxy-Generierung eingesetzt.

Die beiden folgenden Voraussetzungen und Restriktionen sind beim Einsatz von CGLIB gegeben:

- CGLIB-Bibliotheken der Version 2 sind im Klassenpfad erforderlich;
- Finale Methoden können nicht mit einem Advice versehen werden, da sie sich nicht überschreiben lassen.

Die Verwendung von CGLIB-Proxies kann für jede AOP-Konfiguration durch Setzen des `true`-Wertes beim Attribut *proxy-target-class* erzwungen werden:

```
<aop:config proxy-target-class="true">
    <!-- ... -->
</aop:config>
```

Bei einer bestehenden Anwendung ist es also nicht erforderlich, neue Interfaces zu den existierenden Klassen dazuzustricken. Man kann einfach die CGLIB verwenden und direkt auf die Klassen zugreifen. CGLIB erzeugt während der Laufzeit neue Unterklassen, mit denen die Methodenaufrufe gesteuert werden können. Das funktioniert mit der Einschränkung, dass `final`-Klassen nicht verwendet werden können. Meistens hat der Autor einer finalen Klasse auch einen Grund, warum er die Klasse mit `final` markiert. Beispielsweise wurde `Integer` aus der Java-API als finale Klasse implementiert. Wenn man eigene Zahlenformate implementieren möchte, kann man von der „darüberliegenden" abstrakten Klasse `Number` ableiten.

Ein Nachteil von CGLIB ist, dass die zu generierenden Klassen beim Starten der Anwendung erst einmal erzeugt werden müssen. Für ein Rechenzentrum einer Bank kann das schon ein Grund sein, davon abzusehen. Abgesehen davon dauern auch die Unit-Tests etwas länger, was sich bei einer größeren Anzahl von zu erzeugenden Klassen negativ bemerkbar macht.

8.4.6 Testen des Aspekts

Nachdem wir unseren ersten Aspekt implementiert und konfiguriert haben, möchten wir unbedingt sicherstellen, dass der Aspekt auch bei den richtigen Pointcuts angewendet wird. In unserer Anwendung heißt das, dass der Pizza-lagerbestand nach einer Bestellung verringert und der Bestellungszähler erhöht wird. Um sicherzugehen, dass unsere Konfiguration funktioniert, wollen wir auch testen, dass die Anzahl der vorrätigen Pizzen auch wirklich erst direkt vor dem Abschicken der Bestellung und nicht bereits vorher reduziert wird. Wie bereits erwähnt, wird aus Gründen der Vereinfachung die Anzahl der Pizzen pro Bestellung jeweils um 1 reduziert, auch wenn eine Bestellung mehrere Pizzen beinhaltet.

Zum Testen legen wir eine Klasse `InventoryCheckerTest` an, die sich von
der Klasse `AbstractTransactionalDataSourceSpringContextTests` im
Spring-Test-Framework ableitet. Die Testklasse beinhaltet einige Testobjekte, wie
beispielsweise `pizza1` und `pizza2` vom Typ `Pizza`. Die Testobjekte werden in
der Methode `onSetUpBeforeTransaction` initialisiert, um gültige Bestellungen für den eigentlichen Test zu erstellen. Die Anzahl der bisherigen Bestellungen wird auf `null` gesetzt. Hier merken wir uns auch den ursprünglichen Pizzabestand, um ihn später mit dem veränderten Pizzalagerbestand vergleichen zu
können:

```
pizzaInitCount = InventoryChecker.getPizzaCounter();
```

Die Methode `getConfigLocations` gibt den Pfad zur Kontextdatei zurück. In
unserem Beispiel werden die weiteren Kontextdateien innerhalb von *application-
Context.xml* importiert, daher geben wir hier nur einen einstelligen `String[]`-
Array zurück. Per IoC bekommen wir unsere `OrderDao` in die Testklasse injiziert.

In der `testAddPizza`-Methode überprüfen wir zunächst, ob der Aspekt noch
nicht angewandt wurde. Es wird getestet, ob die Anzahl der Bestellungen auch
wirklich `null` und der Pizzalagerbestand unverändert ist.

```
// bisher sind null Bestellungen erfolgt
assertTrue(0 == InventoryChecker.getOrderCounter());

// Pizzabestand darf sich noch nicht verändert haben (Negativtest)
assertTrue(pizzaInitCount == InventoryChecker.getPizzaCounter());
```

Bis hierhin wurde getestet, ob der Aspekt aufgrund eines Konfigurationsfehlers,
wie zum Beispiel einer falschen Pointcut-Expression, nicht an einer falschen Stelle
oder zu oft angewendet wird. Danach werden zwei Bestellungen aufgegeben, damit wir testen können, ob der Lagerbestand auch tatsächlich nach einer Bestellung
reduziert wurde und der Bestellungszähler erhöht wird.

```
// zwei Bestellungen sind erfolgt
assertTrue(2 == InventoryChecker.getOrderCounter());

// Der Pizzabestand muss nun weniger sein
assertTrue(InventoryChecker.getPizzaCounter() < pizzaInitCount);
```

Der Wertevergleich wird ebenfalls durch die getter- und setter-Methoden in
der Klasse `InventoryChecker` durchgeführt. Die vollständige Testklasse wird
nachfolgend dargestellt.

```
public class InventoryCheckerTest extends
    AbstractTransactionalDataSourceSpringContextTests {

    private Pizza pizza1, pizza2;
    private Customer cust1;
    private Order order1, order2;
    private OrderDao orderDao;
    private static int pizzaInitCount;

    @Override
    protected void onSetUpBeforeTransaction() throws Exception {
        super.onSetUpBeforeTransaction();
```

```
            InventoryChecker.setOrderCounter(0);
            pizzaInitCount = InventoryChecker.getPizzaCounter();

            // erzeuge hibernate objekte ...
        }

    public void testAddPizza() throws InventoryException {
            // bisher sind null Bestellungen erfolgt
            assertTrue(0 == InventoryChecker.getOrderCounter());

            // Pizzabestand darf sich noch nicht verändert haben
                (Negativtest)
            assertTrue(pizzaInitCount ==
                InventoryChecker.getPizzaCounter());

            orderDao.saveOrder(order1);
            orderDao.saveOrder(order2);

            // zwei Bestellungen sind erfolgt
            assertTrue(2 == InventoryChecker.getOrderCounter());

            // Der Pizzabestand muss nun weniger sein
            assertTrue(InventoryChecker.getPizzaCounter() < pizzaInitCount);
        }

    @Override
    protected String[] getConfigLocations() {
            return new String[]{"applicationContext.xml"};
        }

    public void setOrderDao(OrderDao orderDao) {
            this.orderDao = orderDao;
        }
    }
```

8.4.7 Das Spring-Aspekt-Toolset

Im Funktionsumfang von Spring sind bereits Aspekte enthalten, die den Entwickler beim Programmieren unterstützen können. Diese Aspekte müssen nur konfiguriert werden, um sie in die eigene Anwendung einbinden zu können. Die wichtigsten Aspekte aus dem Spring-Nähkästchen werden in der Tabelle 8.2 dargestellt.

Die soeben erwähnten Advices können sehr einfach in eine Anwendung eingebunden werden. Anhand des DebugInterceptors wollen wir uns ansehen, wie so eine Konfiguration aussieht. Zuerst wird der DebugInterceptor als Bean definiert, der wir den Name *debugInterceptor* geben.

```
<bean id="debugInterceptor"
    class="org.springframework.aop.interceptor.DebugInterceptor"/>
```

Danach wird der DebugInterceptor mit einem Pointcut verknüpft. In unserem Beispiel legen wir ein neues <*aop:config*>-Element an. Darin definieren wir einen neuen Pointcut. Die Bean *debugInterceptor* wird danach mit diesem Pointcut verknüpft.

Tabelle 8.2: Die wichtigsten out-of-the-box Spring-Advices im Überblick

Advice	Beschreibung
DebugInterceptor	Mit dem `DebugInterceptor` erfolgt ein Logging jedes Methodenaufrufs. Es wird jeweils der Anfang und das Ende des Aufrufs geloggt. Geloggt werden der Klassenname, der Methodenname, die Parameter und die Anzahl der Aufrufe der jeweiligen Methode. Für das Logging wird Apache Commons Logging verwendet.
SimpleTraceInterceptor	Genauso wie beim `DebugInterceptor` werden Anfang und Ende jedes Methodenaufrufs geloggt. Die Parameter werden bei diesem Interceptor nicht mitgeloggt.
ClassLoaderAnalyzer-Interceptor	Der jeweils verwendete Class-Loader wird mitgeloggt, was bei komplexen Systemen mit unterschiedlichen Class-Loadern hilfreich sein kann.
PerformanceMonitor-Interceptor	Loggt die Zeit, die für einen Methodendurchlauf benötigt wird.

```
<aop:config>
    <aop:pointcut id="debugPointcut" expression="execution(*
        de.hanser.buch.opiz.dao.*Dao*.*(..))"/>
    <aop:advisor advice-ref="debugInterceptor"
        pointcut-ref="debugPointcut"/>
</aop:config>
```

Das war dann auch schon alles, was wir tun müssen, um den `DebugInterceptor` scharfzuschalten. Das Ergebnis können wir uns dann gleich im Logfile ansehen (ein kleiner Auszug aus dem Logfile wird nachfolgend gezeigt). Entsprechend zum Methodeneinstieg gibt es einen Log-Eintrag für das Verlassen der Methode.

```
2007-08-10 23:20:39,359 DEBUG
org.springframework.aop.interceptor.SimpleTraceInterceptor.
    invokeUnderTrace(SimpleTraceInterceptor.java:57)
- Entering invocation: method 'saveOrder', arguments [id: null,
state: NEW, pizzas: [[de.hanser.buch.opiz.domain.Pizza@e16785, id:
null, name: my pizza 1, toppings: [cheese(TWO),tomato(THREE),,
order: null, NEW]], [de.hanser.buch.opiz.domain.Pizza@5388b5, id:
null, name: my pizza 2, toppings: [paprika(TWO),cheddar(THREE),,
order: null, NEW]]], customer:
de.hanser.buch.opiz.domain.Customer@fa8d2b00, creationTime: Fri Aug
10 23:20:39 CEST 2007]; target is of class
[de.hanser.buch.opiz.dao.HibernateOrderDaoImpl]; count=3
```

In den Logeinträgen sind auch Parameterwerte ersichtlich. Bei primitiven Typen ist die Darstellung einfach. Beispielsweise wird für einen int-Wert die entsprechende Zahl dargestellt. Bei komplexen Objekten wird der Hashcode geloggt. So kann festgestellt werden, ob bei zwei Methoden die gleiche Instanz als Parameter verwendet wird.

8.5   Transaktionen in Spring

Eine Transaktion ist eine Abfolge von Operationen, die entweder komplett oder gar nicht durchgeführt werden. Ein Beispiel für eine Transaktion ist ein Pizzabestellvorgang, bei dem eine bestellte Pizza den entsprechenden Lagerbestand vermindert und eine Rechnung für den Kunden erstellt wird. Wenn die Rechnung aus irgendeinem Grund nicht erstellt werden kann, dann muss die Lagerbuchung rückgängig gemacht werden. In diesem Fall wird die Transaktion zurückgerollt, da eine teilweise Durchführung keinen Sinn ergibt. Der Lagerbestand wäre sonst vermindert worden, obwohl keine Auslieferung erfolgen kann.

Abbildung 8.6 veranschaulicht einen Transaktionsverlauf, der nach dem Transaktionsbeginn entweder erfolgreich beendet (Commit) oder zurückgerollt wird (Rollback).

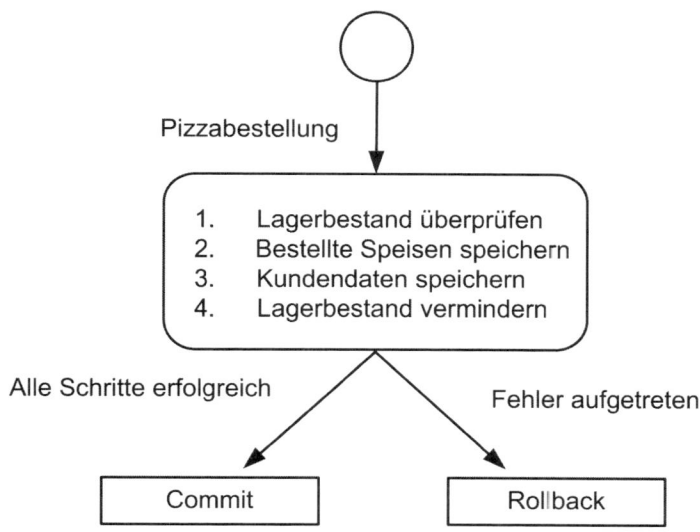

Abbildung 8.6: Lebenszyklus einer Transaktion

Spring unterstützt eine durchgängige Transaktionsabstraktion, die einen Umstieg von unterschiedlichen Transaktions-APIs erleichtert. Um deklarative Transaktionen zu definieren, ist kein Applikations-Server erforderlich, da diese von Spring ebenso wie programmatische Transaktionen unterstützt werden. Deklarative Transaktionen werden durch eine Beschreibung ausgedrückt. Diese kann mittels XML oder Java-Annotations erfolgen. Programmatische Transaktionen werden im Source-Code implementiert.

Spring bietet folgende Kernfunktionalitäten im Transaktionsbereich:

■ Unterstützung deklarativer Transaktionen
   Dabei können wahlweise Java-Annotations oder XML verwendet werden.

■ Übersichtliche API für eine programmatische Transaktionsumsetzung
Der Umgang mit der API ist relativ leicht zu erlernen.

■ Durchgängige Programmierabstraktion
Diese kann für verschiedene Transaktions-APIs, wie zum Beispiel Hibernate,
JDBC, JPA, JTA und JDO, eingesetzt werden.

8.5.1 Grundlagen und das ACID-Prinzip

Ein Transaktionssystem muss bei der Ausführung von Transaktionen folgende
ACID-Eigenschaften unterstützen:

■ Atomarität (Atomicity)
Eine Transaktion wird entweder ganz oder gar nicht ausgeführt. Wenn eine
einzige Operation innerhalb der Transaktionsklammerung nicht durchgeführt
werden kann, wird keine einzige Operation innerhalb der Transaktion durchgeführt. Dazu müssen der Anfangs- und Endpunkt festgelegt werden und
wann eine Transaktion zurückgerollt werden soll.

■ Konsistenz (Consistency)
Eine Transaktion bringt die Daten immer von einem konsistenten Zustand in
einen anderen. Dies bedeutet, dass die Daten am Ende einer Transaktion immer konsistent sind.

■ Isolation (Isolation)
Jede Transaktion arbeitet unabhängig von anderen Transaktionen. Wenn mehrere Transaktionen gleichzeitig ablaufen, dürfen die Zwischenergebnisse einer Transaktion nicht für die anderen Ergebnisse sichtbar sein. Diese Aussage trifft beim Isolationslevel ISOLATION_SERIALIZABLE zu. Ein Isolationslevel drückt den Grad der Isolationsstärke aus. Das Isolationsverhalten kann
stufenweise aufgeweicht werden. Wie Isolationslevels funktionieren, wird im
Abschnitt 8.5.3 erläutert.

■ Dauerhaftigkeit (Durability)
Die Änderungen einer erfolgreichen Transaktion werden dauerhaft gespeichert und überleben Systemabstürze.

Zur Veranschaulichung werden die drei Elemente einer Transaktion (Anfang,
Commit, Rollback) nachfolgend explizit im programmatischen Stil implementiert.

```
// ANFANG
DefaultTransactionDefinition def = new DefaultTransactionDefinition();
def.setPropagationBehavior(TransactionDefinition.PROPAGATION_REQUIRED);
TransactionStatus status = txManager.getTransaction(def);

Integer oId = orderDao.saveOrder(order);
try {
    txManager.commit(status); // COMMIT
}
catch (Exception e) {
    txManager.rollback(status); // ROLLBACK
}
```

Die Klasse `DefaultTransactionDefinition` stellt die default Implementierung des `TransactionDefinition`-Interface dar. Dabei werden folgende Initialwerte gesetzt: (`PROPAGATION_REQUIRED`, `ISOLATION_DEFAULT`, `TIMEOUT_DEFAULT`, `readOnly=false`). Die Variable `txManager` ist eine Instanz vom Typ `HibernateTransactionManager`. Die Transaktion wird entweder durch `commit` erfolgreich abgeschlossen oder mittels `rollback` zurückgerollt.

8.5.2 Der Transaktionsmanager

Beim Umgang mit Transaktionen bietet Spring eine Reihe von Annehmlichkeiten: Deklarative Transaktionsabwicklung ist auch ohne Applikations-Server möglich und verbessert die Code-Lesbarkeit erheblich. Eine eventuelle Umstellung auf eine andere Persistenz-API (beispielsweise von JDBC zu JTA) ist ohne Änderungen im Quellcode machbar.

Aufgrund des durchgängigen Abstraktionsmodells ist in einem solchen Fall nur eine Änderung der Konfiguration erforderlich. Das ist ein wichtiger Aspekt in Hinblick auf die Portabilität der Software. Eine Migration von lokalen Transaktionen (eine Datenquelle) zu globalen Transaktionen, auch verteilte Transaktionen genannt (mehrere Datenquellen), wird dadurch erheblich erleichtert. Globales Transaktionshandling erfordert normalerweise den Einsatz von JTA, wodurch der Code komplexer wird. Dies ist allerdings beim Einsatz von Spring nicht der Fall.

Die PlatformTransactionManager-Schnittstelle

Die `PlatformTransactionManager`-Schnittstelle stellt die Transaktionsabstraktion von Spring dar. Unabhängig von der im Hintergrund verwendeten Technologie können Transaktionen abgewickelt werden. Folgende Methoden sind in dieser Schnittstelle enthalten:

- `TransactionStatus getTransaction(TransactionDefinition definition) throws TransactionException;`
- `void commit(TransactionStatus status) throws TransactionException;`
- `void rollback(TransactionStatus status) throws TransactionException;`

Die Methoden `commit` und `rollback` dienen dem erfolgreichen Beenden beziehungsweise dem Zurückrollen einer Transaktion.

Die Exceptions, die in der `PlatformTransactionManager`-Schnittstelle geworfen werden können, sind, wie in Spring üblich, unchecked Exceptions. Dies bedeutet, dass sie von der Java-Klasse `RuntimeException` erben. Sie werden nicht mit `throws` in der Methodensignatur deklariert, und der Entwickler spart sich somit diese redundante Arbeit. Je nach `TransactionDefinition`-Parameter liefert `getTransaction` eine bestehende oder neue Transaktion. `TransactionDefinition` ist ein Interface für Klassen, die Transaktionsattribute definieren. Transaktionsattribute werden vom Container erst angewendet, nachdem eine neue Transaktion gestartet wurde, was nur durch `PROPAGATION_REQUIRED` und `PROPAGATION_REQUIRES_NEW` erreicht werden kann. Unter der abstrakten Klasse `TransactionException` ist eine komplette Exception-Hierarchie verborgen. Da es für den Einstieg nicht nötig ist, alle Exceptions in dieser Hierarchie zu kennen, sehen wir uns nur die wichtigsten an:

- ■ `TransactionTimedOutException`
  Spring wirft Exceptions von diesem Typ, wenn die für eine Transaktion maximal veranschlagte Zeit verstrichen ist.

- ■ `CannotCreateTransactionException`
  Diese oder davon ableitende Exceptions werden geworfen, wenn die darunterliegende Transaktions-API, wie beispielsweise JTA, keine Transaktion anlegen kann.

- ■ `TransactionUsageException`
  Bei einer unsachgemäßen Transaktionsanwendung wird von Spring diese Exception oder eine davon ableitende Exception geworfen. Beispielsweise dann, wenn eine Methode auf eine bestehende Transaktion vertraut, diese aber noch nicht existiert.

Über die `TransactionDefinition`-Schnittstelle kann der Transaktionsverlauf (siehe Abschnitt 8.5.4) spezifiziert werden. Des Weiteren können Timeout in Sekunden, Isolationslevel und der Read-only-Status abgefragt werden.

Read-only-Transaktionen

Read-only-Transaktionen sollten bei lesenden Operationen angewendet werden, damit das Datenbanksystem eventuelle Optimierungen durchführen kann. Da die Read-only-Optimierung beim Transaktionsbeginn auf das DBMS angewendet wird, ist sie nur bei den folgenden Transaktionsverläufen sinnvoll, die neue Transaktionen starten können (siehe Abschnitt 8.5.4):

- ■ `PROPAGATION_REQUIRED`
- ■ `PROPAGATION_REQUIRES_NEW`
- ■ `PROPAGATION_NESTED`

Beim Verwenden von Hibernate wird der Flush-Modus bei Read-only-Transaktionen auf `FLUSH_NEVER` gesetzt. Das heißt, dass ein Flush nur dann durchgeführt wird, wenn er explizit aufgerufen wird.

Transaktion-Timeout

Transaktionen können während ihrer Laufzeit Datensätze blockieren. Aufgrund dessen sollte immer darauf geachtet werden, die Transaktionsdauer möglichst kurz zu halten. Um zu vermeiden, dass eine Transaktion unerwartet viel Zeit beansprucht, kann die dafür zur Verfügung stehende Zeit limitiert werden. Da die

Transaktionszeit am Anfang einer Transaktion zu laufen beginnt, ist dieses Attribut nur bei Transaktionsverläufen sinnvoll, die selbst eine Transaktion starten können (siehe Abschnitt 8.5.4):

- `PROPAGATION_REQUIRED`
- `PROPAGATION_REQUIRES_NEW`
- `PROPAGATION_NESTED`

Um das Timeout zu ändern, muss entweder ein `JdbcTemplate` verwendet oder für jedes Statement die Methode `DataSourceUtils.applyTransaction-Timeout` aufgerufen werden. Das `JdbcTemplate` wurde bereits im Abschnitt 7.8 eingesetzt.

8.5.3 Beeinflussung des Transaktionsverhaltens

Der Entwickler hat die Möglichkeit, das Transaktionsverhalten zu steuern. Er kann beispielsweise bestimmen, ob Methoden in einer neuen Transaktion gestartet werden sollen oder in einer bestehenden, falls diese vorhanden ist. Ebenso kann er bestimmen, wie stark voneinander isoliert Transaktionen ablaufen sollen. Letzteres wollen wir uns als Erstes ansehen.

Isolation und Isolationslevel

Um das Ausmaß der Isolation zu bestimmen, können wir zwischen unterschiedlichen Isolationslevels wählen. Prinzipiell trifft die Aussage zu: Je sicherer der Isolationslevel, desto weniger performant ist der Datenbankzugriff. Einen Überblick über alle Isolationslevel gibt die Tabelle 8.3 auf der nächsten Seite.

Zusammenhängend mit dem Isolationslevel können beim Zugriff auf Daten verschiedene Probleme auftreten. Diese werden nachfolgend zusammengefasst (vgl. auch Tabelle 8.4 auf der nächsten Seite):

- **Dirty-Read-Problem**
  Für die Transaktion sind auch geänderte Daten sichtbar, die von anderen Transaktionen noch nicht committed wurden. Wenn bei der anderen Transaktion ein Rollback erfolgt, arbeitet die eigene Transaktion mit den falschen Daten weiter.

- **Unrepeatable-Read-Problem**
  Dieses Problem tritt auf, wenn eine Transaktion einen Datensatz wiederholt lesen muss und darauf vertraut, dass die Daten zwischenzeitlich nicht geändert wurden. Beispielsweise wird zuerst der Pizzalagerbestand abgefragt. Eine andere Transaktion vermindert kurz danach den Lagerbestand. Die erste Transaktion verlässt sich darauf, dass der Lagerbestand unverändert ist, und vermindert ihn.

Tabelle 8.3: Isolationslevel

Isolationslevel (in Klasse `TransactionDefinition`)	Beschreibung
ISOLATION_DEFAULT	Der Default-Isolationslevel der verwendeten Datenbank wird benutzt.
ISOLATION_READ_UNCOMMITTED	Das ist der niedrigste Transaktionslevel, und es bedarf schon einer kleinen Portion Optimismus, um diesen Level überhaupt als Transaktionslevel zu bezeichnen. Dieser Level birgt die größten Risiken und liefert üblicherweise die beste Performance. Folgende Probleme können dabei auftreten: Dirty-Read, Unrepeatable-Read, Phantom-Problem.
ISOLATION_READ_COMMITTED	Dieser Level ist bei vielen Datenbanken als Standardlevel eingestellt. Das Dirty-Read-Problem wird verhindert. Mögliche Probleme: Unrepeatable-Read, Phantom-Problem.
ISOLATION_REPEATABLE_READ	Dieser Level verhindert die Dirty-Read- und Unrepeatable-Read-Probleme, doch kann das Phantom-Problem weiterhin auftauchen.
ISOLATION_SERIALIZABLE	Alle Transaktionen werden nacheinander durchgeführt. Das ist der sicherste, aber in Bezug auf die Performance auch der teuerste Transaktionslevel.

Tabelle 8.4: Isolationslevel und auftretende Probleme

Isolationslevel	Dirty-Read	Unrepeatable-Read	Phantom-Read
Read Uncommitted	X	X	X
Read Committed		X	X
Repeatable-Read			X
Serializable			

Phantom-Read-Problem

Dieses Problem tritt auf, wenn eine Transaktion wiederholt dieselben Datensätze einliest und eine andere Transaktion zwischenzeitlich einen neuen Datensatz einfügt. Der neue Datensatz ist dann ein Phantom-Datensatz, da er vorher nicht existiert hat.

Tabelle 8.5: Transaktionsverläufe

Isolationslevel (in `TransactionDefinition`)	Beschreibung
PROPAGATION_REQUIRED	Bestehende Transaktionen werden unterstützt und genutzt. Wenn noch keine Transaktion existiert, wird eine neue angelegt.
PROPAGATION_SUPPORTS	Eine bereits existente Transaktion wird unterstützt und weitergeführt. Andernfalls erfolgt eine Ausführung ohne Transaktions-kontext.
PROPAGATION_MANDATORY	Eine bereits bestehende aktive Transaktion wird unterstützt. Ist diese nicht vorhanden, wird eine Exception geworfen.
PROPAGATION_REQUIRES_NEW	Es wird auf alle Fälle eine neue Transaktion angelegt. Besteht bereits eine Transaktion A, so wird sie für die Dauer des Transaktions-verlaufs B unterbrochen und danach wieder weitergeführt.
PROPAGATION_NOT_-SUPPORTED	Transaktionen werden generell nicht unterstützt. Eine eventuell bestehende Transaktion wird unterbrochen.
PROPAGATION_NEVER	Transaktionen werden nicht unterstützt. Sollte eine aktive Transaktion bestehen, so wird eine Exception geworfen.
PROPAGATION_NESTED	Wenn bereits eine Transaktion existiert, wird eine verschachtelte Transaktion angelegt. Andernfalls tritt das gleiche Verhalten wie bei *PROPAGATION_REQUIRED* auf.

8.5.4 Transaktionsverläufe

Ein Transaktionsverlauf regelt den Umgang mit vorhandenen Transaktionen bzw. das Verhalten bei nicht vorhandenen Transaktionen.

Die von Spring unterstützten Transaktionsverläufe sind in Tabelle 8.5 beschrieben. Die unterschiedlichen Ausprägungen sind größtenteils mit den Transaktionsverläufen in der Enterprise-Java-Beans-Spezifikation identisch.

Die `TransactionStatus`-Schnittstelle

Mithilfe der `TransactionStatus`-Schnittstelle kann ein Transaktionsmanager die Transaktionsdurchführung kontrollieren und beeinflussen. Mit den Methoden kann beispielsweise überprüft werden, ob die Transaktion neu ist oder über einen Savepoint verfügt. Ein Savepoint ist ein Zwischenpunkt innerhalb einer Transaktion. Änderungen können für Diagnosezwecke bis zu diesem Punkt rückgängig

gemacht werden. Mit `setRollbackOnly` wird der Transaktionsmanager ange-
wiesen, dass die Transaktion zurückgerollt, der vorgesehene Transaktionsverlauf
aber dennoch fortgesetzt wird.

```
public interface TransactionStatus {
    boolean isNewTransaction();
    boolean hasSavepoint();
    void setRollbackOnly();
    boolean isRollbackOnly();
    boolean isCompleted();
}
```

Um eine Datenquelle bei einer Transaktion benutzen zu können, wird diese der
Springumgebung per IoC mitgeteilt. Der Transaktionsmanager greift dann auf die
definierte Datenquelle zu. Zunächst sehen wir uns eine Datenquellen-Definition
an.

Datenbankanbindung

Um eine transaktionale Datenbankanbindung zu erstellen, benötigt man eine Datenquelle und einen Transaktionsmanager. Der Transaktionsmanager wird mit der
Datenquelle verknüpft, damit der Transaktionsmechanismus für die Datenquelle
angewendet werden kann. Wir wollen uns zunächst mit der Anbindung mit Hibernate beschäftigen. Später sehen wir uns die JDBC-Variante an.

Bei Hibernate wird im ersten Schritt eine Datenquelle angelegt. Die Datenquelle
beinhaltet beispielsweise die URL zur Datenbank, den Benutzernamen und das
Passwort. Im zweiten Schritt wird eine Hibernate- `SessionFactory` als Spring
Bean konfiguriert, die auf die Datenquelle referenziert. Die Vorgehensweise dazu
wurde bereits im Abschnitt 7.2 erläutert. Im dritten Schritt wird der Transaktionsmanager als Bean konfiguriert. Diese Bean hat eine Referenz zur Hibernate-
`SessionFactory`.

```
<bean id="transactionManager" class="org.springframework.orm.
    hibernate3.HibernateTransactionManager">
    <property name="sessionFactory" ref="sessionFactory"/>
</bean>
```

Die JDBC-Konfiguration weicht von der Hibernate-Konfiguration hauptsächlich
in dem Punkt ab, dass keine `SessionFactory` definiert wird. Hier wird im ersten Schritt eine Datenquelle definiert.

```
<bean id="dataSource" class="org.apache.commons.dbcp.BasicDataSource"
    destroy-method="close">
    <property name="driverClassName" value="org.hsqldb.jdbcDriver"/>
    <property name="url" value=" jdbc:hsqldb:mem:pizza "/>
    <property name="username" value="sa"/>
    <property name="password" value=""/>
</bean>
```

Im Attribut *destroy-method* kann eine Methode für Aufräumarbeiten festgelegt
werden. Im gezeigten Beispiel heißt die Methode `close`.

Im zweiten Schritt wird der `PlatformTransactionManager` als Bean konfiguriert und mit der Datenquelle verknüpft.

```
<bean id="txManager" class="org.springframework.jdbc.datasource.
    DataSourceTransactionManager">
    <property name="dataSource" ref="dataSource"/>
</bean>
```

Transaktionsmanager können entweder in gewohnter IoC-Manier oder programmatisch angelegt werden. Üblicherweise werden Transaktionsmanager wie soeben veranschaulicht per IoC und XML-Konfiguration angelegt. Durch IoC kommen wir in den Genuss, keinen Source-Code ändern zu müssen. Wenn sich die Datenbankverbindung ändert, muss lediglich die Konfiguration angepasst werden.

Manchmal kann es jedoch erforderlich sein, den Transaktionsmanager oder die `DataSource` programmatisch festzulegen. Die Umsetzung wird im nächsten Listing dargestellt.

```
DataSourceTransactionManager txManager = new
    DataSourceTransactionManager(getDataSource());

private DataSource getDataSource() {
    DataSource ds = new DriverManagerDataSource (
        "org.hsqldb.jdbcDriver",
        "jdbc:hsqldb:mem:pizza",
        "sa",
        "");
    return ds;
}
```

In diesem Kapitel werden ausschließlich lokale Transaktionen, also Transaktionen mit einer Datenquelle, besprochen. Wenn man mehrere Datenquellen verwendet, die innerhalb einer Transaktionsklammerung angezapft werden, dann spricht man von globalen Transaktionen. Bei diesen sind mehrere `DataSource`-Instanzen erforderlich. Daher kann für diese Instanzen nicht Autowiring „by Type" eingesetzt werden. Entweder wird dann per Hand verknüpft oder mit Autowiring „by Name".

8.5.5 Deklarative Transaktionsdurchführung

Wie bereits erwähnt, kann die Transaktionsdurchführung deklarativ oder programmatisch erfolgen. Die deklarative Vorgehensweise kann wahlweise mit XML oder Java-Annotations durchgeführt werden.

Bei dieser Art des Transaktionsmanagements wird Spring durch eine Beschreibung mitgeteilt, welche Methoden einer Bean transaktionale Eigenschaften haben sollen. Spring kümmert sich dann beim Aufruf der Methoden um das Transaktionsverhalten. Deklaratives Transaktionsmanagement auf XML-Basis bietet den Vorteil, dass bestehender Code nicht verändert werden muss, da im Code kein Transaktionsmanagement implementiert wird. Außerdem ist es möglich, Methoden zu gruppieren, die das gleiche Transaktionsverhalten haben sollen. Aus diesen Gründen ist die deklarative Transaktionsdurchführung gängiger als die programmatische. Java-Annotationen haben hingegen den Vorteil, dass der Entwickler nicht zwischen Konfigurationsdateien und Java-Klassen hin und her wechseln

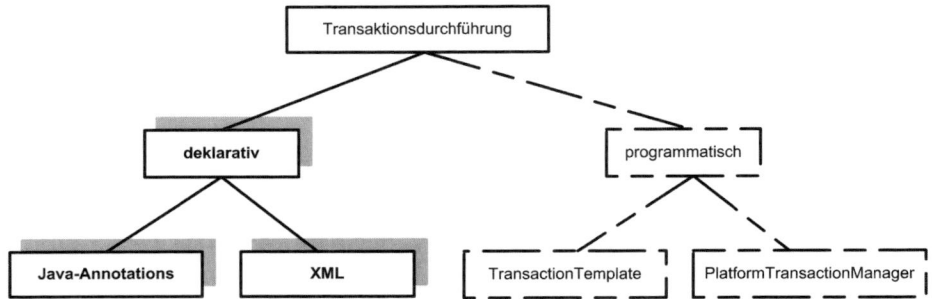

Abbildung 8.7: Überblick über die deklarative Transaktionsdurchführung

muss. Entwickler, die Erfahrung mit Container-Managed-Beans (CMP, Entity-Beans) haben, werden einige Parallelen entdecken.

- Die Transaktionsdeklaration basiert auf Spring-AOP. Hierbei werden die transaktionalen Aspekte verwendet. Der AOP-Mechanismus wurde bereits im Abschnitt 8.4.1 erläutert.

- Genauso wie bei CMP können Transaktionen auf Methodenebene definiert werden. Das funktioniert umgebungsunabhängig und kann somit für den Einsatz mit oder ohne Applikations-Server verwendet werden. Bei Enterprise-Java-Beans ab Version 3 trifft das ebenfalls zu.

- Mit Spring können allerdings auch die Rollback-Regeln deklarativ festgelegt werden.

- Durch den Einsatz von AOP kann das Transaktionsverhalten beeinflusst werden.

- Genauso wie EJB unterstützt Spring eine deklarative Transaktionsverlaufdefinition; allerdings nicht für verteilte Transaktionen. Natürlich werden entfernte Transaktionen von den Spring-Befürwortern gar nicht erst empfohlen. Wer sie dennoch benötigt, kann den JTA untersützt von Spring nutzen. Als Transaktionsmanager kann ein normaler JEE Applikations-Server dienen, aber auch eine Standalone-Implementation.

Ein kurzer Blick hinter die Kulissen soll uns helfen, den deklarativen Transaktionsmechanismus zu verstehen. Spring verwendet, wie bereits erwähnt, Spring-AOP, um das Transaktionsmanagement umzusetzen: Dies geschieht mithilfe des AOP-Proxies. Um deklarative Transaktionen festzulegen, muss man kein AOP-Experte sein, allerdings ist es nützlich, Begriffe wie Advice oder Pointcut zuordnen zu können. Andernfalls ist es sicherlich hilfreich, kurz die AOP-Grundlagen im Abschnitt 8.4.1 nachzulesen.

Abbildung 8.8 auf der nächsten Seite zeigt den Ablauf einer Spring-Transaktion. Der Aufrufer startet seinen Aufruf auf dem AOP-Proxy und nicht direkt auf der Geschäftslogik. Bevor die Geschäftslogik ausgeführt wird, wird ein Transaktionskontext angelegt. Nach dem Ausführen der Geschäftslogik wird die Transaktion entweder committed oder zurückgerollt.

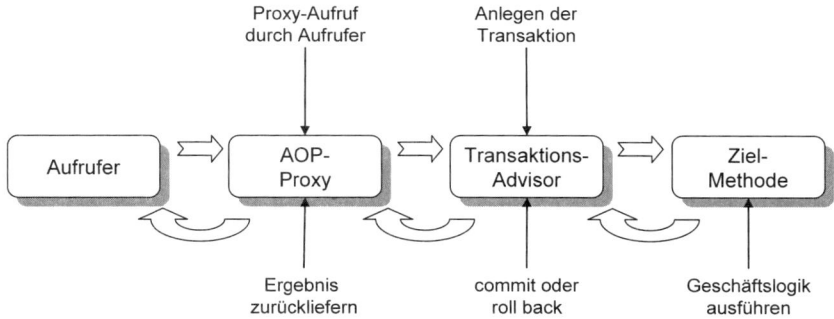

Abbildung 8.8: Transaktionsablauf mit AOP

Deklarative Transaktionen werden dann empfohlen, wenn eine Anwendung viele unterschiedliche Transaktionen verwendet. So kann die Transaktionsdefinition aus der eigenen Geschäftslogik herausgezogen werden und somit für eine übersichtlichere und leichter wartbare Anwendung sorgen.

Beispielanwendung (XML-basierte Deklaration)

Das folgende Beispiel soll den Ablauf von deklarativen Transaktionen veranschaulichen. Bei Service-orientierten Architekturen (SOA) wird eine Service-Schicht implementiert, die auf die eigentliche Geschäftslogik aufgesetzt wird. Diese Vorgehensweise bietet sich auch an, um Transaktionen zu definieren: Methoden, die in einer Schnittstelle definiert sind, werden von Transaktionen umklammert. Die Methoden der Schnittstellenimplementierung rufen wie beim Session-Façade-Pattern feingranulare API-Methoden auf, die alle innerhalb der außen umspannenden Transaktion ablaufen. Als Beispiel wird hier die Klasse Order-ServiceImpl gezeigt, die die Schnittstelle OrderService implementiert.

```
public class OrderServiceImpl implements OrderService {

    private PizzaDao pizzaDao;
    private OrderDao orderDao;
    private CustomerDao customerDao;
    private ToppingDao toppingDao;

    public void createOrder(Order o) {
        orderDao.saveOrder(o);
    }

    public void createOrder(Order o, Integer custId) {
        Customer c = customerDao.getCustomer(custId);
        o.setCustomer(c);
        orderDao.saveOrder(o);
    }

    // weitere Methoden der OrderService ...

    // weitere getter und setter Methoden ...
}
```

Die deklarative Transaktionsdefinition ist etwas umfangreicher und soll deshalb zuerst im Ganzen abgebildet werden, bevor auf die einzelnen Details eingegangen wird.

```xml
<?xml version="1.0" encoding="UTF-8"?>
<beans
    xmlns="http://www.springframework.org/schema/beans"
    xmlns:xsi="http://www.w3.org/2001/XMLSchema-instance"
    xmlns:aop="http://www.springframework.org/schema/aop"
    xmlns:tx="http://www.springframework.org/schema/tx"
    xsi:schemaLocation=" http://www.springframework.org/schema/beans
        http://www.springframework.org/schema/beans/spring-beans-2.0.xsd
    http://www.springframework.org/schema/tx
        http://www.springframework.org/schema/tx/spring-tx-2.0.xsd
    http://www.springframework.org/schema/aop
        http://www.springframework.org/schema/aop/spring-aop-2.0.xsd">

    <!-- deklarative Transaktion -->
    <tx:advice id="txAdvice" transaction-manager="transactionManager">
        <tx:attributes>
            <tx:method name="get*" read-only="true"
                propagation="REQUIRED"/>
            <tx:method name="select*" read-only="true"
                propagation="REQUIRED"/>
            <tx:method name="*" propagation="REQUIRED"/>
        </tx:attributes>
    </tx:advice>

    <!-- deklarative Transaktion fuer den OrderService -->
    <aop:config>
        <aop:pointcut id="txOrderMethods" expression="execution(*
            de.hanser.buch.opiz.service.OrderService*.*(..))"/>
        <aop:advisor advice-ref="txAdvice"
            pointcut-ref="txOrderMethods"/>
    </aop:config>

    <!-- weitere Beans hier: z. B. TransactionManager -->
```

Wir werden uns nun Schritt für Schritt durch die XML-Datei arbeiten. Zunächst ist zu beachten, dass der XML-Namespace und das Transaktionsschema importiert werden:

```xml
xmlns:tx=http://www.springframework.org/schema/tx}
http://www.springframework.org/schema/tx/spring-tx-2.0.xsd}
```

Im Advice-Teil *<tx:advice>* haben wir festgelegt, dass alle getter- und select-Methoden nur mit Read-only-Transaktionen ausgeführt werden. Das wird durch die Anweisung

```xml
<tx:method name="get*" read-only="true"/>
```

veranlasst. Für alle anderen Methoden wird das Standardtransaktionsverhalten `read-write` gewählt.

Im AOP-Konfigurationsteil *<aop:config>* werden Pointcut und Advisor definiert. Ein Advisor ist eine Verknüpfung zwischen Advice und Pointcut. Dieser Teil soll sicherstellen, dass die zuvor als *txAdvice* definierte Bean auch an der richtigen

Stelle ausgeführt wird. Zuerst wird der Pointcut definiert, an dem die jeweilige Operation des Interface ausgeführt werden soll. Dabei wird definiert, dass jede Methode in der `OrderService`-Schnittstelle als Zielmethode festgelegt wird. Das wird mit dem Attribut *expression* konfiguriert:

```
<aop:pointcut id="txOrderMethods" expression="execution(*
    de.hanser.buch.opiz.service.OrderService*.*(..))"/>
```

Bei diesem Ausdruck gibt es mehrere Kombinationsmöglichkeiten: Beispielsweise kann man alle *public* definierten setter-Methoden in einem Package als Pointcut definieren. Diese Ausdrucksdefinitionen werden im Abschnitt 8.4.3 erläutert. Das Pointcut-Element *<aop:pointcut>* ist ein AspectJ-Ausdruck, weshalb die AspectJ-Weaver-Bibliothek im Klassenpfad benötigt wird. Nach der Pointcut-Definition wird der Pointcut mit *txAdvice* verknüpft. Dies geschieht durch einen Advisor:

```
<aop:advisor advice-ref="txAdvice" pointcut-ref="txOrderMethods"/>
```

Durch die deklarative Transaktionsdefinition werden betroffene Methoden in Transaktionen geklammert. In der Beispielsanwendung ist unter anderem die folgende Methode davon betroffen:

```
public void createOrder(Order o, Integer custId) {
    Customer c = customerDao.getCustomer(custId);
    o.setCustomer(c);
    orderDao.saveOrder(o);
}
```

Deklarative Transaktionen und Annotations

Anstatt der XML-basierten Definition von deklarativen Transaktionen können auch Java-Annotations verwendet werden. Dafür ist Java 5 erforderlich. Der Vorteil bei der Verwendung von Annotations liegt darin, dass Änderungen innerhalb des Javacodes vorgenommen werden können, ohne in eine andere (XML-)Datei wechseln zu müssen. Das ist gleichzeitig auch der theoretische Nachteil: Die Klassen müssen neu kompiliert werden. Es reicht nicht, die Konfigurationsdateien zu kopieren. Allerdings kommt die Rollentrennung zwischen Verantwortlichen, die eine Anwendung zusammenbauen (Assembler), und jenen, die Komponenten entwickeln (Entwickler), vorwiegend in der Theorie vor, daher kommt dieser Nachteil auch selten zum Tragen. Ein weiterer Nachteil ist, dass man den Quellcode an das Framework bindet.

Sowohl Schnittstellen als auch Klassen können mittels der Annotation `@Transactional` mit dem gewünschten Transaktionsverhalten versehen werden, wovon die Spring-Referenz allerdings abrät.

Erfolgt die Definition für eine komplette Schnittstelle, ist sie für alle Methoden der Schnittstelle gültig. Selbiges gilt für Definitionen, die auf Klassenebene erfolgen. Im folgenden Beispiel sehen wir eine Schnittstelle, die ein Defaulttransaktionsverhalten hat, also für schreibende Transaktionen geeignet ist. Im Attribut *propagation* wird bestimmt, dass eine neue Transaktion ins Leben gerufen wird, auch wenn der Aufruf innerhalb einer anderen Transaktion erfolgt. Als Isolationslevel wird *repeatable read* gewählt:

```
@Transactional(propagation=Propagation.REQUIRES_NEW,
    isolation=Isolation.REPEATABLE_READ)
public interface OrderService {
    // Implementierung hier
}
```

Einzelnen Methoden kann ein anderes Transaktionsverhalten zugewiesen werden, als dies für die Schnittstelle oder die Klasse getan wurde. Es ist auch möglich,
das Transaktionsverhalten auf Schnittstellen-Ebene zu beschreiben und innerhalb der Klasse, die die Schnittstelle implementiert, für einzelne Methoden ab-
zuändern. Im folgenden Beispiel wurde für die getter-Methode aus Optimie-
rungsgründen ein Read-only-Verhalten gewählt. Wenn beim Aufruf bereits eine
Transaktion existiert, läuft die Methode in der bestehenden Transaktion ab, andernfalls wird eine neue Transaktion angelegt.

```
@Transactional(propagation=Propagation.REQUIRED, readOnly=true)
public int getQueueTime() {
    List<Order> orders = orderDao.getOrdersInState(OrderState.OPEN);
    return 10 + orders.size() * 2;
}
```

Nun wollen wir noch überprüfen, ob der Aspekt auch wirklich greift und
die Methode innerhalb einer Transaktion abläuft. Dazu erstellen wir eine Test-
klasse, die über eine Boolsche Variable `isTxActive` verfügt. Diese wird in
der Methode `onSetUpBeforeTransaction` auf *false* gesetzt. Somit hat sie
vor dem Aufruf jeder Testmethode immer den Wert *false*. In unserer Test-
methode `testAnnotatedTx` wird die `getQueueTime`-Methode der Klasse
`OrderService` aufgerufen. Direkt beim Aufruf der Zielmethode muss also eine Transaktion aktiv werden. Da die Testklasse von der Klasse `Abstract-`
`TransactionalDataSourceSpringContextTests` ableitet, wissen wir, dass
während einer Transaktion die Methode `onSetUpInTransaction` aufgerufen
wird. Dieses Feature nutzen wir und überschreiben die Methode. Innerhalb der
Methode weisen wir der Variablen `isTxActive` den Wert `true` zu. Sobald die
Transaktion beendet ist, wird diese Variable in der Methode `onTearDownAfter-`
`Transaction` wieder auf `false` gesetzt. Wenn der Aspekt greift, wird der Varia-
blenwert also kurzfristig geändert, und zwar genau beim Aufruf der Zielmethode.

```
public class TxDeclarativeTest extends
    AbstractTransactionalDataSourceSpringContextTests {

    // Variablendefinitionen ...

    public void testAnnotatedTx() throws Exception {
        int qTime = orderService.getQueueTime();
        assertTrue(isTxActive);
        assertTrue (0 < qTime);
    }

    @Override
    protected void onSetUpBeforeTransaction() throws Exception {
        isTxActive = false;
        // Erzeugung von Testdaten folgt
    }
```

```
@Override
protected void onSetUpInTransaction() throws Exception {
    isTxActive = true;
}

@Override
protected void onTearDownAfterTransaction() throws Exception {
    isTxActive = false;
    // sonstige Aufräumarbeiten
}
}
```

In der Testmethode wird nach dem Aufruf der `getQueueTime`-Methode überprüft, ob die Transaktion gestartet wurde.

8.5.6 Programmatische Transaktionsdurchführung

Die Verwendung von programmatischen Transaktionen ist ratsam, wenn eine Anwendung nur wenige unterschiedliche Transaktionen enthält. Um Transaktionen programmatisch durchzuführen, gibt es zwei Möglichkeiten: Entweder das Interface `PlatformTransactionManager` oder ein Transaktion-Template. Diese werden im Folgenden beschrieben.

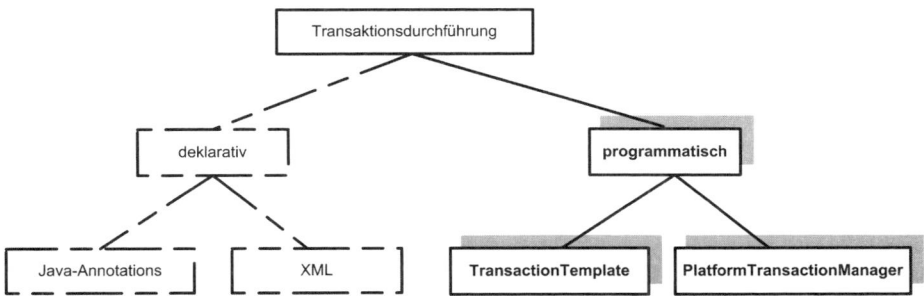

Abbildung 8.9: Überblick über die programmatische Transaktionsdurchführung

Der `PlatformTransactionManager`

Ähnlich wie beim Umgang mit herkömmlichen JDBC-Transaktionen ohne Spring können Transaktionen selbst verwaltet werden. Bei dieser Vorgehensweise muss sich der Entwickler um folgende Transaktionsschritte selbst kümmern:

■ Beginn der Transaktion festlegen
Dazu wird einer Transaktionsdefinition der Transaktionsverlauf (beispielsweise `PROPAGATION_REQUIRED`) zugewiesen. Mithilfe der Transaktionsdefinition kann über den Transaktionsmanager eine Transaktion gestartet werden. Dabei wird ein Transaktionsstatus zurückgeliefert. Ein Blick auf das folgende Beispiel hilft, dieses Vorgehen zu verstehen.

■ Commit durchführen
Nachdem alle Operationen erfolgreich durchlaufen wurden, wird die Transaktion committed.

■ Rollback definieren
Wenn eine Operation nicht erfolgreich war, wird die gesamte Transaktion zurückgerollt.

Die folgende Testmethode zeigt eine programmatische Transaktion, die den `PlatformTransactionManager` direkt verwendet.

```
public void testTxPlatformTxManager() throws Exception {
    // BEGINN DER TRANSAKTION FESTELGEN
    DefaultTransactionDefinition def = new
        DefaultTransactionDefinition();
    def.setPropagationBehavior(
        TransactionDefinition.PROPAGATION_REQUIRED);
    TransactionStatus status = txMgr.getTransaction(def);
    Integer result = null;

    try {
        result = orderDao.saveOrder(order);
    }
    catch (Exception e) {
        // ROLLBACK
        txMgr.rollback(status);
        throw e;
    }

    // COMMIT
    txMgr.commit(status);
    assertNotNull(result);
}
```

Beim Betrachten der oberen Methode fällt auf, dass der Entwickler nicht nur sehr viel Code implementieren muss, sondern dass sich auch leicht Fehler einschleichen können. Es ist durchaus möglich, einen Rollback-Aufruf in einem *catch*-Block zu vergessen. Transaktion-Templates sollen bei diesen Problemen Abhilfe schaffen.

Transaktion-Templates

Um den Entwickler beim Umgang mit Transaktionen zu unterstützen, können unterschiedliche Templates verwendet werden. Die Templates nehmen dem Entwickler Arbeit ab, da sie den Transaktionsablauf selbstständig steuern. Somit kann sich der Entwickler auf die eigene Geschäftslogik konzentrieren, und der Source-Code wird etwas schlanker.

TransactionTemplate

Für den Low-level-Datenzugriff kann das `TransactionTemplate` vewendet werden. Es kümmert sich um Beginn, Commit und Rollback von Transaktionen.

Der Codeblock, der innerhalb einer Transaktion laufen soll, wird in die Methode `doInTransaction` gepackt, sofern ein Wert zurückgegeben werden soll.

```
public void testTxTemplateWithRetVal() throws Exception {
    TransactionTemplate tt = new TransactionTemplate(txMgr);
    Object result = tt.execute(new TransactionCallback() {
        public Object doInTransaction(TransactionStatus status) {
            return orderDao.saveOrder(order);
        }
    });
    assertNotNull(result);
}
```

Auch dieses Template kann natürlich als Bean konfiguriert werden, damit es per IoC zur Verfügung steht. Dabei besteht eine Abhängigkeit zum Transaktionsmanager.

```
<bean name="transactionTemplate" class="org.springframework.
    transaction.support.TransactionTemplate">
    <property name="transactionManager" ref="transactionManager"/>
</bean>
```

Im folgenden Beispiel nutzen wir den IoC-Ansatz und zeigen die Verwendung eines `TransactionTemplate`s ohne Rückgabewert.

```
public void testTxTemplateWithoutRetVal() throws Exception {
    getTransactionTemplate().execute(
        new TransactionCallbackWithoutResult() {
        public void doInTransactionWithoutResult(
            TransactionStatus status) {
            orderDao.saveOrder(order);
        }
    });
}
```

Beim Vergleich der beiden progammatischen Transaktionsdurchführungen fällt auf, dass die Template-Variante dem Entwickler weniger Source Code abverlangt und auch weniger fehleranfällig ist. Beim `PlatformTransactionManager` hingegen wird der Transaktionscode mit der Geschäftslogik vermischt. Aus diesen Gründen wird auch davon abgeraten, den `PlatformTransactionManager` direkt anzusprechen.

Die Template-Variante wird insbesondere dann eingesetzt, wenn die Spannweite einer Transaktion nicht eine komplette Methode, sondern nur einen Teil davon umschließen soll. Letztendlich sollte man sich fragen, ob man das Softwaredesign nicht doch so gestalten möchte/kann, dass deklarative Transaktionen möglich sind.

8.5.7 Durchführung von Transaktionstests

Da die dauerhafte Speicherung von Daten einen elementaren Bestandteil von Geschäftsanwendungen darstellt, ist es essenziell, den implementierten Transaktionsmechanismus ausreichend zu testen. Beim Testen von Transaktionen kann eine Änderung von Datenbank- und Datenzuständen Auswirkungen auf nachfolgende Tests haben.

Die abstrakte Testklasse `AbstractTransactionalDataSourceSpringContextTests` des Spring-Test-Frameworks sorgt dafür, dass solche ungewollten Nebeneffekte nicht auftreten. Sie veranlasst, dass per Default alle selbst implementierten Testmethoden in Transaktionen ablaufen und die Transaktion nach Methodenausführung wieder zurückgerollt wird. Die selbst erstellten Testklassen müssen von dieser abstrakten Klasse ableiten, die wiederum indirekt von der Klasse `TestCase` aus dem JUnit-Test-Framework ableitet. Abschnitt 7.4.1 enthält mehr Informationen über das Test-Framework von Spring.

Aufgrund des Vererbungsprinzips stehen in den Testklassen einige Hilfsmethoden zur Beeinflussung des standardmäßigen Transaktionsverhaltens zur Verfügung (vgl. auch Tabelle 7.1 auf Seite 130). Wenn vermieden werden soll, dass Transaktionen von der Testklasse zurückgerollt werden, kann die Methode `setComplete` aufgerufen werden. Dadurch wird ein Commit anstatt des Rollbacks veranlasst. Üblicherweise sollte das aber nicht erforderlich sein.

Ein Abbruch einer Transaktion kann durch Aufruf der Methode `endTransaction` erzwungen werden. Die Transaktion wird dann zurückgerollt, außer wenn vorher `setComplete` aufgerufen wurde. Das kann beispielsweise beim Testen von detached Objekten erwünscht sein.

Eine Transaktionstestklasse mit den wesentlichen Bestandteilen sieht folgendermaßen aus:

```
public class TxProgrammaticTest extends
    AbstractTransactionalDataSourceSpringContextTests {

    @Override
    protected void onSetUpBeforeTransaction() throws Exception {
        // diese Methode ist nicht zwingend erforderlich
        // Hier werden Testobjekte erstellt.
    }

    @Override protected void onTearDownAfterTransaction() throws
    Exception {
        // diese Methode ist ebenfalls nicht zwingend erforderlich
        setDirty();
    }

    @Override protected String[] getConfigLocations() {
        // Diese Methode muss implementiert werden
        return new String[]{"applicationContext.xml"};
    }

    public void testTxTemplateWithRetVal() throws Exception {
        // ohne Testmethode ist die Testklasse nicht sinnvoll.
        TransactionTemplate tt = new TransactionTemplate(txMgr);
        Object result = tt.execute(new TransactionCallback() {
            public Object doInTransaction(TransactionStatus status) {
                return orderDao.saveOrder(order);
            }
        });
        assertNotNull(result);
    }
}
```

Die Testmethoden müssen genauso wie bei JUnit mit der Zeichenkette *test* beginnen und als *public* markiert werden, damit sie ausgeführt werden. Zu beachten ist dabei der übergreifende Application-Kontext: Wurde der Transaktionsmanager bereits einmal per IoC in der Anwendung geladen, so steht er weiterhin den anderen Beans zur Verfügung.

Tipp

Die Methode *setDirty* wird in der Klasse *AbstractSingleSpringContextTests* definiert, die einen *ApplicationContext* zur Verfügung stellt. Aus Performance-Gründen wird ein statischer Cache für den *ApplicationContext* verwendet. Das Ausführen der *setDirty*-Methode bewirkt, dass der Context neu geladen wird. Das gilt auch für Unterklassen der verwendeten Testklasse. Wenn ein Test den Context verändert hat, verwenden wir die *setDirty*-Methode, damit keine Seiteneffekte bei anderen Tests auftreten.

Kapitel 9

Webanwendungen mit Spring und Hibernate

In den vorangegangenen Kapiteln haben wir unseren Datenbankzugriff elegant mit Hibernate gelöst. Wir haben gesehen, wie wir uns mit der Unterstützung von Spring-AOP und Services nicht mehr um technische Details des Transaktionsmanagements kümmern müssen. All diese guten Dinge, die wir mit Spring und Hibernate in den vorherigen Kapiteln erreicht haben, sollen sich jetzt auch in Webanwendungen auszahlen.[1]

Im ersten Abschnitt integrieren wir Spring mit einem Web-Framework, und im zweiten nehmen wir Hibernate dazu. Der dritte Abschnitt widmet sich dem Zugriffsschutz mit dem Spring-basierten Framework Acegi. Im vierten Teil geht es um Spring Web Flow, der das moderne Konzept von *Conversations* implementiert und uns damit auch im Umgang mit Hibernate hilft. Der letzte Abschnitt zeigt Möglichkeiten auf, wie man Teile der Präsentationsschicht testbar macht.

9.1 Die Beispielanwendungen

Die Beispielquelltexte zu den Webanwendungen befinden sich in den Projekten *opiz-jsf* und *opiz-swf*. Beide Projekte bauen auf dem Opiz-Datenmodell auf. Sie nutzen die bereits eingeführten Domain-, Datenzugriffs- und Service-Objekte aus dem Projekt *opiz*.

Wie Abbildung 9.1 auf der nächsten Seite zeigt, sind die Projekte hierarchisch gegliedert. Die Projekte *opiz-jsf* und *opiz-swf* benötigen die Class-Dateien der Projekte *opiz* und *opiz-auth*, welche wiederum die Bibliotheken aus dem Projekt *book-libraries* benötigen.

---

[1] Viele der im Folgenden beschriebenen Möglichkeiten und lauernden Fallstricke gelten nicht nur für Webanwendungen, sondern lassen sich auch auf Desktop-Anwendungen übertragen.

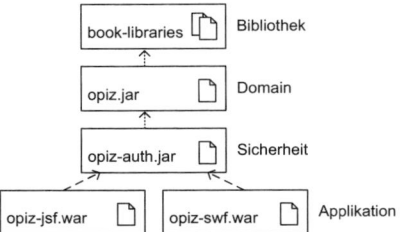

Abbildung 9.1: Projekthierarchie der Beispielanwendungen

Import in Eclipse

Die Projekte lassen sich direkt als Eclipse-Projekt importieren. Die benötigten
.project- und *.classpath*-Dateien sind Teil der Beispielquelltexte. Wir haben die Beispiele mit der Eclipse Version 3.3 getestet.

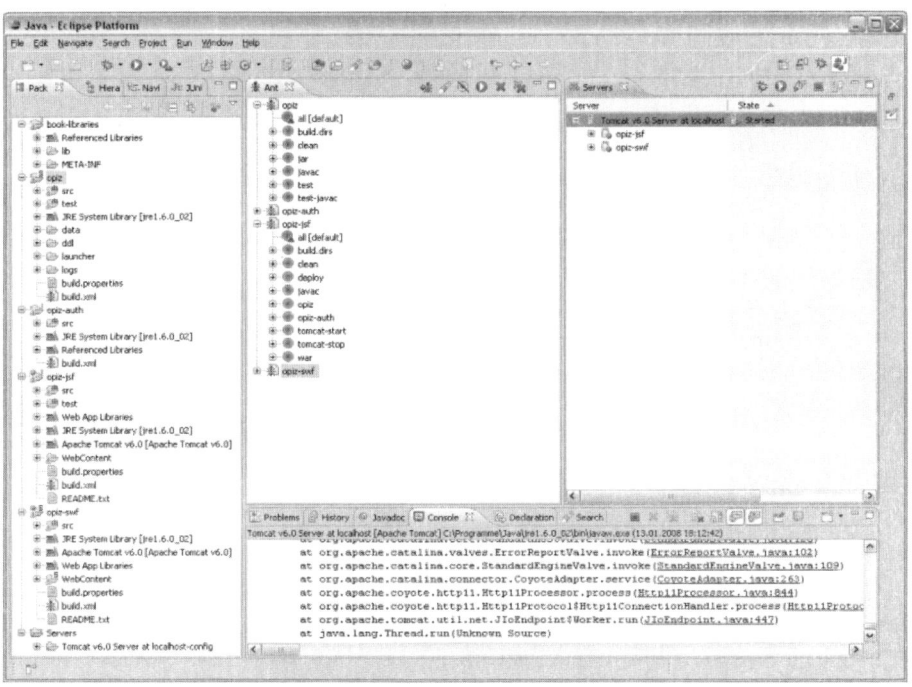

Abbildung 9.2: Projektübersicht in Eclipse

Die Einstellungen für das Eclipse Plugin WTP (Web Tools Project)[2] ab der Version 2.0 sind ebenfalls Bestandteil des Beispielquelltexts der beiden Web-Projekte
opiz-jsf und *opiz-swf*. Die benötigten Dateien liegen im Unterverzeichnis *.settings*[3].

---

[2] http://www.eclipse.org/webtools

[3] In manchen Versionen erkennt Eclipse WTP das Projekt nicht immer korrekt als Web-Projekt. Dies
sieht man u. a. daran, dass bei den Projekt-Eigenschaften keine Server-Eigenschaften konfiguriert werden können. In diesem Fall erstellt man am besten ein neues Web-Projekt und importiert nur die Quell-

Das Plugin ermöglicht das Starten der Webanwendung innerhalb von Eclipse und erleichtert das Debugging. Vor dem Starten muss über das Plugin eine Laufzeitumgebung eingerichtet werden. Die Beispiele wurden auf einem Tomcat[4] in der Version 6.0.14 getestet.

Die Projekte lassen sich alternativ auch mit Ant[5] bauen. Die Projekte enthalten dazu jeweils eine Ant-Build-Datei *build.xml*. Damit können Sie z. B. in den beiden Web-Projekten über das Target *war* im Unterverzeichnis *dist* ein Webarchiv erzeugen. Über das Target *deploy* wird das Webarchiv in den Tomcat verbracht, vorausgesetzt, Sie haben in der Datei *build.properties* unter der Eigenschaft *tomcat.home* einen gültigen Pfad angegeben. Abbildung 9.2 auf der vorherigen Seite zeigt die importierten Beispielprojekte in Eclipse.

Use-Case „Pizza bestellen"

Bevor wir uns in Kapitel 9.5 der Beispielanwendung *opiz-swf* zuwenden, beschäftigen wir uns in den nächsten Kapiteln zunächst mit der Bestellanwendung *opiz-jsf*. Die beiden Screenshots in Abbildung 9.3 und Abbildung 9.4 auf der nächsten Seite zeigen die Kernfunktionalität des Beispiels, die Bestellung einer Pizza.

Abbildung 9.3: Auswahl einer Pizza (choosePizza.jsp)

---

textdateien. Da Bibliotheken aus anderen Projekten importiert und zur Laufzeit im Server gebraucht werden, müssen diese bei den Projekt-Eigenschaften im Dialog für J2EE-Modulabhängigkeiten (J2EE-Module-Dependencies) einzeln hinzugefügt werden.

[4] http://tomcat.apache.org

[5] http://ant.apache.org

Probieren Sie doch mal aus, ob Sie die Webanwendung starten können und im Browser unter *http://localhost:8080/opiz-jsf*[6] ein Ergebnis sehen. Klicken Sie sich einfach mal ein wenig durch die Anwendung, sie ist nicht sonderlich komplex.

Der Kunde kann sich, wie in Abbildung 9.3 zu sehen ist, eine Standardpizza auswählen oder eine Pizza individuell zusammenstellen. Hat er eine Wahl getroffen, wird die Pizza zur aktuellen Bestellung hinzugefügt und der Warenkorb angezeigt (siehe Abbildung 9.4).

Abbildung 9.4: Bestellung anzeigen (showOrder.jsp)

Dort hat der Kunde die Möglichkeit, dem Auftrag weitere Pizzen hinzuzufügen oder die Bestellung mit dem Gang zur Kasse abzuschließen. Eine Bestellung kann nur aufgegeben werden, wenn man sich vorher als Kunde registriert hat. In allen Masken kann der Bestellvorgang zu jeder Zeit abgebrochen werden.

9.2   Spring und Webanwendungen

Dieser Abschnitt behandelt die Aspekte, die es beim Erstellen von Spring-basierten Webanwendungen zu beachten gilt. Es wird erklärt, wie sich Spring in ein Web-Framework integrieren lässt, indem wir dem Web-Framework den Zugriff auf die Spring-Beans im Application-Context ermöglichen.

---

[6] 8080 ist der Standard-Port von Tomcat.

9.2.1   Laden des Application-Contexts

Wenn wir Spring in einer Webanwendung nutzen wollen, müssen wir in irgendeiner Weise den Application-Context laden. Spring bietet uns dazu zwei Wege an:

- einen `ServletContextListener`[7]

- ein Startup-Servlet

Jede JEE-konforme Webanwendung enthält im Unterverzeichnis *WEB-INF* eine
XML-Datei mit dem Namen *web.xml*, in der wir der Laufzeitumgebung (z. B.
Tomcat) Konfigurationsdetails unserer Anwendung mitgeben. An dieser zentralen Stelle können wir einen Spring-spezifischen `ServletContextListener`
namens `ContextLoaderListener` definieren, der von der Laufzeitumgebung
beim Start der Webanwendung angesprochen wird. Er lädt unseren Application-
Context.

```
<listener>
    <listener-class>org.springframework.web.context.ContextLoaderListener
    </listener-class>
</listener>
```

Für ältere Laufzeitumgebungen[8] könnten wir alternativ in der *web.xml* auch ein
Startup-Servlet `ContextLoaderServlet` definieren. Ein Startup-Servlet wird
beim Starten der Webanwendung von der Laufzeitumgebung automatisch aufgerufen. Dazu wird in der *web.xml* bei dem Servlet der Parameter *load-on-startup*
angegeben. Dieses Servlet lädt bei seiner Initialisierung den Application-Context.

```
<servlet>
    <servlet-name>context</servlet-name>
    <servlet-class>
        org.springframework.web.context.ContextLoaderServlet
    </servlet-class>
    <load-on-startup>1</load-on-startup>
</servlet>
```

Der Application-Context wird hier über den `ContextLoader` als eine Instanz
der Klasse `ConfigurableWebApplicationContext` geladen, die das Interface
`WebApplicationContext` implementiert. Damit ist der Application-Context
web-ware, was zum Beispiel wichtig für die Definition von Gültigkeitsbereichen
sein kann, die in Abschnitt 9.2.3 beschrieben werden.

Es reicht nicht, nur das Laden des Kontexts anzustoßen. Irgendwo müssen wir der
ladenden Klasse noch mitteilen, welche Definitionsdateien sie von wo laden soll.
Dies teilen wir ihr in der *web.xml* über den Kontextparameter *contextConfigLocation*
mit. Mit dem Präfix *classpath:* legen wir fest, dass wir die Ressourcen im Klassenpfad abgelegt haben. Ansonsten gelten relative Pfade zum Stammverzeichnis der
Webanwendung.

---

[7] *javax.servlet.ServletContextListener*
[8] Servlet-Container, die eine Java Servlet-Spezifikation vor der Version 2.4 implementieren.

```
<context-param>
    <param-name>contextConfigLocation</param-name>
    <param-value>
        classpath:applicationContext.xml
        classpath:applicationContextJSF.xml
        /WEB-INF/acegi.xml
    </param-value>
</context-param>
```

Im Beispiel sind drei Pfade angegeben, die von Spring beim Laden zusammen-
geführt (merge) werden. Der erste führt zum Application-Context im Klassenpfad des *opiz*-Projekts, der die Definitionen für die DAOs, die Services, das Transaktionshandling und den Datenbankzugriff enthält. Der zweite Pfad führt zum
Application-Context im Klassenpfad des *opiz-jsf*-Projekts, der die Integration von
Spring und JSF enthält und Thema des nächsten Kapitels ist. Der dritte Pfad, der
diesmal relativ zum Wurzelverzeichnis der Webanwendung angegeben wird, verweist auf den Acegi-Context, der in Abschnitt 9.4 gebraucht wird. Die relative Angabe des letzten Pfads ist dabei nicht notwendig, sondern dient nur dem Beispiel;
wir hätten den Acegi-Context auch im Klassenpfad ablegen können.

> *Achtung*
> Gleichnamige Beans werden beim Zusammenführen von einem
> nachfolgenden Application-Context überschrieben. Eine Bean-Definition in
> *applicationContextJSF.xml* überschreibt also eine gleichnamige Bean-Definition
> in *applicationContext.xml*.

Testdaten erzeugen

Mit dem Laden des `ApplicationContext`s haben wir bei der Integration
von Spring und Web-Framework schon die halbe Miete. Über die Spring-
Hilfsklasse `WebApplicationContextUtils` und deren statische Methode
`getWebApplicationContext` können wir mit einem `javax.servlet.-`
`ServletContext` bereits auf unseren Application-Context zugreifen. Im folgenden Listing wird dieser Weg mit dem Startup-Servlet `ApplicationInit` be-
schritten, um an das `ToppingDao` zu gelangen, mit dem initial Pizzabeläge für
die Webanwendung in der Datenbank zur Verfügung gestellt werden.

```
public class ApplicationInit extends HttpServlet {
    ...
    public void init() throws ServletException {
        WebApplicationContext appContext =
            WebApplicationContextUtils.getWebApplicationContext(
            getServletContext());
        ToppingDao toppingDao = (ToppingDao)
            appContext.getBean("toppingDao");
        toppingDao.saveTopping(new Topping("Tomaten",
            ToppingPriceCategory.ONE));
        toppingDao.saveTopping(/* ... */);
        ...
    }
}
```

9.2.2 Integration mit JavaServer Faces

Für Webanwendungen gibt es viele gute Open-Source-Frameworks, die wir nutzen können und sollten, denn eine Webanwendung ohne ein Framework zu realisieren, ist im Allgemeinen keine weise Entscheidung. Wenn wir uns für ein Framework entschieden haben, müssen wir es in Spring und Hibernate integrieren.

Spring selbst enthält das eigene Web-Framework Spring MVC, mit dem die Integration naturgemäß am leichtesten fällt. Spring MVC wird in diesem Buch nicht weiter beschrieben, da es den Rahmen sprengen und den Schwerpunkt verschieben würde. Die größte Verbreitung am Markt wird in der nächsten Zeit unserer Meinung nach JavaServer Faces[9] (JSF) haben. Der nächste Abschnitt ist der Integration von JSF und Spring gewidmet.

Bei der Erstellung von Webanwendungen steht man vor der Situation, dass man einen simplen HTML-Dialog bereits vor dem geistigen Auge sieht, aber der Weg dorthin eher der behördlichen Genehmigung eines Bauantrags gleicht: viele verschiedene Dokumente, viele verschiedene Zuständigkeitsbereiche, und man weiß nie ganz genau, was man wo eintragen soll.

Hangeln wir uns an der Beispielanwendung *opiz-jsf* entlang, und fangen wir mit dem ersten HTML-Formular an. Der Kunde bekommt beim Betreten der Webseite eine Liste von Pizzen angezeigt, aus der er sich eine Pizza aussuchen und in den Warenkorb übernehmen kann. In der JavaServer Page[10] *opiz/choosePizza.jsp*, die die Liste von Pizzen zeigt, finden Sie die Code-Fragmente des folgenden Listings wieder.

```
<h:selectOneRadio id="Pizza" value="#{pizza}" layout="pageDirection"
    required="true">
    <f:selectItems value="#{pizzasList.selectionList}" />
    <f:converter converterId="pizzaConverter"/>
</h:selectOneRadio>
...
<h:commandButton type="submit" value="Abbruch" action="cancel"
    immediate="true" />
<h:commandButton type="submit" value="In den Warenkorb"
    action="#{orderAction.add}"
```

Der Auswahldialog benötigt drei Hilfsobjekte (*Backing-Beans*): eine Liste der verfügbaren Pizzen, ein Objekt, das die Auswahl des Kunden festhält, und ein Objekt, das die Aktion des Kunden entgegennimmt (*Action*).

Bei JavaServer Faces werden die Beans üblicherweise in der Konfiguration *faces-config.xml* als *Managed-Beans* definiert. Der folgende Ausschnitt definiert die erste namens *pizzasList*. Sie liefert eine statische Liste von vorkonfigurierten Pizzen; in unserem Beispiel eine Pizza Margherita und eine Pizza Hawaii. In einer „echten" Anwendung würde diese Liste höchstwahrscheinlich aus der Datenbank gelesen werden.

---

[9] http://java.sun.com/javaee/javaserverfaces
[10] http://java.sun.com/products/jsp

```
<managed-bean>
    <managed-bean-name>pizzasList</managed-bean-name>
    <managed-bean-class>
        de.hanser.buch.opiz.web.jsf.PizzaList
    </managed-bean-class>
    <managed-bean-scope>application</managed-bean-scope>
</managed-bean>
```

Die nächste Managed-Bean *pizza* ist als Bean definiert, die nur den Zeitraum eines Requests überleben soll. Gleichzeitig wurde die Bean mit einem Konvertierer verbunden, ebenfalls ein Mechanismus von JSF, der die Auswahl des Kunden in ein Pizza-Objekt wandelt, genauer: den bloßen Namen einer Pizza als Parameter im HTTP-Request in ein „richtiges" Java-Objekt.

```
<managed-bean>
    <managed-bean-name>pizza</managed-bean-name>
    <managed-bean-class>
        de.hanser.buch.opiz.domain.Pizza
    </managed-bean-class>
    <managed-bean-scope>request</managed-bean-scope>
</managed-bean>
...
<converter>
    <converter-id>pizzaConverter</converter-id>
    <converter-class>
        de.hanser.buch.opiz.web.jsf.PizzaConverter
    </converter-class>
</converter>
```

Bei der dritten Bean *orderAction* stellen wir fest, dass diese Bean im Beispiel nicht in der JSF-Konfiguration *faces-config.xml* definiert ist. Woher kennt JSF diese Bean?

In JSF sorgen `VariableResolver` dafür, dass Variablenreferenzen wie #{*pizzasList*} in Java-Objekte umgesetzt werden. Der `DelegatingVariable-Resolver` von Spring sorgt dafür, dass zusätzlich zur JSF-Konfiguration (erster Schritt) auch im Application-Context (zweiter Schritt) nach einer passenden Bean mit dem angegebenen Namen gesucht wird. In der JSF-Konfiguration *faces-config.xml* finden wir daher folgenden Eintrag:

```
<application>
    <variable-resolver>
        org.springframework.web.jsf.DelegatingVariableResolver
    </variable-resolver>
</application>
```

Im Beispiel finden wir die Definition der *orderAction* in der Datei *applicationContextJSF.xml* im Projekt *opiz-jsf*. Der JSF-Application-Context wird zusätzlich zu den allgemeinen Bean-Definitionen in der Datei *applicationContext.xml* im Projekt *opiz* geladen.

```
<bean id="orderAction" class="de.hanser.buch.opiz.web.jsf.OrderAction">
    <property  name="orderService" ref="orderService" />
</bean>
```

Das Auffinden von Spring-Beans funktioniert nicht nur in JavaServer Pages, sondern auch in der JSF-Konfiguration *faces-config.xml*.

```
<managed-bean>
    <managed-bean-name>toppingsList</managed-bean-name>
    <managed-bean-class>
        de.hanser.buch.opiz.web.jsf.ToppingList
    </managed-bean-class>
    <managed-bean-scope>session</managed-bean-scope>
    <managed-property>
    <property-name>toppingDao</property-name>
        <value>#{toppingDao}</value>
    </managed-property>
</managed-bean>
```

In der Beispielanwendung laden wir die Liste der Beläge mit dem zugehörigen
toppingDao aus der Datenbank. Das DAO aus dem Application-Context wird der
Backing-Bean *toppingsList* über den passenden Setter injiziert und in der zugehörigen Klasse `ToppingList` genutzt, um die Liste der Beläge aufzubauen.

```
public class ToppingList extends AbstractSelectionList<Topping> {

    // wird von Spring über den Setter injiziert
    private ToppingDao toppingDao;
    public void setToppingDao(ToppingDao toppingDao) {
        this.toppingDao = toppingDao;
    }

    protected void fillSelectionList() {
        List<Topping> result = toppingDao.selectAll();
        for(Topping topping : result) {
            addSelectionItem(topping);
        }
    }
    ...
}
```

Der große Vorteil in dem Zusammenspiel von JSF und Spring liegt darin, dass
wir in den Action-Klassen, die auf eine Benutzeraktion im Browser reagieren, den
vollen Zugriff auf den Application-Context haben. Und dort befinden sich die
Services mit der Geschäftslogik unserer Anwendung, an die wir in den Action-
Klassen delegieren wollen. Der Nachteil ist, dass wir mit JSF-Managed-Beans
und der `BeanFactory` in Spring zwei Inversion-of-Control-Container zusam-
menführen und die Gefahr wächst, ein Durcheinander und Kompetenzgerangel
zu bekommen. Der folgende Abschnitt zeigt eine Möglichkeit, die JSF-Managed-
Beans durch Spring-Beans zu ersetzen.

9.2.3 Gültigkeitsbereich von Spring-Beans

Spring unterstützt für Beans verschiedene Gültigkeitsbereiche (Scope). In Abschnitt 6.3.1 haben wir für Spring-Beans schon die beiden Gültigkeitsbereiche *prototype* und *singleton* kennengelernt. Diese beiden Ausprägungen gibt es bereits in
Spring 1.2.x, wenn auch mit einer etwas anderen Syntax bei der Bean-Definition.

Seit Spring 2.0 sind weitere Gültigkeitsbereiche für Spring-Beans hinzugekommen. Diese neuen Gültigkeitsbereiche stehen allerdings nur in einem `Appli-
cationContext` zur Verfügung, der in einer Webanwendung läuft und das Inter-

Tabelle 9.1: Gültigkeitsbereiche von Spring-Beans

Gültigkeitsbereich	Beschreibung
singleton	Eine Instanz pro Bean-Definition und Spring-Container.
prototype	Beliebig viele Instanzen einer Bean-Definition.
request	Eine Instanz einer Bean-Definition pro HTTP-Request (nur gültig für `WebApplicationContext`).
session	Eine Instanz einer Bean-Definition pro HTTP-Session (nur gültig für `WebApplicationContext`).
global session	Eine Instanz einer Bean-Definition pro globaler HTTP-Session. Globale Sessions spielen eine Rolle bei Portlet-Anwendungen und können Portlet-übergreifende Objekte speichern (nur gültig für `WebApplicationContext`).

face `WebApplicationContext` implementiert. Die Tabelle 9.1 zählt die möglichen Gültigkeitsbereiche einer Spring-Bean auf.

Damit Spring die Web-spezifischen Gültigkeitsbereiche in einem Request überwachen kann, benötigen wir wieder einen speziellen Listener. Wie bereits den `ContextLoaderListener` aus Abschnitt 9.2.1 fügen wir den neuen `RequestContextListener` in der *web.xml* ein.

```
<listener>
    <listener-class>
        org.springframework.web.context.request.RequestContextListener
    </listener-class>
</listener>
```

Für ältere Laufzeitumgebungen, die das Listener-Konzept noch nicht unterstützen, stellt uns Spring alternativ den Filter `RequestContextFilter`[11] zur Verfügung.

Um ein einheitliches Konfigurationskonzept zu bekommen, wollen wir die neuen Gültigkeitsbereiche nutzen, um die JSF-Managed-Beans von der *faces-config.xml* in den Application-Context zu verschieben, sprich: Aus JSF-Managed-Beans mach Spring-Beans. Wie wir sehen werden, erfolgt die Umsetzung dabei eins zu eins, wenn man die folgenden Spring-Definitionen mit der jeweiligen Definition der Managed-Beans im vorherigen Abschnitt vergleicht.

Die in der Webanwendung globale Pizzaliste ersetzen wir einfach durch ein Singleton, die normale Definition einer Spring-Bean. Das benötigte `ToppingDao` wird in der gewohnten Weise referenziert.

```
<!-- application scope -->
<bean name="pizzasList" class="de.hanser.buch.opiz.web.jsf.PizzaList">
    <property name="toppingDao" ref="toppingDao" />
</bean>
```

---

[11] *org.springframework.web.filter*

Bei der Pizza, die bei jedem Request neu angelegt wird, definieren wir eine Bean mit dem Gültigkeitsbereich *request*:

```
<!-- request scope -->
<bean name="pizza" class="de.hanser.buch.opiz.domain.Pizza"
    scope="request">
</bean>
```

Die Liste der Beläge wird pro Benutzer im Gültigkeitsbereich der HTTP-Session erzeugt. Dies spiegelt auch unsere Bean-Definition mit dem Gültigkeitsbereich *session* wider:

```
<!-- session scope -->
<bean name="toppingsList"
    class="de.hanser.buch.opiz.web.jsf.ToppingList" scope="session">
    <property name="toppingDao" ref="toppingDao" />
</bean>
```

Spring ist jetzt grundsätzlich in die Webanwendung mit JSF integriert, sodass wir im nächsten Abschnitt Hibernate mit an Bord holen.

9.3   Hibernate und Webanwendungen

Die Integration von Hibernate in eine Webanwendung gestaltet sich in der Regel unabhängig von dem benutzen Web-Framework, da der O/R-Mapper in einer tieferen Architekturschicht liegt und von Spring und den DAOs gekapselt wird. Das heißt aber nicht, dass wir mit Hibernate von den Besonderheiten einer Webarchitektur unabhängig sind, wie wir in den nächsten Abschnitten leidvoll erfahren werden.

Wenn wir in einer Webanwendung Hibernate benutzen, müssen wir uns in erster Linie Gedanken darüber machen, wie wir die Hibernate-Session verwalten. Eng mit dieser Fragestellung hängt die Entscheidung zusammen, wie wir uns Objekte über Anfragen hinweg merken. Diesen Aspekten und weiteren technischen Aspekten wie Connection-Pooling und Locking widmet sich dieser Abschnitt.

9.3.1   OpenSessionInViewFilter

Am Beispiel einer Kundenliste soll auf ein Problem hingewiesen werden, das bei Hibernate in Zusammenhang mit Lazy Loading entstehen kann. Spring stellt uns mit dem `OpenSessionInViewFilter` eine Lösungsmöglichkeit zur Verfügung; aber dazu später mehr.

Zum Nachstellen des Problems registrieren wir für Opiz einen oder mehrere Kunden und melden uns wieder ab. Anschließend melden wir uns mit dem Benutzernamen *luigi* und dem Passwort *luigi* an und können jetzt über den Menüpunkt *Kundenliste* selbige aufrufen.

> **Anmerkung**
>
> Bitte zerbrechen Sie sich an dieser Stelle noch nicht den Kopf, wie und warum
> der Anmeldedialog funktioniert, warum es einen Benutzer *luigi* gibt etc.,
> sondern haben Sie Geduld bis zum Kapitel 9.4, in dem es um die Absicherung
> von Webanwendungen geht.

Die HTML-Seite der Kundenliste wird in der JSP *showCustomer.jsp* aufgebaut. Das
folgende Listing zeigt den relevanten Quelltext.

```
<h:dataTable value="#{customerDao.allCustomers}" var="customer"
    border="1">
    <h:column>
        <f:facet name="header">
            <h:outputText value="Name"/>
        </f:facet>
        <h:outputText value="#{customer.name}" />
    </h:column>
</h:dataTable>
```

Die JSP *showCustomer.jsp* ist ein weiteres Beispiel für die Integration von JSF und
Spring. Über den EL-Ausdruck[12] `#{customerDao.allCustomers}` wird direkt
die Methode `getAllCustomers` am Kunden-DAO aufgerufen. JSF findet die
Spring-Beans also nicht nur in der *faces-config.xml*, sondern auch in einer JSP in
einem EL-Ausdruck.

Im nächsten Schritt wollen wir in der Kundenliste nicht nur den Namen des Kunden, sondern zudem die Postleitzahl der Adresse anzeigen. Eine leichte Übung,
denn die Adresse hängt ja direkt am Kunden. Wir erweitern die Tabelle in der
showCustomer.jsp um eine weitere Spalte.

```
<h:column>
    <f:facet name="header">
        <h:outputText value="Postleitzahl"/>
    </f:facet>
    <h:outputText value="#{customer.address.zip}" />
</h:column>
```

Ein kleiner Schritt für den Programmierer, ein großer für Hibernate. Die JSP liefert
eine Fehlermeldung, und im Log des Web-Containers findet sich ein Stacktrace
der folgenden Art:

```
Caused by: org.hibernate.LazyInitializationException:
 could not initialize proxy - the owning Session was closed
 at org.hibernate.proxy.AbstractLazyInitializer.initialize(
    AbstractLazyInitializer.java:60)
 at org.hibernate.proxy.AbstractLazyInitializer.getImplementation(
    AbstractLazyInitializer.java:111)
 at org.hibernate.proxy.pojo.cglib.CGLIBLazyInitializer.intercept(
    CGLIBLazyInitializer.java:160)
 at de.hanser.buch.opiz.domain.Address$$EnhancerByCGLIB$$84a9e992.getZip
    (<generated>)
```

---

[12] Die Expression-Language EL ist eine Neuerung in JSF 2.0. Sie besteht aus Skriptelementen, die Ausdrücke in geschweiften Klammern enthalten. Neben Konstanten und Variablen können (wie im Beispiel) auch verschachtelte Properties über Pfadausdrücke referenziert werden.

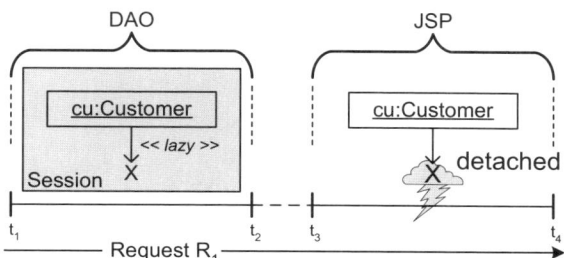

Abbildung 9.5: `LazyInitializationException` bei einem detached Objekt

Was ist passiert? In unserem Mapping ist die Referenz vom Kunden zur Adresse als *lazy* gekennzeichnet. Darum verwendet Hibernate ein verzögertes Laden (Lazy Loading) für diese Referenz. Bei Lazy Loading wird ein referenziertes Objekt nur dann geladen, wenn ein expliziter Zugriff auf die Referenz erfolgt. Wir haben das Kundenobjekt zu Beginn in einem DAO geladen. Die Hibernate-Session für den Kunden ist nur während unseres Aufrufs in das DAO gültig. Mit dem Verlassen der DAO-Methode wird die Hibernate-Session geschlossen, und unser Kunde ist fortan von der Hibernate-Session abgekoppelt (detached). Beim Zugriff auf die Adresse greifen wir in Wirklichkeit auf ein Proxy-Objekt zu, das Hibernate nach dem Laden des Kunden als Ersatz für die Adresse mit der aktuellen Session verbunden hat. Da die Session jetzt geschlossen ist, kann das Proxy das Lazy Loading nicht mehr ausführen – welche Session sollte es benutzen? Daher bekommen wir von Hibernate eine `LazyInitializationException`.

Der Ablauf über den Request ist in Abbildung 9.5 bildlich dargestellt. Das Bild zeigt den Zeitraum eines Requests. Die Zeitpunkte t_1 und t_2 markieren die Lebensdauer der Session. Innerhalb des Intervalls t_3 und t_4, in dem die JSP gerendert wird, läuft das Lazy Loading ab, und es kommt zu einem Fehler.

Spring bietet für das Problem eine Lösung in Form eines Servlet-Filters[13] an. Der `OpenSessionInViewFilter` sorgt dafür, dass wir über den ganzen Zeitraum eines HTTP-Requests eine Hibernate-Session zur Verfügung haben. Der `OpenSessionInViewFilter` öffnet zu Beginn eines Requests eine Session und schließt diese wieder nach dem Ausliefern der Antwort. Die Session wird an den Thread gebunden, der den Request bearbeitet. Die Hibernate-Zugriffe im DAO verwenden die Thread-gebundene Session wieder, sodass diese über den Aufruf in das DAO noch Gültigkeit besitzt. Da ein Servlet-Filter den gesamten Request umschließt, ist die Session auch während des Aufbaus der JSP-Seite gültig, sodass das Nachladen einer Referenz auf eine gültige Session zugreifen kann. Den Ablauf des Requests mit der verlängerten Lebenszeit der Session zeigt Abbildung 9.6 auf der nächsten Seite.

---

[13] Filter sind in modernen JEE-Umgebungen ein Mittel, um vertikale Funktionalität zu realisieren. Ein Filter unterbricht vor oder hinter einer HTTP-Anfrage und ist in der Lage, die Anfrage bzw. die Antwort zu manipulieren. Es ist möglich, mehrere Filter hintereinander zu schalten, um auf diese Weise verschiedenen funktionalen Aspekten gerecht zu werden.

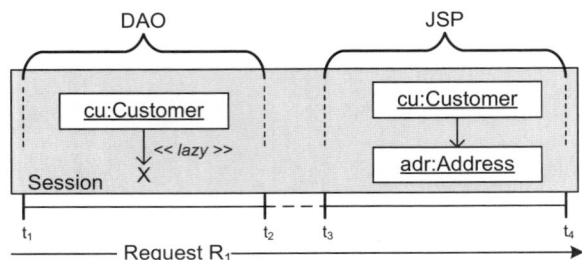

Abbildung 9.6: `OpenSessionInViewFilter`

Natürlich müssen wir unserer Anwendung noch mitteilen, dass sie fortan den `OpenSessionInViewFilter` benutzen soll. Der Filter wird dazu in der *web.xml* eingetragen:

Listing 9.1: OpenSessionInViewFilter (*web.xml*)

```
<filter>
    <filter-name>hibernateFilter</filter-name>
    <filter-class>
      org.springframework.orm.hibernate.support.OpenSessionInViewFilter
    </filter-class>
</filter>
```

Wie wir in Kapitel 7 zur Datenzugriffsschicht gelesen haben, steuert der Flush-Mode einer Session den Zeitpunkt, zu dem Hibernate die Objekte in der Hibernate-Session mit der Datenbank synchronisiert. Standardmäßig öffnet der `OpenSessionInViewFilter` die Session im Flush-Mode `FlushMode.MANUAL`, sodass Änderungen an persistenten Objekten nicht nach Beendigung des Requests automatisch in die Datenbank übernommen werden. Nur Änderungen im Rahmen einer Transaktion oder ein expliziter `flush`-Aufruf führen zum Schreiben in die Datenbank. Die Idee hierbei ist, die Kontrolle über Schreibzugriffe allein dem Transaktionsmanagement in der Service-Schicht zu überlassen.

Bei der Verwendung des Filters ist zu beachten, dass man ihn nach längerer Verwendung nur unter großen Schmerzen wieder entfernen kann, da sich viel zu viel Funktionalität implizit auf sein Vorhandensein verlässt. Diese Stellen findet man im Quelltext im Nachhinein kaum oder gar nicht, und auch Tests decken selten alle Kombinationen ab. Trotzdem empfehlen wir, in einer Webanwendung mit einem `OpenSessionInViewFilter` zu arbeiten, weil er uns über die Länge eines Requests eine gewisse Sicherheit gibt.

9.3.2 Detached Objekte

Wenn wir eine Webanwendung bauen, dann haben wir es mit dem zustandslosen HTTP-Protokoll zu tun. Jeder neue Request an den Server weiß nichts von seinen Vorgängern. Wir haben jedoch die Anforderung, uns den angemeldeten Kunden über mehrere Anfragen hinweg zu merken. Ein Kunde meldet sich beim

Betreten der Seite an, und am Ende des Bestellvorgangs brauchen wir wieder seine gespeicherten Daten. Die Lösung klingt zunächst einfach. Wir speichern den angemeldeten Kunden in der HTTP-Session, ein unverzichtbares Mittel, um das zustandslose HTTP-Protokoll auszutricksen, und lesen den Kunden bei Bedarf wieder aus.

> **Begleitquelltext**
>
> Für das Nachvollziehen der folgenden Beispiele muss im Projekt *opiz-jsf* der *zipVoter* aus dem Acegi-Context in der Datei */WEB-INF/acegi.xml* bei der Bean *accessDecisionManager* auskommentiert sein. Im initialen Zustand des Begleitquelltexts ist dies der Fall, sodass Sie im Normalfall zu diesem Zeitpunkt nichts tun müssen. Nach dem Ausprobieren der Beispiele im Abschnitt über Acegi trifft dies jedoch nicht mehr zu. Der *zipVoter* beeinflusst den Zeitpunkt des verzögerten Ladens von Referenzen, mit der Folge, dass das im Folgenden geschilderte Problem nicht mehr auftritt.

Betrachten wir folgendes Szenario: Ein Kunde registriert sich bei Opiz, meldet sich ab, meldet sich wieder an, wählt eine Pizza aus und geht zur Kasse, wo die Bestellbestätigung mit Adresse angezeigt werden soll. Das folgende Listing zeigt den relevanten Code in der *order.jsp*, die diese Bestellbestätigung aufbereitet.

```
<p>
  Name: <h:outputText value="#{customerAction.currentCustomer.name}"
      /><br/>
  Anschrift:<br/>
  <h:outputText id="Anschrift"
      value="#{customerAction.currentCustomer.address.address}"/><br/>
  <h:outputText id="Postleitzahl"
      value="#{customerAction.currentCustomer.address.zip}"/>
  <h:outputText id="Ort"
      value="#{customerAction.currentCustomer.address.city}"/>
</p>
```

Nach Betätigen der Schaltfläche „Bestellbestätigung" erhalten wir jedoch nicht das gewünschte Ergebnis, sondern wieder den Stacktrace der bekannten `Lazy-InitializationException`. Was ist passiert, wir haben doch einen `Open-SessionInViewFilter`?

Das Problem ist diesmal, dass das Laden und Anzeigen des Kunden in zwei verschiedenen Requests stattfindet. Bei der Anmeldung haben wir den Kunden geladen. Nach der Anmeldung ist der Request beendet, und der `OpenSessionIn-ViewFilter` schließt die Session wieder. Bei der Anzeige der Bestellbestätigung greifen wir auf die Adresse des angemeldeten Kunden zu, aber der Kunde ist bereits detached.

Wir können das Problem auf verschiedene Arten lösen:

1. Eine Hibernate-Session pro Sitzung

2. Mapping anpassen und das verzögerte Laden entfernen

3. Referenzen bei Bedarf bereits nach dem Laden initialisieren

4. Nur Primärschlüssel merken und Objekte neu laden

5. Gelöste Objekte mit `lock` wieder zu einer Hibernate-Session verhelfen

Eine Hibernate-Session pro Sitzung

Als Lösung könnte einem spontan einfallen, die Hibernate-Session in der HTTP-Session zu speichern und beiden denselben Lebenszyklus zu geben. Es gäbe also eine Hibernate-Session pro Anwender. Dieses Muster nennt sich *Session per User-Session*. Der große Nachteil dieser Lösung zeigt sich in einem unscheinbaren Hinweis in der Referenzdokumentation von Hibernate:

> „*Eine von Hibernate geworfene Ausnahme bedeutet, dass die aktuelle Datenbanktransaktion zurückgerollt und die Session sofort geschlossen werden muss. Wenn die Session an die Anwendung gebunden ist, dann muss die Anwendung beendet werden.*"

Die Macher der Hibernate-Referenzdokumentation bezeichnen das Muster *Session per User-Session* daher sogar als ein Anti-Muster (Anti-Pattern).

Sollte man sich doch für diese Lösung entscheiden, dann muss man berücksichtigen, dass die Hibernate-Session nicht thread-safe ist. Kapitel 9.3.6 gibt dazu einige Hinweise.

Verzögertes Laden anpassen

Bei dieser Lösung setzen wir den Parameter *fetch* im Mapping auf *FetchType.EAGER* (siehe Kapitel 5). Klingt erst einmal wie eine gehackte Lösung, da wir Referenzen doch bewusst verzögert laden wollen, damit wir mit einem hierarchischen Objektmodell durch das Laden eines Objekts nicht aus Versehen die gesamte Datenbank in den Speicher laden. Trotzdem lohnt es sich, über diese Lösung nachzudenken, denn nicht jede Referenz muss verzögert geladen werden, wenn wir feststellen, dass wir zu jedem geladenen Kunden ohnehin immer gleich die Adresse benötigen. Im Gegenteil, Hibernate kann die Adresse mit dem Kunden in einem Schwung laden, und wir haben eine schnellere Lösung.

Referenzen präemptiv initialisieren

Für die zweite Lösung stellen wir im folgenden Listing das verzögerte Laden nicht generell ab, sondern umgehen das Problem, indem wir direkt nach dem Laden die Referenz programmatisch initialisieren. Dies können Sie in der allgemeinen Hibernate-Hilfsklasse `Hibernate` durch den Aufruf der statischen Methode `initialize` erreichen. Um die Wirkung auszuprobieren, müssen Sie den Aufruf in der DAO-Implementierung des Kunden in der Klasse `HibernateCustomerDaoImpl` hinzufügen. Das folgende Listing zeigt die Änderung.

```
public Customer selectCustomerByUsername(String name) {
    List<Customer> list = getHibernateTemplate().find("from Customer
        where username=?", name);
    if (list.size() == 0) {
        return null;
    } else if (list.size() == 1) {
```

```
            Customer customer = list.get(0);
            Hibernate.initialize(customer.getAddress());
            return customer;
        } else {
            throw new DataIntegrityViolationException("...");
        }
    }
```

Dieser Lösungsansatz bewirkt zum einen, dass die Adresse eines Kunden, der genau über diese Methode des DAOs geladen wird, bereits initialisiert ist. Zum anderen zeigen Kunden, die zum Beispiel über eine HQL-Abfrage geladen werden, bei der Adresse immer noch das gewollte verzögerte Laden.

Nur Primärschlüssel merken und Objekte neu laden

Im Beispiel wird das Kundenobjekt in der HTTP-Session gespeichert. Wir können damit Properties des Kunden lesen, ohne die Datenbank zu bemühen, bekommen aber Probleme, wenn wir auf *lazy*-gemappte Referenzen zugreifen. Die Lösungsidee ist, sich immer nur den Primärschlüssel zu merken und die zugehörigen Objekte bei Bedarf immer wieder neu zu laden. Dies hat den Vorteil, dass wir immer mit den aktuellsten Daten arbeiten, und den offensichtlichen Nachteil, dass wir häufig mit der Datenbank reden. Technisch gesehen, verhindert diese Lösung aber das Problem von `LazyInitializationExceptions`.

lock

Diese Variante löst das Problem ebenfalls programmatisch, aber zu einem späteren Zeitpunkt. Bevor wir auf die Lieferadresse zugreifen, verbinden wir den detached Kunden mit einer neuen Hibernate-Session. Die Methode `lock` an der Hibernate-Session assoziiert ein Objekt mit der Session.

Wir erweitern das Kunden-DAO um eine Methode `attachCustomer`, die `lock` über ein `HibernateTemplate` (siehe Abschnitt 7.6.1) aufruft.

```
public void attachCustomer(Customer customer) {
    getHibernateTemplate().lock(customer, LockMode.NONE);
}
```

Der Aufruf von `lock` erfordert einen `LockMode`, einen Parameter, der die Art und Weise steuert, wie ein Objekt der Hibernate-Session hinzugefügt wird.

Die Verwendung des Hibernate-Templates von Spring sorgt dafür, dass das DAO eine vorhandene Hibernate-Session weiter verwendet. Wichtig ist, dass der `OpenSessionInViewFilter` (siehe Eintrag in Listing 9.1 auf Seite 212) aktiviert sein muss, da der Kunde nach dem DAO-Aufruf sonst wieder detached ist, bevor wir die Adresse ausgelesen haben.

In der `OrderAction` rufen wir die neue Methode des Kunden-DAOs an der Stelle auf, an der der aktuell angemeldete Kunde, zum Beispiel in einer JSP, von uns angefordert wird. Im Begleitquelltext ist der Aufruf auskommentiert und muss an dieser Stelle aktiviert werden. Wenn dies getan ist, kann die JSP auf die Adresse zugreifen, ohne dass es eine `LazyInitializationException` gibt.

Tabelle 9.2: Hibernate `LockMode`-Ausprägungen

Modus	Beschreibung
`LockMode.NONE`	Wenn das Objekt im Cache liegt, erfolgt kein Zugriff auf die Datenbank.
`LockMode.READ`	Es erfolgt immer ein Datenbankzugriff für die Versionsprüfung (siehe Abschnitt 9.3.5).
`LockMode.UPGRADE`	Führt eine Versionsprüfung durch und fordert eine exklusive Sperre auf Datenbankebene an.
`LockMode.UPDATE_NOWAIT`	Führt eine Versionsprüfung durch und fordert ein Lock auf Datenbankebene an, wartet bei Oracle aber nicht auf die Sperre, sondern wirft eine Exception, wenn die Sperre nicht sofort erteilt wird.
`LockMode.WRITE`	Interner Hibernate-Modus (nicht verwenden).

```
public Customer getCurrentCustomer() {
  Customer customer = getCustomerFromHttpSession();
  customerDao.attachCustomer(customer);
  return customer;
}
```

Wo Licht ist, ist auch Schatten. Wir werden im nächsten Abschnitt sehen, dass der anscheinend harmlose Aufruf von `lock` nicht ganz unproblematisch ist und zu einer anderen Exception führen kann.

Lange Hibernate-Session

Eine lange Hibernate-Session ist eine weitere Strategie, um dem Problem der detached Objekte zu begegnen. Die Idee hierbei ist, die Lebensdauer der Hibernate-Session nicht mehr an technische Gegebenheiten zu koppeln wie die Dauer einer Datenbank-Transaktion oder eines HTTP-Requests, sondern eine logische Lebensdauer zu definieren.

Dazu führen wir den Begriff der Business-Transaktion ein. Eine Business-Transaktion ist ein fachlicher Vorgang in einer Anwendung. Ein typisches Beispiel wäre eine Überweisung, eine Flugbuchung oder das Bearbeiten einer Pizza-Bestellung. Die Business-Transaktion bildet eine Klammer um das Laden, das anschließende Ändern und das abschließende Speichern des Objekts. Was für den Benutzer wie eine Transaktion aussieht, besteht technisch aus mehreren Datenbank-Transaktionen und Server-Requests.

Wenn wir die Lebenszeit der Hibernate-Session an die Dauer der Business-Transaktion knüpfen (Session per Business-Transaktion), dann brauchen wir uns zwischen den Server-Requests bei den beteiligten Objekten keine Gedanken über detached Objekte zu machen, da die Hibernate-Session über die gesamte Laufzeit gültig bleibt.

Wir müssen dafür sorgen, dass Änderungen nur am Ende der Business-Transaktion in der Datenbank festgeschrieben werden, da wir bei einem vorzeitigen Abbruch der Business-Transaktion ja keine inkonsistenten Daten in der Datenbank zurücklassen wollen. Technisch hilft uns dabei der Flush-Mode der Hibernate-Session. Stellen wir den Flush-Mode von Beginn an auf MANUAL, dann haben wir es selbst in der Hand, wann Änderungen in die Datenbank gelangen.

In Kapitel 9.5 zu Spring Web Flow werden wir das Thema vertiefen und uns anschauen, wie wir mit Hilfe des Frameworks eine Business-Transaktion mit langer Hibernate-Session realisieren.

Der Nachteil einer langen Transaktion besteht in der erhöhten Gefahr eines Datenverlusts. Tritt während der Business-Transaktion eine Exception auf, dann müssen wir die zugehörige Hibernate-Session schließen und verlieren alle Änderungen der Business-Transaktion.

Fazit

Wir haben in unserer Beispielanwendung *opiz-jsf* den Ansatz gewählt, zu jedem Request genau eine Hibernate-Session zu haben (Session per Request). Hier überlebt die Session nur die Dauer eines Requests. Diese Strategie ist einfach zu implementieren und für viele Anwendungsbereiche völlig ausreichend.

9.3.3 NonUniqueObjectException

Zu diesem Zeitpunkt scheint die Anwendung fit zu sein. Unser Administrator kann sich anmelden und die Kundenliste mit Adresse aufrufen, denn dafür steht unser OpenSessionInViewFilter gerade. In der Methode getCurrent-Customer sorgen wir dafür, dass jeder, der auf den angemeldeten Kunden in der HTTP-Session zugreift, einen Kunden mit einer gültigen Hibernate-Session bekommt und der anschließende Zugriff auf die Adresse kein Problem darstellt.

> *Begleitquelltext*
> Zum Nachvollziehen des folgenden Beispiels muss in der OrderAction in der Methode getCurrentCustomer das attach auf den angemeldeten Kunden einkommentiert sein, wie es im vorigen Abschnitt beschrieben wurde.

Jetzt probieren wir mal folgendes Szenario: Ein Kunde registriert sich, fügt eine Pizza zum Warenkorb hinzu, geht zur Kasse und bestätigt die Bestellung. Alles hat geklappt. Ihm fällt ein, dass er eine weitere Pizza benötigt, und er gibt noch eine Bestellung auf. Er wählt die nächste Pizza aus und wiederholt den Bestellvorgang. Beim Gang zur Kasse gibt es nun einen Knall. Im Fehlerprotokoll finden wir folgende Exception:

```
Caused by: org.hibernate.NonUniqueObjectException:
  a different object with the same identifier value was already
    associated with the session: [de.hanser.buch.opiz.domain.Customer
    #1]
  ...
```

```
at org.hibernate.event.def.DefaultLockEventListener.onLock()
at org.hibernate.impl.SessionImpl.fireLock()
at org.hibernate.impl.SessionImpl.lock()
...
```

Was ist passiert? Richten wir unser Augenmerk auf die *order.jsp*.

```
<p>
  Die Lieferung erfolgt voraussichtlich in <h:outputText
      value="#{orderAction.queueTime}"/> Minuten.
</p>
<p>
  Name: <h:outputText value="#{customerAction.currentCustomer.name}"/>
</p>
```

Die Bestellbestätigung zeigt neben der Lieferadresse auch noch einen Hinweis über die voraussichtliche Dauer der Lieferzeit an. Die Dauer wird über die Methode `getQueueTime` in der `OrderAction` ermittelt.

```
public int getQueueTime() {
    return opizService.getQueueTime();
}
```

Die Methode ruft in einem Service eine Methode auf, die nichts weiter macht, als aus der Anzahl der offenen Bestellungen abzuschätzen, wie lange sich eine Lieferung verzögern könnte.

```
public int getQueueTime() {
  List<Order> orders = orderDao.getOrdersInState(OrderState.OPEN);
  return 10 + orders.size() * 2;
}
```

Was will uns jetzt die Fehlermeldung von Hibernate sagen? Fest steht, dass die Exception beim Aufruf der Methode `lock` entsteht. Wir versuchen, einen Kunden mit der aktuellen Hibernate-Session zu assoziieren, die diesen Kunden bereits enthält. Wie kann das sein? Die Ursache ist eine Nicht-`lazy`-Beziehung zwischen Bestellung und Kunde. Beim Laden der offenen Bestellungen werden automatisch die zugehörigen Kunden mitgeladen und landen so in der Hibernate-Session. Entscheidend beim Herbeiführen des Fehlers war daher, dass wir als Kunde bereits eine Bestellung im System abgeliefert haben. Das erklärt, warum wir den Fehler erst bei der zweiten Bestellung bekommen haben: Der Kunde wurde über die bestehende Bestellung geladen.

Die Abbildung 9.7 auf der nächsten Seite verdeutlicht noch einmal das Problem. Die Bestellliste *orderList* hält über die Referenz in den Bestellungen o_n implizit den Kunden *cu* in der Hibernate-Session. Das erneute Hinzufügen des Kunden zur Hibernate-Session mit derselben *id=4711* zu einem späteren Zeitpunkt t_3 führt zu dem bekannten Fehler.

Wie lösen wir das Problem? Wir können das Problem der `NonUniqueObject-Exceptions` minimieren, wenn wir am Anfang einer Aktion alle später benötigten Objekte möglichst früh der aktuellen Hibernate-Session hinzufügen. Hätten wir das `lock` auf den Kunden vor dem Laden der offenen Bestellungen gemacht, dann hätten wir kein Problem bekommen, da die Abfrage auf offene Bestellungen

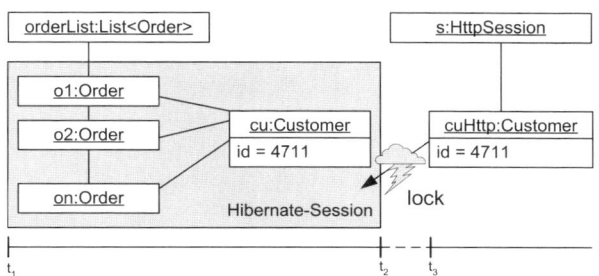

Abbildung 9.7: `NonUniqueObjectException` beim `lock`

genau dieses Kunden-Objekt als Ergebnis geliefert hätte – die Hibernate-Session kennt ihn zum Zeitpunkt der Abfrage bereits. In unserem Beispiel reicht es, die beiden Paragraphen (<p>...</p>) in der JSP *order.jsp* einfach miteinander zu vertauschen.

In dem Beispiel war der Übeltäter halbwegs einfach auszumachen. Trotzdem kann es in der Praxis recht mühselig sein, diese Abhängigkeiten zu entdecken und zu beheben. Das Beispiel hat gezeigt, wie schwer dieses Problem zu testen ist, wenn man überlegt, welches Szenario wir für das Nachstellen des Fehlers durchlaufen mussten. Beim ersten Versuch ging alles gut, und erst beim zweiten Mal trat der Fehler auf. In dem Beispiel sehen Sie, dass die Verwendung von Hibernate weiche Abhängigkeiten schafft, die häufig nicht offensichtlich sind. Ob eine JSP funktioniert, hängt davon ab, ob ein `OpenSessionInViewFilter` eingeschaltet ist. Die Reihenfolge von `lock` und `update` und Abfragen können über einen Fehler entscheiden, der erst in einer ganz bestimmten Konstellation auftritt.

9.3.4 Behandlung von Exceptions

Das Zitat aus der Referenzdokumentation von Hibernate auf Seite 214 sagt, dass eine HibernateException das Aus für eine Session bedeutet. Die aktuelle Transaktion, die an der Session hängt, kann nur noch zurückgerollt werden. Jetzt könnte man sagen, dass das nicht schlimm ist, da wir ja unsere Anwendung gut testen und Exceptions deshalb gar nicht erst auftauchen. Das ist prinzipiell richtig, gilt aber nicht für Exceptions, die eigentlich einen fachlichen Hintergrund haben.

Ein Beispiel für eine solche Exception ist, dass sich ein Benutzer mit einem bereits vorhandenen Benutzernamen anmeldet. Im Mapping haben wir korrekterweise den Benutzernamen zu einem *Business Key* gemacht und als eindeutig definiert. Die Datenbank sichert dies mit einem *Unique*-Constraint ab, und wenn wir versuchen, einen doppelten Kunden zu speichern, erhalten wir eine `DataIntegrity-ViolationException`. Wir haben keine Chance, dieser Exception zu entgehen. Selbst wenn wir vorher durch ein Laden das Nichtvorhandensein eines Kunden prüfen würden, könnte sich bereits zwischen Prüfung und Speichern ein neuer Kunde mit dem Namen angemeldet haben. **Es gibt in Hibernate kein atomares Prüfen und Speichern**.

Wenn wir eine fachlich motivierte Exception bekommen, dann wollen wir sie in eine entsprechende Fehlermeldung für den Kunden umsetzen. In der `Order-Action` nimmt die Methode `register` den Registrierungswunsch eines Kunden entgegen. Die `DataIntegrityViolationException`[14], die wir beim Speichern eines Kunden erhalten könnten, fangen wir ab und wandeln sie in eine Meldung für JavaServer Faces um.

Wer eben die Fußnote an der Exception beachtet hat, wird festgestellt haben, dass die Exception in Spring definiert ist. Spring abstrahiert Fehler aus der Datenbankzugriffsschicht mit einer Hierarchie von eigenen Exceptions. Die Klasse `DataAccessException` ist die Basisklasse, von der die unterschiedlichen Exceptions, wie auch die `DataIntegrityViolationException`, abgeleitet sind. Wir können so in unserem Quelltext auf einen Fehler reagieren, ohne uns konkret von dem Datenbankzugriff über Hibernate abhängig zu machen.

```
public String register() {
    FacesContext ctx = FacesContext.getCurrentInstance();
    Customer customer = (Customer)
        ctx.getExternalContext().getRequestMap().get("customer");
    Address address = (Address)
        ctx.getExternalContext().getRequestMap().get("address"');
    customer.setAddress(address);
    try {
        customerService.createCustomer(customer);
    } catch (DataIntegrityViolationException e) {
        String errorTxt = messageSource.getMessage("Customer.nonUnique",
            null, Locale.GERMAN);
        FacesContext.getCurrentInstance().addMessage(null,
            new FacesMessage(FacesMessage.SEVERITY_ERROR, errorTxt,
                e.getMessage()));
        return null;
    }
    return "register";
}
```

Jetzt bekommt der Kunde eine Fehlermeldung, dass es bereits einen anderen registrierten Kunden unter demselben Benutzernamen gibt. Der Leser, der sich an dieser Stelle fragt, woher wir die *messageSource* bekommen haben, sei auf den Abschnitt 9.4.1 auf Seite 235 verwiesen, der die Integration von Resource-Bundles und Spring erklärt. An dieser Stelle soll es genügen, darauf hinzuweisen, dass der Text aus der Datei *errors_de.properties* gelesen wird.

9.3.5 Konkurrierender Zugriff

Wenn man Webanwendungen entwickelt, hat man es aufgrund der nebenläufigen Benutzeraktionen automatisch mit konkurrierenden Datenbankzugriffen zu tun.

Sperren (Locking) verhindert, dass Änderungen durch konkurrierende Zugriffe verloren gehen. Man kann dabei zwei Strategien anwenden: pessimistisches Sperren oder optimistisches Sperren.

---

[14] *org.springframework.dao*

Pessimistisches Sperren

Pessimistic Locking ist das Sperren eines Datensatzes vor einer schreibenden Operation. Die Sperre wird angefordert und bleibt so lange erhalten, bis sie zum Beispiel durch ein Commit der Transaktion wieder freigegeben wird. In der Zwischenzeit kann kein anderer Nutzer den Datensatz verändern, er muss auf die Freigabe der Sperre warten. Die verschiedenen Sperrarten bei Hibernate sind in der Tabelle 9.2 aufgeführt. Damals haben wir die Methode `lock` nur benutzt, um einem detached Objekt wieder eine Hibernate-Session zu verpassen. Hier können wir die Methode mit einem `LockMode.UPGRADE` aufrufen, um pessimistisches Sperren zu realisieren.

In einer Webanwendung kommen wir mit dieser Technik jedoch nicht sehr weit. Die Sperre wird nur über die Lebensdauer einer Transaktion gehalten, die in unserer Architektur maximal einen Request überdauert. Das Ändern eines Datensatzes erfolgt aber normalerweise in zwei Schritten. Der erste Request lädt das Objekt und zeigt es an. Im zweiten Request werden die Änderungen übernommen, und das geänderte Objekt wird gespeichert. Zwischenzeitlich könnten wir jedoch bereits Änderungen anderer Benutzer verloren haben, denn die Sperre ist nach Beendigung des ersten Requests bereits wieder freigegeben. In Webanwendungen wird daher meist ein optimistisches Locking verwendet.

Optimistisches Sperren

Das optimistische Sperren geht erst mal davon aus, dass in der Regel alles gut geht. Die Idee lautet, erst einmal ohne große Vorkehrungen ein Objekt zu ändern und im Konfliktfall die Aktion abzubrechen. Hibernate unterstützt optimistisches Sperren von Haus aus. Mit der Annotation *@Version* sagen wir Hibernate, dass dieses Property als Versionsnummer verwendet werden soll. In unserem Beispiel hat der Kunde ein Property *version*. Da `Customer` sich von `BusinessPartner` ableitet, muss das Property *version* in der Basisklasse eingetragen werden, weil Hibernate in der Ableitungshierarchie keine partielle automatische Versionierung erlaubt.

```
@Version
@Column(name="OPTLOCK")
public Integer getVersion() {
  return version;
}
public void setVersion(Integer version) {
  this.version = version;
}
```

Wir brauchen uns um die Versionsnummer eines Objekts nicht zu kümmern. Hibernate erhöht sie ab jetzt automatisch bei jedem Speichern. Vorher vergleicht Hibernate beim Update die Versionsnummer des Objekts mit der aktuellen Versionsnummer in der Datenbank. Stimmen beide Versionsnummern nicht mehr überein, so muss das Objekt in der Zwischenzeit in der Datenbank verändert worden sein. Hibernate verhindert das Überschreiben der nebenläufigen Änderung und wirft eine `StaleObjectStateException`.

Um das optimistische Locking zu überprüfen, gehen wir mal folgendes Szenario durch.

Ein Kunde *A* meldet sich beim System an. In einer zweiten Browser-Sitzung[15] melden wir uns mit demselben Kunden noch einmal an. In der ersten Sitzung ändern wir über den Menüpunkt *Meine Daten* die Adresse des Kunden und speichern die Änderung ab. In der zweiten Sitzung machen wir dasselbe. Wir erhalten daraufhin eine `StaleObjectStateException`, ein Ergebnis, das wir gewollt und erwartet haben.

```
Caused by: org.hibernate.StaleObjectStateException:
Row was updated or deleted by another transaction (or unsaved-value
    mapping was incorrect): [de.hanser.buch.opiz.domain.Customer#1]
  at [...]AbstractEntityPersister.check()
  at [...]AbstractEntityPersister.update()
  at [...]AbstractEntityPersister.updateOrInsert()
  ...
```

In der zweiten Sitzung haben wir Daten geändert, die nicht mehr aktuell waren (Stale-Data). Hibernate hat beim Speichern des Kunden in der ersten Sitzung dessen Versionsnummer erhöht. Damit passt die Versionsnummer in der Datenbank nicht mehr zu der des Kunden in der zweiten Sitzung.

Jetzt müssten wir noch geeignet auf die Exception reagieren. Eine Möglichkeit ist, den Nutzer zu bitten, seine Aktion noch einmal mit den aktualisierten Daten durchzuführen. Dieses Verfahren ist anwendbar, wenn wir selten mit einer gleichzeitigen Bearbeitung von Datensätzen rechnen. Ein komfortables, aber in der Praxis eher unübliches Verfahren ist das Anbieten eines Merges. Der Benutzer sieht die zwischenzeitlich geänderten Daten und entscheidet bei Konflikten, ob er seine Änderung verwirft oder beibehält.

9.3.6 Nebenläufigkeit

Wir müssen uns im Klaren sein, dass es sich bei einer Webanwendung um eine nebenläufige Anwendung handelt. Das bedeutet: wir müssen uns an bestimmten Stellen um die Thread-Sicherheit kümmern.

In der Dokumentation zu Hibernate lesen wir, dass die Hibernate-Session selbst nicht thread-safe ist. Das bedeutet für uns, dass wir eine Hibernate-Session nicht für mehrere Requests gleichzeitig verwenden dürfen. Könnten wir sicherstellen, dass jeder Request nur eine Hibernate-Session bekäme, so hätten wir eine Lösung. Mit dem Einsatz des `OpenSessionInViewFilters`, dessen Implementierung genau dieses gewährleistet, haben wir in dieser Beziehung schon gewonnen.

Ein Problem haben wir noch mit persistenten Objekten, die wir in der HTTP-Session vorhalten. Um dies zu veranschaulichen, drücken wir in der Beispielanwendung den Bestätigungsknopf schnell einige Male hintereinander, um eine Salve an Anfragen an den Server zu senden. Die `OrderAction` verarbeitet diese An-

---

[15] Zum Beispiel zu erreichen mit einer Sitzung im Firefox und einer anderen Sitzung im Internet Explorer oder durch das Deaktivieren von Cookies im Browser. Im letzteren Fall wird die *sessionid* mittels URL-Rewriting in die URL eingebaut. Enthält eine URL keine *sessionid*, wird eine neue Session angelegt.

fragen, liest die aktuelle Bestellung aus der HTTP-Session und speichert die Bestellung für den Kunden über den `OrderService`. Damit man nicht allzu schnell drücken muss, wird im Beispiel die Funktion `Thread.sleep()` aufgerufen. Das Resultat ist eine Exception der folgenden Art:

```
Caused by: org.springframework.orm.hibernate3.HibernateSystemException:
    Illegal attempt to associate a collection with two open sessions
  at [...].SessionFactoryUtils.convertHibernateAccessException()
  at [...].HibernateAccessor.convertHibernateAccessException()
  at [...].HibernateTemplate.execute()
  at [...].HibernateTemplate.saveOrUpdate()
  at de.hanser.buch.opiz.dao.HibernateOrderDaoImpl.saveOrder()
  ...
```

Was ist da jetzt passiert? Am Server kommen mehrere Requests fast gleichzeitig an, die in entsprechend vielen gleichzeitig laufenden Threads abgearbeitet werden. Diese versuchen, dasselbe Objekt aus der HTTP-Session mit mehreren Hibernate-Sessions zu speichern. Das kann zu den verschiedensten Problemen führen. In unserem Fall wurde eine Liste, vielleicht die Liste von Pizzen oder die Liste der Beläge, mit zwei verschiedenen Hibernate-Sessions bearbeitet.

Eine Möglichkeit, diesem Problem zu begegnen, ist die Synchronisation von Requests über die HTTP-Session. Das bedeutet, dass Requests verschiedener Benutzer (genauer: Requests von verschiedenen Benutzersitzungen) weiterhin gleichzeitig, aber die Anfragen desselben Benutzers serialisiert verarbeitet werden. Da auch unser Kunde in der HTTP-Session liegt, hätten wir mit dieser Lösung den Zugriff auf den Kunden serialisiert.

Hier bietet sich wieder eine allgemeine Lösung über Servlet-Filter an. Der `SerializeRequestsFilter` synchronisiert ankommende Requests auf ein Objekt in der HTTP-Session. Eine direkte Synchronisation über das `HttpSession`-Objekt ist zu vermeiden, da nicht alle Web-Container garantieren, dass eine Benutzersitzung immer durch dasselbe `HttpSession`-Objekt repräsentiert wird, während das für den Inhalt der HTTP-Session natürlich gelten muss.

```
public class SerializeRequestsFilter implements Filter {
    private static final String SYNC_OBJECT_KEY = "SYNC_OBJECT_KEY";
    public void doFilter(
            ServletRequest req, ServletResponse resp, FilterChain chain)
            throws IOException, ServletException {
        final HttpSession session =
            ((HttpServletRequest) req).getSession();
        synchronized (getSynchronizationObject(session)) {
            chain.doFilter(req, resp);
        }
    }
    /**
     * Lege ein Objekt in der HTTP-Session an,
     * auf dem wir uns synchronisieren können.
     * @param session HTTP-Session
     */
    private static synchronized Object getSynchronizationObject(
            HttpSession session) {
        Object syncObj = session.getAttribute(SYNC_OBJECT_KEY);
        if (syncObj == null) {
```

```
            syncObj = new Object();
            session.setAttribute(SYNC_OBJECT_KEY, syncObj);
        }
        return syncObj;
    }
}
```

Wie üblich muss der Filter wieder in der *web.xml* installiert werden.

```
<filter>
    <filter-name>serializeRequestsFilter</filter-name>
    <filter-class>
        de.hanser.buch.opiz.web.SerializeRequestsFilter
    </filter-class>
</filter>
<filter-mapping>
    <filter-name>serializeRequestsFilter</filter-name>
    <url-pattern>/*</url-pattern>
</filter-mapping>
```

Mit dem `SerializeRequestsFilter` sollte unsere Anwendung jetzt robust auf eine Flut von gleichzeitigen Anfragen reagieren.

9.3.7 Connection-Pooling

Connection-Pooling ist ein probates Mittel, um die Performance einer Anwendung zu steigern. Ein Connection-Pool stellt einer Anwendung Datenbankverbindungen bereit. Dazu hält sie einen Vorrat von JDBC-Verbindungen. Wenn die Anwendung nach der Benutzung die `close`-Methode auf einer Verbindung aufruft, wird sie nicht wirklich geschlossen, sondern in den Vorrat zurückgeführt. Weil das Öffnen einer JDBC-Verbindung erhebliche Zeit verbrauchen kann, verbessert Connection-Pooling die Performance bei Anwendungen, die häufig JDBC-Verbindungen öffnen und schließen.

Für den Verwender des Connection-Pools bleibt die Nutzung einer Datenbankverbindung aus einem Pool transparent, da die Schnittstelle des Connection-Pools typischerweise *javax.sql.DataSource* lautet und damit das Erzeugen und Schließen einer Datenbankverbindung für ihn gleich bleibt. Intern wird das Erzeugen und Schließen einer Datenbankverbindung auf Pool-Operationen abgebildet.

Die Hibernate-Distribution enthält mit *C3P0*[16] eine Implementation eines Connection-Pools. Die folgende Konfiguration sorgt in unserem Beispiel dafür, dass unsere Verbindungen zur Opiz-Testdatenbank in einem Pool vorgehalten werden.

```
<bean id="dataSource" class="com.mchange.v2.c3p0.ComboPooledDataSource"
    destroy-method="close">
    <property name="driverClass" value="${db.driverClass}"/>
    <property name="jdbcUrl" value="${db.jdbcUrl}"/>
    <property name="user" value="${db.user}"/>
    <property name="password" value="${db.password}"/>
</bean>
```

---

[16] http://sourceforge.net/projects/c3p0

Im produktiven Betrieb ist es üblich, dass die Laufzeitumgebung (Tomcat o. ä.) einen Connection-Pool zur Verfügung stellt, der über einen JNDI-Lookup zu erreichen ist. Auch bei dem Zugriff auf JNDI lässt uns Spring nicht allein und stellt uns für den JNDI-Lookup eine `JndiObjectFactoryBean` zur Verfügung:

```
<bean id="dataSource"
    class="org.springframework.jndi.JndiObjectFactoryBean">
    <property name="resourceRef" value="true" />
    <property name="jndiName">
        <value>java:comp/env/jdbc/opizDS</value>
    </property>
</bean>
```

Die `JndiObjectFactoryBean` implementiert in Spring das Muster einer *Factory-Bean*. Wie der Name schon verrät, erzeugt eine solche Bean dem Fabrikmuster folgend andere Objekte. Eine Factory-Bean wird wie jede andere Bean im `ApplicationContext` konfiguriert. Der Trick bei dieser Art von Bean liegt in einer zusätzlichen Indirektion beim Erzeugen der Bean. Das Ergebnis beim Erzeugen einer Factory-Bean im Application-Context ist nicht wie üblich die Factory-Bean selbst, sondern das Ergebnis der Fabrik. Hier im konkreten Fall erzeugt die `JndiObjectFactoryBean` ein `DataSource`-Objekt, das das Ergebnis eines JNDI-Lookups nach einer Datenquelle mit dem Namen *opizDS* ist.

Mit Spring 2.0 können wir für JNDI die neue XML-Schema-basierte Konfiguration verwenden. Das *jee*-Schema definiert Konfigurationen rund um JEE-Aspekte, wie JNDI und EJB. Spring 2.0 lässt uns die Konfiguration auf eine Zeile eindampfen. Bitte denken Sie daran, das *jee*-Schema im Root-Knoten der Konfiguration bekannt zu machen.

```
<beans xmlns="http://www.springframework.org/schema/beans"
    xmlns:xsi="http://www.w3.org/2001/XMLSchema-instance"
    xmlns:jee="http://www.springframework.org/schema/jee"
    xsi:schemaLocation="http://www.springframework.org/schema/beans
        http://www.springframework.org/schema/beans/spring-beans-2.0.xsd
    http://www.springframework.org/schema/jee
        http://www.springframework.org/schema/jee/spring-jee-2.0.xsd"
    default-autowire="byType">
    ...
    <jee:jndi-lookup id="dataSource" resource-ref="true"
        jndi-name="jdbc/pooledDS" />
```

Weitere Informationen über die `JndiObjectFactoryBean` finden Sie in Abschnitt 10.6.2.

In der Beispielanwendung ist der JNDI-Zugriff zunächst auskommentiert. Wenn Sie den Zugriff ausprobieren wollen, müssen Sie eine Ressource in der Laufzeitumgebung definieren. Mit der folgenden Konfiguration in der *server.xml* stellt Tomcat ab Version 5.5 eine globale Datenquelle zur Verfügung:

```
<GlobalNamingResources>
    <Resource
        name="jdbc/pooledDS"
        auth="Container"
        type="com.mchange.v2.c3p0.ComboPooledDataSource"
        factory="org.apache.naming.factory.BeanFactory"
```

```
        user="sa" password=""
        driverClass="org.hsqldb.jdbcDriver"
        jdbcUrl="jdbc:hsqldb:hsql://localhost/db" />
...
```

Die Webanwendung setzen wir von der Datenquelle in Kenntnis, indem wir im Verzeichnis *META-INF* in unserem *WebContent*-Verzeichnis die Datei *context.xml* mit folgendem *ResourceLink* einrichten.

```
<Context path="/opiz-jsf" docBase="opiz-jsf" debug="0"
    privileged="true" reloadable="true" crossContext="true">
    <ResourceLink global="jdbc/pooledDS" name="jdbc/pooledDS"
        type="com.mchange.v2.c3p0.ComboPooledDataSource" />
</Context>
```

Anmerkung

Die Datenquelle kann über eine Datei *conf/Catalina/opiz-jsf.xml* im Installationspfad des Tomcats anstatt global auch lokal für eine Webanwendung definiert werden. Man darf dann nicht vergessen, das Attribut *global* aus dem *ResourceLink* zu entfernen.

9.3.8   Caching

Wie Connection-Pooling ist Caching ein Mittel, die Performance einer Anwendung zu steigern. Um bei dem Vergleich zu bleiben, kann ein Cache als eine Art Object-Pool betrachtet werden. Objekte werden im Speicher vorgehalten, mit der Idee, einen vergleichsweise teureren Zugriff auf die Datenbank einzusparen.

Ein Cache ist für eine Applikation nur dann sinnvoll, wenn die benötigten Objekte im Cache auch relativ häufig angetroffen werden (*Hit*). Bei einem Griff ins Leere (*Miss*) sparen wir nichts ein, sondern müssen trotzdem die Datenbank bemühen und haben mit dem zusätzlichen Zugriff auf den Cache eher das Gegenteil erreicht. Ein weiteres Problem beim Caching sind veraltete Daten. Ein Objekt, welches in der Datenbank geändert wurde, ist nicht zwangsläufig auch im Cache geändert.

Hibernate arbeitet mit zwei Cache-Stufen: einem First-Level- und einem Second-Level-Cache. Den First-Level-Cache haben wir schon kennengelernt, nämlich die Hibernate-Session selbst. Über die Lebenszeit einer Hibernate-Session werden alle zugehörigen persistenten Objekte in der Session vorgehalten und damit gecached. Diesen Cache gibt es nicht nur zur Verbesserung der Performance, sondern auch, damit Hibernate beim Laden von zyklischen Objektreferenzen nicht in eine Endlosschleife gerät. In einer Hibernate-Session existiert jedes Objekt genau einmal, und Hibernate kann feststellen, ob ein Objekt bereits geladen wurde oder nicht. Aus diesem Grund ist der erste Cache notwendig und demzufolge nicht abschaltbar.

Der First-Level-Cache garantiert, dass eine Änderung an einem persistenten Objekt innerhalb einer Transaktion für alle Objekte sichtbar ist, die eine Referenz auf dieses Objekt halten. Diese Eindeutigkeit wird zudem am Ende einer Transaktion gebraucht, wenn die Daten in die Datenbank geschrieben werden sollen, da sich an dieser Stelle zwei verschiedene Java-Objekte mit demselben Primärschlüssel äußerst ungünstig machen.

Den zweiten Cache – den Second-Level-Cache – teilen sich alle Hibernate-Sessions. Daher ist er auf der Ebene der Session-Factory angesiedelt. Der Second-Level-Cache hat die Aufgabe, Performance-Vorteile zu erzielen, und ist für Hibernate optional. Er ist in Hibernate als Plugin realisiert, sodass verschiedene Implementierungen genutzt werden können. Die Tabelle 9.4 auf der nächsten Seite zeigt eine Aufstellung der zur Zeit für Hibernate nutzbaren Cache-Implementierungen.

Ein Caching-Beispiel

Die Kunden unserer Webanwendung können beim Selbstbau einer Pizza aus einer Liste von Belägen wählen. Ein Belag ist ein Objekt, welches sich vielleicht alle Jubeljahre ändert, daher wäre Caching hier sinnvoll. Die Überlegung, wie oft sich ein Objekt ändert und bis zu welchem Grad veraltete Daten (Stale Data) akzeptiert werden können, sind genau die Überlegungen, die Sie bei der Einstellung des Second-Level-Caches anstellen müssen. Es ist klar, dass im Gegensatz zu Belägen bei einer Kundenadresse veraltete Daten nicht akzeptabel sind, weil die Lieferung dann möglicherweise an eine falsche Adresse gelangt.

Probieren wir also unseren ersten Cache an den Belägen aus. Damit wir den Erfolg unserer Bemühungen besser einschätzen können, kontrollieren wir die von Hibernate generierten SQL-Statements. In Kapitel 4.3.11 ist beschrieben, wie wir Hibernate zu der Ausgabe von SQL in der Konsole bewegen können.

Nach dem Start der Anwendung registrieren wir uns beim Pizzadienst und führen eine komplette Bestellung mit Bestätigung durch. Im Menü wählen wir den Menüpunkt „Meine Bestellungen" aus, was zur Folge hat, dass Hibernate vier `select`-Anweisungen ausführt. Ein `select` auf die `Order`, ein `select` auf den zugehörigen `Customer`, ein `select` für die Liste der Pizzen und schlussendlich ein `select` auf die Toppings. Wählen wir den Menüpunkt erneut an, führt Hibernate erneut diese vier `select`-Anweisungen aus. Unser Ziel ist es, durch die Nutzung eines Caches die letzte `select`-Anweisung auf die Toppings zu sparen. Für die Einrichtung des Caches nutzen wir wie gewohnt die Annotations von Hibernate und definieren für unsere `Topping`-Klasse einen Cache.

```
@Cache(usage = CacheConcurrencyStrategy.READ_ONLY)
public class Topping implements Cloneable, Serializable { ... }
```

Dabei müssen wir eine Strategie bezüglich der Nebenläufigkeit angeben. Diese Strategie spiegelt technisch unsere Überlegungen zur Aktualität unserer Daten wider. Für die Beläge haben wir die Strategie READ_ONLY gewählt, da es sich quasi um unveränderliche Objekte handelt. Tabelle 9.3 auf der nächsten Seite beschreibt die verschiedenen möglichen Caching-Strategien und deren Auswirkung.

In unserem Beispiel verwenden wir für die sich nie ändernden Beläge die READ_ONLY-Strategie. Wie bereits erwähnt, können mit Hibernate verschiedene Cache-Implementierungen verwendet werden. Jede Cache-Implementierung

Tabelle 9.3: Cache-Strategien

Strategie	Beschreibung
READ_ONLY	Strategie für Objekte, die sich nicht ändern. Das Ändern dieser Objekte würde zu einer Exception führen.
NONSTRICT_READ_WRITE	Anwendbar für Objekte, die sich über einen langen Zeitraum nicht ändern. Der Cache wird bei Änderungen erneuert, aber auf asynchrone Weise, sodass veraltete Daten möglich sind.
READ_WRITE	Verwendbar für Objekte, die sich selten ändern, bei denen aber veraltete Daten kritisch wären. Der Cache sorgt dafür, dass Hibernate immer die aktuellste Version des Objekts lädt.
TRANSACTIONAL	Wie READ_WRITE, aber für überwachte und verteilte Umgebungen.

hat ihre Vor- und Nachteile, und es gibt keinen Cache, der alle Nebenläufigkeiten berücksichtigt. Verschiedene Cache-Implementierungen werden in Tabelle 9.4 verglichen.

Tabelle 9.4: Cache-Implementierungen und Nebenläufigkeit

Cache	read-only	nonstrict read-write	read-write	transactional
Hashtable	ja	ja	ja	nein
EHCache	ja	ja	ja	nein
OSCache	ja	ja	ja	nein
SwarmCache	ja	ja	nein	nein
JBoss TreeCache	ja	nein	nein	ja

Ob und welchen Cache wir nutzen, wird bei den Hibernate-Eigenschaften bei der *sessionFactory* in der Datei *databaseContext.xml* eingestellt.

Über den Parameter *use_second_level_cache* kann der Second-Level-Cache an- und ausgeschaltet werden. Da wir auch bei Abfragen den Cache nutzen wollen, wurde der Parameter *use_query_cache* auf *true* gesetzt, aber dazu später mehr. Mit dem Parameter *provider_class* geben wir die Cache-Implementierung an. In unserer Beispielanwendung nutzen wir den EHCache[17], der in der Hibernate-Distribution standardmäßig enthalten ist. Der EHCache hat eine eigene Konfigurationsdatei *ehcache.xml*, die im Klassenpfad liegen muss. Das folgende Listing zeigt eine Beispielkonfiguration, an der man schon sieht, dass die Cache-Konfiguration eine Wissenschaft für sich werden kann.

---

[17] http://ehcache.sourceforge.net

Listing 9.2: Second-Level-Cache (databaseContext.xml)

```xml
<bean id="sessionFactory">
  ...
  <property name="hibernateProperties">
    <props>
      <prop key="hibernate.cache.use_second_level_cache">true</prop>
      <prop key="hibernate.cache.use_query_cache">true</prop>
      <prop key="hibernate.cache.provider_class">
        net.sf.ehcache.hibernate.SingletonEhCacheProvider</prop>
    </props>
  </property>
```

```xml
<ehcache>
    <diskStore path="java.io.tmpdir" />
    <defaultCache maxElementsInMemory="10000"
                eternal="false"
                timeToIdleSeconds="120"
                timeToLiveSeconds="120"
                overflowToDisk="true"
                diskPersistent="false"
                diskExpiryThreadIntervalSeconds="120"
                memoryStoreEvictionPolicy="LRU" />
</ehcache>
```

Die Tabelle 9.5 auf der nächsten Seite erläutert die wichtigsten Parameter einer EHCache-Konfiguration.

Würden wir das obige Szenario jetzt noch einmal durchspielen, dann würden wir immer noch vier Select-Anweisungen auf der Konsole zählen, obwohl wir doch den Cache eingeschaltet und die Beläge als nicht änderbar gekennzeichnet haben. Das Second-Level-Caching ist für Hibernate-Objekte granular einstellbar. Das Verhalten kann für einzelne Klassen, für Beziehungen und für Abfragen angegeben werden. Eine Cache-Definition einer Klasse schlägt nur dann zu, wenn auf ein Objekt diese Klasse navigiert wird oder wenn das Objekt über seinen Schlüssel abgefragt wird. Die Abfrage, die eingespart werden sollte, ist die Abfrage auf die Liste der Beläge einer Pizza. Aus diesem Grund müssen wir für einen erfolgreichen Einsatz des Caches die Definition an der Beziehung selbst vornehmen.

```java
@Cache(usage = CacheConcurrencyStrategy.READ_WRITE)
public List<Topping> getToppings() {
    return toppings;
}
```

Der Cache für die Beziehung ist nicht als READ_ONLY definiert, da sich die Beläge selbst zwar nicht ändern können, wohl aber die Belagliste einer Pizza. Die Beziehung wird daher mit der READ_WRITE-Strategie gecached. Wenn wir jetzt das Szenario von oben wieder ausführen, so sollte nach dem zweimaligen Anzeigen der eigenen Bestellliste die vierte Abfrage eingespart worden sein. Im nächsten Schritt könnten wir nun auch noch die Pizza in den Second-Level-Cache überführen und so Schritt für Schritt die Anwendung schneller machen.

Tabelle 9.5: EHCache-Parameter

Parameter	Beschreibung
maxElementsInMemory	Gibt den Schwellwert an, wie viele Objekte maximal im Cache gehalten werden.
timeToIdleSeconds	Die Dauer in Sekunden, wie lange ein Objekt nicht angefragt werden darf, bevor es aus dem Cache entfernt wird.
timeToLiveSeconds	Die Dauer in Sekunden, wie lange ein Objekt maximal im Cache gehalten wird.
eternal	Das Setzen dieses Wertes auf *true* überstimmt die Werte *timeToIdleSeconds* und *timeToLiveSeconds*, die Objekte bleiben *ewig* im Cache.
overflowToDisk	Ein Wert von *true* erlaubt dem Cache, bei Überschreiten des Schwellwerts *maxElementsInMemory* Objekte auf der Festplatte auszulagern.
diskPersistent	Wenn dieser Wert auf *true* gesetzt wird, dann überdauert der auf einer Festplatte ausgelagerte Cache die Laufzeit einer Java Virtual Machine.
diskExpiryThreadInterval-Seconds	Der Intervallwert in Sekunden, in der der auf der Festplatte ausgelagerte Cache nach abgelaufenen Objekten durchsucht wird.
memoryStoreEvictionPolicy	Dieser Parameter bestimmt die Strategie, mit der Objekte beim Überschreiten des Schwellwerts aus dem Cache entfernt bzw. auf die Festplatte ausgelagert werden. Drei Werte sind hier zulässig: Least Recently Used (LRU) entfernt immer die ältesten, ungefragten Objekte im Cache, Less Frequently Used (LFU) priorisiert die am wenigsten gefragten Objekte, ohne die Zeit zu berücksichtigen, und First In First Out (FIFO) entfernt Objekte in derselben Reihenfolge, wie diese in den Cache gekommen sind.

Abschließend sollen auch direkte Abfragen auf Beläge vom Cache profitieren. Eine Abfrage auf Beläge findet bei der Anzeige der Beläge in der Seite *topPizza.jsp* für den Selbstbau einer Pizza statt. Wieder prüfen wir zunächst den aktuellen Stand. Nach einem Neustart wird beim Aufruf der Seite eine Anfrage auf alle Beläge gemacht. Wenn wir die Seite erneut aufrufen, wird die Abfrage nicht erneut durchgeführt, aber nicht etwa, weil der Cache zuschlägt, sondern weil die Liste der Beläge im HTTP-Session-Scope liegt. Die Prüfung muss daher über eine zweite Session erfolgen, indem wir den Vorgang nach dem Neustart des Web-Browsers noch einmal wiederholen. In der Konsole wird die Anfrage erneut angezeigt. Offenbar hat es noch nicht ausgereicht, global in der *sessionFactory* (siehe Listing 9.2) einzustellen, dass wir einen Query-Cache verwenden wollen.

Wir müssen zusätzlich bei der Abfrage angeben, dass wir den Cache nutzen wollen. Das bekannte `ToppingDao` stößt die Abfrage der Beläge an. Dabei nutzt es das HibernateTemplate. Wir machen es uns einfach und stellen global für das Template ein, dass wir den Query-Cache verwenden wollen.

```
<bean name="hibernateTemplate"
    class="org.springframework.orm.hibernate3.HibernateTemplate">
    <property name="sessionFactory" ref="sessionFactory" />
    <property name="cacheQueries" value="true" />
</bean>
```

Wenn wir jetzt nach dem Neustart der Anwendung die Liste noch einmal abrufen, den Browser wieder schließen und uns das Log anschauen, dann sehen wir, dass die Anfrage nicht noch einmal ausgeführt worden ist und der Query-Cache zugeschlagen hat.

Nachdem wir uns in den letzten Abschnitten eher mit technischen Details befasst haben, wollen wir uns im nächsten Abschnitt wieder mehr fachlichen Dingen widmen und unsere Webanwendung vor unberechtigtem Zugriff schützen.

9.4 Zugriffsschutz mit Acegi

Nehmen wir an, dass wir bei Opiz die fachliche Anforderung haben, dass nur registrierte und angemeldete Kunden eine Bestellung aufgeben dürfen. Dies bedeutet, dass wir für unsere Webanwendung einen Zugriffsschutz einrichten müssen.

Um eine Webanwendung abzusichern, steht uns mit Acegi[18] ein mächtiges Framework zur Verfügung. Acegi fügt sich nahtlos in eine Spring-Umgebung ein. Alle beteiligten Komponenten werden in einem Application-Context definiert. Wir werden sehen, wie wir mit Acegi einen Zugriffsschutz implementieren, ohne auch nur eine bestehende fachliche Klasse anfassen zu müssen.

Die meisten Klassen, die wir im Folgenden näher beleuchten, liegen in dem Web-Projekt *opiz-jsf*. Einige Klassen für den Zugriffsschutz sind jedoch allgemeinerer Natur und wir haben diese in das Projekt *opiz-auth* ausgelagert. Die Klassen können so von beiden Webanwendungen *opiz-jsf* und *opiz-swf* (siehe nächstes Kapitel zur Spring Web Flow) genutzt werden.

Zur besseren Aufteilung erstellen wir für das Sicherheitssystem in *opiz-jsf* einen eigenen Application-Context *acegi.xml* und machen diesen dem `ContextLoaderListener` in der *web.xml* bekannt (siehe auch Abschnitt 9.2.1).

```
<context-param>
    <param-name>contextConfigLocation</param-name>
    <param-value>
        classpath:applicationContext.xml
        classpath:applicationContextJSF.xml
        /WEB-INF/acegi.xml
    </param-value>
</context-param>
```

---

[18] www.acegisecurity.org – Sicherheitssystem für Spring.

Die Anforderung, eine Bestellung gegen einen angemeldeten Kunden abzusichern, bedeutet im Beispiel, den Zugriff auf die JSP *order.jsp* zu kontrollieren. Acegi bietet dafür einen Servlet-Filter an, der jeden Zugriff auf eine URL überprüft. Konkret definieren wir in unserem Acegi-Context eine Bean vom Typ `FilterSecurityInterceptor`. Wir werden sehen, dass wir noch weitere Filter definieren müssen, um unsere Sicherheitsprüfung zu komplettieren.

Über das Property *objectDefinitionSource* stellen wir durch Angabe vordefinierter Konstanten zwei Optionen ein. Zum einen wollen wir das Muster für die URL in der praktischen Ant-Notation[19] angeben. Zum anderen wollen wir uns nicht um Klein- und Großschreibung kümmern, weshalb Acegi alle URLs vor dem Mustervergleich in Kleinbuchstaben konvertieren soll.

Das URL-Muster wird mit den zwei Befugnissen *ROLE_CUSTOMER* und *ZIP_2* verbunden, die dafür sorgen, dass nur angemeldete Kunden und nur Kunden aus dem Postleitzahlengebiet 2 eine Bestellung abgeben dürfen. Die erste bildet unsere Anforderung ab, die zweite demonstriert, wie Sie mehrere Befugnisse für ein URL-Muster angeben.

Zusätzlich sichern wir die JSP *showCustomer.jsp*, die die Liste aller registrierten Kunden zeigt, mit einer Administratorrolle *ROLE_ADMIN* ab. Da wir festgelegt haben, dass URLs vor dem Vergleich in Kleinbuchstaben gewandelt werden, müssen wir den Pfad */opiz/showcustomer.jsp* zwingend klein geschrieben angeben.

```
<bean id="filterSecurityInterceptor"
    class="org.acegisecurity.intercept.web.FilterSecurityInterceptor">
    <property name="authenticationManager" ref="authenticationManager"/>
    <property name="accessDecisionManager" ref="accessDecisionManager"/>
    <property name="objectDefinitionSource">
        <value>
            CONVERT_URL_TO_LOWERCASE_BEFORE_COMPARISON
            PATTERN_TYPE_APACHE_ANT
            /opiz/showcustomer.jsp=ROLE_ADMIN
            /opiz/order.jsp=ROLE_CUSTOMER,ZIP_2
        </value>
    </property>
</bean>
```

Die obige Konfiguration braucht noch zwei weitere Beans, einen *authenticationManager* und einen *accessDecisionManager*. Ersterer ist für die Authentifizierung zuständig, also für die Frage, ob der Benutzer die Person ist, für die er sich ausgibt. Der zweite kümmert sich um die Autorisierung (was darf der Benutzer?).

9.4.1 Authentifizierung

Der *authenticationManager* verwaltet eine Liste von Objekten (Provider), die eine Authentifizierung durchführen können. In der Beispielanwendung werden zwei Provider verwendet, ein einfacher für die Authentifizierung der Opiz-Systembetreiber und ein selbstgeschriebener für die Authentifizierung von Kunden.

---

[19] http://ant.apache.org/manual/dirtasks.html#patterns

```
<bean id="authenticationManager"
    class="org.acegisecurity.providers.ProviderManager">
    <property name="providers">
        <list>
            <ref local="customerAuthenticationProvider" />
            <ref local="adminAuthenticationProvider" />
        </list>
    </property>
</bean>
```

Bei der Authentifizierung von Systembetreibern wird ein `InMemoryDao` von Acegi verwendet. Die Benutzer und Passwörter sind hart in der Konfiguration codiert; ein sicher nicht praxisrelevantes Verfahren für „wirkliche" Anwendungen, aber es zeigt die gleichzeitige Verwendung von mehreren Providern und ist zum Testen gut geeignet. Wenn wir das `InMemoryDao` verwenden, brauchen wir einen `DaoAuthenticationProvider`, der die eigentliche Authentifizierung durchführt. Glücklicherweise implementiert die Klasse `InMemoryDao` bereits das vom Provider geforderte Acegi-Interface `UserDetailsService`, sodass wir zu folgender Bean-Definition kommen:

```
<bean id="adminAuthenticationDAO"
    class="org.acegisecurity.userdetails.memory.InMemoryDaoImpl">
    <property name="userMap">
        <value>luigi=luigi,ROLE_ADMIN</value>
    </property>
</bean>

<bean id="adminAuthenticationProvider"
  class="org.acegisecurity.providers.dao.DaoAuthenticationProvider">
    <property name="userDetailsService" ref="adminAuthenticationDAO" />
</bean>
```

Für die zweite Authentifizierung verwenden wir keinen Standardservice von Acegi, sondern einen selbstgeschriebenen Service, der nichts weiter macht, als in unserer Kundendatenbank nachzuschauen, ob der Kunde existiert. Wir machen unseren Service in der *acegi.xml* bekannt:

```
<bean id="customerAuthenticationProvider"
    class="org.acegisecurity.providers.dao.DaoAuthenticationProvider">
    <property name="userDetailsService" ref="customerAuthService" />
</bean>
```

Der `CustomerAuthService` aus *opiz-auth* implementiert dazu die Schnittstelle `UserDetailsService`[20] und damit die Methode `loadUserByUsername`.

Listing 9.3: Kunden-Authentifizierung (CustomerAuthServiceImpl.java)

```
public class CustomerAuthServiceImpl implements CustomerAuthService {
    private static GrantedAuthority[] userGrants = {
        new GrantedAuthorityImpl(CustomerAuthService.ROLE_CUSTOMER)
    };
    private CustomerDao customerDao;
    public void setCustomerDao(CustomerDao customerDao) {
        this.customerDao = customerDao;
```

---

[20] org.acegisecurity.userdetails

```
        }
        public UserDetails loadUserByUsername(String name)
            throws UsernameNotFoundException, DataAccessException {
            Customer customer = customerDao.selectCustomerByUsername(name);
            if (customer == null) {
                throw new UsernameNotFoundException(name);
            }
            return getUserDetails(customer);
        }
        public UserDetails getUserDetails(Customer customer) {
            return new CustomerUserDetail(customer, userGrants);
        }
    }
```

Hier profitieren wir von der Tatsache, dass sich Acegi so nahtlos in Spring
einfügt, denn das Kunden-DAO wurde uns praktischerweise injiziert, da der
Service ein Teil des Application-Contexts ist. Wenn der Kunde geladen werden
konnte, geben wir ein von `UserDetails` abgeleitetes Objekt heraus, und der
Rest wird von Acegi erledigt. Wir benutzen im Beispiel eine selbstgeschriebene
`CustomerUserDetail`-Klasse, damit wir später Zugriff auf das Kundenobjekt
haben. Das `UserDetails`-Objekt liefert mit der Implementierung des Interfaces
`UserDetails`[21] Methoden des Zugriffs auf den Benutzernamen, das Passwort
(Credential) und die Befugnisse, die dem Kunden (Principal) eingeräumt werden.
In unserem Beispiel nimmt ein Kunde immer die Rolle `ROLE_CUSTOMER` ein. Sollte der Kunde nicht registriert sein, wird eine `UsernameNotFoundException`
geworfen.

Am Ende einer erfolgreichen Authentifizierung befindet sich der angemeldete Kunde im Sicherheitskontext von Acegi. Um diesen Sicherheitskontext wieder lesen zu können, stellt Acegi den zentralen `SecurityContextHolder` zur
Verfügung. Schauen wir uns an, wie die Methode `getPrincipal` in der Klasse
`CustomerAuthServiceImpl` den angemeldeten Kunden ermittelt.

```
    public Customer getPrincipal() {
        Authentication authentication =
            SecurityContextHolder.getContext().getAuthentication();
        Customer customer = null;
        if (authentication != null) {       // Benutzer ist angemeldet
            CustomerUserDetail customerUserDetail
                = (CustomerUserDetail) authentication.getPrincipal();
            customer = customerUserDetail.getCustomer();
        }
        return customer;
    }
```

Die statische Methode `getContext` am `SecurityContextHolder` liefert den
aktuellen Sicherheitskontext. Acegi bindet diesen Kontext in einer Webanwendung standardmäßig an den lokalen Thread.[22] Der Sicherheitskontext bietet wiederum Zugriff auf ein `Authentication`-Objekt, die Abstraktion einer Authentifizierung. An diesem Objekt lesen wir den Principal aus, der vom Typ unserer

---

[21] *org.acegisecurity.userdetails*
[22] Acegi bietet für andere Umgebungen passendere Formen der Speicherung an. In einer Swing-
Anwendung z. B. kann der Sicherheitskontext global an die Applikation gebunden werden.

spezifischen `CustomerUserDetail`-Klasse ist. Der Aufruf von `getCustomer` an diesem Objekt liefert den angemeldeten Kunden.

Auf den ersten Blick scheint es ein (unnötig) langer Weg zu unserem angemeldeten Kunden zu sein, doch ist diese Form der Abstraktion gerade die große Stärke von Acegi. Der Principal könnte auch ein externes System sein, das den Zugriff auf eine Ressource benötigt. Ein Credential muss nicht immer ein Passwort sein, sondern eine Authentifizierung könnte über eine Smartcard, ein Zertifikat oder ein LDAP[23]-System erfolgen.

Internationalisierung

Bevor wir zur Autorisierung kommen, passt es an dieser Stelle ganz gut, die Unterstützung von Spring bei der Verwaltung von Ressourcen vorzustellen. Die von uns geworfene `UsernameNotFoundException` wird von Acegi standardmäßig zu einer Exception mit der Fehlermeldung „Bad credentials" umgewandelt. Acegi bietet jedoch die Möglichkeit, sämtliche Meldungstexte aus einer Ressourcendatei zu verwenden. Da Acegi ein Spring-basiertes Framework ist, wird auch in diesem Zusammenhang der Mechanismus aus Spring verwendet. Acegi erwartet im Application-Context eine Bean *messageSource* vom Typ `ResourceBundleMessageSource`.

> **Listing 9.4:** `ResourceBundleMessageSource` (*applicationContextJSF.xml*)

```
<bean id="messageSource"
    class="org.springframework.
        context.support.ResourceBundleMessageSource">
    <property name="basenames">
        <list>
            <value>errors</value>
            <value>de.hanser.buch.opiz.auth.messages</value>
        </list>
    </property>
</bean>
```

Über die Eigenschaft *basenames* wird der Bean eine Liste von Ressourcendateien übergeben. Eine `ResourceBundleMessageSource` in Spring basiert wiederum auf dem Java-Prinzip der Resource-Bundles[24]. In unserer Anwendung wollen wir einen deutschen Text für die Fehlermeldung „Bad credentials" ausgeben. In dem Package *de.hanser.buch.opiz.auth* liegen daher zwei *properties*-Dateien. Die Datei *messages.properties* ist aus den Acegi-Quelltexten kopiert und enthält die englischen Fehlermeldungen, während die Datei *messages_de.properties* die deutschen Texte enthält. Die Endung *_de* folgt dabei den Konventionen bei der Namensgebung für Resource-Bundles in Java.

Acegi nutzt für die Ausgabe von Meldungen die Hilfsklasse `MessageSource-Accessor`[25], die sich wiederum die momentan gültige Spracheinstellung (*Locale*)

---

[23] http://de.wikipedia.org/wiki/LDAP
[24] http://java.sun.com/j2se/1.5.0/docs/api/java/util/ResourceBundle.html
[25] *org.springframework.context.i18n*

aus dem `LocaleContextHolder`[26] holt, der ein `Locale`-Objekt zu dem jeweils aktuellen Thread hält. Jetzt bleibt noch die Frage, wie die aktuelle Spracheinstellung in den `LocaleContextHolder` gelangt. Ein Filter ist für die Lösung auch hier wieder ein probates Mittel. Das folgende Listing zeigt den Quelltext für den `LocaleFilter`, der in der *web.xml* eingebunden wird.

```
public class LocaleFilter implements Filter {
    ...
    public void doFilter(ServletRequest request,
        ServletResponse response, FilterChain chain)
    throws IOException, ServletException {

        Locale locale = request.getLocale();
        // Spracheinstellung für den aktuellen Thread setzen (Spring)
        LocaleContextHolder.setLocale(locale);
        chain.doFilter(request, response);
        LocaleContextHolder.setLocaleContext(null);
    }
}
```

Wie in Listing 9.4 auf der vorherigen Seite zu sehen ist, wurden nicht nur Meldungen für Acegi hinterlegt, sondern es wurde auch eine eigene Fehlerdatei *errors.properties* bekanntgegeben, die sich direkt im Quelltextverzeichnis *src* befindet. Die Datei wird in der `CustomerAction` genutzt, um einen Fehler bei einer Doppelregistrierung anzuzeigen. Um auf die Ressource zuzugreifen, lassen wir uns in der Action die *messageSource* einfach Spring-üblich injizieren.

```
public class CustomerAction   {
    private MessageSource messageSource;
    public void setMessageSource(MessageSource messageSource) {
        this.messageSource = messageSource;
    }
    public String register() {
        ...
        try {
            customerService.createCustomer(customer);
        } catch (DataIntegrityViolationException e) {
            Locale locale = FacesContext.getCurrentInstance().
                getViewRoot().getLocale();
            String errorTxt = messageSource.getMessage(
                "Customer.nonUnique", null, locale);
            FacesContext.getCurrentInstance().addMessage(null,
                new FacesMessage(FacesMessage.SEVERITY_ERROR,
                    errorTxt, e.getMessage())));
            return null;
        }
    }
}
```

Nach diesem Ausflug in die Ressourcenverwaltung von Spring kommen wir nach der Authentifizierung des Kunden zu seinen Rechten.

---

[26] *org.springframework.context.i18n*

9.4.2 Autorisierung

Acegi verwendet für die Entscheidung, ob ein Benutzer eine bestimmte Berechtigung hat, ein Abstimmungsverfahren. Der *accessDecisionManager* befragt dazu alle bei ihm registrierten Abstimmungsberechtigten (Voter) und ermittelt aus den Ergebnissen die Zugriffsberechtigung. Acegi enthält bereits drei vordefinierte Entscheidungsstrategien, die in Tabelle 9.6 gezeigt werden.

Tabelle 9.6: Acegi-Strategien für das Gewähren von Zugriffen

Klasse	Strategie	Beschreibung
AffirmativeBased	bejahend	Gewährt den Zugriff bei mindestens einer Zustimmung.
ConsensusBased	Konsens	Gewährt den Zugriff bei einer Mehrheit von Zustimmungen (Enthaltungen nicht eingerechnet).
UnanimousBased	einstimmig	Gewährt den Zugriff bei mindestens einer Zustimmung und keiner Ablehnung.

Voter

Eine Voter-Klasse implementiert das Interface `AccessDecisionVoter`. In unserem Beispiel verwenden wir zwei Voter. Einen von Acegi mitgelieferten `Role-Voter`, der zustimmt, wenn der Benutzer die geforderte Rolle innehat, und einen selbstgeschriebenen `ZipVoter`, der sein Ja gibt, wenn der angemeldete Kunde aus einem bestimmten Postleitzahlenbereich kommt. Die Implementierung liegt in dem Projekt *opiz-auth*.

> **Begleitquelltext**
>
> Der *zipVoter* ist im Begleitquelltext zum Buch zunächst auskommentiert, da er mit einigen Hibernate-Beispielen kollidiert. Wenn Sie den *zipVoter* ausprobieren wollen, kommentieren Sie ihn an dieser Stelle ein, oder folgen Sie dem Code in den folgenden Listings.

Da beide Bedingungen gleichzeitig zutreffen sollen, sowohl Rolle als auch Postleitzahlenbereich, kommt in dem Beispiel die Entscheidungsstrategie `Unanimous Based` zum Einsatz.

```
<bean id="roleVoter" class="org.acegisecurity.vote.RoleVoter" />
<bean id="zipVoter" class="de.hanser.buch.opiz.auth.ZipVoter" />

<bean id="accessDecisionManager"
    class="org.acegisecurity.vote.UnanimousBased">
    <property name="decisionVoters">
        <list>
            <ref local="roleVoter" />
```

```
            <ref local="zipVoter" />
        </list>
    </property>
</bean>
```

Ein *accessDecisionVoter* muss sich immer zwischen drei Antworten entscheiden.
Er kann sich enthalten, indem er die Konstante ACCESS_ABSTAIN liefert, zustim-
men (ACCESS_GRANTED) oder ablehnen (ACCESS_DENIED). Listing 9.5 enthält
den Quelltext für unsere eigene Voter-Implementation ZipVoter.

Listing 9.5: Acegi Voter (*ZipVoter.java*)

```
public class ZipVoter implements AccessDecisionVoter {
  private static final String ZIP_PREFIX = "ZIP_";
  public boolean supports(ConfigAttribute attribute) {
      return (attribute.getAttribute() != null)
          && attribute.getAttribute().startsWith(ZIP_PREFIX);
  }

  public int vote(Authentication authentication,
          Object object, ConfigAttributeDefinition config) {
      int result = ACCESS_ABSTAIN;
      Iterator iter = config.getConfigAttributes();
      // Iteriere über alle Konfigurationen (ROLE_, ZIP, etc.)
      while (iter.hasNext()) {
          ConfigAttribute attribute = (ConfigAttribute) iter.next();
          // Haben wir eine ZIP_ Konfiguration?
          if (this.supports(attribute)) {
              String zipGrant =
                  attribute.toString().substring(ZIP_PREFIX.length());
              CustomerUserDetail customerUserDetail =
                  (CustomerUserDetail) authentication.getPrincipal();
              // Hole den angemeldeten Kunden
              Customer customer = customerUserDetail.getCustomer();
              Integer zip = customer != null ?
                  customer.getAddress().getZip() : null;
              String zipCompare = zip != null ? zip.toString() : "";
              // Nur Kunden aus einem bestimmten PLZ-Bereich
              result = zipCompare.startsWith(zipGrant) ? ACCESS_GRANTED
                  : ACCESS_DENIED;
          }
      }
      return result;
  }
}
```

Die AccessionDecisionVoter-Methode supports wird von Acegi bereits
beim Anlegen des Acegi-Contexts aufgerufen,[27] um die Konfiguration des FilterSecurityInterceptor zu validieren. Beim ZipVoter wird eine URL, die
mit der Berechtigung *ZIPP_* konfiguriert wurde, als falsch erkannt, da weder der
roleVoter noch der *zipVoter* diese Konfiguration erkennt. Wird die Konfiguration
auf *ZIP_* korrigiert, fühlt sich der *zipVoter* wieder zuständig, und der Spring-
Kontext wird geladen.

---

[27] Vorausgesetzt, das Attribut *validateConfigAttributes* ist beim *filterSecurityInterceptor* nicht auf *false* gesetzt.

Wir nutzen die Methode `supports` auch zur Laufzeit, um sicherzustellen, dass die zu prüfende Konfiguration bei einer Abstimmung auf unseren Voter passt. Der *zipVoter* prüft den Zugriff nur auf Konfigurationen mit dem Präfix *ZIP_*.

Der Quelltext des `ZipVoters` zeigt zudem, wie wir über das Acegi-Objekt *authentication* wieder unsere authentifizierten `UserDetails` (siehe Listing 9.3) erhalten und darüber den angemeldeten Kunden samt zu prüfender Postleitzahl.

9.4.3 Filter in Reihenschaltung

Als Nächstes befassen wir uns wie angekündigt mit den noch zu definierenden Filtern, die bei Acegi in Reihe geschaltet sind und erst im Zusammenspiel das gesamte Sicherheitssystem zum Laufen bringen.

Sicherheitskontext speichern

Der *httpSessionContextIntegrationFilter* sorgt dafür, dass der Sicherheitskontext mit dem authentifizierten Objekt auch nach der Anmeldung erhalten bleibt, indem er diesen in der HTTP-Session speichert.

```
<bean id="httpSessionContextIntegrationFilter"
    class="org.acegisecurity.
        context.HttpSessionContextIntegrationFilter">
    <property name="context"
        value="org.acegisecurity.context.SecurityContextImpl" />
</bean>
```

Abmelden

Der *logoutFilter* horcht auf den Abmeldewunsch eines Kunden.

```
<bean id="logoutFilter"
    class="org.acegisecurity.ui.logout.LogoutFilter">
    <constructor-arg value="/"/>
    <constructor-arg> <list>
        <bean class="org.acegisecurity.
            ui.logout.SecurityContextLogoutHandler"/>
    </list> </constructor-arg>
    <property name="filterProcessesUrl" value="/j_acegi_logout.jsp" />
</bean>
```

Das Property *filterProcessesUrl* bestimmt die URL, die den `LogoutFilter` aktiviert. Im Navigationsteil der *faces-config.xml* haben wir passend dazu folgende Regel definiert:

```
<navigation-rule>
  <from-view-id>/*</from-view-id>
  <navigation-case>
    <from-outcome>logout</from-outcome>
    <to-view-id>/j_acegi_logout.jsp</to-view-id>
  </navigation-case>
</navigation-rule>
```

Ein JSF-Command *logout* stößt den Abmeldevorgang über die Acegi-interne JSP *j_acegi_logout.jsp* an. Der `LogoutFilter` ist aktiviert, und er iteriert über seine Liste von registrierten `LogoutHandler`-Objekten. Im Beispiel ist nur der `SecurityContextLogoutHandler` registriert, der den angemeldeten Kunden allgemein durch das Leeren des aktuellen Sicherheitskontexts abmeldet. Das erste Argument des `LogoutFilter`-Konstruktors bestimmt die URL, wohin nach dem Abmelden verzweigt wird. In unserem Fall wird wieder die Startseite angezeigt.

Ausnahmebehandlung

Der *exceptionTranslationFilter* setzt Zugriffsverletzungen, die als Exception gemeldet werden, in UI-Aktivitäten um. Bei einer `AuthenticationException` wird der *authenticationEntryPoint* angesprochen, der in unserem Beispiel zu einem formbasierten Anmeldedialog verzweigt.

```
<bean id="exceptionTranslationFilter"
    class="org.acegisecurity.ui.ExceptionTranslationFilter">
    <property name="authenticationEntryPoint"
        ref="authenticationEntryPoint" />
    <property name="accessDeniedHandler" ref="accessDeniedHandler" />
</bean>

<bean id="authenticationEntryPoint"
    class="org.acegisecurity.
        ui.webapp.AuthenticationProcessingFilterEntryPoint">
    <property name="loginFormUrl" value="/opiz/login.jsf" />
    <property name="forceHttps" value="false" />
</bean>
```

> *Anmerkung*
>
> Die JavaServer Pages werden bei Acegi mit derselben Endung konfiguriert, unter der auch die JavaServer Faces gefunden werden, hier also mit der Endung *.jsf*, und nicht wie erwartet mit der Endung *.jsp*. Dies ist für das Zusammenspiel mit JSF zwingend notwendig (siehe auch Abschnitt 9.4.5).

Sollten die Voter mal keinen Zutritt gewähren und eine `AccessDenied-Exception` werfen, so wird der *accessDeniedHandler* aufgerufen, der zu der *accessDenied.jsf* verzweigt.

```
<bean id="accessDeniedHandler"
    class="org.acegisecurity.ui.AccessDeniedHandlerImpl">
    <property name="errorPage" value="/opiz/accessDenied.jsf" />
</bean>
```

Authentifizierung

Der *authenticationProcessingFilter* veranlasst über den *authenticationManager* die eigentliche Authentifizierung. Für den Filter wird festgelegt, zu welcher JSP bei einer abgelehnten Authentifizierung verzweigt wird und wie das Verhalten bei einer erfolgreichen Authentifizierung ist. Einige der Einstellungen werden in Abschnitt 9.4.5 näher erläutert, da sie Besonderheiten bei der Integration von Acegi und JSF Rechnung tragen.

Listing 9.6: authenticationProcessingFilter (*acegi.xml*)

```
<bean id="authenticationProcessingFilter"
    class="org.acegisecurity.ui.webapp.AuthenticationProcessingFilter">
    <property name="authenticationManager" ref="authenticationManager"/>
    <property name="authenticationFailureUrl" value="/opiz/login.jsf"/>
    <property name="defaultTargetUrl" value="/acegiforward.jsp"/>
    <property name="alwaysUseDefaultTargetUrl" value="true"/>
    <property name="filterProcessesUrl"
        value="/j_acegi_security_check.jsp"/>
</bean>
```

Alle Filter können nun in einer Filterkette (*filterChainProxy*) in Reihe geschaltet werden und ihre spezifischen Aufgaben wahrnehmen. Es ist unbedingt erforderlich, dass der *httpSessionContextIntegrationFilter* am Anfang der Liste steht, da sich die weiteren Filter darauf verlassen, dass der Sicherheitskontext gespeichert ist.

```
<bean id="filterChainProxy"
    class="org.acegisecurity.util.FilterChainProxy">
    <property name="filterInvocationDefinitionSource">
        <value>
            CONVERT_URL_TO_LOWERCASE_BEFORE_COMPARISON
            PATTERN_TYPE_APACHE_ANT
            /**=httpSessionContextIntegrationFilter,
            logoutFilter,authenticationProcessingFilter,
            exceptionTranslationFilter,filterSecurityInterceptor
        </value>
    </property>
</bean>
```

Da Filter Teil der JEE-Laufzeitumgebung sind, müssen wir die Filterkette in der *web.xml* bekannt machen. Ein recht trickreicher Mechanismus, da wir die vielen Filter modular im Acegi-Kontext *acegi.xml* definiert haben und die allgemeine Webkonfiguration *web.xml* schlank halten.

```
<filter>
    <filter-name>AcegiFilter</filter-name>
    <filter-class>
        org.acegisecurity.util.FilterToBeanProxy
    </filter-class>
    <init-param>
        <param-name>targetClass</param-name>
        <param-value>
            org.acegisecurity.util.FilterChainProxy
        </param-value>
    </init-param>
</filter>
<filter-mapping>
    <filter-name>AcegiFilter</filter-name>
    <url-pattern>/*</url-pattern>
</filter-mapping>
```

9.4.4 Acegi-Tags

Acegi liefert von Haus aus einige Tags mit, die man in einer JSP verwenden kann (vgl. Tabelle 9.7). In der Beispielanwendung werden die Tags verwendet, um das Menü abhängig vom angemeldeten Kunden bzw. Administrator zu steuern. Das Tag `authz:authorize` prüft gegen die eingeräumten Befugnisse des angemeldeten Kunden. Mit verschiedenen Attributen steuert man die Bedingung für die Ausgabe des vom Tag umschlossenen Inhalts.

Tabelle 9.7: Acegi-Tags

Attribut	Beschreibung
`ifAllGranted`	Alle angegebenen Rollen wurden eingenommen.
`ifAnyGranted`	Eine der angegebenen Rollen wurde eingenommen.
`ifNotGranted`	Keine der Rollen wurde eingenommen.

Im Begleitquelltext werden die Acegi-Tags in der *top.jsp* benutzt, um die Menüsteuerung abhängig vom angemeldeten Benutzer vorzunehmen.

```
<%@ taglib uri="http://acegisecurity.org/authz" prefix="authz" %>
...
  <authz:authorize ifNotGranted="ROLE_CUSTOMER,ROLE_ADMIN">
    [<h:commandLink value="Registrieren" action="register"/>]
    [<h:commandLink value="Anmelden" action="login"/>]
  </authz:authorize>
  <authz:authorize ifAnyGranted="ROLE_CUSTOMER,ROLE_ADMIN">
    [<h:commandLink value="Abmelden" action="logout"/>
     (<authz:authentication operation="username"/> )]
  </authz:authorize>
```

Das Tag `authz:authentication` wird benutzt, um die Daten des aktuell angemeldeten Benutzers anzuzeigen. Im Beispiel wird über das Attribut *operation* und die Angabe von *username* der Name des Kunden angezeigt.

9.4.5 Acegi und JSF

Das Zusammenspiel von JSF und Acegi ist nicht immer ganz harmonisch. Das Problem ist, dass Acegi bei der Anmeldung über ein HTML-Formular bestimmte Parameter für den Benutzernamen und das Passwort im Request erwartet, die eine JSF-Implementierung nicht ohne Weiteres liefern kann. Man hat zwar immer die Möglichkeit, einen Anmeldedialog ohne JSF zu verwenden, aber in „wirklichen" Anwendungen soll sich ein Anmeldedialog in der Regel in das Layout der Gesamtanwendung einfinden.

In der Beispielanwendung wurde ein Trick angewandt, der zugegebenermaßen bisher nur mit der JSF-Erweiterung Tomahawk[28] funktioniert, da von dem Attribut *forceId* Gebrauch gemacht wurde, welches JSF dazu zwingt, den Namen

---

[28] http://myfaces.apache.org/tomahawk/index.html

für einen Request-Parameter zu verwenden. Das nächste Listing zeigt den JSF-Anmeldedialog mit Acegi.

```
<%@ taglib uri="http://myfaces.apache.org/tomahawk" prefix="t"%>
<tr>
  <td>Name:</td>
  <td>
    <t:inputText id="j_username" forceId="true"
        value="#{customer.username}" />
  </td>
</tr>
<tr>
  <td>Passwort:</td>
  <td>
    <t:inputSecret id="j_password" forceId="true"
        value="#{customer.password}" redisplay="true" />
  </td>
</tr>
```

Ein weiterer Punkt ist, dass sich Acegi vor dem Anzeigen des Anmeldedialogs die eigentliche Ziel-URL in der HTTP-Session merkt, um nach einer erfolgreichen Anmeldung dorthin zu verzweigen. Acegi merkt sich die URL jedoch mit der Endung *.jsp* (in unserem Beispiel bei der Anmeldung vor der Bestellbestätigung *opiz/order.jsp*), was bei der Weiterleitung dazu führt, dass der JavaServer-Faces-Kontext nicht korrekt initialisiert ist. Abhilfe schafft die selbstgeschriebene JSP *acegiforward.jsp*, die die gemerkte URL in der Session modifiziert und die Endung *.jsp* durch die Endung *.jsf* ersetzt, was zur Folge hat, dass das Faces-Servlet wieder greift (siehe Servlet-Mapping in der *web.xml*) und der JSF-Kontext initialisiert wird. Damit Acegi immer zu der selbstgeschriebenen JSP verzweigt, tragen wir beim `authenticationProcessingFilter` die JSP als `defaultTargetUrl` ein und setzen `alwaysUseDefaultTargetUrl` auf *true* (siehe Listing 9.6 auf Seite 241).

Auch bei der Ausgabe von Acegi-Fehlermeldungen müssen wir etwas tricksen. In die *login.jsp* wird am Anfang die *acegiexc2msg.jsp* eingebunden. Diese JSP wandelt eine Exception, die Acegi in der HTTP-Session hinterlegt hat, in eine JSF-Meldung um, die wir dann in der *login.jsp* mit dem Tag `h:messages` ausgeben können. Der statische Code findet sich in der Klasse `AcegiExceptionMapper`:

```
<%
    // eventuell vorhandene ACEGI-Exception -> eine JSF-Message
    Map sessionMap = FacesContext.getCurrentInstance().
        getExternalContext().getSessionMap();
    Exception e = (Exception)sessionMap.get(
        AbstractProcessingFilter.ACEGI_SECURITY_LAST_EXCEPTION_KEY);
    if (e != null) {
        FacesContext.getCurrentInstance().addMessage(null, new
            FacesMessage(FacesMessage.SEVERITY_ERROR, e.getMessage(),
            e.getMessage()));
        // Alte Exception aus der Session löschen
        sessionMap.put(
            AbstractProcessingFilter.ACEGI_SECURITY_LAST_EXCEPTION_KEY,
            null);
    }
%>
```

In diesem Abschnitt haben wir gesehen, wie wir mit Acegi den Zugriff auf bestimmte Teile unserer Webanwendung grundsätzlich schützen können. Da wir mit Acegi ein sehr mächtiges Security-Framework einsetzen, hätten wir noch sehr viel mehr Möglichkeiten des Zugriffsschutzes, deren Erläuterung aber den Rahmen dieses Buches sprengen würde.

Ein denkbarer nächster Schritt wäre das Implementieren eines Zugriffsschutzes auf Objektebene, also z. B. die Kontrolle darüber, wer welchen Kunden bearbeiten darf. Diese Kontrolle erreicht man in Acegi elegant durch die Verwendung von AOP, mit der wir bereits unser Transaktionsmanagement gelöst haben. Acegi führt auf diese Weise konsequent die Idee in Spring weiter, den fachlichen Quelltext durch deklarative Anweisungen und Template-Mechanismen von nicht-funktionalem Quelltext frei zu halten.

9.5   Alles im Fluss mit Spring Web Flow

Wir haben dieses Kapitel in das Buch aufgenommen, um für die in Kapitel 9.3 geschilderten Probleme bei der Verwendung von Hibernate in Webanwendungen eine moderne und elegante Lösung vorzustellen. Deren Grundidee besteht darin, einen neuen Gültigkeitsbereich für die Hibernate-Session und deren Objekte einzuführen. Ganz nebenbei lernen Sie ein weiteres Framework der Spring-Familie kennen, mit dem sich Abläufe innerhalb einer Web-Anwendung gut modellieren lassen.

Gepflegte Conversation

Um den neuen Gültigkeitsbereich greifbarer zu machen, führen wir zunächst den Begriff der *Conversation* ein. Eine Conversation beschreibt einen abgeschlossenen Vorgang innerhalb der Anwendung aus der Sicht eines Benutzers. Sie lässt sich mit einer Business-Transaktion vergleichen, die wir in Kapitel 9.3.2 bei der Betrachtung der langen Hibernate-Session kennengelernt haben.

In unserem Beispiel ließe sich die Umsetzung des Use Cases *Pizzabestellung* als Conversation realisieren. Den Benutzer interessiert es dabei nicht, dass der Vorgang der Bestellung mit einer Vielzahl von HTTP-Requests und Datenbank-Transaktionen einhergeht. Ganz im Gegensatz zu uns, da wir in den vorhergehenden Kapiteln gesehen haben, was für Probleme das zustandslose HTTP-Protokoll bereiten kann.

Den Zustand der an der Conversation beteiligten zustandsbehafteten Objekte müssen wir mit unseren bekannten Gültigkeitsbereichen entweder mit jedem Request komplett mitschicken oder in der HTTP-Session vorhalten. Im ersten Fall erhöht sich der Verwaltungsaufwand und damit auch die Anfälligkeit für einen Fehler. Um die zu übertragende Menge an Daten zu verringern, versendet man für Referenzen auf Objekte häufig nur den Schlüssel. Dies verschlechtert die Performance, da dieselben Daten immer wieder aus der Datenbank geladen werden.

Im zweiten Fall sammeln sich in der HTTP-Session potenziell immer mehr Objekt-leichen an. Sie gehören zu bereits abgeschlossenen Vorgängen und wurden nicht abgeräumt. Üblicherweise verwendet man Objekte aus der Session für einen Vor-gang wieder, was zu dem Problem führt, dass sich ein Benutzer mit zwei gleich-zeitig geöffneten Browser-Fenstern[29] die Daten wechselseitig überschreiben kann, was zumeist merkwürdige und schwer reproduzierbare Fehler zur Folge hat.

Was aber würden wir uns wünschen? Es wäre doch gut, wenn es einen Gültig-keitsbereich zwischen Request und HTTP-Session gäbe; einen Gültigkeitsbereich für Objekte über die Dauer einer Conversation, so etwas wie einen *Conversation Scope* also.

Den Wunsch nach diesem neuen Gültigkeitsbereich erfüllen uns zur Zeit tatsächlich immer mehr Frameworks. Mit Seam[30] stellt uns Gavin King, einer der führenden Köpfe hinter Hibernate, neben vielen anderen Konzepten auch die Realisierung von Conversations zur Verfügung. In der Apache-Welt hat das JSF-Framework MyFaces einen Zuwachs mit dem Namen Orchestra[31] erhalten, wel-ches auf seiner Homepage einen *conversation-scope persistence context* verspricht, der das Problem einer *LazyInitializationException* oder *NonUniqueObjectException* beheben soll. Diese Probleme kommen uns bekannt vor, oder?

Da wir auf der Basis von Spring arbeiten wollen, entscheiden wir uns für Spring Web Flow (SWF)[32], um in den Genuss des Heil versprechenden Conver-sation Scopes zu kommen, der dort auch als *Flow Scope* bezeichnet wird.[33]

SWF ist ein Teilprojekt des Spring-Frameworks und basiert natürlich auf diesem. Erwarten Sie an dieser Stelle bitte keine ausführliche Beschreibung sämtlicher Funktionalitäten von SWF. Wir bringen zunächst eine kurze Einführung, dann eine Beschreibung der Integration mit Spring und JSF und abschließend die fo-kussierte Betrachtung einer persistenten Hibernate-Session im *Flow Scope*.

Die Beispielanwendung *opiz-swf*

Wir verwenden in unserem Beispiel die Version 2.0 von Spring Web Flow. Bei der Erstellung dieses Buches lag SWF 2.0 nur als Milestone-Version zur Verfügung. Zwei Gründe waren entscheidend dafür, diese frühe Version des Frameworks zu verwenden. Erstens ist Spring Web Flow für Spring 2.0 komplett überarbei-tet worden und nutzt intensiv die Neuerungen in Spring 2.0. Zweitens sind die Neuerungen in der Version 2.0 bei der gleichzeitigen Verwendung von JSF sogar so massiv, dass man demjenigen, der SWF nicht gleich morgen produktiv einset-zen muss, fast abraten möchte, noch die alte Version zu erlernen.

---

[29] Browser-Seiten, die in demselben Browser-Prozess angezeigt werden (Tabbed Browsing), teilen sich eine gemeinsame HTTP-Session.
[30] http://www.jboss.com/products/seam
[31] http://myfaces.apache.org/orchestra/index.html
[32] http://www.springframework.org/webflow
[33] Um genau zu sein, unterscheidet SWF beide Gültigkeitsbereiche. SWF realisiert das Konzept von Haupt-Flow (*governing flow*) und Unter-Flow (*sub flow*). Der Conversion Scope ist über die gesamte Hierarchie eines Haupt-Flows gültig, während der Flow Scope jeweils nur zu einem Flow gehört.

Um die bisherige Beispielanwendung *opiz-jsf* nicht weiter zu verkomplizieren, haben wir uns entschieden, für die Einführung von Spring Web Flow ein neues Projekt *opiz-swf* einzurichten. Die Idee ist, eine eigenständige Anwendung zur Administration von Opiz zu bauen; im Grunde also aus der Bestellanwendung die administrative Funktionalität herauszulösen, zu der wir in Opiz bisher über den besonderen Benutzer *luigi:luigi* Zugang erhalten haben. Das Ergebnis ist eine eigenständige Webanwendung *opiz-swf*, in der wir die Möglichkeit haben, die offenen Bestellungen zu verwalten.

Die Struktur der neuen Anwendung ist sehr ähnlich zu der Struktur der bekannten Bestellanwendung. Beide sind identisch aufgebaut und haben dieselben Abhängigkeiten von den Projekten *opiz* und *opiz-auth*. Wer sich also mit *opiz-jsf* schon etwas beschäftigt hat, wird sich in dem neuen Projekt schnell zurechtfinden.

Aber was ist denn Spring Web Flow eigentlich genau, und wofür kann man es einsetzen?

9.5.1 Endlich automatisch

Spring Web Flow basiert auf dem Modell eines endlichen Automaten, bestehend aus Zuständen, Zustandsübergängen und Aktionen. Beim Betreten eines Zustands wird eine Aktion ausgeführt, die vom Typ des jeweiligen Zustands abhängt. Spring Web Flow stellt uns die in Tabelle 9.8 aufgeführten Typen von Zuständen zur Verfügung.

Tabelle 9.8: Spring Web Flow Zustandstypen

Zustandstyp	Beschreibung
ActionState	Führt eine (fachliche) Aktion innerhalb der Anwendung aus.
ViewState	Stellt das Ergebnis einer Aktion dar.
StartState	Startet einen Flow.
EndState	Kennzeichnet das Ende eines Flows.
SubFlowState	Bettet einen weiteren Flow in den bestehenden Flow ein.
DecisionState	Verzweigt aufgrund einer Bedingung zu einem Zustand.

Mit diesen Typen an Zuständen können wir den Fluss einer Anwendung schon recht gut beschreiben. Nehmen wir an, dass wir den folgenden Use-Case umsetzen wollen: Der Auslieferungsfahrer meldet der Opiz-Zentrale die erfolgreiche Zustellung zweier Bestellungen. Der Opiz-Administrator lässt sich die Liste aller offenen Bestellungen anzeigen. Er wählt aus der Liste eine der zugestellten Bestellungen aus und setzt den Zustand der Bestellung auf *ausgeliefert*. Den letzten Schritt wiederholt er mit der zweiten Bestellung. Die Liste zeigt nun die offenen Bestellungen plus zwei geänderte Bestellungen an. Der Opiz-Administrator kann zu jeder Zeit den Vorgang abbrechen, ohne dass eine Zustandsänderung in der

Datenbank sichtbar wird. Erst durch das explizite Bestätigen aller Änderungen (Speichern-Semantik) werden die geänderten Bestellungen in der Datenbank festgeschrieben.

Aus dem oben beschriebenen Use-Case lässt sich ein Aktivitätsdiagramm ableiten, wie es Abbildung 9.8 zeigt.

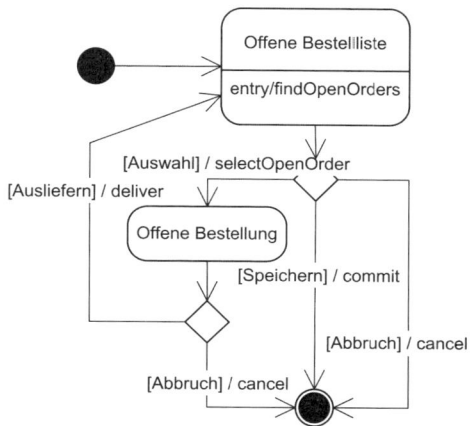

Abbildung 9.8: Der Use-Case *Bestellung abschließen*

Von dem Aktivitätsdiagramm ist der Schritt zur Flow-Definition nicht mehr weit. Jede Aktivität in unserem Diagramm resultiert in einen *ViewState*. Mit jedem *ViewState* verknüpfen wir eine JSP-Seite. Ein Klick in der JSP triggert einen Übergang vom *ViewState* in einen *ActionState* oder einen *EndState*.

Die *ActionStates* sind in dem Aktivitätsdiagramm nicht als eigene Aktivitäten modelliert, sondern direkt als Aktion an den Zustandsübergängen. Diese Modellierung trägt der Sache Rechnung, dass aus der Sicht des Benutzers immer von *ViewState* zu *ViewState* gesprungen wird, während die *ActionStates* eher hinter den Kulissen bei den Übergängen durchlaufen werden.

Wie in Spring üblich, wird auch der Flow mit XML definiert, was uns zu der Datei *opiz-flow.xml* und Listing 9.7 führt. Die Flow-Definition ist parallel zu den JSP-Seiten im Unterordner *WebContent/admin* abgelegt.

Listing 9.7: Flow-Definition Bestellverwaltung (opiz-flow.xml)

```
<flow ...>
    <start-state idref="openOrders" />

    <view-state id="openOrders" view="showOpenOrders.jsp">
        <entry-actions>
            <action bean="adminOrderAction" method="findOpenOrders" />
        </entry-actions>
        <transition on="selectOpenOrder" to="selectOpenOrder" />
        <transition on="commit" to="commit" />
        <transition on="cancel" to="cancel"/>
    </view-state>
    <action-state id="selectOpenOrder">
```

```
        <action bean="adminOrderAction" method="selectOpenOrder" />
        <transition on="success" to="viewOpenOrder" />
    </action-state>
    <view-state id="viewOpenOrder" view="showOrder.jsp">
        <transition on="cancel" to="cancel"/>
        <transition on="back" to="openOrders"/>
        <transition on="deliver" to="deliver" />
    </view-state>
    <action-state id="deliver">
        <action bean="adminOrderAction" method="deliverOrder" />
        <transition on="success" to="openOrders"/>
    </action-state>
    <end-state id="commit" view="/home.jsp">
        <attribute name="commit" value="true" type="boolean" />
    </end-state>
    <end-state id="cancel" view="/home.jsp">
        <attribute name="commit" value="false" type="boolean" />
    </end-state>
    <end-state id="error" view="/error.jsp" />
</flow>
```

Die XML-Syntax einer Flow-Definition ist weitestgehend selbsterklärend. Die verschiedenen Typen von Zuständen werden als Elemente eines Flows definiert. Je nach Typ des Zustands unterscheiden sich die möglichen Unterelemente. Ein *ActionState* muss die Definition der auszuführenden Aktion (*action*) enthalten. Das Ziel der Aktion ist als eine Methode einer Spring-Bean angegeben. Einem *ViewState* teilt man über das Attribut *view* mit, welche JSP anzuzeigen ist. Optional kann vor dem Anzeigen der JSP eine Aktion ausgeführt werden (*entry-action*), die analog zu einer Aktion an einem *ActionState* definiert wird.

Allen Definitionen von Zuständen ist gemein, dass sie die möglichen Zustandsübergänge (*transition*) zu anderen Zuständen enthalten. Die Verknüpfung zwischen Übergang und Ziel-Zustand wird über eine Id gebildet. Welcher Zustandsübergang angestoßen wird, hängt wiederum vom Typ des Zustands ab. Ein *ActionState* triggert einen bestimmten Übergang durch den Rückgabewert der ausgeführten Aktion, während der Übergang von einem *ViewState* durch den Namen der ausgelösten Aktion in der JSP bestimmt wird.

Um die Flow-Definition ausprobieren zu können, fehlen noch die generellen Einstellungen für die Nutzung von Spring Web Flow in unserer Anwendung. Darum geht es im nächsten Abschnitt.

9.5.2 Spring Web Flow mit JavaServer Faces

Damit das Rad nicht neu erfunden werden muss, nehmen wir das Projekt *opiz-jsf* als Vorlage und ändern hier und da ein paar Dinge ab oder fügen etwas hinzu.

Fangen wir mit der bekannten Konfigurationsdatei *web.xml* an und schauen uns dort die neuen Einträge an. Die wesentliche Arbeit haben wir an dieser Stelle mit der Einführung eines weiteren Servlet-Mappings, welches alle Requests, deren zugehörige URL einem bestimmten Muster folgen, zu einem Spring Web Flow Servlet lenkt.

```
<servlet-mapping>
   <servlet-name>SWFServlet</servlet-name>
   <url-pattern>/spring/*</url-pattern>
</servlet-mapping>
```

Der Name *spring* in dem URL-Muster ist willkürlich, man kann jeden anderen Namen verwenden. Anzumerken ist hier, dass das Muster virtuell ist, denn es gibt kein Unterverzeichnis *spring* in unserem Projekt.

Die eigentliche Servlet-Definition für das SWF-Servlet `SpringWebServlet` kommt uns bekannt vor. Eine ähnliche Konfiguration hatten wir schon einmal in Abschnitt 9.2.1 beim Laden des Application-Contexts kennengelernt.

```
<servlet>
   <servlet-name>SWFServlet</servlet-name>
   <servlet-class>
      org.springframework.webflow.servlet.SpringWebServlet
   </servlet-class>
   <init-param>
      <param-name>configLocations</param-name>
      <param-value>
         classpath:applicationContext.xml
         classpath:applicationContextSWF.xml
         /WEB-INF/webflow-config.xml
      </param-value>
   </init-param>
   <load-on-startup>1</load-on-startup>
</servlet>
```

Neu ist hier der Eintrag für den Application-Context *webflow-config.xml*, der im nächsten Abschnitt beschrieben wird. Alle anderen Einträge in der *web.xml* kennen wir bereits; sie wurden einfach aus dem Projekt *opiz-jsf* übernommen. Dies gilt auch für die Einbindung des Startup-Servlets `ApplicationInit`, das wir wieder für die Erzeugung der Testdaten in der Datenbank nutzen.

Spring Web Flow Application-Context

In dem Application-Context *webflow-config.xml* definieren wir die Beans, die initial dafür sorgen, dass uns in unserer Webanwendung ein Flow zur Verfügung steht.

Die Wurzel allen Flows ist der *Flow-Executor*. Er sorgt dafür, dass bei einem eingehenden Request entweder ein neuer Flow gestartet oder ein bestehender Flow wiederaufgenommen wird. Die Definition des *Flow-Executor*s erfolgt hier kompakt mit der neuen XML-Schema-basierten Notation[34] in Spring 2.0:

```
<web:flow-executor id="flowExecutor" flow-registry="flowRegistry">
...
</web:flow-executor>
```

Der *Flow-Executor* benötigt eine *Flow-Registry*, das Verzeichnis, in dem die fachlichen Flow-Definitionen unserer Anwendung registriert werden.

```
<web:flow-registry id="flowRegistry"
   flow-builder-services="flowBuilderServices">
```

---

[34] http://www.springframework.org/schema/webflow-config/spring-webflow-config-2.0.xsd

```
<web:flow-location path="/admin/opiz-flow.xml" />
  <web:flow-builder
    class="org.springframework.faces.ui.resource.ResourcesFlowBuilder"
      />
</web:flow-registry>
```

Die *Flow-Location* ist die Stelle, an der wir unsere Flow-Definitionen einhängen können. In unserem Fall haben wir nur die eine oben definierte Datei eingetragen. Zulässig ist hier die Angabe von beliebig vielen Flow-Definitionen.

Über den *Flow-Builder* und die *Flow-Builder-Services* schlagen wir die Brücke zu unserem Web-Framework, welches auch in unserer neuen Webanwendung immer noch JSF sein soll.

```
<bean id="flowBuilderServices"
  class="[...].webflow.engine.builder.support.FlowBuilderServices">
  <property name="expressionParser">
    <bean
      class="org.springframework.webflow.core
        .expression.el.WebFlowELExpressionParser">
        <constructor-arg>
          <bean class="org.jboss.el.ExpressionFactoryImpl" />
        </constructor-arg>
    </bean>
  </property>
  <property name="viewFactoryCreator">
    <bean
      class="org.springframework.faces.webflow.JsfViewFactoryCreator" />
  </property>
</bean>
```

Die *Flow-Builder-Services* stellen der *Flow-Registry* einen Parser für Ausdrücke und JSF-spezifische Funktionalität zur Verfügung. Dass wir an allen Ecken und Enden einen Parser für Ausdrücke benötigen, haben wir ja schon im Abschnitt 9.3.1 gesehen. Der hier verwendete Parser von JBoss ist sogar in der Lage, die Unified-EL[35] zu parsen. Als *View-Factory-Creator* kommt der `JsfViewFactoryCreator` von Spring zum Einsatz. Seit der Version SWF 2.0 ist die rein JSF betreffende Implementierung in eine eigene Bibliothek *spring-faces* ausgelagert worden.

Und damit haben wir mit den obigen Definitionen die Brücke zu JSF bereits komplett fertig. Ein weiterer Eintrag etwa in der *faces-config.xml* oder in der *web.xml* ist nicht vonnöten. Es reicht, an dieser Stelle der Webanwendung die Bibliothek *spring-faces.jar* zur Verfügung zu stellen.

Apropos *faces-config.xml*: ein Blick in diese Datei der SWF-Anwendung zeigt uns bis auf wenige Einträge gähnende Leere. Nachdem wir in Kapitel 9.2.3 ja bereits alle Managed-Beans entfernt hatten, sind nun auch alle Navigationsregeln verschwunden. Klar, denn die Navigation in unserer Anwendung haben wir mit der Flow-Definition ja schon mit definiert.

---

[35] http://java.sun.com/products/jsp/reference/techart/unifiedEL.html

Schleusen auf – Fluss starten

Am Ende steht der Anfang, denn irgendwie und irgendwo müssen wir den Flow
ja auch noch starten. Dazu bauen wir auf unserer Startseite *home.jsp* einen Link
ein, der sich einerseits aus dem URL-Muster *spring*, welches wir eingangs für
unser SWF-Servlet definiert hatten, und andererseits aus dem Namen der Flow-
Definition *opiz-flow* zusammensetzt.

```
<f:view>
    <h:form id="form">
        <p><a href="/opiz-swf/spring/opiz-flow">Offene
            Bestellungen</a></p>
    </h:form>
</f:view>
```

Ein Klick auf den Link startet den Flow. Bevor wir jedoch zur gewünschten Bestellliste kommen, schlägt erst einmal unser Zugriffsschutz zu und verlangt eine
Anmeldung. Die Definition des Zugriffsschutzes in der Datei *acegi.xml* haben wir
weitestgehend aus dem Projekt *opiz-jsf* übernommen. Zur Erinnerung hier noch
einmal die Definition des `FilterSecurityInterceptor`s.

```
<bean id="filterSecurityInterceptor"
    class="org.acegisecurity.intercept.web.FilterSecurityInterceptor">
    ...
    <property name="objectDefinitionSource">
        <value>
            CONVERT_URL_TO_LOWERCASE_BEFORE_COMPARISON
            PATTERN_TYPE_APACHE_ANT
            /spring/**=ROLE_ADMIN
        </value>
    </property>
</bean>
```

Geändert haben wir nur den überwachten Pfad, den wir hier einfach allgemein
auf unseren virtuellen Pfad *spring* gelegt haben. Wenn die Anmeldung mit dem
Benutzer *luigi:luigi* erfolgreich überwunden ist, sollte die Liste der offenen Bestellungen wie in Abbildung 9.9 auf Seite 254 zu sehen sein. Nein? Wie erwartet, trifft
uns eine `LazyInitializationException`, denn wir haben ja noch nichts für
das Management der Hibernate-Session getan.

9.5.3   Flow-Persistence-Context

Jetzt ist es an der Zeit, sich wieder an das Konzept der langen Hibernate-Session
aus Kapitel 9.3.2 auf Seite 216 zu erinnern. Wie könnte eine solche Implementierung mit Flows aussehen?

Mit dem Starten eines Flows müsste automatisch eine Hibernate-Session erzeugt
und an den Flow-Scope gebunden werden. Wenn ein Request für den betreffenden Flow eintrifft, wird die Hibernate-Session aus dem Flow-Speicher gelesen
und an den aktuellen Thread gebunden.[36] Nach Beendigung des Requests und
dem damit verbundenen Pausieren des Flows, wird die Hibernate-Session vom

---

[36] Dieses Prinzip zur Session-Verwaltung kennen wir schon, es wird z. B. im `HibernateTemplate`
eingesetzt.

aktuellen Thread entbunden und im Flow-Speicher gesichert. Beim Erreichen eines Endzustands werden die Änderungen in der Hibernate-Session in einer Transaktion in der Datenbank festgeschrieben und der Flow samt Hibernate-Session geschlossen.

Der nächste Abschnitt zeigt, wie wir in Spring Web Flow zu einer Flow-übergreifenden Hibernate-Session kommen.

Flow-Execution mit Hibernate

Der Flow-Executor von Spring Web Flow bietet generell anderen Objekten die Möglichkeit, sich als *Flow-Execution-Listener* in seinen Arbeitsablauf einzuhängen.

```
<web:flow-executor id="flowExecutor" flow-registry="flowRegistry">
    <web:flow-execution-listeners>
        <web:listener ref="hibernateFlowExecutionListener"
            criteria="*" />
    </web:flow-execution-listeners>
</web:flow-executor>
```

Mit dem Attribut *criteria* geben wir an, auf welche Flows unser Listener hören soll. Mit dem * sind alle Flows gemeint, wir hätten aber auch explizit *opiz-flow* eintragen können.

Als Implementierung einer langen Hibernate-Session wird uns vom Framework bereits ein `HibernateFlowExecutionListener` zur Verfügung gestellt.

```
<bean id="hibernateFlowExecutionListener"
  class="[...].webflow.persistence.HibernateFlowExecutionListener">
  <constructor-arg>
    <ref bean="sessionFactory" />
  </constructor-arg>
  <constructor-arg>
    <ref bean="transactionManager" />
  </constructor-arg>
</bean>
```

Der Listener selbst ist als normale Spring-Bean definiert, die die Hibernate-Session-Factory und den Transaktionsmanager injiziert bekommen. Diese beiden Beans sind bereits im allgemeinen Application-Context aus dem Projekt *opiz* definiert.

Damit haben wir generell einen Flow-übergreifenden Persistence-Context definiert. Das allein reicht noch nicht ganz aus, da wir in jeder Flow-Definition entscheiden können, ob wir den Persistence-Context nutzen wollen oder nicht.

```
<flow ...>
    <attribute name="persistenceContext" value="true" />
...
```

Außerdem müssen wir uns noch um die Transaktionssteuerung kümmern, wenn ein Endzustand erreicht wird. Wenn die Schaltfläche *Änderungen übernehmen* gedrückt wird, kommen wir in den *commit*-Endzustand, und nur in diesem Zustand sollen die Änderungen in der Datenbank festgeschrieben werden. Der *cancel*-Endzustand lässt die Änderungen einfach verfallen.

```
...
    <end-state id="commit" view="/home.jsp">
        <attribute name="commit" value="true" type="boolean" />
    </end-state>
    <end-state id="cancel" view="/home.jsp">
        <attribute name="commit" value="false" type="boolean" />
    </end-state>
</flow>
```

Damit ist alles für den Persistence-Context getan, und wir kommen zu den Aktionen, die sich sein Vorhandensein zunutze machen.

Flow-Aktionen

Der Quelltext zu den einzelnen Aktionen befindet sich in der Klasse `AdminOrderAction`. Die Klasse ist von der SWF-Klasse `MultiAction` abgeleitet und enthält Methoden, die alle eine ähnliche Signatur wie die folgende Methode *findOpenOrders* aufweisen.

```
public Event findOpenOrders(RequestContext context) {
    SerializableListDataModel<Order> model =
        getOpenOrdersInFlow(context);
    // Haben wir schon unsere offenen Bestellungen im Flow?
    if (model == null) {
        List<Order> orders =
            orderDao.getOrdersInState(OrderState.OPEN);
        model = new SerializableListDataModel<Order>();
        model.setWrappedData(orders);
        context.getFlowScope().put("openOrders", model);
    }
    return success();
}
```

Die Signatur ist eine Konvention von Spring Web Flow. Der Vorteil der `MultiAction` liegt in der einfachen Definition der Methoden und dem leichten Zugang zum `RequestContext`, den wir immer wieder brauchen, wenn wir auf Objekte im Flow zugreifen wollen. Der Nachteil der `MultiAction` ist, dass unsere Action-Klassen nun von Spring Web Flow abhängig sind, womit man mit dem Spring-Prinzip möglichst wenig direkter Abhängigkeiten zum Framework bricht.

Wann und welche Methoden aufgerufen werden, haben wir an den Action-Beans unserer Flow-Definition bestimmt (siehe Listing 9.7 auf Seite 247). Die obige Methode *findOpenOrders* fragt den aktuellen Flow nach einer Liste offener Bestellungen. Nach dem unmittelbaren Start des Flows ist diese Liste nicht vorhanden, und es wird eine aktuelle Liste über das DAO geladen und im Flow Scope als Listenmodell gespeichert.

Als Modell wird eine eigene Klasse `SerializableListDataModel` verwendet, die eine Ableitung der Klasse `DataModel`[37] ist und die Basisklasse um Serialisierbarkeit[38] erweitert.

---

[37] *javax.faces.model*
[38] implementiert `java.io.Serializable`

Anmerkung

Generell sei hier darauf hingewiesen, dass alle Objekte, die im Flow Scope oder Session Scope gespeichert werden, auch serialisierbar sein sollten. Dies ist eine Anforderung aus der Servlet-Spezifikation, in der es Web-Containern erlaubt ist, HTTP-Sessions in ein Dateisystem auszulagern. Für Objekte im Flow Scope gilt dies umso mehr, da SWF verschiedene Implementierungen des Flow-Speichers zur Verfügung stellt, unter anderen auch eine, die ihren Zustand ausschließlich auf der Client-Seite hält, indem dieser in serialisierter Form an jeden Flow-Request gehängt wird. Standardmäßig arbeitet SWF mit einem Flow-Speicher in der HTTP-Session.

Die JSP *showOpenOrders.jsp* zeigt die Bestellliste plus zusätzliche Kundeninformationen an (siehe Abbildung 9.9). Diese zusätzlichen Kundendaten haben uns eingangs ein Problem bereitet, da sie erst spät in der JSP nachgeladen werden. Vorher war die Hibernate-Session zu diesem Zeitpunkt bereits geschlossen, was jetzt mit dem Flow-Persistence-Context nicht mehr der Fall ist.

Abbildung 9.9: Liste von Bestellungen (showOpenOrders.jsp)

Bis jetzt ist der Aha-Effekt jedoch nur mäßig, denn das Auflösen von späten Referenzen bei der Anzeige in einer JSP konnte ja auch schon der `OpenSession-InViewFilter`, den wir in Abschnitt 9.3.1 eingeführt hatten. Interessant wird es doch, wenn wir jetzt über mehrere Requests Änderungen an den Objekten vornehmen.

Dazu wählen wir zunächst eine offene Bestellung über einen Link in der Liste aus. Damit wird die Methode *selectOpenOrder* an der `AdminOrderAction` aufgerufen, die sich aus dem Listenmodell die selektierte Bestellung holt und im Flow Scope ablegt.

```
public Event selectOpenOrder(RequestContext context) {
    SerializableListDataModel<Order> model =
        getOpenOrdersInFlow(context);
    Order currentOrder = model.getLastSelectedData();
    context.getFlowScope().put("currentOrder", currentOrder);
    return success();
}
```

Die JSP *showOrder.jsp* zeigt die ausgewählte Bestellung an, deren Status wir auf *geliefert* umsetzen können. Die Methode *deliverOrder* in der `AdminOrderAction` macht dies für uns, indem sie die ausgewählte Bestellung aus dem Flow holt und an dem Objekt die fachliche Methode aufruft.

```
public Event deliverOrder(RequestContext context) {
    Order currentOrder = (Order) context
        .getFlowScope().get("currentOrder");
    currentOrder.deliverOrder();
    return success();
}
```

Nach Beendigung der Aktion gelangen wir wieder zur Liste der offenen Bestellungen. Dort ist der geänderte Zustand der gerade ausgewählten Bestellung hervorgehoben. Jetzt können wir für weitere Bestellungen den Auslieferungszustand ändern.

Es ist doch verwunderlich, dass bei der Aktion kein DAO im Spiel ist. Ein Blick in die Datenbank würde zeigen, dass die Änderungen an den Bestellungen nicht festgeschrieben wurden. Die Zustandsänderungen werden uns doch nicht verloren gehen?

Einerseits ja, denn sie sollen uns ja verloren gehen, wenn der Benutzer den Vorgang über das Betätigen der Schaltfläche *Abbruch* beendet. In diesem Fall soll sich nichts in der Datenbank ändern, was einem Rollback auf der Conversation gleichkommt.

Andererseits nein, denn wenn der Benutzer die Änderungen übernimmt, dann sollen alle Zustandsänderungen festgeschrieben werden. Wie kann das funktionieren?

Nur Spülen auf Kommando

Spring Web Flow nutzt den Flush-Mode der Hibernate-Session. Gleich nach dem Erzeugen der Hibernate-Session, bei Beginn der Conversation, wird der Flush-Mode der Hibernate-Session auf `FlushMode.MANUAL` gesetzt. Dies soll verhindern, dass schon während der Laufzeit der Conversation ungewollt Änderungen in die Datenbank gelangen. Erst am Ende der Conversation wird ein Flush ausgelöst, wenn an dem betreffenden Endzustand das Attribut *commit* gesetzt ist.

Die Abbildung 9.10 auf der nächsten Seite zeigt noch einmal dieses Verhalten über den Verlauf einer Conversation.

Sollte während der Dauer der Conversation ein Fehler auftreten, so braucht man eigentlich nichts zu beachten, denn bis zu diesem Zeitpunkt ist kein einziger Datensatz in die Datenbank geschrieben worden. Das funktioniert so natürlich nur

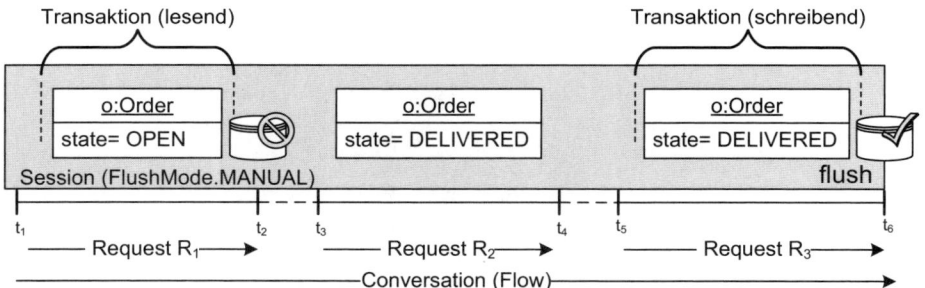

Abbildung 9.10: Lange Hibernate-Session in einer Conversation

unter der Voraussetzung, dass wir nicht selbst vorher manuell einen Flush in die Datenbank veranlassen. **Eine schreibende Transaktion sollte während des Flows daher nur bei erfolgreichem Erreichen des Endzustands angestoßen werden.**

Der letzte Satz ist sehr wichtig. Aus Kapitel 8.5 wissen wir ja, dass wir um Methoden unserer DAO- bzw. Service-Schicht Transaktionen gelegt haben. Einige dieser Transaktionen sind nicht *read-only*, was bedeutet, dass diese im Erfolgsfall einen Flush in die Datenbank veranlassen.

Die folgende Implementierung würde daher das korrekte Verhalten unserer Business-Transaktion korrumpieren:

```
public Event deliverOrder(RequestContext context) {
    Order currentOrder = (Order) context
            .getFlowScope().get("currentOrder");
    currentOrder.deliverOrder();
    orderDao.saveOrder(currentOrder); // falsch!!!
    return success();
}
```

Die schreibende Transaktion um die DAO-Methode `saveOrder` setzt den Flush-Mode der Hibernate-Session zu Beginn auf `FlushMode.AUTO`. Erst am Ende der Transaktion wird der Flush-Mode wieder auf den Wert `FlushMode.MANUAL` zurückgesetzt. Wir müssen also unbedingt darauf achten, Objekte ohne eine umgebende Transaktion zu verändern.

Ein weiterer Fallstrick kann in diesem Zusammenhang die Verwendung eines Datenbankschüssel-Generators vom Typ *IDENTITY* sein (siehe Kapitel 5.3.2 auf Seite 51). Wenn ein Objekt mit der Methode `save` an der Hibernate-Session gespeichert wird, ohne dass wir uns in einer schreibenden Transaktion befinden, dann sorgt der manuelle Flush-Mode dafür, dass nichts in der Datenbank passiert. Wenn dieses Objekt seinen Primärschlüssel jedoch über eine Identity-Spalte in der Datenbank erhält, dann ist Hibernate gezwungen, den Datensatz in die Datenbank zu schreiben, da der Rückgabewert der Methode `save` der Wert des Primärschlüssels ist. Bei der nächsten Transaktion, egal ob lesend oder schreibend, wäre dieser Datensatz fest in der Datenbank und unsere Business-Transaktion dahin. Abhilfe schafft hier entweder das Verwenden einer andere Strategie bei der Generierung des Primärschlüssels oder der Aufruf der Methode `persist`, die ein transientes Objekt in den Zustand *persistent* befördert, aber dabei keinen Datensatz schreibt. Im letzten Fall hat man dann natürlich bis zum Flush auch keinen Primärschlüssel.

Weiterhin müssen wir bedenken, dass wir über die Dauer der Conversation potenziell mit veralteten Daten arbeiten. Da wir unsere geänderten Daten nicht überschreiben wollen, können wir keine aktuellen Daten aus der Datenbank holen. Es steigt somit die Wahrscheinlichkeit, beim *Commit* ein bereits geändertes Objekt in der Datenbank zu überschreiben bzw. bei Verwendung von optimistischem Locking in eine `StaleObjectStateException` zu laufen.

Wir sehen, dass wir auch mit noch so trickreichen Hilfsmitteln, wie dem `HibernateFlowExecutionListener`, immer weiter auf der Hut sein und genau verstehen müssen, was hinter den Kulissen passiert.

Fazit

Bei der Betrachtung von Spring Web Flow haben wir gesehen, dass moderne Web-Frameworks immer mehr versuchen, das zustandslose HTTP-Protokoll vor dem Entwickler zu verbergen. Gerade als Hibernate-Web-Entwickler kann einen diese Zustandslosigkeit schon das eine oder andere graue Haar kosten.

Mit der Verwendung von Spring Web Flow erhält man eine skalierbare Lösung an die Hand. Es lassen sich gezielt Teile einer Anwendung herausgreifen und als Flow realisieren, während die anderen Teile bleiben, wie sie sind.

9.6 Testmöglichkeiten

Der automatisierte Test einer grafischen, webbasierten Oberfläche ist generell ein schwieriges Unterfangen. Will man für die Funktionalität der Oberfläche eine hohe Testabdeckung erreichen, muss man sich im Klaren darüber sein, dass hier ein hoher Pflegeaufwand entsteht. In jedem noch so gut geplanten Entwicklungsprojekt unterliegt eine grafische Benutzeroberfläche vielen Änderungen. Bei der Entwicklung mit JavaServer Faces kommt hinzu, dass die Identifikatoren einzelner UI-Komponenten dynamisch erzeugt werden, was das Referenzieren im Testcode unübersichtlich macht und die Wartung zusätzlich erschwert. Wer den Pflegeaufwand nicht scheut, findet im Open-Source-Bereich einige Produkte für den Test von Web-Oberflächen. Als Beispiele seien hier HttpUnit[39] und JWebUnit[40] genannt.

9.6.1 Test von JSF-Komponenten und Spring

Als Frontend-Entwickler können wir uns aber nicht einfach mit „Alles zu aufwendig, also brauchen wir wohl keine Tests" aus der Affäre ziehen.

---

[39] http://httpunit.sourceforge.net
[40] http://jwebunit.sourceforge.net

Ohne größeren Aufwand können wir zumindest Unit-Tests für unsere Aktions-klassen schreiben. Wir fordern für uns, dass die Unit-Tests durchlaufen sollen, oh-ne dass unsere Web-Anwendung gleichzeitig in einer Laufzeitumgebung gestartet sein muss. Mit dieser Anforderung stellt sich das Problem, dass nun bestimm-te Objekte, die normalerweise von der Laufzeitumgebung zur Verfügung gestellt werden, während unseres Testlaufs nicht mehr da sind. Unsere `OrderAction` benutzt beispielsweise eine HTTP-Session, um deren Erzeugung wir uns norma-lerweise keine Gedanken machen müssen.

Shale-Test-Framework

In Abschnitt 8.3.1 haben wir schon das Testen mit Dummy- oder Mock-Objekten kennengelernt. Einen ähnlichen Ansatz wählen wir für die fehlenden Objekte der Laufzeitumgebung, die im Test durch Dummy-Objekte ersetzt werden sol-len. Die Dummy-Objekte brauchen wir nicht selbst zu schreiben, sondern nutzen für den Test von JSF-Komponenten einen Teil des Shale-Frameworks[41]. Das Shale-Framework stellt verschiedene, lose gekoppelte Dienste auf der Basis von JavaSer-ver Faces zur Verfügung. Aus diesen Diensten picken wir uns nur das Shale-Test-Framework heraus. Die Klassen dafür liegen in der Bibliothek *shale-test.jar*, die sich im Begleitquelltext in dem Projekt *book-libraries* im Verzeichnis *other* befindet.

Als Basisklasse für Unit-Tests stellt das Shale-Test-Framework die Klasse `Abs-tractJsfTestCase` zur Verfügung. Da wir zusätzlich zu JSF Spring einsetzen, haben wir in der Klasse `BaseJsfSpringTestCase` die Shale-Klasse noch einmal um die Spring-Funktionalität erweitert.

```
public class BaseJsfSpringTestCase extends AbstractJsfTestCase {
    private static Map<String, ConfigurableApplicationContext> cm
        = new HashMap<String, ConfigurableApplicationContext>();

    public BaseJsfSpringTestCase(String name) {
        super(name);
    }

    protected ConfigurableApplicationContext getAppContext(String key) {
        ConfigurableApplicationContext context = cm.get(key);
        if (context == null) {
            context = new
                ClassPathXmlApplicationContext(getContextLocations());
            cm.put(key, context);
        }
        return context;
    }

    protected abstract String[] getContextLocations();
    ...
}
```

Hier wird, wie in Abschnitt 7.4.1, der Mechanismus der Spring-Testklasse `AbstractSpringContextTests` nachgebildet. An dieser Stelle wünscht man sich in Java die Möglichkeit der Mehrfachvererbung. Die Basisklasse hat die Auf-

---

[41] http://shale.apache.org

gabe, für den Testlauf einen Application-Context zur Verfügung zu stellen und diesen aus Performance-Gründen über die Testläufe in einer statischen Map vorzuhalten. Ein Application-Context wird zu einem Schlüssel abgelegt, sodass man mehrere Kontexte gleichzeitig verwalten kann.

Wie beim Vorbild der Spring-Testklasse muss eine abgeleitete Testklasse die Methode `getContextLocations` überschreiben, damit die Basisklasse Orte und Namen der zu ladenden Konfigurationsdateien kennt.

Wer zuletzt kommt, mahlt zuerst

Bei der Angabe der Konfigurationsdateien können wir uns die Funktionalität von Spring zunutze machen, dass doppelte Bean-Definitionen nicht zu einem Fehler führen, sondern eine vorherige Definition überschreiben. Wir definieren uns dazu einen speziellen Test-Application-Context *applicationContextTest*, den wir nur für diese Tests benutzen.

```
protected String[] getContextLocations() {
    return new String[] {
        "classpath:applicationContext.xml",
        "classpath:applicationContextTest.xml" };
}
```

In diesem Fall würde eine Bean-Definition im Test-Application-Context eine Bean-Definition im allgemeinen Application-Context überschreiben. Wir können so in unserem Test-Application-Context gezielt Beans für den Test austauschen und, wie wir gleich sehen werden, durch andere Objekte ersetzen.

EasyMockFactory

In Kombination mit dem Überschreiben von Bean-Definitionen möchte man im Test häufig eine Bean durch ein Mock-Objekt ersetzen. Folgende Bean-Definition tauscht den `CustomerAuthService` gegen eine Mock-Implementierung aus:

```
<bean name="customerAuthService"
    class="de.hanser.buch.test.EasyMockFactoryBean">
    <property name="mockClass"
        value="de.hanser.buch.opiz.auth.CustomerAuthService" />
</bean>
```

Die Bean wird nicht direkt, sondern von einer `FactoryBean` erzeugt. Die `Easy-MockFactoryBean` erzeugt für ein bestimmtes Interface, welches über die Eigenschaft `mockClass` gesetzt wird, das passende Mock-Objekt.

```
public class EasyMockFactoryBean implements FactoryBean {
    public Class mockClass;
    public void setMockClass(Class mockClass) {
        this.mockClass = mockClass;
    }
    public Object getObject() throws Exception {
        return EasyMock.createMock(mockClass);
    }
    public Class getObjectType() { return mockClass; }
    public boolean isSingleton() { return true; }
}
```

Intern nutzt die BeanFactory das Mock-Framework *EasyMock*, das wir bereits beim Test der Service-Schicht benutzt haben (vgl. Abschnitt 8.3.1 auf Seite 164).

9.6.2 Testbeispiel Bestellvorgang

Gerüstet mit der neuen Basisklasse machen wir uns an den Test des Bestellvorgangs, sprich: an den Test der Methode `order` in der Klasse `OrderAction` (siehe Listing 9.8 auf der nächsten Seite). Wir erstellen hierfür die Klasse `OrderAction-Test`, leiten sie von `BaseJsfSpringTestCase` ab und implementieren die abstrakten Methoden.

Für den Test einer Aktionsklasse benötigen wir den allgemeinen Application-Context aus *opiz* und den Web-spezifischen Application-Context aus *opiz-jsf*. Außerdem binden wir zuletzt einen Test-Application-Context ein, damit bestehende Bean-Definitionen im Test überstimmt werden.

```
public class OrderActionTest extends BaseJsfSpringTestCase {
    protected String[] getContextLocations() {
        return new String[] { "classpath:applicationContext.xml",
            "classpath:applicationContextJSF.xml",
            "classpath:applicationContextTest.xml" };
    }
    ...
}
```

Der aufmerksame Leser wird an dieser Stelle vielleicht den Acegi-Context *acegi.xml* vermissen: Die Bean `customerAuthService` aus dem Web-spezifischem Kontext benötigt doch schließlich den `authenticationManager` aus dem Acegi-Context?! Die Lösung ist, dass die Bean `customerAuthService` im Test-Application-Context durch ein Mock-Objekt ersetzt wird, sodass wir für unsere Tests keinen Acegi-Context mehr benötigen.

Test 1: Fehler bei korrupter Http-Session

Wird die Methode `order` in der `OrderAction` aufgerufen, ohne dass vorher eine Bestellung in der HTTP-Session hinterlegt wurde, wird kein Bestellvorgang ausgelöst, sondern auf die Hauptseite verzweigt. Diese Funktionalität wollen wir durch einen Test absichern.

```
private OrderAction getOrderAction() {
    return (OrderAction)
        getAppContext("default").getBean("orderAction");
}

public void testOrderFailNoOrderInSession() throws Exception {
    assertEquals("home", getOrderAction().order());
}
```

Die `OrderAction` wird als einfaches POJO erzeugt. Die Methode `order` lässt sich ohne weitere Vorkehrungen direkt aufrufen, da die Shale-Testklasse uns einen `FacesContext` auch ohne Laufzeitumgebung zur Verfügung stellt. Den Rückgabewert der Aktion prüfen wir am Ende des Tests auf den Wert für die Navigation zur Hauptseite.

Listing 9.8: Aktion Bestellvorgang (*OrderAction.java*)

```java
public String order() {
    FacesContext ctx = FacesContext.getCurrentInstance();
    Map sessionMap = ctx.getExternalContext().getSessionMap();

    Order order = (Order)
        sessionMap.get(RequestAndSessionKeyConstants.SESSION_KEY_ORDER);
    if (order == null) {
        return "home";
    }
    Customer customer = customerAuthService.getPrincipal();
    if (customer != null) {
        orderService.createOrder(order, customer.getId());
        sessionMap.put(RequestAndSessionKeyConstants.SESSION_KEY_ORDER,
            null);
    } else {
        throw new AccessDeniedException("Kein Kunde angemeldet.");
    }
    return "deliver";
}
```

Test 2: Fehler bei unberechtigtem Zugriff

Ist in der HTTP-Session eine Bestellung hinterlegt, wird beim Auslösen einer Bestellung geprüft, ob ein Benutzer angemeldet ist. Ist kein Benutzer angemeldet, wird eine `AccessDeniedException` geworfen. Als Erstes hinterlegen wir im Test eine Bestellung in der HTTP-Session. Auch dieser Vorgang ist dank des Shale-Test-Frameworks eine geradlinige Angelegenheit.

```java
private void placeOrderInSession(Order order) {
    FacesContext.getCurrentInstance()
        .getExternalContext().getSessionMap()
        .put(RequestAndSessionKeyConstants.SESSION_KEY_ORDER, order);
}
```

Im Test selber benutzen wir die Funktion `fail` des JUnit-Frameworks, um das Werfen einer Exception zu prüfen. Würde die Exception nicht geworfen werden, liefe der Test auf das `fail` und schlüge fehl.

```java
public void testOrderFailAccessDenied() throws Exception {
    placeOrderInSession(new Order());
    try {
        getOrderAction().order();
        fail();
    } catch (AccessDeniedException e) { }
}
```

Test 3: Korrekte Erzeugung einer Bestellung

Schlussendlich wollen wir natürlich auch einen korrekten Durchlauf der Aktion testen. Dazu müssen wir als Erstes sicherstellen, dass beim Aufruf von `get-Principal` am `CustomerAuthService` ein angemeldeter Kunde zurückgeliefert wird. Im vorigen Abschnitt haben wir gesehen, dass die Bean `customer-`

`AuthService` von der `EasyMockFactoryBean` als ein Mock-Objekt erzeugt wird. Im Test holen wir uns die Bean aus dem Application-Context und präparieren den Aufruf von `getPrincipal` über die EasyMock-Methode `expect` mit einem Kunden. Am Ende der Vorbereitungen darf der Aufruf der EasyMock-Methode `replay` mit dem Mock-Objekt nicht fehlen.

```
1   public void testOrderSuccess() throws Exception {
2       CustomerAuthService customerAuthService = (CustomerAuthService)
            getMockFromAppContext("customerAuthService");
3       Customer customer = new Customer();
4       Integer customerId = new Integer(4711);
5       customer.setId(customerId);
6       expect(customerAuthService.getPrincipal()).andReturn(customer);
7       replay(customerAuthService);
```

Im Test-Application-Context ist auch der `OrderService` als Mock-Objekt realisiert. Dies ist sinnvoll, da wir an dieser Stelle nicht die Funktionalität der Klasse `OrderService`, sondern nur die Funktionalität der Klasse `OrderAction` prüfen wollen.

Mit dem Aufruf der Methode `createOrder` am Mock-Objekt sagen wir, dass wir während unseres Testlaufs genau diesen Aufruf an der Bean `orderService` mit einer Bestellung und einer Kunden-Id *4711* erwarten. Auch hier darf am Ende der Vorbereitung des Mock-Objekts der Aufruf der EasyMock-Methode `replay` nicht fehlen. Ob während des Testlaufs die Methode wirklich nach unseren Vorstellungen aufgerufen wurde, prüft am Ende die Methode EasyMock-Methode `verify`.

```
8       Order order = new Order();
9       OrderService orderService
10          = (OrderService) getMockFromAppContext("orderService");
11      orderService.createOrder(order, customerId);
12      replay(orderService);
13      placeOrderInSession(order);
14      assertEquals("deliver", getOrderAction().order());
15      verify(orderService);
16  }
```

Das Holen einer Mock-Bean aus dem Application-Context erfolgt über die eigene Methode `getMockFromAppContext`, die dafür sorgt, dass vor der Rückgabe der Bean ein Zurücksetzen des Mock-Objekts über die EasyMock-Methode `reset` erfolgt. Ließen wir das Zurücksetzen weg, könnte man feststellen, dass jeder unserer drei Tests für sich alleine genommen durchliefe, in einem gemeinsamen Testlauf dagegen ein Fehler auftreten würde. Man muss sich bei unserer Testkonfiguration bewusst sein, dass wir mit einem statischen Application-Context und zustandsbehafteten Mock-Objekten arbeiten, die als Singleton implementiert sind.

```
    private Object getMockFromAppContext(String beanName) {
        Object mock = getAppContext("default").getBean(beanName);
        reset(mock);
        return mock;
    }
```

Dieser dritte Test war das letzte Beispiel für einen Test einer JSF-Aktion. Dieser Abschnitt hat gezeigt, dass man mit mäßigem Aufwand einen großen Teil der

Funktionalität einer Oberfläche automatisiert testen kann. Die Tests erfordern keine gestartete Laufzeitumgebung und können somit während der Entwicklung ohne große zeitliche Beeinträchtigung ausgeführt werden – alles ganz im Sinne der JUnit-Erfinder.

Kapitel 10

Integration in die JEE-Welt

Bis jetzt haben wir in diesem Buch dank der Spring- und Hibernate-Frameworks in der Entwicklung mit ganz normalen POJOs arbeiten können. Wir haben damit einen sehr einfachen und schnellen *Code-Test*-Zyklus[1] genießen können. Ein zusätzliches Deployment in einen Applikations-Server war nicht notwendig.

In Kapitel 9 haben wir dann die *Opiz*-Anwendung in einen Web-Container deployed. Die gesamte Anwendung ausschließlich in einem Web-Container laufen zu lassen, ist aber nicht immer praktikabel oder wünschenswert. Viele Firmen bevorzugen eine 3-Tier-Anwendung (Präsentation-Middle-Tier-Datenbank), weil die Geschäftslogik zentral abgelegt werden soll, um einen Zugriff von verschiedenen Clients aus zu ermöglichen und den Grad der Wiederverwendung zu steigern. Das Szenario ist dasselbe, wenn der Web-Server hinter einer Firewall in der DMZ[2] liegt und weitere Schichten der Anwendung sowie der Datenbank-Server durch eine zweite Firewall geschützt sind.

In einem solchen Szenario muss das Frontend *remote* auf das Middle-Tier zugreifen. Das bedeutet nicht zwangsläufig, dass ein Applikations-Server benutzt werden muss. Es existieren verschiedene „leichtgewichtige" Remote-Zugriffsmethoden, die von Spring unterstützt werden. Diese Techniken werden in Tabelle 10.1 kurz vorgestellt. Alle diese Möglichkeiten sind außerhalb eines JEE-Applikations-Servers lauffähig.

Im Gegensatz zu diesen leichtgewichtigen Zugriffsmethoden steht die *Enterprise-Java-Bean*-Spezifikation (EJB), deren Einsatz viele zusätzliche Klassen und Konfigurationsdateien erfordert und zwingend einen JEE-Applikations-Server voraussetzt. Obwohl die Entwicklung mit der neuen Version EJB 3.0 vereinfacht wurde, indem nun hauptsächlich POJOs verwendet werden, bleibt trotzdem der Einsatz eines JEE-Applikations-Servers notwendig.

---

[1] Oder für Fans des Test-Driven-Developments: Erst testen dann implementieren, also *Test-Code*-Zyklus.
[2] Eine Demilitarized Zone (entmilitarisierte Zone) bezeichnet ein Computernetzwerk mit sicherheitstechnisch kontrollierten Zugriffsmöglichkeiten auf die daran angeschlossenen Netzwerkknoten (aus *http://de.wikipedia.org/wiki/Demilitarized_Zone*).

Tabelle 10.1: Von Spring unterstützte leichtgewichtige Remote-Zugriffsmethoden

Zugriffsmethode	Beschreibung
Remote-Method-Invocation	Die traditionelle RMI-Zugriffsmethode wird von Spring unterstützt und sogar dem Entwickler transparent gemacht.
HTTP-Invoker	Eine Spring-eigene Lösung; basiert auf Java-Serialization über HTTP.
Hessian	Ein leichtgewichtiges, HTTP-basiertes binäres Protokoll.
Burlap	Eine XML-basierte Alternative zu Hessian.

Trotz dieser erhöhten Komplexität gibt es gute Gründe, warum EJBs weiterhin eingesetzt werden:

■ Es befinden sich bereits sehr viele EJB-basierte Anwendungen in produktivem Einsatz. Es ist nicht immer ratsam oder möglich, solche Anwendungen auf Spring zu migrieren, weil die Schnittstelle zu den Clients stabil bleiben muss. Tiefer liegende Schichten der Anwendung können jedoch ohne Auswirkung auf die Außenwelt auf eine Spring-basierte Lösung migriert werden.

■ Die EJB-Spezifikation ist ein Standard, im Gegensatz zu den anderen Zugriffs-methoden, abgesehen von RMI selbst, die in Tabelle 10.1 aufgelistet sind.

■ Falls die Anwendung verteilte Transaktionen benutzen muss, gibt es momentan keine Alternative zu EJBs.

Spring bietet EJB-Integrationsmöglichkeiten im Client und Server an, um die Entwicklung mit EJB (Version 2.x) zu vereinfachen. Die leichtgewichtige Version 3 von der EJB-Spezifikation benutzt Annotations, um den Entwicklungsprozess zu vereinfachen. Diese Annotations können auch von Spring heraus benutzt werden mithilfe des Frameworks *Pitchfork*.[3] Im Rest des Kapitels fokussieren wir uns aber auf die Entwicklung mit EJB 2.x.

Kapitel-Überblick

In diesem Kapitel befassen wir uns mit dem Thema Remote-Zugriff im Opiz-System. Wir fangen mit der Anbindung eines RMI[4]-basierten Services an. Nach dieser Einführung konzentrieren wir uns auf die Kombination von Spring und EJBs.

In den Beispielen implementieren wir verschiedene Remote-Zugriffsmöglich-keiten rund um die Schnittstelle `OrderService`, die in Listing 10.1 noch einmal dargestellt ist. Wir fokussieren uns dabei insbesondere auf die Methode `select-Order`.

---

[3] http://www.springsource.com/web/guest/pitchfork
[4] http://java.sun.com/products/jdk/rmi

Listing 10.1: Teil der `OrderService`-Schnittstelle

```
public interface OrderService {
    /**
     * Gibt eine Liste von Order-Objekten zurück, die dem Filter
     *     entsprechen.
     *
     * @param filter das Filter-Objekt.
     * @return eine Liste von Order-Objekten.
     */
    List<Order> selectOrder(OrderFilter filter);
}
```

Die zugehörige Implementierung `OrderServiceImpl` benötigt zwei DAO-Referenzen, eine Referenz auf das `OrderDao` und eine Referenz auf das `ToppingDao`. Dazu definieren wir eine Spring-Bean *orderService* wie folgt:

```
<bean name="orderService"
    class="de.hanser.buch.opiz.service.OrderServiceImpl">
    <property name="orderDao" ref="orderDao"/>
    <property name="toppingDao" ref="toppingDao"/>
    ... <!-- weitere Properties nicht gezeigt -->
</bean>
```

> **Begleitquelltext**
>
> Der Source-Code zu den folgenden Remote-Klassen ist im Eclipse-Projekt *opiz-remote* enthalten.

10.1   Eine RMI-Anbindung

Mit Spring ist es einfach, eine RMI-Zugriffsschicht zu implementieren und zu benutzen. Die traditionelle Vorgehensweise bei RMI besteht darin, jede Methode in unserer Remote-Schnittstelle um die Exception `java.rmi.Remote-Exception` zu erweitern. Die Schnittstelle selbst muss die RMI-Schnittstelle `java.rmi.Remote` erweitern. Dieser Weg bleibt uns natürlich noch erhalten, aber der Hauptvorteil bei der Verwendung von Spring liegt in der *transparenten* Anbindung einer beliebigen Schnittstelle. Wir müssen eben nicht die Klasse `Remote` erweitern oder eine `RemoteException` bei jeder Methodensignatur hinzufügen. Darüber hinaus müssen wir uns nicht um die Erzeugung und Einbindung von Stub- und Skeleton-Klassen kümmern.

Die Vorgehensweise ist nicht nur entwicklerfreundlich – sie ermöglicht uns auch die Entkopplung der Anwendungslogik vom Remote-Mechanismus. Unsere Service-Schicht bleibt frei von Referenzen auf das Remote-API. Diese Entkopplung macht es uns sehr einfach, andere Remote-Zugriffsmethoden anzubinden, wie wir bei der EJB-Anbindung (ab Abschnitt 10.2) sehen werden.

10.1.1 Exportieren der Service-Schnittstelle

Mithilfe der Klasse `RmiServiceExporter`[5] können wir unsere Service-Schnittstelle als einen RMI-Service exportieren.

Die notwendige Spring-Konfiguration[6] sieht wie folgt aus:

```
<bean class="org.springframework.remoting.rmi.RmiServiceExporter">
    <property name="serviceName" value="OrderService"/>
    <property name="service" ref="orderService"/>
    <property name="serviceInterface"
        value="de.hanser.buch.opiz.service.OrderService"/>
</bean>
```

Wir spezifizieren im Property *serviceName* einen RMI-Service *OrderService*[7]. Clients werden unseren Service über die RMI-Registry unter Angabe dieses Namens kontaktieren. Wir geben den Namen der verknüpften Spring-Bean und ihrer Schnittstelle jeweils in den Properties *service* und *serviceInterface* an. Im Property *registryPort* können wir den Port der RMI-Registry definieren, falls wir vom Standard 1099 abweichen möchten.

Schreiben wir nun einen einfachen Server, um das Testen unserer Umgebung zu ermöglichen. Unser `SimpleServer`[8] muss den `ApplicationContext` initiieren, verschiedene Datensätze in die Datenbank einspielen und zum Schluss auf Client-Anfragen warten. Der RMI-Client, den wir im nächsten Abschnitt schreiben werden, soll dann Kontakt mit dem Server über RMI aufnehmen.

Im folgenden Listing sehen Sie die relevanten Teile der `SimpleServer`-Klasse.

```
public class SimpleServer {
    ...
    public void run() {
        setupDatabase(); // befülle Datenbank ...
        System.out.println("SERVER WARTET ...");

        while (true) {
            try {
                Thread.sleep(10000);
            } catch (InterruptedException x) {
                // nichts machen
            }
        }
    }
    public static void main(String[] args) {
        // Lade den normalen App-Ctx (aus opiz)
        // und dazu die RMI-Ergänzung
        ApplicationContext appCtx = new ClassPathXmlApplicationContext(
                new String[] { "applicationContext.xml",
                        "context-rmi.xml" });
        SimpleServer server = (SimpleServer) appCtx.getBean("server");
        server.run();
    }
}
```

---

[5] *org.springframework.remoting.rmi*
[6] Siehe Datei *cfg/rmi/context-rmi.xml* im Projekt *opiz-remote*.
[7] Der Name des Service ist frei wählbar und muss nicht unbedingt der Spring-Bean-Name sein.
[8] *de.hanser.buch.opiz.rmi*

Beim Laden des `ApplicationContexts` versucht Spring, standardmäßig eine RMI-Registry auf Port 1099 zu kontaktieren. Falls dort noch keine läuft, wird von Spring eine neue RMI-Registry erzeugt, wie das folgende Log-Extrakt zeigt:

```
02,938 INFO org.springframework.remoting.rmi.RmiServiceExporter.
    getRegistry(RmiServiceExporter.java:386) - Looking for RMI registry
    at port '1099'
03,007 DEBUG org.springframework.remoting.rmi.RmiServiceExporter.
    getRegistry(RmiServiceExporter.java:395) - RMI registry access threw
     exception java.rmi.ConnectException: Connection refused to host:
    127.0.0.1; nested exception is:
03,022 INFO org.springframework.remoting.rmi.RmiServiceExporter.
    getRegistry(RmiServiceExporter.java:396) - Could not detect RMI
    registry - creating new one
03,061 DEBUG org.springframework.remoting.rmi.RmiBasedExporter.
    getObjectToExport(RmiBasedExporter.java:59) - RMI service [de.hanser
    .buch.opiz.service.OrderServiceImpl@1cee792] is an RMI invoker
03,068 INFO org.springframework.remoting.rmi.RmiServiceExporter.prepare(
    RmiServiceExporter.java:271) - Binding service 'OrderService' to RMI
    registry: RegistryImpl[UnicastServerRef [liveRef: [endpoint
    :[127.0.0.1:1099](local),objID:[0:0:0, 0]]]]
```

10.1.2 Konfiguration der Client-Anbindung

Wir entwickeln unsere Client-Anbindung in der Klasse `CommandLineRmi-Client`. Um diese Klasse in Spring zu konfigurieren, definieren wir die Spring-Bean *rmiClient*, die eine Referenz zu der Bean *orderService* bekommt.[9]

```
<bean id="rmiClient"
    class="de.hanser.buch.opiz.rmi.client.CommandLineRmiClient">
    <property name="orderService" ref="orderService"/>
</bean>

<bean id="orderService"
    class="org.springframework.remoting.rmi.RmiProxyFactoryBean">
    <property name="serviceUrl"
        value="rmi://localhost:1099/OrderService"/>
    <property name="serviceInterface"
        value="de.hanser.buch.opiz.service.OrderService"/>
</bean>
```

In der Definition der *orderService*-Bean liegt das Geheimnis der transparenten RMI-Anbindung. Die Bean benutzt die `RmiProxyFactoryBean`, um einen RMI-Proxy zu etablieren. Die wichtigsten Properties sind:

■ *serviceUrl*
Definiert, welcher RMI-Service-Name aufgerufen wird und wo der RMI-Service zu finden ist.

■ *serviceInterface*
Definiert, welche Schnittstelle geproxied werden sollte.

---

[9] Siehe die Datei *opiz-remote/client-cfg/clientContext-rmi.xml*.

Listing 10.2: Ein RMI-Client

```
 1  public class CommandLineRmiClient {
 2
 3      private OrderService orderService;
 4
 5      public void selectOrder() throws Exception {
 6          OrderFilter filter = new OrderFilter();
 7          filter.setCustomerName("%oates%");
 8
 9          System.out.println("Rufe orderService");
10
11          List<Order> list = orderService.selectOrder(filter);
12
13          System.out.println("Gefundene Datensaetze: " + list.size());
14          for (Iterator<Order> iter = list.iterator(); iter.hasNext();) {
15              Order order = iter.next();
16              System.out.println(order.getId() + ", state: " +
                    order.getState());
17          }
18      }
19
20      public void setOrderService(OrderService anOrderService) {
21          this.orderService = anOrderService;
22      }
23
24      public static void main(String[] args) throws Exception {
25          DOMConfigurator.configure("client-cfg/log4j.xml");
26
27          ApplicationContext appCtx = new
                ClassPathXmlApplicationContext("clientContext-rmi.xml");
28          CommandLineRmiClient client = (CommandLineRmiClient)
                appCtx.getBean("rmiClient");
29
30          client.selectOrder();
31      }
32  }
```

In unserem Client benutzen wir die *orderService*-Bean als eine ganz normale Schnittstelle. Der Kontakt mit der RMI-Registry und die Erzeugung der Stub- und Skeleton-Klassen geschieht hinter den Kulissen in der Proxy-Klasse.

10.1.3 Implementierung der Client-Klasse

Jetzt wollen wir uns den Quelltext für die Client-Klasse anschauen (vgl. Listing 10.2). In der `main`-Methode laden wir zuerst einen `ApplicationContext` (Zeile 27). Aus dem Application-Context holen wir uns eine Referenz auf den Client (die Spring-Bean *rmiClient*) und rufen dort die Methode `selectOrder` auf.

Wir müssen Spring die Initialisierung unseres `CommandLineRmiClient` überlassen, um das Injizieren der Proxy-Referenz auf die Service-Bean hinzubekommen. Der Client bekommt eine Referenz auf die *orderService*-Bean, die wir dann in Zeile 11 benutzen, um die Service-Methode `selectOrder` aufzurufen.

Es ist wichtig zu bemerken, dass die Client-Klasse keinerlei Referenzen auf RMI-Infrastruktur-Klassen enthält. Der Client benutzt ein ganz normales Objekt vom Typ `OrderService` und bemerkt dabei nicht, dass dahinter ein Proxy steckt und dass Methodenaufrufe dieses Objekts RMI-Aufrufe auslösen.

In diesem Beispiel können wir ein Problem beobachten, das vorkommt, wenn wir Domain- statt Data-Transfer-Objekte zum Frontend schicken (vgl. Abschnitt 8.1). Wenn wir zum Beispiel die an den Client gelieferten `Order`-Objekte nach ihren referenzierten Objekten abfragen – in diesem Fall die Pizzen, die an einer Order hängen –, bekommen wir einen Fehler. Hier versucht Hibernate die fehlenden `Pizza`-Objekte nachzuladen, was natürlich misslingt, da die Hibernate-`Session` schon geschlossen wurde. Wir haben es hier mit derselben Problematik zu tun, die wir bereits bei der Entwicklung der Webanwendung mit detached Objekten hatten. Vergleichen Sie dazu den Abschnitt 9.3.2.

Hiermit wollen wir das Thema einer RMI-basierten Zugriffsmöglichkeit für unseren Pizza-Dienst beenden. Im Rest dieses Kapitels befassen wir uns mit der Frage, wie wir die gleiche Schnittstelle als eine EJB zur Verfügung stellen.

10.2   Die EJB-Schicht der Opiz-Anwendung

Der Standard-Weg, der darin besteht, mit JEE einen Remote-Zugriff auf eine Anwendung zu ermöglichen, ist das Bilden einer Zugriffsschicht mit EJBs. Dies setzt einen EJB-Container voraus, was mit längeren Deploy-Zeiten und erhöhtem Konfigurationsaufwand einhergeht.

In einer traditionellen JEE-Anwendung enthält die EJB-Schicht die Geschäftslogik der Anwendung. Eine EJB ruft entweder andere EJBs auf oder greift auf Daten aus der Datenbank mittels JDBC-Zugriffen bzw. Entity-Beans zu. Ein großer Nachteil dieser Vorgehensweise ist, dass das Testen der Geschäftslogik zwangsläufig einen Applikations-Server voraussetzt.

In einer leichtgewichtigen Architektur, wie die unserer Beispielanwendung, bilden wir die Geschäftslogik in verschiedenen POJOs ab. Diese POJOs werden als Spring-Beans deklariert. Das bringt den Vorteil, dass die Mehrheit der Tests der Anwendung keinen Applikations-Server benötigen.

Bei der Entwicklung unserer EJBs verfolgen wir deshalb eine andere Strategie als in der traditionellen JEE-Anwendung. Unsere EJBs enthalten keine Geschäftslogik und bilden nur eine Hülle um die entsprechenden Service-Beans. Das Zusammenspiel der EJB-Schicht mit dem Rest der Anwendung wird in Abbildung 10.1 auf der nächsten Seite dargestellt. Die EJB-Schicht nimmt Aufrufe von Remote-Clients entgegen und leitet sie weiter an die von Spring verwalteten Beans in der Service-Schicht.

Die EJBs selbst spiegeln die Schnittstellen der Service-Beans, sodass ein Client immer noch zu den Service-Schnittstellen programmiert wird.

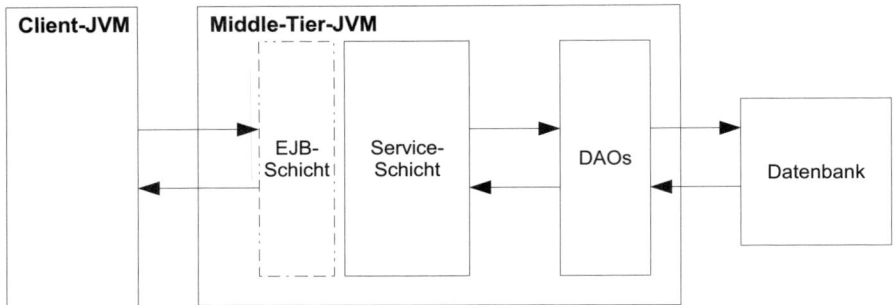

Abbildung 10.1: Die Anwendung mit einer EJB-Schicht

Spring-Unterstützung für EJBs

Die EJB-Unterstützung vom Spring-Framework deckt sowohl die Client- als auch die Serverseite ab.

Der Zugriff auf EJBs wird von Spring erheblich vereinfacht, indem spezielle Proxy-Klassen eingesetzt werden, um verschiedene Einzelheiten der EJB-Spezifikation zu verbergen.

Auf der Serverseite stellt Spring abstrakte Basisklassen zur Verfügung, die die Implementierung von Stateless-Session-Beans (SLSBs), Stateful-Session-Beans (SFSBs) und Message-Driven-Beans (MDBs) erleichtern. Allerdings müssen die von der EJB-Spezifikation verlangten Klassen und Dateien (Home- und Remote-Schnittstellen sowie die Deployment-Deskriptoren) nach wie vor erstellt werden. Spring hilft bei der einfachen Anbindung der Enterprise-Bean an Springs `ApplicationContext` und beim Verbergen der EJB-Einzelheiten.

Im weiteren Verlauf dieses Kapitels werden wir eine EJB-Schicht (auf Basis von EJB 2.x) für unsere Beispielanwendung implementieren.

10.3   Implementierung einer Stateless-Session-Bean

In diesem Abschnitt implementieren wir eine Stateless-Session-Bean mit dem Namen `OrderServiceEjb`. Die EJB bildet eine Hülle um unsere *orderService*-Bean und bietet nach außen die gleiche `OrderService`-Schnittstelle an, die wir bereits in Listing 10.1 auf Seite 267 gesehen haben.

Abbildung 10.2 auf der nächsten Seite zeigt ein Diagramm der relevanten Klassen, die bei der Integration von Spring und EJBs eine Rolle spielen.

10.3.1   Die Remote- und Home-Schnittstellen

Die Remote- und Home-Schnittstellen, die von der EJB-Spezifikation verlangt werden, müssen wir nach wie vor selbst schreiben. Es gibt dabei keine Änderung in der Implementierung gegenüber einer üblichen EJB-Implementierung ohne Spring.

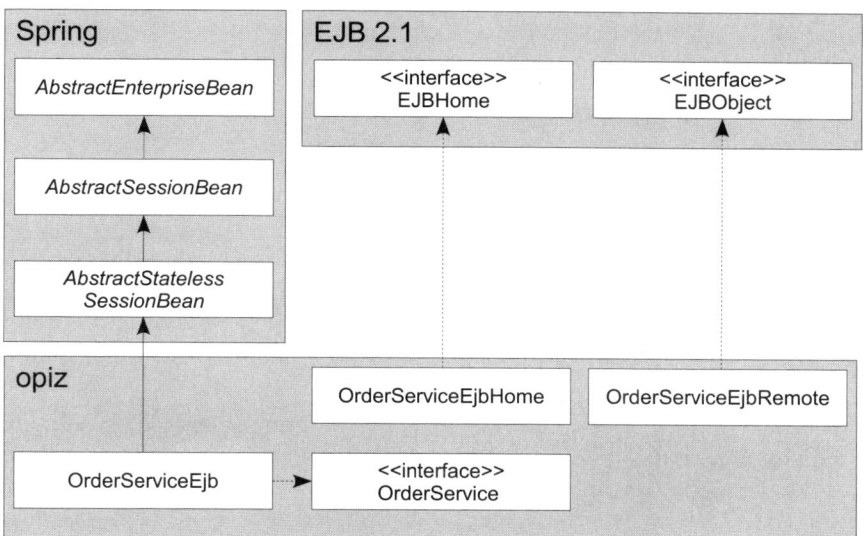

Abbildung 10.2: EJB-relevante Klassen

Unsere Remote-Schnittstelle enthält die gleichen Methoden wie die `OrderService`-Schnittstelle, allerdings fügen wir den Methodensignaturen die Exception `RemoteException` hinzu:

```
public interface OrderServiceEjbRemote extends EJBObject {
    List<Order> selectOrder(OrderFilter filter) throws RemoteException;
}
```

Die Home-Schnittstelle definieren wir wie im folgenden Listing:

```
public interface OrderServiceEjbHome extends EJBHome {
    public OrderServiceEjbRemote create() throws CreateException,
        RemoteException;
}
```

10.3.2   Die Implementierung der Session-Bean

Bei der EJB-Implementierung haben wir die meisten Änderungen im Vergleich zu einer Implementierung ohne Spring. Ohne die eigentliche Geschäftslogik bilden die fachlichen Methoden der EJBs immer das gleiche einfache Muster:

```
public <returnTyp> method(<params>) {
    return orderService.method(<params>);
}
```

Mit anderen Worten: Alle Methoden delegieren an die äquivalente Methode in der *orderService*-Bean. Wir müssen dafür sorgen, dass eine Instanz dieser Spring-Bean in der EJB zur Verfügung steht. Schauen wir uns jetzt an, wie dies sichergestellt werden kann.

Anbindung der EJB an die Spring-Welt

Die Anbindung an die Spring-Welt erfolgt in zwei Schritten:

1. Laden der gesamten Spring-Umgebung.
2. Holen einer Referenz auf die *orderService*-Bean.

Den ersten Schritt erledigen die Spring-EJB-Helper-Klassen in der folgenden Weise für uns: Wenn der Applikations-Server eine Instanz einer EJB erzeugen will, ruft er die Methode `ejbCreate` auf. Diese Methode wird von der Spring-Klasse `AbstractStatelessSessionBean` implementiert, die als Basisklasse für alle unsere SLSBs in der Anwendung benutzt wird. Diese Klasse lädt und initiiert die Spring-Umgebung als eine `BeanFactory`.

Abschließend ruft Spring eine Hook-Methode `onEjbCreate` auf, die wir überschreiben können, um eigene Initialisierungen vorzunehmen. Wir benutzen diese Möglichkeit, um den zweiten Schritt, das Holen einer Referenz auf die *orderService*-Bean, zu erledigen. Wir greifen auf die `BeanFactory` mittels der Methode `getBeanFactory` zu, wie das folgende Listing zeigt:[10]

```
public class OrderServiceEjb extends AbstractStatelessSessionBean
    implements OrderService {

    private OrderService orderService = null;

    @Override
    protected void onEjbCreate() throws CreateException {
        orderService = (OrderService) getBeanFactory().getBean(
            "orderService", OrderService.class);
    }

    public List<Order> selectOrder(OrderFilter filter) {
        return orderService.selectOrder(filter);
    }

    // weitere Service-Methoden ...
}
```

In diesem Fall fragen wir in der `onEjbCreate`-Methode eine Referenz auf die *orderService*-Bean aus dem `BeanFactory` ab.

Die Spring-Klasse `AbstractStatelessSessionBean` implementiert übrigens weitere Methoden. Insbesondere sind die von der EJB-Spezifikation verlangten Methoden `ejbActivate` und `ejbPassivate` schon als leere Methoden implementiert, sodass wir keine Implementierung mehr in unseren EJB-Klassen schreiben müssen.

10.3.3   Die BeanFactory finden

Es stellt sich nun die Frage, von wo Spring die notwendige XML-Definition zur Erzeugung der `BeanFactory` erhält. Diese Information ist natürlich nicht in einer der Spring-EJB-Helper-Klassen fest kodiert. Stattdessen benutzt Spring ei-

---

[10] Weitere Einzelheiten über die `BeanFactory`-Klasse finden Sie im Abschnitt 6.4.1.

Listing 10.3: Angabe der *BeanFactoryPath* in der Datei *ejb-jar.xml*

```
1  <session>
2    <display-name>OrderServiceEJB</display-name>
3    <ejb-name>OrderServiceEJB</ejb-name>
4    <home>de.hanser.buch.opiz.ejb.OrderServiceEjbHome</home>
5    <remote>de.hanser.buch.opiz.ejb.OrderServiceEjbRemote</remote>
6    <ejb-class>de.hanser.buch.opiz.ejb.OrderServiceEjb</ejb-class>
7    <session-type>Stateless</session-type>
8    <transaction-type>Container</transaction-type>
9    <env-entry>
10     <env-entry-name>ejb/BeanFactoryPath</env-entry-name>
11     <env-entry-type>java.lang.String</env-entry-type>
12     <env-entry-value>applicationContext.xml</env-entry-value>
13   </env-entry>
14 </session>
```

ne Implementierung der Schnittstelle `BeanFactoryLocator`[11], um die `Bean-Factory` zu finden:

```
public interface BeanFactoryLocator {
    BeanFactoryReference useBeanFactory(String factoryKey) throws
        BeansException;
}
```

Standardmäßig wird diese Schnittstelle von der Klasse `ContextJndiBeanFac-toryLocator`[12] implementiert. Diese Implementierung erwartet, dass die JNDI-Umgebungsvariable *java:comp/env/ejb/BeanFactoryPath* eine Liste von Strings beinhaltet, in der jeder Eintrag den Namen einer Spring-XML-Konfigurationsdatei enthält, die sich im Klassenpfad befinden muss.

Wir müssen die JNDI-Umgebungsvariable in der Deployment-Deskriptor-Datei *ejb-jar.xml* setzen (vgl. Zeilen 9–13 in Listing 10.3). In unserem Fall geben wir nur eine Datei an, da die Konfigurationsdatei *applicationContext.xml* die weiteren Dateien *databaseContext.xml* und *transactionContext.xml* mittels *include* bereits einbindet.

Andere `BeanFactoryLocator`-Implementierungen

Bei unseren Client-Aufrufen können wir in der JBoss-Logdatei schön beobachten, dass jede EJB ihren eigenen Spring-`ApplicationContext` hochfährt. Dies ist in der Tat das Default-Verhalten, was wir aber bei Bedarf ändern können.

Standardmäßig wird die `BeanFactory` einmal pro EJB-Instanz geladen. Dies bedeutet, dass nach dem Anlegen von fünfzig Instanzen unserer EJB auch fünfzig identische `BeanFactory`-Objekthierarchien im Speicher vorhanden sind. Um dieses zu vermeiden, können wir eine andere Implementierung der `Bean-FactoryLocator` benutzen: die Klasse `ContextSingletonBeanFactory-Locator`. Wir müssen ein Objekt dieses Typs im Konstruktor der EJB angeben, wie im folgenden Listing gezeigt.

---

[11] *org.springframework.beans.factory.access*
[12] *org.springframework.context.access*

```
public class OrderServiceEjb extends AbstractStatelessSessionBean
    implements OrderService {
    public OrderServiceEjb() {
        super();
        setBeanFactoryLocator(new ContextSingletonBeanFactoryLocator(
            "applicationContext.xml"));
    }
    ...
}
```

Die Locator-Klasse sucht standardmäßig im Klassenpfad nach einer XML-Konfigurationsdatei mit dem Namen *beanRefContext.xml*. Um unsere *applicationContext.xml* zu referenzieren, übergeben wir den Namen im Konstruktor der Klasse.

Wenn wir diese `BeanFactoryLocator` benutzen, wird nur eine `BeanFactory`-Instanz erstellt, die dann von allen anderen EJBs benutzt wird.

10.3.4 Deployment

Der letzte Schritt unserer EJB-Implementierung besteht darin, unsere EJB-Dateien als JAR zu verpacken und in einem Applikations-Server[13] zu deployen.

Um im JBoss zu deployen, brauchen wir einen JBoss-spezifischen Deployment-Deskriptor, in dem wir den JNDI-Namen unserer Bean definieren:

```
<!-- Datei cfg/ejb/jboss.xml -->
<?xml version="1.0" encoding="UTF-8"?>
<jboss>
    <enterprise-beans>
        <session>
            <ejb-name>OrderServiceEJB</ejb-name>
            <jndi-name>java/comp/env/opiz/OrderServiceEJB</jndi-name>
        </session>
    </enterprise-beans>
</jboss>
```

Mithilfe des ant-Targets *opiz.ejb.jar*[14] erzeugen wir eine JAR-Datei *opiz-ejb.jar* für die `OrderServiceEjb`.

```
<target name="opiz.ejb.jar"
    description="Baut eine EJB Jar für Deployment in JBOSS"
    depends="javac">
    <jar destfile="${basedir}/dist/opiz-ejb.jar" update="false">
        <zipfileset dir="${basedir}/classes"
            includes="**/ejb/*.class"/>
        <!-- inkludiere die ejb-jar.xml etc -->
        <zipfileset dir="${basedir}/cfg/ejb" prefix="META-INF">
            <include name="ejb-jar.xml" />
            <include name="jboss.xml" />
        </zipfileset>
    </jar>
</target>
```

[13] In diesem Kapitel benutzen wir den JBoss-Applikations-Server (*www.jboss.org*) in der Version 4.0.5.
[14] In der Build-Datei *opiz-remote/build.xml*.

Für einen vollständigen Deployment verpacken wir die EJB-JAR und alle weiteren Archive (z. B. die eigentliche *Opiz*-Anwendung und Libraries wie Spring und Hibernate) in einer EAR-Datei mithilfe des ant-Targets *opiz.ear*.[15]

Jetzt müssen wir nur noch diese EAR-Datei in das *deploy*-Verzeichnis eines laufenden JBoss-Servers kopieren. Vorausgesetzt, dass der Hot-Deploy-Mechanismus des JBoss-Servers aktiv ist, sollte die EAR-Datei erfolgreich von JBoss deployed werden:

```
06,619 INFO   [org.jboss.deployment.EARDeployer] Init J2EE application:
       file:/usr/local/jboss-4.0.5.GA/server/default/deploy/opiz.ear
08,488 INFO   [org.jboss.ejb.EjbModule] Deploying OrderServiceEJB
09,618 INFO   [org.jboss.proxy.ejb.ProxyFactory] Bound EJB Home
       'OrderServiceEJB' to jndi 'java/comp/env/opiz/OrderServiceEJB'
09,734 INFO   [org.jboss.ejb.EJBDeployer] Deployed:
       file:/usr/local/jboss-4.0.5.GA/server/default/
       tmp/deploy/tmp52629opiz.ear-contents/opiz-ejb.jar
10,088 INFO   [org.jboss.deployment.EARDeployer] Started J2EE
       application:
       file:/usr/local/jboss-4.0.5.GA/server/default/deploy/opiz.ear
```

Mit dem erfolgreichen Deployment unserer EJB beenden wir diesen Abschnitt. Den Client-Zugriff auf dieser EJB beschreiben wir im Abschnitt 10.6.1.

10.4 Stateful-Session-Beans

Das Vorgehen bei der Implementierung einer Stateful-Session-Bean ist ähnlich dem Vorgehen bei der Implementierung einer Stateless-Bean. Der Unterschied besteht darin, dass wir uns bei einer möglichen Passivierung der Bean um die Spring `BeanFactory` kümmern müssen, da die verschiedenen `BeanFactory`-Implementierungen, die Spring mitliefert, nicht serializable sind.

Um die Implementierung einer Stateful-Session-Bean zu veranschaulichen, entwickeln wir die Schnittstelle `VisitorService`. Mit dieser Schnittstelle können wir zählen, wie viele Besucher unseren Pizza-Dienst kontaktiert haben. Es gibt natürlich verschiedene Möglichkeiten, so einen Zähler zu implementieren. In diesem Fall entwickeln wir eine Stateful-Session-Bean, die einfach die Anzahl der Besucher im Speicher hochzählt.

Listing 10.4 auf der nächsten Seite zeigt die einfache Schnittstelle. Mit `add-Visitor` können wir die Anzahl der Besucher inkrementieren, und mit `remove-Visitor` wird der Wert um eins vermindert. Die Methode `getNbrVisitors` ermöglicht das Auslesen des aktuellen Zählerwerts.

10.4.1 Remote- und Home-Schnittstellen

Wie bei der Stateless-Session-Bean enthält die Remote-Schnittstelle die gleichen Methodensignaturen wie die Service-Schnittstelle, jeweils um eine `Remote-`

---

[15] Die Datei *opiz.jar* wird mit dem Befehl *ant jar* im Eclipse-Projekt *opiz* hergestellt. Die Third-Party-JAR-Dateien werden dem Eclipse-Projekt *book-libraries* entnommen.

Listing 10.4: Die `VisitorService`-Schnittstelle

```
1  package de.hanser.buch.opiz.service;
2  public interface VisitorService {
3      /** Inkrementiert die Anzahl der Besucher. */
4      public void addVisitor();
5
6      /** Dekrementiert die Anzahl der Besucher. */
7      public void removeVisitor();
8
9      /** Gibt die Anzahl der Besucher zurück. */
10     public int getNbrVisitors();
11  }
```

`Exception` ergänzt. Die Implementierung der Home-Schnittstelle ist auch wie erwartet.

10.4.2 Die Implementierung der Stateful-Session-Bean

Für die Implementierung unserer Stateful-Session-Bean nehmen wir als Basisklasse die Spring-Klasse `AbstractStatefulSessionBean`, welche sich um das Laden der `BeanFactory` kümmert.

```
1  public class VisitorServiceEjb extends AbstractStatefulSessionBean
       implements VisitorService {
2
3      private VisitorService visitorService;
4
5      /** delegiert an die visitorService-Bean */
6      public void addVisitor() {
7          visitorService.addVisitor();
8      }
9
10     // weitere VisitorService-Methoden ausgelassen
```

Die Implementierung der `VisitorService`-Methoden ist nicht überraschend – wir delegieren einfach die Methodenaufrufe an die relevante Spring-Bean (namens *visitorService*).

Anders als bei der Basisklasse für die Stateless-Session-Bean müssen wir hier die Methode `ejbCreate` selbst implementieren.

```
11     public void ejbCreate() throws CreateException {
12         try {
13             create();
14         } catch (BeansException x) {
15             throw new CreateException(x.getMessage());
16         }
17     }
18
19     private void create() {
20         loadBeanFactory();
21         visitorService = (VisitorService)
               getBeanFactory().getBean("visitorService");
22     }
```

Die Methoden `ejbActivate` und `ejbPassivate` aus der EJB-`Session`-`Bean`-Schnittstelle müssen wir selbst implementieren, im Gegensatz zu unserer Stateless-Session-Bean. Diese Methoden werden vom EJB-Container aufgerufen, wenn er unsere EJB auf Festplatte speichert (`ejbPassivate`) bzw. wieder zurück in den Hauptspeicher lädt (`ejbActivate`).

Da die gewöhnlichen `BeanFactory`-Implementierungen nicht serializable sind, können sie vom EJB-Container nicht serialisiert werden. Deswegen müssen wir bei der Passivierung der Bean das `BeanFactory`-Objekt mittels `unloadBean-Factory` wegwerfen und das `BeanFactoryLocator`-Objekt auf null setzen.

```
24    public void ejbPassivate() throws EJBException, RemoteException {
25        unloadBeanFactory();
26        setBeanFactoryLocator(null);
27    }
```

Aus dem gleichen Grund müssen wir bei der Bean-Aktivierung die `Bean-Factory` neu laden und die *visitorService*-Referenz extrahieren.

```
28    public void ejbActivate() throws EJBException, RemoteException {
29        create();
30    }
31 }
```

10.4.3 Deployment

Das Vorgehen beim Deployment einer Stateful-Session-Bean ist das gleiche wie beim Deployment einer Stateless-Session-Bean (vgl. Abschnitt 10.3.4).

10.5 Message-Driven-Beans

Wir erläutern die Implementierung einer Message-Driven-Bean mithilfe der Spring-Basisklassen nicht im Detail. Die Vorgehensweise ist sehr ähnlich wie die schon vorgestellte Implementierung von Stateless-Session-Beans. Spring stellt eine Basisklasse `AbstractMessageDrivenBean`[16] zur Verfügung, die die von der JEE-Spezifikation vorgeschriebene Schnittstelle `javax.ejb.MessageDriven-Bean` implementiert. Diese Basisklasse implementiert für uns standardmäßig eine `ejbCreate`-Methode, während wir in der Methode `onEjbCreate` wieder unsere eigenen Initialisierungen vornehmen können.

10.6 Client-Anbindung an den EJB-Container

Jetzt wird es Zeit, dass wir die Seiten wechseln und unsere EJBs aufrufen. Sehen wir uns einmal an, wie das Spring-Framework uns helfen kann, den Zugriff auf unsere EJBs zu vereinfachen. Das Framework verbirgt dabei viele Einzelheiten des EJB-Aufrufs, was uns verschiedene Vorteile bringt:

---

[16] *org.springframework.ejb.support*

■ Immer wiederkehrende Aufgaben, wie z. B. der JNDI-Lookup, werden von Spring übernommen. Dadurch wird die Entwicklung in vielen Punkten vereinfacht.

■ Der Client-Code kommt viel weniger mit den EJB-APIs in Berührung. Dies vereinfacht das System und ermöglicht zusätzlich einen leichteren Umstieg auf eine andere Remote-Zugriffstechnologie.

In den folgenden Abschnitten schauen wir uns die Implementierung einer Command-Line-basierten Client-Klasse CommandLineEjbClient an, die in der Lage ist, unsere Stateless- und Stateful-Session-Beans aufzurufen.

10.6.1 Zugriff auf eine Stateless-Session-Bean

Wir wollen mit dem Zugriff auf unsere Stateless-Session-Bean OrderService-EJB beginnen. Das folgende Listing enthält fast den vollständigen Quelltext für unseren Client.

```
public class CommandLineEjbClient {

    private OrderService orderService;

    public void selectOrder() throws Exception {
        ...
        List<Order> list = orderService.selectOrder(filter);
    }

    public void setOrderService(OrderService anOrderService) {
        this.orderService = anOrderService;
    }

    public static void main(String[] args) throws Exception {
        DOMConfigurator.configure("client-cfg/log4j.xml");

        ApplicationContext appCtx = new
            ClassPathXmlApplicationContext("clientContext-ejb.xml");
        CommandLineEjbClient client = (CommandLineEjbClient)
            appCtx.getBean("ejbClient");

        client.selectOrder();
    }
}
```

Auffällig ist an dieser Stelle zunächst, dass wir keine Abhängigkeit zum EJB-API haben. Für die Ausführung der fachlichen Funktionalität besitzen wir ein Property orderService vom Typ OrderService und die zugehörige setter-Methode. Es wird dann später wieder die Aufgabe von Spring sein, uns eine entsprechende Referenz auf eine Implementierung des Order-Services zu injizieren.

In der main-Methode instanziieren wir zunächst einen ApplicationContext, wodurch die Spring-Umgebung gestartet wird. Wie bereits beim RMI-Client lassen wir auch in diesem Fall unseren CommandLineEjbClient von Spring erzeugen. Auf diesem Client-Objekt können wir dann die fachliche selectOrder-Methode aufrufen.

Wie aber kann die Client-Klasse funktionieren, wenn sie lediglich mithilfe der Schnittstelle `OrderService` programmiert ist? Die wirkliche Implementierung der `OrderService`-Schnittstelle steht ja als EJB auf unserem Server bereit. Die Antwort liegt in der Spring-Konfigurationsdatei, und zwar in der Definition der Bean *orderService*. Hierfür benutzen wir Springs JEE-Schema, was EJB-Referenzen bzw. JNDI-Lookups vereinfacht.

```
<beans
    xmlns="http://www.springframework.org/schema/beans"
    xmlns:xsi="http://www.w3.org/2001/XMLSchema-instance"
    xmlns:jee="http://www.springframework.org/schema/jee"
    xsi:schemaLocation="http://www.springframework.org/schema/beans
        http://www.springframework.org/schema/beans/spring-beans-2.0.xsd
    http://www.springframework.org/schema/jee
        http://www.springframework.org/schema/jee/spring-jee-2.0.xsd"
    default-autowire="byType">

    <bean id="ejbClient"
        class="de.hanser.buch.opiz.ejb.client.CommandLineEjbClient">
        <property name="orderService" ref="orderService"/>
    </bean>

    <jee:remote-slsb id="orderService"
        jndi-name="opiz/OrderServiceEJB"
        business-interface="de.hanser.buch.opiz.service.OrderService" />
```

Die Definition der *orderService*-Bean verdeutlicht ihre Rolle als eine Bean, die den Zugriff auf eine Stateless-Session-Bean bereitstellt. Im Vergleich zu früheren Spring-Versionen müssen wir keine bestimmte Spring-Proxy-Factory in der Konfiguration angeben.[17]

Mit Angabe des *<jee:remote-slsb>*-Tags erzeugt Spring einen EJB-Proxy mit der gleichen Signatur wie unsere `OrderService`-Schnittstelle. Im Inneren kümmert sich der Proxy um den gesamten EJB-Verwaltungs-Code (das JNDI-Lookup, den `narrow`-Aufruf) und den eigentlichen Aufruf der EJB. Unser Client merkt also nicht, dass wir letztendlich eine EJB aufrufen.

Dieses Tag stellt verschiedene Attribute zur Verfügung, die in Tabelle 10.2 auf der nächsten Seite aufgelistet sind.

Beim Start des Clients (mittels des Eclipse-Launchers *CommandLineEjbClient*) versucht Spring, die Beans in der Konfigurationsdatei *clientContext-ejb.xml* zu instanziieren. Für die *orderService*-Bean bedeutet dies, dass das JNDI-Lookup durchgeführt und eine Referenz auf die Remote-Schnittstelle der EJB geholt wird. Dies funktioniert natürlich nur, wenn unser JBoss-Server zu diesem Zeitpunkt bereits gestartet ist. Wenn die Log-Ausgaben von Spring auf DEBUG gesetzt werden,[18] sehen wir auf der Konsole die folgenden Zeilen, die das JNDI-Lookup protokollieren.

---

[17] Die Klasse `SimpleRemoteStatelessSessionProxyFactoryBean` wird weiterhin im Hintergrund benutzt, um ein Proxy auf die Session-Bean zu erzeugen.
[18] Dazu muss die Datei *client-cfg/log4j.xml* im Projekt *opiz-remote* geändert werden. Das `priority`-Tag des Category „org.springframework" muss auf DEBUG gesetzt werden.

Tabelle 10.2: Attribute des *<jee:remote-slsb>*-Tags für den Zugriff auf eine Stateless-Session-Bean

Attribut-Name	Beschreibung
business-interface	Der Name der Schnittstelle, für die Spring einen Proxy generieren soll.
jndi-name	Der JNDI-Name des Objekts, auf welches der Proxy zugreifen soll.
resource-ref	Ein Boolesches Property, dessen Default-Wert *true* dazu führt, dass der String *java:comp/env/* dem JNDI-Namen vorangestellt wird.

```
10,362 DEBUG [org.springframework.jndi.JndiTemplate] - Looking up JNDI
     object with name [java/comp/env/opiz/OrderServiceEJB]
...
11,651 DEBUG [org.springframework.ejb.access.
     SimpleRemoteStatelessSessionProxyFactoryBean] - Located object with
     JNDI name [java/comp/env/opiz/OrderServiceEJB]
```

10.6.2 Zugriff auf eine Stateful-Session-Bean

In diesem Abschnitt erweitern wir unseren EJB-Client, um Kontakt mit unserer Stateful-Session-Bean `VisitorServiceEjb` aufzunehmen. Dieser Zugriff ist nicht ganz so einfach zu implementieren wie bei einer Stateless-Session-Bean, da Spring kein Tag wie *<jee:remote-slsb>* zur Verfügung stellt.

Spring hilft aber beim JNDI-Lookup, um eine Referenz auf die Home-Schnittstelle für die Bean zu bekommen. Wir können damit wenigstens vermeiden, eine Abhängigkeit zu JNDI in unserer Client-Klasse einbauen zu müssen.

Zuerst definieren wir in der Spring-XML-Konfigurationsdatei (Client-seitig) eine zusätzliche Bean *visitorServiceHome*, die wir für den JNDI-Lookup auf die Home-Schnittstelle benutzen werden. Dafür benutzen wir das Tag *<jee:jndi-lookup>*, das in seiner einfachsten Form wie folgt aussieht:

```
<jee:jndi-lookup id="visitorServiceHome"
    jndi-name="java/comp/env/opiz/VisitorServiceEJB" />
```

Es gibt verschiedene weitere Attribute, die wir in Tabelle 10.3 auf der nächsten Seite aufgelistet haben.

Wir müssen auch die Konfiguration der *ejbClient*-Bean um eine Referenz auf die *visitorServiceHome*-Bean ergänzen:

```
<bean id="ejbClient"
     class="de.hanser.buch.opiz.ejb.client.CommandLineEjbClient">
     <property name="orderService" ref="orderService"/>
     <property name="visitorServiceHome" ref="visitorServiceHome" />
</bean>
```

Tabelle 10.3: Attribute für den Zugriff auf eine Stateful-Session-Bean

Attributname	Beschreibung
cache	Schaltet das Caching des Objekts ein oder aus (default ist, dass das Objekt gecached wird, d. h. ein JNDI-Lookup wird nur am Anfang durchgeführt). Das Ausschalten des Caches führt zu der Berücksichtigung eines serverseitigen Hot-Deploy (wobei in diesem Fall das Attribut `proxy-interface` auch gesetzt werden muss).
jndi-name	Der JNDI-Name des Objekts, auf welches der Proxy zugreifen soll.
lookup-on-startup	Normalerweise wird das JNDI-Lookup schon bei der Initialisierung des Spring-Contexts durchgeführt. Ein „lazy"-Lookup kann mit Setzen des Wertes auf *false* konfiguriert werden. In diesem Fall muss das Attribut `proxy-interface` auch gesetzt werden.
proxy-interface	Gibt die Schnittstelle an, die als Proxy für das JNDI-Objekt benutzt wird.
resource-ref	Ein Boolesches Attribut, dessen Default-Wert *true* dazu führt, dass das String *java:comp/env/* dem JNDI-Namen vorangestellt wird.

Schließlich benötigen wir zwei Änderungen in unserer Client-Klasse `Command-LineEjbClient`. Für das Injizieren fügen wir ein Property `visitorService-Home` ein:

```
private VisitorServiceEjbHome visitorServiceHome;

public void setVisitorServiceHome(
        VisitorServiceEjbHome visitorServiceHome) {
    this.visitorServiceHome = visitorServiceHome;
}
```

Die neue Methode `countVisitors` benutzt diese Property, um das Remote-Zugriffsobjekt für die EJB zu konstruieren. Nun besitzen wir auch hier ein Objekt vom Typ *visitorService* und können die fachlichen Methoden aufrufen:

```
public void countVisitors(ApplicationContext appCtx) throws
    CreateException, RemoteException {
    if (visitorServiceRemote == null) {
        VisitorServiceEjbHome home = (VisitorServiceEjbHome)
            appCtx.getBean("visitorServiceHome");

        visitorServiceRemote = home.create();
    }
    visitorServiceRemote.addVisitor();
    System.out.println("Anzahl Besucher: " +
        visitorServiceRemote.getNbrVisitors());
}
```

10.7 Testmöglichkeiten

Im Laufe der Entwicklung sind viele Testklassen entstanden, die wir gerne auch einmal innerhalb eines Applikations-Servers ausführen wollen. Natürlich können die meisten Unit-Tests weiterhin ohne Applikations-Server durchgeführt werden. Dies ist der Vorteil eines leichtgewichtigen Frameworks wie Spring und erspart dem Entwickler eine Menge Zeit, da er nicht ständig auf das Applikations-Server-Startup bzw. -Redeploy warten muss. Trotzdem sollten wir irgendwann unsere Tests in einem Applikations-Server ausführen, insbesondere wenn wir den Zugriff auf spezifische Server-Ressourcen wie z. B. JCA-Resourcepools testen wollen. Und natürlich müssen Integration-Tests das System als Black-Box testen können.

In diesem Abschnitt schauen wir uns eine Möglichkeit an, wie wir unsere JUnit-Tests im Applikations-Server ausführen können. Wir werden dazu eine MBean im JBoss deployen. Diese kann dann von einem Client angesprochen werden und bestimmte (oder alle) JUnit-Tests ausführen.

Wir müssen natürlich sicherstellen, dass alle Testklassen auch im JBoss zur Verfügung stehen. Im Opiz-Projekt haben wir geschummelt und alle Source- und Testklassen in die gleiche Datei gepackt. Das entsprechende Ant-Target heißt *jar* und ist in der Datei *opiz/build.xml* enthalten:

```
<target name="jar" depends="javac">
    <jar destfile="${opiz.jar}" update="false">
        <fileset dir="${classes.dir}">
            <include name="**/*.class" />
            <include name="**/*.xml" />
            <include name="**/*.properties" />
        </fileset>
    </jar>
</target>
```

Zusätzlich muss die JUnit-Datei *junit.jar* im JBoss-Klassenpfad verfügbar sein (z. B. im *server/lib*-Verzeichnis).

Die `OpizTestRunner`-MBean

Mit JBoss ist es ziemlich einfach, eine geeignete MBean zu implementieren. Unsere MBean `OpizTestRunner` implementiert die Schnittstelle `OpizTestRunner-MBean`. Aus Vereinfachungsgründen beschränken wir uns in dieser Schnittstelle auf zwei Methoden:

■ `listTests`
  Liefert eine Liste aller dem System bekannten Tests.

■ `runTests`
  Führt die Tests aus.

Nachfolgend zeigen wir die Implementierung der `runTests`-Methode:

```
1  public class OpizTestRunner extends ServiceMBeanSupport implements
       OpizTestRunnerMBean {
2
3      private static List<String> testList;
4
5      public String runTests() throws ClassNotFoundException {
6          TestSuite suite = new TestSuite("opiz Tests");
7
8          StringBuffer sb = new StringBuffer(200);
9
10         for (Iterator<String> it = testList.iterator(); it.hasNext();) {
11             String test = it.next();
12             suite.addTestSuite(Class.forName(test));
13         }
14
15         sb.append(doRun(suite));
16         return sb.toString();
17     }
```

Die Instanzvariable *testList* enthält die Namen aller dem System bekannten Test-klassen. Wir können diese Variable entweder statisch oder durch Laden einer im Build generierten Datei befüllen.

Beim Aufruf der `runTests`-Methode wird für jede Testklasse die `doRun`-Methode aufgerufen. Diese Methode ist verantwortlich für das Ausführen des Tests (Zeile 30).

```
18     private String doRun(final TestSuite testSuite) {
19         final StringBuffer BUFFER = new StringBuffer();
20
21         BUFFER.append("Test-Ausgabe:").
22             append(System.getProperty("line.separator"));
23         PrintStream out = new PrintStream(new OutputStream() {
24             public void write(int b) {
25                 BUFFER.append((char) b);
26             }
27         });
28
29         TestRunner runner = new TestRunner(out);
30         runner.doRun(testSuite);
31
32         return BUFFER.toString();
33     }
34     ...
35 }
```

Um die MBean in JBoss zu deployen, müssen wir noch eine Service-Archivdatei (SAR) erstellen. Die hierfür benötigte Konfigurationsdatei *META-INF/jboss-service.xml* fällt schlicht aus, da wir uns an die Namenskonvention für MBeans in JBoss gehalten haben (die MBean-Implementierung hat den gleichen Namen wie die Schnittstelle, ohne die Zeichenkette „MBean" am Ende):

```
<?xml version="1.0" encoding="UTF-8"?>
<server>
    <mbean code="de.hanser.buch.opiz.ejb.test.OpizTestRunner"
        name="opiz:service=TestRunner"/>
</server>
```

Die SAR-Datei wird mit folgendem ant-Target gebaut:

```
<target name="opiz.ejb.test.mbean" depends="javac">
    <jar destfile="dist/testrunner.mbean.sar" update="false">
        <zipfileset dir="${basedir}/classes"
            includes="**/ejb/test/*.class"/>
        <!-- inkludiere die sar deskriptor -->
        <zipfileset dir="${basedir}/cfg/mbean" prefix="META-INF"/>
    </jar>
</target>
```

Wenn wir die SAR-Datei im *deploy*-Verzeichnis unseres JBoss-Servers kopieren, wird JBoss unsere MBean deployen. Wir können die MBean-Methoden über die JBoss JMX-Konsole steuern. Abbildung 10.3 zeigt das Ergebnis des Aufrufs `list-Tests`.

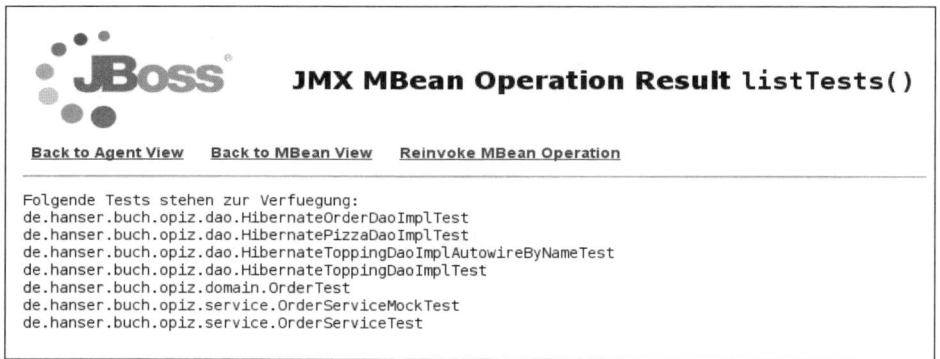

Abbildung 10.3: Ergebnis des Aufrufs von `listTests`

Nun haben wir die Möglichkeit, alle Tests in der Umgebung eines Applikations-Servers auszuführen. Mit einem Klick auf den `runTests`-Button in der JMX-Konsole werden die Tests ausgeführt. Abbildung 10.4 auf der nächsten Seite zeigt eine typische Ausgabe.

10.8   Springs Unterstützung für JMX

Bei einer produktiven Serveranwendung ist es notwendig, dass diese zur Laufzeit überwacht und gesteuert werden kann. Mithilfe der JMX-Spezifikation wurde eine einheitliche Schnittstelle definiert, wodurch sich jede konforme Anwendung prinzipiell von jeder JMX-fähigen Management-Konsole ansprechen lassen sollte. Innerhalb eines Applikations-Servers wie JBoss oder auch eines Servlet-Containers wie Tomcat ist eine solche Konsole standardmäßig bereits integriert.

Abbildung 10.4: Ergebnis des Aufrufs von `runTests`

Spring bietet eine herausragende Unterstützung für die Implementierung von JMX-Beans an, die wir kurz an einem Beispiel demonstrieren wollen. Wir wollen Ihnen somit einen kleinen Einstieg für weitere Experimente mit JMX und Spring geben.

10.8.1 Registrierung der Spring-Beans beim JMX-Server

Zunächst gehen wir davon aus, dass unsere Anwendung, wie in diesem Kapitel beschrieben, innerhalb eines Applikations-Servers zur Ausführung kommt. Somit ist sichergestellt, dass ein JMX-Server existiert, der von unseren Spring-Beans erfahren muss.

Die Spring-Beans, die wir bei unserem Server anmelden wollen, müssen keine besonderen Voraussetzungen erfüllen. Sie erinnern sich doch bestimmt an den `OrderService`, den wir in diesem Kapitel bereits als Session-Bean bereitstellten. An dieser Stelle wollen wir diesen `OrderService` nun mit einem Zähler versehen. Bei jedem Zugriff soll der Zähler erhöht werden und mithilfe einer JMX-Console jederzeit ausgelesen werden können.

Die Anpassungen in unserem `OrderService` sind relativ trivial. Wichtig ist, dass wir unseren Zähler mit einer getter-Methode versehen, damit wir auf die Information jederzeit zugreifen können. Für die notwendige Registrierung beim JMX-Server müssen wir innerhalb der *applicationContext.xml* eine weitere Bean vom Typ `MBeanExporter` definieren. Diese Bean erhält als Property eine Map mit allen Beans, die als MBean bereitgestellt werden sollen. Der Key innerhalb der Map gibt dabei den Namen an, unter dem diese Bean später beim JMX-Server abgefragt werden kann.

```
<bean id="exporter"
    class="org.springframework.jmx.export.MBeanExporter">
    <property name="beans">
        <map>
```

```
            <entry key="Opiz:name=OrderService"
                value-ref="orderService"/>
        </map>
    </property>
</bean>
```

Was können wir nun von unserem `OrderService` sehen? In der Übersicht stehen uns alle Public-Methoden zur Auswahl, so auch z. B. die Methode `create-PendingOrder`. Dies entspricht nun nicht ganz der Zielsetzung, dass wir unseren `OrderService` lediglich überwachen wollen. Wir benötigen also noch eine Möglichkeit, dem JMX-Server mitzuteilen, welche Methoden unserer Bean wir einem JMX-Client zur Verfügung stellen wollen.

Wir möchten Ihnen dafür zwei verschiedene Möglichkeiten zeigen, die für diese Aufgabe von Spring angeboten werden.

10.8.2 Konfiguration mit einem Interface

Für die erste Lösung definieren wir uns ein einfaches Interface, das alle Methoden definiert, die wir einem JMX-Client zur Verfügung stellen wollen. In unserem Fall ist dies lediglich die Methode `getCounter`, die die aktuelle Anzahl der Service-Aufrufe liefert.

```
public interface CountBean {
    public int getCounter();
}
```

Für jede Anmeldung einer Spring-Bean beim JMX-Server wird eine JMX-Deployment-Information benötigt, die Spring selbst mithilfe eines bestimmten Assemblers aufbereitet. Im letzten Beispiel haben wir beim `MBeanExporter` keine weiteren Angaben zum Assembler gemacht, sodass der Standard-Assembler (`SimpleReflectiveMBeanInfoAssembler`) verwendet wurde, der, wie wir bereits gesehen haben, *alle* public-Methoden bereitstellt. Mithilfe unseres eben definierten Interfaces können wir nun auch den `InterfaceBasedMBeanInfo-Assembler` verwenden.

```
1   <bean id="exporter"
        class="org.springframework.jmx.export.MBeanExporter">
2       <property name="beans">
3           <map>
4               <entry key="opiz:name=OrderService"
                    value-ref="orderService"/>
5           </map>
6       </property>
7       <property name="assembler">
8           <bean class="org.springframework.
                jmx.export.assembler.InterfaceBasedMBeanInfoAssembler">
9               <property name="managedInterfaces">
10                  <value>de.opiz.jmx.CountBean</value>
11              </property>
12          </bean>
13      </property>
14  </bean>
```

Bei der Property `managedInterfaces` (Zeile 9) geben wir dazu einfach die entsprechenden Klassen-Namen der Interfaces an, die die Methoden enthalten, die wir freigeben möchten. Dabei ist es nicht notwendig, dass unser `OrderService` das Interface implementiert. Hierbei wird das Interface nun für alle Beans, die als MBeans bereitgestellt werden sollen, angewendet. Oftmals haben die Beans aber völlig unterschiedliche Interfaces, sodass wir auf die folgende Schreibweise der Definition zurückgreifen sollten.

```
<property name="assembler">
    <bean class="org.springframework.
        jmx.export.assembler.InterfaceBasedMBeanInfoAssembler">
        <property name="interfaceMappings">
            <props>
                <prop key="opiz:name=OrderService">
                    de.opiz.jmx.CountBean</prop>
            </props>
        </property>
    </bean>
</property>
```

10.8.3 Konfiguration mit Annotations

Wir haben innerhalb der letzten Kapitel bereits oft mit Annotations gearbeitet und dabei gesehen, dass die entsprechenden Meta-Informationen genau dort angegeben werden, wo sie entstehen, nämlich im Quelltext. Für die Steuerung der JMX-Methoden stellt Spring ebenfalls eine Sammlung von Annotations bereit. Jetzt betrachten wir einmal einen Ausschnitt aus der Klasse `OrderServiceImpl`, der mit verschiedenen Annotations versehen ist.

```
1  @ManagedResource(objectName="opiz:name=OrderService",
2      description="Order Service Bean")
3  public class OrderServiceImpl implements OrderService {
4
5      private int orderCounter = 0;
6
7      @ManagedAttribute(description="Anzahl der Orders")
8      public int getOrderCounter()   {
9          this.orderCounter;
10     }
11
12     @ManagedOperation(description="Reset OrderCounter")
13     public void resetOrderCounter() {
14         this.orderCounter = 0;
15     }
16
17     @ManagedOperation(description="Increase OrdersCounter")
18     @ManagedOperationParameters({@ManagedOperationParameter(name="add",
           description="OrderCounter um x erhoehen")})
19     public void increaseCounter(int add) {
20         this.orderCounter == this.orderCounter + add;
21     }
22     ...
23  }
```

Werfen wir eine kurzen Blick auf die Annotations, die wir in diesem Beispiel verwendet haben. In Zeile 1 kennzeichnen wir mithilfe der `@ManagedResource`-Annotation diese Klasse als MBean. Der Parameter *objectName* definiert den Namen, unter dem diese MBean später erreichbar sein soll, und der Parameter *description* sollte sich eigentlich von selbst erklären. Die `@ManagedAttribute`-Annotation wird an die entsprechenden getter-Methoden gesetzt, deren Werte bei der JMX-Console sichtbar sein sollen. In diesem Fall wollen wir natürlich, dass der aktuelle Stand der Bestellungen von außen sichtbar ist. Zusätzlich haben wir die Methoden `resetOrderCounter` und `increaseCounter` mit der `@Managed-Operation`-Annotation freigegeben, wodurch diese Methoden ebenfalls außerhalb der Anwendung im JMX-Client zur Verfügung stehen. Dabei haben wir die Möglichkeit, die einzelnen Parametern der Methoden mit der `@Managed-OperationParameters`-Annotation noch genauer zu beschreiben.

Die einzelnen Annotations besitzen eine große Anzahl weiterer Parameter, die Sie sich gerne bei Bedarf in der Spring-Dokumentation ansehen können. Für ein erstes Beispiel reichen unsere Angaben jedoch vollkommen aus. Damit unsere Spring-Anwendung nun mithilfe dieser Annotations die entsprechenden Deployment-Informationen für unsere MBeans auslesen kann, müssen wir natürlich noch innerhalb der *applicationContext.xml* einige Änderungen vornehmen, die wir nun Stück für Stück kurz ansprechen.

```
<bean id="exporter"
    class="org.springframework.jmx.export.MBeanExporter">
    <property name="assembler" ref="assembler"/>
    <property name="namingStrategy" ref="namingStrategy"/>
    <property name="autodetect" value="true"/>
</bean>
```

Der eigentliche `MBeanExporter` wird in diesem Beispiel mit zwei Referenzen auf andere Spring-Beans sowie einem Boolean-Wert versorgt. Ihnen ist sicherlich aufgefallen, dass wir in diesem Beispiel keine Beans mehr angeben, die exportiert werden sollen. Dafür haben wir die Property `autodetect` auf *true* gesetzt, wodurch Spring die in Frage kommenden Beans automatisch mithilfe des Assemblers ermittelt.

```
<bean id="jmxAttributeSource"
    class="org.springframework.jmx.export.annotation.
        AnnotationJmxAttributeSource"/>

<bean id="assembler"
    class="org.springframework.jmx.export.assembler.
        MetadataMBeanInfoAssembler">
    <property name="attributeSource" ref="jmxAttributeSource"/>
</bean>

<bean id="namingStrategy"
    class="org.springframework.jmx.export.
        naming.MetadataNamingStrategy">
    <property name="attributeSource" ref="jmxAttributeSource"/>
</bean>
```

Den entsprechenden Assembler `MetadataMBeanInfoAssembler` versorgen wir mit der zugehörigen `attributeSource`, die in der Lage ist, unsere Annotations auszulesen und dem Assembler die benötigten Informationen zur Verfügung zu stellen. Die `MetadataNamingStrategy` liest mithilfe der gleichen `attributeSource` den entsprechenden Namen aus unserer `@Managed-Resource`-Annotation aus, unter der diese MBean registriert werden soll.

Das Ergebnis dieser gesamten Konfiguration sollte sein, dass Spring unseren `OrderService` als MBean erkennt und deployed. Danach sollten über einen beliebigen JMX-Client die Informationen bzw. Operationen zur Verfügung stehen. Der Vorteil dieser Lösung besteht darin, dass wir für weitere Spring-Beans, die als MBeans registriert werden sollen, lediglich die Annotations anbringen müssen – alles weitere passiert völlig automatisch.

Wir hoffen, dass Sie nun ein Verständnis dafür bekommen haben, wie einfach normale Spring-Beans als Managed Resource exportiert werden können. Dadurch, dass auf das relativ aufwendige Deployment der MBeans im Applikations-Server verzichtet werden kann, können auch in späteren Projektphasen mit einem sehr geringen Aufwand bestimmte Spring-Beans als MBeans bereitgestellt werden.

10.8.4 JMX ohne einen Applikations-Server?

Auch wenn dieses Kapitel „Integration in die JEE-Welt" heißt, sollten wir kurz einen Blick über die Grenzen des Applikations-Servers hinauswerfen. Seit Java 5 ist dort sowohl ein JMX-Server als auch ein JMX-Client enthalten.

Benutzung des Java-5-JMX-Servers

Spring besitzt die Möglichkeit, mithilfe der Klasse `MBeanServerFactoryBean` beim Start einen eigenen MBean-Server zu erzeugen. Unser bereits bekannter `MBeanExporter` könnte dort in der gleichen Art und Weise die einzelnen MBeans registrieren. Leider können wir diesen von Spring erzeugten MBean-Server ohne umfangreiche Konfiguration nicht mithilfe des von Java bereitgestellten JMX-Clients (JConsole) ansprechen. Daher schlagen wir Ihnen vor, den MBean-Server mithilfe eines Java-VM-Arguments zu erzeugen und Spring mitzuteilen, dass es diesen MBean-Server verwenden soll.

Das Argument `-Dcom.sun.management.jmxremote` sollte beim Start unserer Anwendung angegeben werden, wenn wir den JMX-Server mithilfe der von Java bereitgestellten JConsole beobachten und steuern wollen. Zusätzlich müssen wir nun noch der `MBeanServerFactoryBean` mitteilen, dass sie einen bereits vorhandenen JMX-Server verwenden und keinen neuen erzeugen soll.

```
<bean id="mbeanServer"
    class="org.springframework.jmx.support.MBeanServerFactoryBean">
    <property name="locateExistingServerIfPossible" value="true"/>
</bean>
```

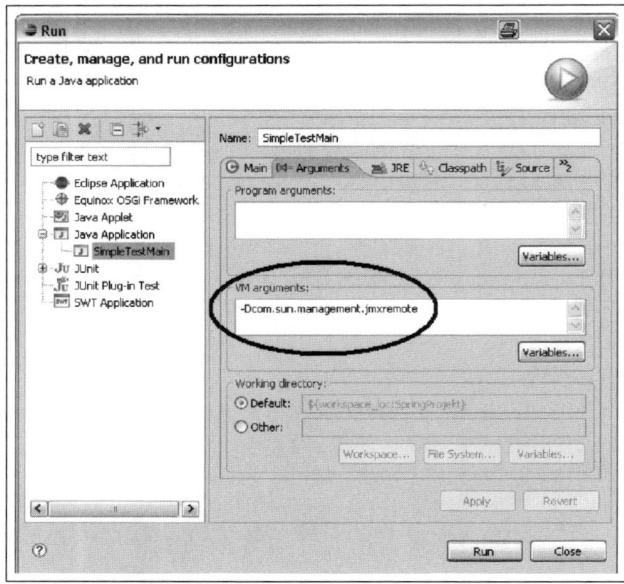

Abbildung 10.5: JMX Server in Java 5

Java 5 – JConsole

Mithilfe der in Java 5 enthaltenen JConsole können wir während der Laufzeit einen Einblick in Java-Anwendungen bekommen. Dazu muss die Anwendung mit aktiviertem JMX ausgeführt worden sein, um in der Lage zu sein, JMX-Anfragen zu verarbeiten. Die JConsole liegt im *bin*-Verzeichnis des JAVA_HOME-Verzeichnisses. Wenn wir unsere Anwendung vor dem Aufruf der JConsole bereits gestartet haben, können wir nun, wie in Abbildung 10.6 dargestellt, die zu überwachende Anwendung auswählen.

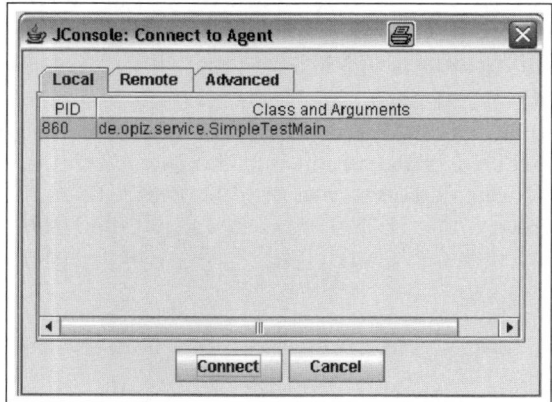

Abbildung 10.6: JConsole – Verbindung vom JMX-Server

Daraufhin präsentiert uns die JConsole zunächst eine Summary-Ansicht mit verschiedenen Informationen über die laufende Anwendung. Auf dem Reiter mit der Überschrift MBeans finden wir dann auch unsere MBeans wieder und können dort die gewünschten Daten ansehen bzw. sogar bestimmte Operationen dieser MBeans ausführen.

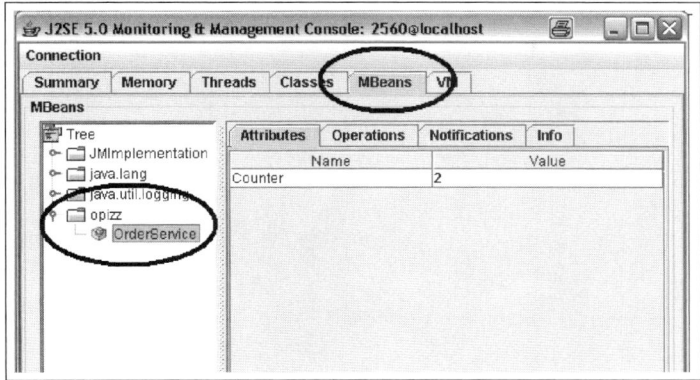

Abbildung 10.7: JConsole – MBeans

10.9 Spring-Integration von JCA

Die Java-Connector-Architektur stellt innerhalb eines EJB-Containers eine definierte Schnittstelle für die Anbindung von Fremdsystemen bereit. Dabei kann es sich sowohl um die Anbindung eines Enterprise-Information-Systems (EIS), wie z. B. SAP, als auch technischer Systeme, wie z. B. Websphere MQ, handeln. Mithilfe des Service-Provider-Interface (SPI) werden sogenannte Resource-Adapter[19] bereitgestellt, die sowohl in einem Applikations-Server deployed (managed) als auch außerhalb eines Containers (non-managed) verwendet werden können.

Das Spring-Framework wird seiner Rolle als Integrations-Framework an dieser Stelle wieder gerecht und unterstützt uns bei der Integration wie auch beim Zugriff auf verschiedene Resource-Adapter. Wir werden uns im Folgenden sowohl die Möglichkeiten für die Konfiguration eines Resource-Adapters als auch ein Beispiel für den Zugriff mithilfe des Common-Client-Interfaces (CCI) ansehen. Leider können wir hier die entsprechenden Konzepte der JCA nur kurz ansprechen und nicht ausführlich erklären. Es sollte aber deutlich werden, wie sich diese in eine Spring-Anwendung integrieren lassen.

---

[19] Nähere Informationen über die JCA und den genauen Aufbau eines Resource-Adapters stehen auf der Sun-Homepage zur Verfügung.
http://java.sun.com/developer/technicalArticles/J2EE/connectorclient/resourceadapter.html

10.9.1   Konfiguration des Resource-Adapters

Die meisten Resource-Adapter sind relativ komplex und grundsätzlich an ein bestimmtes Backend bzw. EIS gebunden. Für unser Beispiel haben wir eine einfache Dummy-Implementierung eines Resource-Adapters bereitgestellt, der exem-
plarisch für eine Kundennummer einen Vor- und Nachnamen zurückliefert, die
hart in der Implementierung verdrahtet sind. Wir wollen uns bei diesem Beispiel
mit der Integration in eine Spring-Anwendung beschäftigen, wofür der `Dummy-`
`ResourceAdapter` lediglich Mittel zum Zweck ist.

Managed-Umgebung (J2EE-Server)

Zunächst wollen wir uns einen Resource-Adapter in seiner ursprünglichen Umgebung, dem Applikations-Server, ansehen. Wir gehen davon aus, dass dieser
Resource-Adapter auf dem Applikations-Server deployed und unter einem bekannten JNDI-Namen verfügbar ist.

> *Deployment*
>
> Für das Deployment unseres `DummyResourceAdapters` ist bereits alles
> vorbereitet. Sie müssen das *Dummy.rar* sowie die *dummy-ds.xml* in das
> *deploy*-Verzeichnis Ihres JBoss-Servers kopieren. Nach einem erfolgreichen
> Start sollte der Resource-Adapter unter dem JNDI-Namen *java/dummyRA*
> zur Verfügung stehen.

Der Zugriff auf die gewünschte, bereits durch das Deployment konfigurierte
`ConnectionFactory` dürfte uns aus den letzten Beispielen durchaus bekannt
vorkommen. Hierbei handelt es sich nun um einen Zugriff auf ein im JNDI-
Verzeichnis registriertes Objekt, wofür wir bereits die unterschiedlichen Möglichkeiten der verschiedenen Spring-Versionen diskutiert haben:

■ **Spring 1.2.x**

```
<bean id="connectionFactory"
    class="org.springframework.jndi.JndiObjectFactoryBean">
    <property name="jndiName"><value>java/dummyRA</value></property>
</bean>
```

■ **Spring 2.0**

```
<jee:jndi-lookup id="connectionFactory" jndi-name="java/dummyRA"/>
```

Innerhalb des folgenden Abschnitts 10.9.2 werden wir uns dann mit der Nutzung der `ConnectionFactory` bzw. der daraus bereitgestellten `Connection`
beschäftigen.

Non-Managed Umgebung

Doch zunächst wollen wir uns eine Möglichkeit anschauen, einen JCA-Resource-
Adapter auch außerhalb eines J2EE-Applikations-Servers zu nutzen. In der Spezifikation eines Resource-Adapters wird festgelegt, dass jeder Resource-Adapter

z. B. einen eigenen Default-Connection-Manager implementieren muss, der verwendet wird, wenn dieser Resource-Adapter außerhalb eines Applikations-Servers in Gebrauch ist.

Wenn wir einen solchen Resource-Adapter nun in Spring nutzen wollen, müssen wir zusätzlich zur Connection-Factory die Managed-Connection-Factory selbst als Spring-Bean erzeugen und konfigurieren. Es handelt sich dabei um die Properties, die wir bei der JBoss-Variante in der Datei *dummy-ds.xml* angegeben haben. Als Nächstes können wir nun eine *connectionFactory*-Bean mithilfe der Klasse `LocalConnectionFactoryBean` definieren, die unsere eben erstellte *managedConnectionFactory*-Bean injiziert bekommt.

```
<bean id="managedConnectionFactory"
    class="de.opiz.jca.dummy.MyManagedConnectionFactory">
    <property name="dummyBackend" value="myDummyBackend"/>
    <property name="dummyUrl" value="http://localhost/"/>
    <property name="portNumber" value="2006"/>
</bean>

<bean id="connectionFactory"
    class="org.springframework.jca.support.LocalConnectionFactoryBean">
    <property name="managedConnectionFactory"
        ref="managedConnectionFactory"/>
</bean>
```

Das Ergebnis ist eine *connectionFactory*-Bean, die wir genauso verwenden können wie eine mithilfe von JNDI definierte Connection-Factory.

10.9.2 Nutzung des Resource-Adapters

Nachdem wir nun in unserem großen Topf eine Spring-Bean besitzen, die eine Connection-Factory repräsentiert, ist es an der Zeit, den Resource-Adapter auch zu benutzen. Dazu lassen wir uns einfach in bekannter Art und Weise in unsere Klasse injizieren. Mithilfe der Methode `getConnection` erhalten wir dann eine Connection und können den Resource-Adapter nutzen.

Dabei gibt es zwei grundlegend unterschiedliche Arten von Connections. Zum einen handelt es sich um eine standardisierte Connection vom Typ `javax.-resource.cci.Connection`, die damit über das Common-Client-Interface (CCI) angesprochen werden kann. Allerdings verwenden bestimmte Hersteller von Resource-Adaptoren teilweise eigene Connections, die direkt fachliche Methoden anbieten. Dieses könnte z. B. eine `openFile`-Methode bei einem File-Resource-Adapter sein. Auf diese Art von Connections wollen wir in diesem Buch nicht näher eingehen, sondern uns nun dem Zugriff mithilfe des CCI widmen.

Interaction ohne Spring-CCI

Diese Abschnittsüberschrift führt uns eventuell ein wenig in die Irre. Wir wollen an dieser Stelle natürlich schon unsere Spring-Umgebung nutzen, allerdings werden wir nicht auf die Spring-CCI-Unterstützung zurückgreifen. Zunächst sehen wir uns an, wie ein ganz normaler Zugriff mithilfe des CCI aussehen könnte.

```
 1  public class PizzaDummyDAOImpl  {
 2
 3      // ConnectionFactory muss per Spring injiziert werden
 4      ConnectionFactory connectionFactory;
 5
 6      public String getPizzaRezept(Integer pizzaID) {
 7
 8          Connection connection = null;
 9          Interaction interaction = null;
10
11          try {
12              connection = connectionFactory.getConnection();
13              interaction = connection.createInteraction();
14              InteractionSpec iSpec = createInteractionSpec();
15              Record inputRecord = createRecord();
16              populateInputRecord(inputRecord, pizzaID);
17              Record outputRecord = createRecord();
18              interaction.execute(iSpec, inputRecord, outputRecord);
19              return extractOutputRecord(outputRecord);
20          } catch(ResourceException ex) {
21              // Exceptions verarbeiten
22          } finally {
23              closeInteraction(interaction);
24              closeConnection(connection);
25          }
26      }
27
28      // Es folgen noch weitere Methoden...
29  }
```

Die Connection-Factory, die wir in Zeile 4 definiert haben, wird mithilfe von Spring injiziert. Dazu muss diese Klasse natürlich noch eine entsprechende Methode setConnectionFactory besitzen, die wir nicht abgebildet haben.

In Zeile 12 erstellen wir dann eine Connection mithilfe der Factory und in der Zeile drauf direkt eine Interaction auf der Basis dieser Connection. Für die individuelle Parametrisierung dieser Aktion könnten wir uns, wie in Zeile 14, eine InteractionSpec erzeugen. Die Input- und Output-Dateien werden mit Hilfe sogenannter Record-Klassen transportiert, die in Zeile 15–17 erstellt und gefüllt werden. Unser Output-Record wird durch die Ausführung unseres Requests in Zeile 18 mit den gewünschten Daten von unserem Dummy-Backend versorgt. Nachdem der Wert ausgepackt und zurückgegeben wurde, ist es noch Aufgabe unseres Service, die erstellten Resources wieder freizugeben. Dies ist im *finally*-Block in den Zeilen 22–25 zu erkennen.

Auf dieses Beispiel wollen wir nun auch nicht näher eingehen, es sollte lediglich verdeutlichen, wie komplex der Aufruf eines Resource-Adapters mithilfe des CCI eigentlich ist.

Interaction mit Spring CCI

Wir hatten bereits bei unseren Hibernate-DAOs gesehen, dass Spring dort mithilfe einer Basis-Klasse eine sehr gute Unterstützung zur Verfügung stellt. Durch die

Klasse `CciDaoSupport` müssen wir auch beim Zugriff über das CCI nicht auf die Unterstützung von Spring verzichten.

Diese Basis-Klasse besitzt eine Property namens `connectionFactory`, für die eine Bean vom Typ `ConnectionFactory` injiziert werden muss. Sämtliche Operationen werden dann mithilfe des `CciTemplate` durchgeführt, das über die Methode `getCciTemplate` erreicht werden kann. Das `CciTemplate` steuert die Erzeugung und Abfrage der entsprechenden Connections und hilft damit, beliebte Fehler zu verhindern, die entstehen, wenn die Connection nicht in jedem Fall geschlossen wird. Dadurch muss sich der Entwickler lediglich mit der Erstellung der Input-Records bzw. der Extraktion der Daten aus den Output-Records beschäftigen. Dafür erstellen wir mit der Klasse `PizzaDummyDAOImpl`, die von der Klasse `CciDaoSupport` abgeleitet ist, einen entsprechenden Rahmen und konfigurieren diese Bean mit der `ConnectionFactory`.

```
<bean id="connectionFactory" class="de.opiz.jca.PizzaDummyDAOImpl">
    <property name="connectionFactory" ref="connectionFactory"/>
</bean>
```

Sehen wir uns zunächst unser oben skizziertes Beispiel an, das wir nun mithilfe der Klasse `CciDaoSupport` und der verschiedenen weiteren Spring-Klassen innerhalb unserer `PizzaDummyDAOImpl` umgesetzt haben.

```
 1  public class PizzaDummyDAOImpl extends CciDaoSupport  {
 2
 3      public String getPizzaRezept(final Integer pizzaID) {
 4
 5          InteractionSpec spec = createInteractionSpec();
 6
 7          Object value = getCciTemplate().execute(spec, new
                RecordCreator() {
 8              public Record createRecord(RecordFactory recordFactory)
                    throws ResourceException, DataAccessException {
 9
10                  IndexedRecord input = recordFactory.
                        createIndexedRecord("input");
11                  input.add(pizzaID);
12                  return input;
13              }
14          }, new RecordExtractor() {
15              public Object extractData(Record record) throws
                    ResourceException, SQLException, DataAccessException {
16
17                  return ((IndexedRecord) record).get(0);
18              }
19          });
20
21          return (String) value;
22      }
23  }
```

In diesem Beispiel steht der wichtige, d. h. individuelle Code innerhalb der Zeilen 10–12 und der Zeile 17. Dazu sehen wir uns nun die beiden dabei verwendeten Klassen `RecordCreator` und `RecordExtractor` sowie die am `CciTemplate` aufgerufene `execute`-Methode einmal genauer an:

■ **Object execute(InteractionSpec spec, Record input, RecordExtractor output)**

Diese Methode führt den Aufruf auf der Basis einer selbstverwalteten `Connection` durch. Der erste Parameter ist für eine Instanz einer `InteractionSpec` vorgesehen. Mithilfe dieses Objekts wird bei vielen Resource-Adaptoren gesteuert, welche Funktion bei diesem Call durchgeführt werden soll. Der folgende Parameter, eine Instanz der `Record`-Klasse, enthält die Input-Daten. Abschließend wird noch ein `RecordExtractor` übergeben, der für die Aufbereitung der Output-Daten verantwortlich ist. Spring führt dann anhand dieser Informationen den Request mithilfe des CCI durch und übernimmt dabei sämtliche Aufgaben, vom Öffnen und Schließen der Connection bis zum Exception-Handling[20] der `ResourceException`.

■ **org.springframework.jca.cci.core.RecordCreator**

Als Input für unseren CCI-Call benötigen wir eine Instanz der `Record`-Klasse, wobei uns dieser `RecordCreator` helfen kann. Dazu müssen wir die Methode `createRecord(RecordFactory recordFactory)` implementieren. Als Unterstützung erhalten wir eine Referenz auf die `RecordFactory` des entsprechenden Resource-Adapters. Unsere Aufgabe besteht somit nur darin, die Input-Parameter in das `Record`-Objekt zu füllen und diese zurückzuliefern.

■ **org.springframework.jca.cci.core.RecordExtractor**

Ein `RecordExtractor` ist das Gegenstück zum `RecordCreator`, er wandelt den Output-Record wieder in das gewünschte Objekt um. Auch hier muss eine Methode überschrieben werden, in diesem Fall die Methode `Object extractData(Record record)`. Wir bekommen an dieser Stelle eine Referenz auf den Output-Record unseres Requests und können diesen nun, mit dem Wissen über den genauen Aufbau des Output-Records, in ein neutrales Daten-Objekt[21] umwandeln.

Die gesamte Steuerung der Connection (z. B. die Methoden `open` und `close`) wird, wie bereits besprochen, vom `CciTemplate` übernommen. Natürlich muss der Entwickler an dieser Stelle genau wissen, welches Format der Resource-Adapter beim Input-Record erwartet bzw. beim Output-Record liefert.

Dies war ein kurzer Einblick in die Welt des CCI und die Möglichkeiten, einen Resource-Adapter in Spring zu integrieren und aufzurufen. In der entsprechenden Spring-Dokumentation sind weitere Themen, wie z. B. Transaktionen und die eigene Connection-Manager, im Zusammenhang mit der JCA beschrieben.

---

[20] Diese Exceptions werden in Springs `DataAccessException`-Hierarchie konvertiert.
[21] Dabei kann es sich um ein einfaches String-Objekt, aber auch um ein komplexes Custom-Objekt handeln.

Stichwortverzeichnis

GUT AUFGELEGT
ICH BLEIBE OFFEN LIEGEN ;-) DANK SPEZIAL-
FORMAT UND PATENTIERTER BINDUNG

Kösel FD 351 · Patent No. 0748702